中华人民共和国法律释义丛书

中华人民共和国
未成年人保护法释义

主　编　郭林茂

法律出版社
·北　京·

图书在版编目(CIP)数据

中华人民共和国未成年人保护法释义 / 郭林茂主编
. -- 北京 : 法律出版社, 2021(2023.6 重印)
(中华人民共和国法律释义丛书)
ISBN 978-7-5197-5149-4

Ⅰ. ①中… Ⅱ. ①郭… Ⅲ. ①未成年人保护法－法律解释－中国 Ⅳ. ①D922.75

中国版本图书馆 CIP 数据核字(2020)第 240878 号

中华人民共和国未成年人保护法释义
ZHONGHUA RENMIN GONGHEGUO WEICHENGNIANREN BAOHUFA SHIYI

郭林茂 主编

责任编辑 陶玉霞　翁潇潇
装帧设计 李　瞻

出版发行 法律出版社
编辑统筹 法规出版分社
责任校对 张红蕊
责任印制 耿润瑜
经　　销 新华书店
开本 A5
印张 14.125　**字数** 308 千
版本 2021 年 1 月第 1 版
印次 2023 年 6 月第 2 次印刷
印刷 北京中科印刷有限公司

地址:北京市丰台区莲花池西里 7 号(100073)
网址:www.lawpress.com.cn
投稿邮箱:info@lawpress.com.cn
举报盗版邮箱:jbwq@lawpress.com.cn
销售电话:010-83938349
客服电话:010-83938350
咨询电话:010-63939796

书号:ISBN 978-7-5197-5149-4
定价:59.00 元
凡购买本社图书,如有印装错误,我社负责退换。电话:010-83938349

编写说明

《中华人民共和国未成年人保护法》(以下简称未成年人保护法)已由第十三届全国人民代表大会常务委员会第二十二次会议通过,自2021年6月1日起施行。未成年人保护法是未成年人保护领域重要的综合性、基础性法律。此次修订在原有法律规定的基础上,新增"网络保护"和"政府保护"专章,进一步充实和完善总则、家庭保护、学校保护和司法保护,对于保护未成年人合法权益、促进未成年人健康成长,具有十分重要的意义。

为了更好地宣传贯彻未成年人保护法,使社会各界能够准确理解和把握立法原意,了解和掌握本法确立的各项制度,保障法律有效实施,全国人大常委会法制工作委员会直接参与修订工作的同志编写了这本《中华人民共和国未成年人保护法释义》。本书由全国人大常委会法制工作委员会社会法室刘左军、陈佳林、郑全红、刘斌、王涛、赵光、吕翔、母光栋、朱涛、徐潇枫、林晶晶、徐泽文、杨帆等同志参与撰写,社会法室主任郭林茂同志统稿。本书力求准确、详尽、通俗地阐述未成年人保护法的立法原意和相关内容。但因时间和水平有限,不妥和疏漏之处在所难免,敬请广大读者批评指正。

编　者

2020年12月

目　录

第一部分　释　义

第二部分　附　录

第一部分　释　　义

第一章　总　　则

第一条　为了保护未成年人身心健康，保障未成年人合法权益，促进未成年人德智体美劳全面发展，培养有理想、有道德、有文化、有纪律的社会主义建设者和接班人，培养担当民族复兴大任的时代新人，根据宪法，制定本法。

【释义】 本条是关于立法目的和依据的规定。

未成年人是国家的未来、民族的希望、家庭的梦想，关系着中华民族的伟大复兴和亿万家庭的幸福安宁。为了保护未成年人健康成长，1991 年 9 月 4 日，全国人大常委会通过了未成年人保护法，并先后于 2006 年、2012 年进行两次修改。未成年人保护法自实施以来，在保障未成年人的合法权益，保护未成年人健康成长等方面发挥了重要作用。随着我国经济社会快速发展，未成年人保护工作面临许多新情况新问题，原有法律规定难以适应新时代未成年人保护工作的新要求，迫切需要进行全面修订。对未成年人保护法进行全面修订，首先需要明确立法目的。党的十八大以来，习近平总书记对未成年人保护和教育作出了许多重要指示和批示，党中央对未成年人保护工作也有决策部署，为完善未成年人保护相关法律制度指明了方向。贯彻落实习近平总书记的指示批示精神和党中央的决策部署，本次修订在 2012 年未成年人保护法第 1 条的基础上，结合未成年人发展理念的进步和时代发展的要求，与时俱进地对立法目的进行更新：一是将“促进未成年人在品德、智力、体质等方面全面发展”修改为“促进未成年人德智体美劳全面发展”,拓宽全面发展的内涵;二是增加“培养担当民族复兴大任的时代新人”,彰显新时代未成年人担负的历史使命。

一、立法目的

根据本条的规定,未成年人保护法的立法目的包括五个方面,这五个方面相互联系、密不可分,同时充分体现在本法各章相关规定之中。

(1)保护未成年人身心健康。身心健康是未成年人成长发展的基础和前提,是第一位的。未成年人由于自身发育特点,身心健康容易遭受不利影响甚至严重侵害,因此本法将保护未成年人身心健康作为立法的首要目的。身心健康是指身体和心理的健康。身体健康包括生命的安全、肢体健全、机能正常。心理健康主要包括智力发育正常、情绪稳定、正确认识和把握自己、人际关系良好、生活态度积极乐观等。

(2)保障未成年人合法权益。宪法规定,国家尊重和保障人权。未成年人是具有完整独立人格并有权获得特殊保护的法律主体,未成年人与成年人一样,享有宪法和法律规定的权利;同时,未成年人还受到法律的特殊、优先保护。未成年人身心发育尚未健全,自我实现和主张合法权益的能力有限,其合法权益容易被忽视、被侵犯。本法将保障未成年人合法权益作为立法目的之一,就是要保护宪法和法律赋予未成年人的各种权利,保障未成年人依法获取的利益。肯定其权利、尊重其地位、保障其权益是构建未成年人保护制度体系的逻辑起点。

(3)促进未成年人德智体美劳全面发展。对未成年人进行保护,是为了更好地促进其全面发展。德智体美劳全面发展是对未成年人全面发展的高度概括,具体包括品德、智力、体质、审美、劳动五个方面,对应德育、智育、体育、美育和劳动教育五类教育活动。在本次修订中,强调德智体美劳全面发展,有利于纠正当前社会上过分重视未成年人智力培养,而忽视品德、体质、审美、劳动发展的不良倾向。

（4）培养有理想、有道德、有文化、有纪律的社会主义建设者和接班人。有理想，就是要树立崇高的理想和正确的世界观、人生观、价值观；有道德，就是要培育和践行社会主义核心价值观，树立和发扬社会公德、职业道德、家庭美德，培养良好个人品德；有文化，就是要自觉学习文化科学知识，提高文化素质，发扬热爱科学、追求知识、尊重人才的精神；有纪律，就是要增强社会主义的公民意识和法治意识，养成遵纪守法的良好习惯。

（5）培养担当民族复兴大任的时代新人。习近平总书记从新时代党和国家事业发展全局的战略高度，多次强调培养担当民族复兴大任的时代新人，这是新时代未成年人担负的历史使命。本次修订将“培养担当民族复兴大任的时代新人”作为立法目的之一，并紧紧围绕习近平总书记对“时代新人”提出的要求和标准，完善培养时代新人、造就时代新人的制度和措施。

二、立法依据

宪法是国家的根本法，是治国安邦的总章程，是党和人民意志的集中体现，具有最高的法律地位、法律权威、法律效力，具有根本性、全局性、稳定性、长期性。在中国特色社会主义法律体系中，宪法居于核心地位，所有的法律都是依据宪法制定的，都是对宪法精神、原则和制度的实现和具体化。本法是未成年人保护领域基础性、综合性法律，宪法是本法最根本、最重要的立法依据。宪法作为本法的立法依据，主要体现在两个方面：一是宪法确定的基本精神和基本原则在未成年人保护法制定和修订中得到遵循，成为未成年人保护法制定和修订的指导思想，并体现在具体条文中，尤其是 2018 年宪法修改的有关精神。二是将宪法有关未成年人保护的规定具体化。宪法第 46 条第 2 款规定：“国家培养青年、少年、儿童在品德、智力、体质等方面全面发展。”第 49 条第 1 款规定：“婚姻、家庭、母亲和儿童受国家的保护。”本次修订进一步对宪法的原则性规定进行具体化，尤其是作出更具可操作性的规定，确保宪法规定得到有效实施。

第二条　本法所称未成年人是指未满十八周岁的公民。

【释义】 本条是关于未成年人定义的规定。

本法的保护对象是未成年人这一特殊群体。除了未成年人保护法外，"未成年人"这一概念在民法典等其他法律中也有使用，但内涵不完全一致。另外，在不同国家、不同法律、不同文件中，还存在儿童、少年、青年等概念，指向的人群范围有交叉或者重叠。为了明确本法适用的对象范围，避免在认识和适用上产生歧义，本条对"未成年人"作出定义，即未满18周岁的公民。

一、未成年人应当未满18周岁

未成年人是相对成年人而言的，通常以生理年龄作为是否成年的标准。对于未成年人的年龄标准，各国的规定不尽相同。《联合国少年司法最低限度标准规则》规定，少年系指按照各国法律制度，对其违法行为可以以不同于成年人的方式进行处理的儿童或少年人。未成年人的年龄限度取决于各国本身的法律制度。遵循国际通行做法，我国民法典第17条规定，18周岁以上的自然人为成年人，不满18周岁的自然人为未成年人。同时，依据民法典第13条的规定，自然人从出生时起到死亡时止，具有民事权利能力，依法享有民事权利，承担民事义务。因此，未成年阶段包括从出生之日起至不满18周岁的阶段，胎儿在脱离母体前不是独立的个体，不属于未成年人。

需要注意的是，联合国《儿童权利公约》第1条规定，为本公约之目的，儿童系指18岁以下的任何人，除非对其适用之法律规定成年年龄低于18岁。因此，《儿童权利公约》中的"儿童"与本法所称的未成年人年龄是一致的。我国在批准《儿童权利公约》时声明：在符合宪法关于计划生育的规定的前提下，并根据未成年人保护法第2条的规定，履行公约第6条所规定的义务，即确认每个儿童均有固有的生命权，最大限度地确保儿童的存活与发展。未成年人保护法等相关法律对未成年人权利保护作出规定，也体现出我国对《儿童权利公约》规定义务的切实履行。

以不满 18 周岁作为未成年人的标准，与未成年人身心发展规律和特点相适应，与民法、刑法等其他相关法律规定也是协调一致的。不满 18 周岁的人心智相对还不成熟，辨认和控制自己行为的能力较弱，因此在法律上给予一定特殊保护。例如，依据民法典规定，成年人为完全民事行为能力人，可以独立实施民事法律行为；不满 18 周岁的人通常为限制民事行为能力人或者无民事行为能力人，需要法定代理人辅助实施或者代理实施民事法律行为。我国刑法规定，已满 14 周岁不满 18 周岁的人实施犯罪，应当从轻或者减轻处罚；犯罪时不满 18 周岁的人不适用死刑，等等。

二、应当是我国公民

法律的效力通常只及于一国领域范围内，对象主要是本国公民。因此，未成年人保护法将适用对象限定为公民。考虑到还有未满 18 周岁的外国人、无国籍人生活在我国境内，从履行有关国际义务角度出发，未成年人保护法在附则中作出规定，对中国境内未满 18 周岁的外国人、无国籍人，依照本法有关规定予以保护。

宪法第 33 条第 1 款规定："凡具有中华人民共和国国籍的人都是中华人民共和国公民。"根据国籍法的规定，父母双方或一方为中国公民，本人出生在中国，具有中国国籍；父母双方或一方为中国公民，本人出生在外国，具有中国国籍；父母无国籍或国籍不明，定居在中国，本人出生在中国，具有中国国籍；外国人或无国籍人，愿意遵守中国宪法和法律，并具有法定条件的，可以经申请批准加入中国国籍。父母双方或一方为中国公民并定居在外国，本人出生时即具有外国国籍的，不具有中国国籍。

根据宪法的规定，未成年人作为公民，与成年人平等地享有宪法和法律规定的权利，也履行宪法和法律规定的义务。鉴于未成年人的成长规律和身心特点，在社会生活、家庭生活等方面，给予未成年人特殊、优先照顾或者保护；在参与国家政治生活、社会管理等方面，对未成年人行使一些权利作出一定限制，如年满 18 周岁才有选举权和被选举权等。除了未满 18 周岁和公民这个两个条件外，本条未规定其他限定条件，不得以其他任何条件限制未成年人享有依据本法所应获得的权益。

第三条　国家保障未成年人的生存权、发展权、受保护权、参与权等权利。

未成年人依法平等地享有各项权利，不因本人及其父母或者其他监护人的民族、种族、性别、户籍、职业、宗教信仰、教育程度、家庭状况、身心健康状况等受到歧视。

【释义】　本条是关于未成年人平等享有权利的规定。

一、国家保障未成年人的生存权、发展权、受保护权、参与权等权利

依据本条第 1 款的规定，未成年人首先享有生存权、发展权、受保护权和参与权等权利。在肯定未成年人享有上述四类权利的基础上，本次修订还增加“国家保障”的表述，明确了国家责任，表明国家应当采取措施保障未成年人各项权利的实现，比如制定规划、投入资金、明确部门、建立体制、健全机制，等等。

生存权、发展权、受保护权和参与权是对《儿童权利公约》有关规定的概括，具有强烈的宣示意义。在制定未成年人保护相关法律、法规及文件时，经常将未成年人享有的权利概括为这四大类权利。例如，《中国儿童发展纲要（2001—2010 年）》提出：依法保障儿童生存权、发展权、受保护权和参与权。本法修订过程中，有意见提出，建议列举民法典等法律中规定的生命权、身体权、健康权、名誉权、受教育权等权利。考虑上述四大类权利与现有法律规定的权利是抽象与具体的关系,内容基本重合,因此仍采用概括性表述,既体现我国切实履行《儿童权利公约》有关义务,也有利于在未成年人保护领域更好地与国际接轨。

具体而言,生存权,是指未成年人享有其固有的生命权、健康权和获得基本生活保障等权利,包括未成年人享有生命、医疗保障、国籍、姓名、获得足够食物、拥有一定住所以及获得其他基本生活保障的权利。发展权,是指充分发展其全部体能和智能的权利,包括未成年人有权接受正规和非正规的教育,有权享有促进其身体、心理、精神、道德等全面发展的生活条件。受保护权,是指不受歧视、虐待和忽视的权利,包括保护未成年人免受歧视、剥削、酷刑、暴力或者疏忽照料,以及对失去家庭和处于特殊困境中的未成年人给予特别保护。参与权,是指参与家庭和社会生活,并就影响他们生活的事项发表意见的权利,成年人应当尊重未成年人的意见。

二、未成年人平等享有权利,不受歧视

未成年人不仅享有宪法法律赋予的各项权利,还平等地享有权利,这是宪法规定的法律面前一律平等原则的要求和体现。我国各个部门法从不同方面、不同领域,都对法律地位平等、平等享有权利和承担义务作出规定。落实宪法规定的平等原则,未成年人保护法规定:未成年人依法平等地享有各项权利,不仅包括宪法规定的公民基本权利,也包括法律规定的具体权利。

平等享有权利是一项基本的原则性要求,但在实践中未成年人可能因为种种因素受到歧视。针对未成年人受到歧视的现象和原因,本法在平等原则上进一步延伸出非歧视原则。依据《儿童权利公约》的规定,非歧视(平等保护)原则是指,不因儿童或其父母或法定监护人的种族、肤色、性别、语言、宗教、政治或其他见解、民族、族裔或社会出身、财产、伤残、出生或其他身份而有任何差别。本法修订前,第 3 条也规定未成年人不分性别、民族、种族、家庭财产状况、宗教信仰等,依法平等地享有权利。针对近年来一些未成年人遭受歧视的突出问题,本次修订进一步明确不仅不能因为其自身因素歧视未成年人,也不能因为父母或者其他监护人的因素歧视未成年人。这些因素包括民族、种族、性别、户籍、职业、宗教信仰、教育程度、家庭状况、身心健康状况等。

男女平等、民族平等、宗教信仰自由都是我国的宪法原则。不论本人及其父母或者其他监护人是何种性别,属于哪个民族或者种族,是否信仰宗教或者信仰哪种宗教,未成年人都平等地享有权利。在本次修订过程中,有意见提出家庭财产状况只是家庭状况的一部分,实践中存在因其他家庭状况歧视未成年人的现象,如单亲家庭、离异家庭等;由于城乡、区域之间的差异和不平衡,一些未成年人因户籍受到歧视;一些未成年人因父母或者其他监护人从事殡葬、传染病防治等职业受到歧视;一些未成年人因自身或者父母文化程度较低受到歧视;一些未成年人因自身或者父母感染严重疾病、身体残疾或者有精神障碍等受到歧视。为有效防治这些问题,本条将"家庭财产状况"修改为"家庭状况",进一步明确不因户籍、职业、教育程度、身心健康状况等因素受到歧视,更加全面地保护未成年人不受歧视。

第四条　保护未成年人,应当坚持最有利于未成年人的原则。处理涉及未成年人事项,应当符合下列要求:

(一)给予未成年人特殊、优先保护;

(二)尊重未成年人人格尊严;

(三)保护未成年人隐私权和个人信息;

(四)适应未成年人身心健康发展的规律和特点;

(五)听取未成年人的意见;

(六)保护与教育相结合。

【释义】　本条是关于未成年人保护的基本原则和要求的规定。

一、最有利于未成年人原则

最有利于未成年人原则，就是在保护未成年人的人身权利、财产权利及其他合法权益的过程中，要综合各方面因素进行权衡，选择最有利于未成年人的方案，采取最有利于未成年人的措施，实现未成年人利益的最大化。最有利于未成年人原则，与《儿童权利公约》规定的"儿童利益最大化原则"的内在精神是一致的。《儿童权利公约》第3条规定，关于儿童的一切行动，不论是由公私社会福利机构、法院、行政当局或立法机构执行，均应以儿童的最大利益为一种首要考虑。目前，许多国家都在国内法中确立或体现儿童利益最大化原则。在总则中明确最有利于未成年人原则，表明我国积极与国际接轨，切实履行国际公约义务。

在本法作出规定前，其他有关法律法规以及司法解释性质文件也从不同方面体现这一原则。例如，民法典第35条、第1044条分别规定，监护人应当按照最有利于被监护人的原则履行监护职责，收养应当遵循最有利于被收养人的原则。2014年，最高人民法院、最高人民检察院、公安部、民政部联合发布《关于依法处理监护人侵害未成年人权益行为若干问题的意见》，明确提出未成年人没有其他监护人的，人民法院根据最有利于未成年人的原则，在规定的人员和单位中指定监护人。指定个人担任监护人的，应当综合考虑其意愿、品行、身体状况、经济条件、与未成年人的生活情感联系以及有表达能力的未成年人的意愿等。

二、处理涉及未成年人事项应当符合的要求

作为一项基本原则，最有利于未成年人原则比较抽象，为了在实践中准确把握这一原则，本条进一步规定，处理未成年人事项，应当符合有关要求，这些要求是对最有利于未成年人原则的具体化。

（1）给予未成年人特殊、优先保护。未成年人是一个与成年人有鲜明差异，有着自身特点和特殊需求的独立群体，正如《儿童

权利宣言》所示,“儿童因身心尚未成熟,在其出生以前和以后均需要特殊的保护和照料,包括法律上的适当保护”。为了更有针对性地提供有效保护,本条规定“给予未成年人特殊、优先保护”这一要求。给予未成年人特殊保护,不仅包括不同于成年人的特殊保护,还包括对于留守未成年人、困境未成年人等特殊群体给予更多特殊照顾。给予未成年人优先保护,主要是指在制定法律法规、政策规划和配置公共资源等方面优先考虑未成年人,在不同群体利益难以兼顾时,优先保障未成年人权利,满足未成年人的需求。

(2)尊重未成年人人格尊严。人格尊严是一个人应有的最起码的社会地位,以及他人和社会最起码的尊重。宪法第38条规定:“中华人民共和国公民的人格尊严不受侵犯。禁止用任何方法对公民进行侮辱、诽谤和诬告陷害。”民法典编纂中单设人格权编,落实宪法规定要求,彰显保护人格权、尊重人格尊严。未成年人作为公民,同样享有肖像权、姓名权、名誉权、荣誉权等广泛的人格权利,其人格尊严同样应当得到尊重。但由于未成年人在生理、心理、智力、社会政治经济地位等方面相对弱势,其人格尊严容易被忽视,为贯彻和体现民法典人格权编的规定和精神,更好地保护未成年人合法权益,本条强调处理未成年人事项,应当尊重未成年人人格尊严。

(3)保护未成年人隐私权和个人信息。隐私是自然人的私人生活安宁和不愿为他人知晓的私密空间、私密活动、私密信息。隐私权是自然人对隐私的权利,是一种重要的人格权,包括:隐私享有权,即自然人有权对私密信息、私密活动和私密空间进行隐匿,有权享有生活安宁状态;隐私维护权,即自然人有权维护自己的隐私不受侵犯,有权寻求救济;隐私公开权,即自然人有权在法律和公序良俗所允许的范围内公开自己的隐私。个人信息是以电子或者其他方式记录的能够单独或者与其他信息结合识别特定自然人的各种信息,包括自然人的姓名、出生日期、身份证件号码、生物识别信息、住址、电话号码、电子邮箱、健康信息、行踪信息等。隐私权和个人信息在维护人格尊严、维护个人安宁、提高个人安全感、保护个人自由等方面具有重要意义。未成年人自身保护隐私权和个人信息的意识和能力相对弱，需要给予更多关注，为此本条新增"保护未成年人隐私权和个人信息"这一要求。

(4)适应未成年人身心健康发展的规律和特点。未成年人身心健康发展有其自身的规律和特点，未成年人随着年龄增长，身高体重逐步接近成年人，思维活动由简单到复杂，分析、判断问题的能力逐渐形成，社会经验得到一定积累，能预见和判断自己行为的后果，从而承担相应的责任。不同的年龄阶段有显著的阶段性特点，也有着不同的身心健康标准。民法、刑法根据未成年人各阶段特点，对不同阶段的民事行为能力和刑事责任能力作了区分。在未成年人保护领域，同样要关注未成年人的身心发展规律和特点，提出的要求和采取的措施应当符合其规律和特点，否则难以取得实效。

(5)听取未成年人的意见。听取未成年人的意见，尊重其真实意愿，是满足其合理需求，保障其参与权得以实现的重要方式。《儿童权利公约》明确提出，应确保有主见能力的儿童有权对影响到其本人的一切事项自由发表自己的意见，对儿童的意见应按照其年龄和成熟程度给以适当的看待。民法典第 35 条规定，未成年人的监护人履行监护职责，在作出与被监护人利益有关的决定时，应当根据被监护人的年龄和智力状况，尊重被监护人的真实意愿。尊重真实意愿的前提就是听取意见。为此，本条新增了"听取未成年人的意见"的要求，凡涉及处理未成年人事项，都应尊重未成年人的参与权和表达权，这样才能从最有利于未成年人原则出发作出判断。

(6)保护与教育相结合。未成年人的成长发展，离不开保护，但也不能片面地只讲保护，还应当强调教育。保护和教育，可谓未成年人保护工作的"鸟之双翼""车之双轮"，两者相互结合、相辅相成、不可偏废。在实施保护时，要考虑教育的因素和效果，在实现保护的同时促进教育；在进行教育时，同样也要注意保护的因素和力度，给予保护的同时教育未成年人实现自我保护。

第五条　国家、社会、学校和家庭应当对未成年人进行理想教育、道德教育、科学教育、文化教育、法治教育、国家安全教育、健康教育、劳动教育，加强爱国主义、集体主义和中国特色社会主义的教育，培养爱祖国、爱人民、爱劳动、爱科学、爱社会主义的公德，抵制资本主义、封建主义和其他腐朽思想的侵蚀，引导未成年人树立和践行社会主义核心价值观。

【释义】　本条是关于对未成年人进行教育的规定。

一、全社会都有对未成年人进行教育的责任

家庭是孩子人生的第一所学校，家庭教育对未成年人的个性、品质和健康成长起着极其重要的作用，对未成年人习惯的养成、学习态度以及学习成绩都有着重大的促进作用，有着学校教育、社会教育不可代替的作用。因此，做好家庭教育对未成年人身心健康成长是极其重要的，也是非常必要的。家庭要配合学校、配合老师，扎扎实实地做好家庭教育工作。但是，对未成年人进行教育，不仅仅是家庭的责任。未成年人要进入幼儿园接受学前教育，进入各类学校接受小学、初中、高中各阶段的教育。因此，学校也负有对未成年人进行教育的责任。此外，国家也通过制定各种法律、法规、政策措施，保障未成年人得到较好的教育。给未成年人创造更好的学习和成长氛围，是国家、社会、学校以及家庭义不容辞的责任。所以，对未成年人进行教育是全社会的责任。

二、对未成年人进行八个方面的教育

对未成年人进行教育，应当是全面的教育。按照本条的规定，应当对未成年人进行理想教育、道德教育、科学教育、文化教育、法治教育、国家安全教育、健康教育、劳动教育等八个方面的教育。

(1)理想教育。理想教育是思想品德教育的重要内容,侧重于让未成年人树立远大理想,胸怀中国特色社会主义事业和中华民族的伟大复兴。通过宣传教育的手段,帮助未成年人树立积极的奋斗目标,增强社会责任感。

(2)道德教育。是对受教育者有目的地施以道德影响的活动。是对未成年人进行社会主义道德原则和道德规范的教育,进行个人品德、家庭美德、社会公德、环境道德的教育,培养未成年人拥有正确的道德认识、高尚的道德情感、坚强的道德意志和良好的道德行为习惯。

(3)科学教育。是一种以传授基本科学知识为手段,以素质教育为依托,体验科学思维方法和科学探究方法,培养科学精神与科学态度,建立完整的科学知识观与价值观,进行科研基础能力训练和科学技术应用的教育。科学教育是以全体青少年为主体,以学校教育为主阵地,以自然科学学科教育为主要内容,并涉及技术、科学史、科学哲学、科学文化学、科学社会学等学科的整体教育,以期使青少年掌握自然科学的基本知识和基本技能,学会科学方法,体验科学探究,理解科学技术与社会关系,把握科学本质,养成科学精神,全面培养和提高科学素养。

(4)文化教育。侧重于帮助和引导未成年人掌握基本的科学文化知识。

(5)法治教育。《中共中央关于全面推进依法治国若干重大问题的决定》中指出,要增强全社会学法尊法守法用法意识,使法律为人民所掌握、所遵守、所运用。要推动全社会树立法治意识。坚持把全民普法和守法作为依法治国的长期基础性工作,深入开展法治宣传教育,引导全民自觉守法。把法治教育纳入国民教育体系,从青少年抓起,在中小学设立法治知识课程。因此,法治教育必须从未成年人开始抓起,使其从小树立法治意识。对未成年人进行法治教育,是为了贯彻落实依法治国方略,以实现未成年人知法、守法、用法、信法为教育目的。

（6）国家安全教育。国家安全，是指国家政权、主权、统一和领土完整、人民福祉、经济社会可持续发展和国家其他重大利益相对处于没有危险和不受内外威胁的状态，以及保障持续安全状态的能力。按照国家安全法的规定，国家加强国家安全新闻宣传和舆论引导，通过多种形式开展国家安全宣传教育活动，将国家安全教育纳入国民教育体系和公务员教育培训体系，增强全民国家安全意识。对未成年人进行国家安全教育，目的是让未成年人树立总体国家安全观，增强国家安全意识。按照2018年4月教育部印发的《关于加强大中小学国家安全教育的实施意见》的要求，小学生应了解国家安全基本常识，增强爱国主义情感；中学生应掌握国家安全基础知识，增强国家安全意识；大学生应接受国家安全系统化学习训练，增强维护国家安全的责任感和能力。

（7）健康教育。是通过有计划、有组织、有系统的社会教育活动，使人们自觉地采纳有益于健康的行为和生活方式，消除或减轻影响健康的危险因素，预防疾病，促进健康，提高生活质量，并对教育效果作出评价。健康教育的核心是教育未成年人树立健康意识、促使未成年人改变不健康的行为生活方式，养成良好的行为生活方式，以减少或消除影响健康的危险因素。对未成年人进行健康教育，能帮助未成年人了解哪些行为是影响健康的，并能自觉地选择有益于健康的行为生活方式，养成科学、文明、健康的生活习惯。健康教育应该从小学开起，不同学段开设不同深度的健康教育课，让学生成长为身体健康、人格健全、心理健康的完整社会人。

（8）劳动教育。劳动教育是国民教育体系的重要内容，是学生成长的必要途径，具有树德、增智、强体、育美的综合育人价值。通过劳动教育，使未成年人树立正确的劳动观点和劳动态度，热爱劳动和劳动人民，养成劳动习惯，是人德智体美劳全面发展的主要内容之一。

三、加强对未成年人思想道德品质教育

按照本条规定，应当加强爱国主义、集体主义和中国特色社会主义的教育。对未成年人进行教育，要突出重点，最主要的就是思想道德教育。爱国主义，是指个人或集体对祖国的一种积极和支持的态度，揭示了个人对祖国的依存关系，是人们对自己的家园以及民族和文化的归属感、认同感、尊严感与荣誉感的统一。集中表现为民族自尊心和民族自信心，为保卫祖国和争取祖国的独立富强而献身的奋斗精神。集体主义，是主张个人从属于社会，个人利益应当服从集团、民族和国家利益的一种思想理论，是一种精神，最高标准是一切言论和行动符合人民群众的集体利益。中国特色社会主义，又称"具有中国特色的社会主义"。包括中国特色社会主义道路、理论、制度、文化。

2004 年，《中共中央、国务院关于进一步加强和改进未成年人思想道德建设的若干意见》中指出，加强和改进未成年人思想道德建设是一项重大而紧迫的战略任务。面对国际国内形势的深刻变化，未成年人思想道德建设既面临新的机遇，也面临严峻挑战。面对新的形势和任务，未成年人思想道德建设工作还存在许多不适应的地方和亟待加强的薄弱环节。在对未成年人进行理想教育、道德教育的过程中，必须坚持正确的方向，坚持进行爱国主义、集体主义和中国特色社会主义的教育。意见中指出，未成年人思想道德建设的主要任务是：(1)从增强爱国情感做起，弘扬和培育以爱国主义为核心的伟大民族精神。深入进行中华民族优良传统教育和中国革命传统教育、中国历史特别是近现代史教育，引导广大未成年人认识中华民族的历史和传统，了解近代以来中华民族的深重灾难和中国人民进行的英勇斗争，从小树立民族自尊心、自信心和自豪感。(2)从确立远大志向做起，树立和培育正确的理想信念。进行中国革命、建设和改革开放的历史教育与国情教育，引导广大未成年人正确认识社会发展规律，正确认识国家的前途和命运，把个人的成长进步同中国特色社会主义伟

大事业、祖国的繁荣富强紧密联系在一起，为担负起建设祖国、振兴中华的光荣使命做好准备。(3)从规范行为习惯做起，培养良好道德品质和文明行为。大力普及“爱国守法、明礼诚信、团结友善、勤俭自强、敬业奉献”的基本道德规范，积极倡导集体主义精神和社会主义人道主义精神，引导广大未成年人牢固树立心中有祖国、心中有集体、心中有他人的意识，懂得为人做事的基本道理，具备文明生活的基本素养，学会处理人与人、人与社会、人与自然等基本关系。进入新时代，要加强对未成年人新时代中国特色社会主义的教育。

四、培养未成年人“五爱”公德

按照本条规定，要培养未成年人爱祖国、爱人民、爱劳动、爱科学、爱社会主义的公德。这“五爱”是中国特色社会主义道德建设的基本要求，是社会主义精神文明的重要组成部分。未成年人尚未成熟，容易受外界不良思想的影响，因此，对未成年人进行教育时，必须注重培养其爱祖国、爱人民、爱劳动、爱科学、爱社会主义的良好公德。爱国主义教育，是指树立热爱祖国并为之献身的思想教育。爱国主义教育是思想政治教育的重要内容。爱国主义是一面具有强大号召力的旗帜，是中华民族的优良传统。进行爱国主义教育，就是要从学习历史入手，特别是要学习近代史和现代史，使未成年人了解祖国的历史和现状，引导他们树立民族自尊心和自信心，树立对自己祖国的高度责任感和祖国利益高于一切的思想，树立为祖国、为人民勇于献身的精神。爱人民，就是教育未成年人懂得维护人民群众的根本利益，全心全意为人民服务的基本内涵，以符合最广大人民群众的最大利益，为最广大人民群众所拥护为最高标准。爱劳动，就是教育未成年人尊重劳动，热爱劳动，从小养成爱劳动的习惯。按照本法规定，学校应当组织未成年学生参加与其年龄相适应的日常生活劳动、生产劳动和服务性劳动，帮助未成年学生掌握必要的劳动知识和技能，养成良好的劳动习惯。爱科学，就是要培养未成年人了解科学知识,掌握科学方法,树立科学思想,崇尚科学精神,学会从科学角度去理解、认识世界。要培养未成年人爱社会主义,就要让他们充分认识社会主义制度的优越性,从小树立对祖国社会主义的制度自信。

五、教育未成年人抵制腐朽思想的侵蚀

在培养未成年人"五爱"公德的同时,要教育未成年人自觉抵制资本主义、封建主义和其他腐朽思想的侵蚀。我国实行对外开放,有利于人们开阔眼界、活跃思想,增强开拓创新精神,但国外资本主义腐朽思想文化也会乘虚而入。资本主义腐朽思想在中国主要表现为利己主义、自由主义、拜金主义和享乐主义。如果未成年人受到资本主义思想的影响,就会对理想、前途丧失信心,追求享乐,损人利己,追求个人主义,严重影响其身心健康。封建主义腐朽思想主要表现为人身依附观念、宗法观念、等级观念、特权观念、官商作风、家长制、个人迷信、重男轻女、门第观念等。它束缚人们的思想,阻碍社会的进步。由于未成年人世界观、人生观尚未完全形成,可塑性很强,腐朽的思想文化和生活方式,是瓦解、动摇未成年人的斗志,破坏社会团结稳定的腐蚀剂。因此,教育、培养未成年人抵制腐朽思想的侵蚀显得尤为重要。

六、引导未成年人树立和践行社会主义核心价值观

社会主义核心价值观的基本内容是:富强、民主、文明、和谐、自由、平等、公正、法治、爱国、敬业、诚信、友善。习近平总书记曾经指出,让社会主义核心价值观的种子在少年儿童心中生根发芽,把国家、人民、民族装在心中。这对未成年人进行社会主义核心价值观教育提出了要求。党的十九大报告中指出,社会主义核心价值观是当代中国精神的集中体现,凝结着全体人民共同的价值追求。贯彻党的十九大精神,要以培养担当民族复兴大任的时代新人为着眼点,强化教育引导、实践养成、制度保障,发挥社会主义核心价值观对国民教育、精神文明创建、精神文化产品创作

生产传播的引领作用，把社会主义核心价值观融入社会发展各方面，从家庭做起，从娃娃抓起。国家、社会、学校和家庭要通过适当的方式，加强教育，引导未成年人树立和践行社会主义核心价值观，关键是引导未成年人领会社会主义核心价值观的内涵及精神实质，要真学、真领会，让未成年人将社会主义核心价值观内化于心，能够在言行中充分体现。

第六条　保护未成年人，是国家机关、武装力量、政党、人民团体、企业事业单位、社会组织、城乡基层群众性自治组织、未成年人的监护人以及其他成年人的共同责任。

国家、社会、学校和家庭应当教育和帮助未成年人维护自身合法权益，增强自我保护的意识和能力。

【释义】　本条是关于全社会共同承担保护未成年人责任的规定。

一、保护未成年人是全社会的共同责任

按照本条第 1 款的规定，国家机关、武装力量、政党、人民团体、企业事业单位、社会组织、城乡基层群众性自治组织、未成年人的监护人以及其他成年人，都有保护未成年人的责任，应当按照各自的职责做好未成年人保护工作。

(1)国家机关。我国国家机关分为权力机关、行政机关、监察机关、审判机关等。国家机关在未成年人保护工作中起主导作用，承担着非常重要的责任：权力机关负责制定有关未成年人保护方面的法律、地方性法规，并对法律、地方性法规的执行情况进行监督。人民政府是未成年人保护工作的行政领导机关，在未成年人保护工作中起组织、协调作用。政府部门是具体实施保护未成年人的行政机关，根据各自的职责履行不同的保护任务，对未成年人有保护职责的政府部门包括教育、公安、民政、卫生等部门。检察机关在控检涉及未成年人权益的刑事案件中有保护未成年人的职责,包括控检犯罪、打击侵犯未成年人的犯罪行为、保护未成年人,以及未成年人涉嫌犯罪等。人民法院在审理涉及未成年人权益的各类案件中有保护未成年人的职责。

(2)武装力量。广义的武装力量,是指各种武装组织和装备设置的总称,既包括武装组织,也包括武器装备。狭义的武装力量,是指武装力量组织,国防法中规定的武装力量也是指武装力量组织。根据国防法的规定,我国的武装力量组织由中国人民解放军现役部队和预备役部队、中国人民武装警察部队和民兵组成。武装力量是我国和平与安全的保卫者和维护者,在保护未成年人工作中起着重要作用。

(3)政党。政党是现代社会的一种重要政治组织,在我国,中国共产党是社会主义各项事业的领导核心,我们党历来重视未成年人的保护工作,在未成年人保护工作中起到举足轻重的作用。我们党对未成年人的保护主要体现在制定有关方针政策上。新中国成立以来,中国共产党制定了很多保护未成年人权益的政策文件,并在有关涉及青少年问题的文件中强调对未成年人的保护。我国其他民主党派也承担保护未成年人的相关责任。

(4)人民团体。人民团体是我国政治体制的重要组成部分,是我国重要的社会政治力量。人民团体,是指各工商联、各级工、青、妇等人民群众团体,是由中国共产党领导的,按照其各自特点组成的从事特定的社会活动的全国性群众组织。具体包括:中华全国总工会、共青团、全国妇联、全国工商联、全国青联、中国科协、全国台联、全国侨联等八个人民团体。人民团体也负有保护未成年人的责任,有的人民团体还承担了较多的保护未成年人工作,如共青团、工会、妇联等,在保护未成年人的工作中发挥着重要的作用。

(5)企业事业单位。企业作为经济组织,是国民生产的主要部门,是经济发展的决定力量,在未成年人保护工作中承担重要责任。例如,生产、销售用于未成年人的食品、药品、玩具、用具和游戏游艺设备、游乐设施等，应当符合国家标准或者行业标准，不得危害未成年人的人身安全和身心健康。文化、教育、卫生、科研、体育等事业单位承担着丰富人民精神文化生活、提高人民文化素质、保障人民身体健康、增强人民身体素质、推动社会科学进步、发展社会公益事业、推动社会全面进步的重要任务。事业单位在保护未成年人工作中起着不可替代的作用，承担较大的责任。例如，新闻媒体应当加强未成年人保护方面的宣传，对侵犯未成年人合法权益的行为进行舆论监督；图书馆、青少年宫、儿童活动中心等青少年活动场所应当对未成年人免费开放，等等。

(6)社会组织。是指区别于政党、政府、企业事业单位，由一定数量的社会成员为实现特定的社会目标，执行特定的社会职能，根据约定的准则和规章相互协作、共同活动的社会群体。社会组织在保护未成年人工作中也负有一些责任，比如，开展家庭教育指导服务，为未成年人的心理辅导、康复救助、监护及收养评估等提供专业服务。

(7)城乡基层群众性自治组织。是中国在城市和农村按居民的居住地区建立起来的居民委员会或者村民委员会，是城市居民或农村村民自我管理、自我教育、自我服务的组织。村民委员会和居民委员会的工作经常涉及未成年人的保护。按照本法规定，居民委员会、村民委员会应当设置专人专岗负责未成年人保护工作，协助政府有关部门宣传未成年人保护方面的法律法规，指导、帮助和监督未成年人的父母或者其他监护人依法履行监护职责，建立留守未成年人、困境未成年人的信息档案并给予关爱帮扶。居民委员会、村民委员会应当协助政府有关部门监督未成年人委托照护情况，发现被委托人缺乏照护能力、怠于履行照护职责等情况，应当及时向政府有关部门报告，并告知未成年人的父母或者其他监护人，帮助、督促被委托人履行照护职责。

(8)未成年人的监护人。家庭保护是未成年人保护体系中最重要的环节之一，监护人应切实承担起保护责任，如创造良好、和睦、文明的家庭环境；依法履行对未成年人的监护职责。禁止对未成年人实施家庭暴力;禁止虐待、遗弃、非法送养未成年人,等等。

(9)其他成年人。除了未成年人的监护人以外,对未成年人负有保护义务的成年人还包括其他成年人。这些人一是要遵守未成年人保护的法律、法规等;二是当发现未成年人受到侵害等情况时,应当予以保护。例如,任何人不得在学校、幼儿园和其他未成年人集中活动的公共场所吸烟、饮酒;任何组织或者个人不得隐匿、毁弃、非法删除未成年人的信件、日记、电子邮件或者其他网络通讯内容等。

二、未成年人自我保护意识的培养

任何组织和个人对未成年人的保护都是一种外在的保护,固然重要也非常必要,但不可能进行时时处处、无时无刻的保护。为全面保护未成年人,本条第 2 款规定,国家、社会、学校和家庭应当教育和帮助未成年人维护自身合法权益,增强自我保护的意识和能力。

(1)教育和帮助未成年人维护自身合法权益。当未成年人合法权益受到侵犯时,国家、社会、学校和家庭都有义务帮助未成年人维护自身合法权益。如按照本法规定,国家机关、居民委员会、村民委员会、密切接触未成年人的单位及其工作人员,在工作中发现未成年人身心健康受到侵害、疑似受到侵害或者面临其他危险情形的,应当立即向公安、民政、教育等有关部门报告。在帮助未成年人维护自身合法权益的同时,教育未成年人如何维护自身合法权益也非常重要。现代社会是法治社会,国家、社会、学校和家庭应教育未成年人知法、懂法、守法,积极运用法律武器,维护自身的合法权益。

(2)教育和帮助未成年人增强自我保护的意识和能力。未成年人是祖国的希望,正处于长知识、长身体的重要时期,心智、社会经验等各方面都还不成熟,而且复杂的社会环境也存在很多不利于他们健康成长的因素,因此需要加强对未成年人的保护。其中最重要、最核心的保护是要加强对未成年人的自我保护意识和提高自我保护能力的教育,学校、家庭、社会在这方面都承担着义不容辞的责任。如按照本法规定,学校、幼儿园应当对未成年人开展适合其年龄的性教育,提高未成年人防范性侵害、性骚扰的自我保护意识和能力。实践中很多例子都说明了未成年人增强自我保护意识和能力,会在很大限度上减少受侵害的机会及其程度。教育未成年人增强自我保护意识,提高自我保护能力,侧重教育未成年人敢于和善于维护自己的合法权益,知道获得法律帮助的方式和途径,敢于运用法律武器同违法犯罪行为作斗争。在日常生活中,遇到突发或意外伤害时,如何运用有效的自我保护方法和技能,保护自己免受不法侵害;当自己的合法权益受到不法侵害后,如何运用法律手段维护自己的合法权益。未成年人在进行自我保护的时候,不得以自我保护为借口,损害国家、社会、集体的利益,以及其他公民合法的权利和自由。

第七条　未成年人的父母或者其他监护人依法对未成年人承担监护职责。

国家采取措施指导、支持、帮助和监督未成年人的父母或者其他监护人履行监护职责。

【释义】　本条是关于监护人和国家在监护方面的责任的规定。

一、父母或者其他监护人的监护职责

未成年人通常是无民事行为能力或者限制民事行为能力人,其健康成长离不开监护人的监护。针对父母或者其他监护人不依法履行监护职责的突出问题,本条第1款明确父母或者其他监护人是第一责任主体,对未成年人监护负有直接责任,这与《儿童权利公约》以及其他有关法律是一致的。《儿童权利公约》第18条明确提出,父母或视具体情况而定的法定监护人对儿童的养育和发展负有首要责任。基于父母与未成年人子女的关系最为紧密,父母无条件地成为未成年人的监护人。民法典第 27 条第 1 款规定,父母是未成年子女的监护人。只有在父母死亡或者没有监护能力的情况下,才可以由其他个人或者有关组织担任监护人。第 2 款规定,除了父母以外,可能成为监护人的个人和组织包括:有监护能力的祖父母、外祖父母;兄、姐;其他愿意担任监护人的个人或者组织,但是须经过未成年人住所地的居民委员会、村民委员会或者民政部门同意。民法典第 29 条规定,被监护人的父母担任监护人的,可以通过遗嘱指定监护人。因此,其他监护人还包括父母通过遗嘱指定的人。

依据民法典第 34 条的规定,监护人的职责是代理被监护人实施民事法律行为,保护被监护人的人身权利、财产权利以及其他合法权益等。本法第 16 条对父母或者其他监护人应当履行的监护职责作了具体列举性规定,同时第 17 条从不得实施的行为角度,对父母的监护职责作出完善。另外,在家庭保护专章中,还在其他规定中对父母的监护职责进行了充实。例如,第 18 条规定,父母或者其他监护人应当采取措施,保护未成年人在家庭生活、交通出行、户外活动等方面的人身安全。义务教育法、民事诉讼法、刑事诉讼法等法律中也有监护人监护职责的有关规定,也是父母或者其他监护人履行监护职责的法律依据。

二、国家对监护的指导、支持、帮助和监督

父母或者其他监护人是履行监护职责的第一责任人,同时国家也负有不可推卸的责任。《儿童权利公约》指出,家庭作为社会的基本单元,作为家庭所有成员、特别是儿童的成长和幸福的自然环境,应获得必要的保护和协助,以充分负起它在社会上的责任。根据该公约规定,国家应承担儿童权益保障的全局责任,包括:一是普遍责任,国家须“确保儿童享有其幸福所必需的保护和照料”,采取一切适当的立法和行政措施规范父母、法定监护人或其他责任个体的权利和义务,并确保有关机构、服务部门及设施符合主管当局规定的标准;二是兜底责任,国家应“最大限度地确

保儿童的存活与发展”，并有责任“采取一切适当的立法、行政和其他措施”为困境儿童提供其所需的救济、保护和保障。

本次修订前，未成年人保护法设有家庭保护、学校保护、社会保护、司法保护，没有“政府保护”专章，国家相关部门保护未成年人职责的规定分散在“社会保护”一章。在实践中，当出现父母不当、不会、不能或者拒绝履行监护职责，或者因为其他原因导致未成年人处在无人监护状态时，国家责任的不明确，导致出现一些侵害未成年人权益的恶性事件。针对暴露出来的问题，国务院于2016年先后出台《关于加强农村留守儿童关爱保护工作的意见》和《关于加强困境儿童保障工作的意见》，拓宽了国家在未成年人保护中的责任，将因各种原因导致家庭无法给予充分保障而处于困境中的儿童均纳入了国家应当提供福利支持的范围。

在总结实践经验基础上，本条第2款规定，国家采取措施指导、支持、帮助和监督未成年人的父母或者其他监护人履行监护职责，既明确了国家在未成年人监护中的职责，也明晰了国家与监护人之间的关系。国家通过设立专门机构或者指定专门人员，开展家庭教育指导服务，发展托育、学前教育事业，保障完成义务教育，提供卫生保健服务，对困境未成年人实施分类保障等多种方式，指导、支持、帮助未成年人的父母或者其他监护人履行监护职责。同时，当父母或者监护人不依法履行监护职责或者侵犯未成年人合法权益时，由居民委员会、村民委员会劝诫、制止；情节严重的，公安机关予以训诫，并可以责令其接受家庭教育指导，体现国家的监督职责。

需要注意的是，国家除了承担指导、支持、帮助和监督的职责外，还有一个重要的兜底性责任，即因各种原因出现没有监护人的情况时，由国家对未成年人履行监护职责，具体由民政部门承担。民法典第32条规定：“没有依法具有监护资格的人的，监护人由民政部门担任，也可以由具备履行监护职责条件的被监护人住所地的居民委员会、村民委员会担任。”本法第92条、第94条分别对民政部门依法对未成年人进行临时监护和长期监护的情形作出明确规定,进一步强化和完善了国家的兜底责任。

第八条 县级以上人民政府应当将未成年人保护工作纳入国民经济和社会发展规划,相关经费纳入本级政府预算。

【释义】 本条是关于政府对未成年人保护工作的有关保障的规定。

一、将未成年人保护工作纳入发展规划

国民经济和社会发展规划是全国或者某一地区经济、社会发展的总体纲要,是具有战略意义的指导性文件,统筹安排和指导全国或某一地区的社会、经济、文化建设工作。国民经济和社会发展规划是国家加强和改善宏观调控的重要手段,也是政府履行经济调节、市场监管、社会管理和公共服务职责的重要依据。编制、实施国民经济和社会发展规划,是政府履行经济调节、市场监管、社会管理和公共服务职能的重要手段,对实现政府制定的战略目标、弥补市场缺陷、有效配置资源、促进共同富裕和经济社会协调发展具有十分重要的意义。

按照本条规定,县级以上人民政府应当将未成年人保护工作纳入国民经济和社会发展规划。本条规定的责任主体是县级以上人民政府,不包括乡镇一级政府。国民经济和社会发展"十三五"规划中提出,保障妇女和未成年人权益。我国已经制定了《中国儿童发展纲要(2011—2020年)》。按照纲要的要求,县级以上地方人民政府依据本纲要,结合实际制定本地区儿童发展规划。国务院及地方政府各有关部门、相关机构和社会团体结合各自职责,按照任务分工,制定实施方案,形成全国儿童发展规划体系。许多地方都制定了本地区的儿童发展规划。要加强纲要与国民经济和社会发展规划的衔接。在经济和社会发展总体规划中体现未成年人优先原则,将未成年人发展的主要指标纳入经济和社会发展总体规划及专项规划，统一部署，统筹安排，同步实施，同步发展。将未成年人保护工作纳入国民经济和社会发展规划，有利于各级政府、各有关部门树立保护未成年人的全局意识，有利于将未成年人保护工作纳入各级政府的工作大局，从总体上和宏观上予以考虑部署，从而提高各级政府和有关部门做好未成年人保护工作的责任意识，并在本职工作中积极贯彻落实。

二、相关经费纳入预算

按照本条规定，县级以上人民政府应当将相关经费纳入本级政府预算。财政预算是政府活动计划的反映，它体现了政府及其财政活动的范围、政府在特定时期所要实现的政策目标和政策手段。财政预算是由政府编制、经立法机关审批。纲要要求保障儿童发展的经费投入。各级政府将实施纲要所需经费纳入财政预算，加大经费投入，并随着经济增长逐步增加。重点扶持贫困地区和少数民族地区未成年人的发展。动员社会力量，多渠道筹集资金，支持未成年人的发展。本条要求将未成年人保护工作的相关经费纳入本级政府预算，使未成年人保护工作相关经费形成稳定的经费保障机制，可以较好地保障未成年人保护工作的落实。这里讲的相关经费，包括对困境未成年人实施保障等所需要的费用。

第九条　县级以上人民政府应当建立未成年人保护工作协调机制，统筹、协调、督促和指导有关部门在各自职责范围内做好未成年人保护工作。协调机制具体工作由县级以上人民政府民政部门承担，省级人民政府也可以根据本地实际情况确定由其他有关部门承担。

【释义】　本条是关于未成年人保护工作协调机制的规定。

一、县级以上人民政府应当建立未成年人保护工作协调机制

未成年人保护工作是一项复杂的社会系统工程,需要包括国家机关、武装力量、政党、人民团体、企业事业单位、社会组织、城乡基层群众性自治组织、家庭及公民个人在内的社会各方面分工协作、共同努力,其中各级人民政府担负着重要的保护职责。长期以来,未成年人保护工作涉及政府部门多,条块分割、多头管理、各自为政,缺乏明确的协调机制与工作机构,缺乏长远统一的规划;各个政府部门之间责任边界不够清晰,资源重复投入;日常缺少监督指导,"救急救火式"被动工作多,出了问题时相互推诿扯皮多。尽管国家投入大量人力、物力,但未成年人保护工作始终形不成合力,影响党和国家法律政策的贯彻落实。为此,本条明确规定县级以上人民政府应当建立未成年人保护工作协调机制,包括国务院和县级以上地方人民政府。未成年人保护工作协调机制的责任主体是政府,代表的是人民政府,履行的是政府职责,不是单个部门的职责。与以往相比,在法律中首次明确提出建立未成年人保护工作协调机制,这是一个前所未有的重要进步。

二、未成年人保护工作协调机制的职责

未成年人保护工作协调机制的职责具体包括统筹、协调、督促和指导有关部门在各自职责范围内做好未成年人保护工作。统筹是指通过出台相关政策文件,制订工作规划计划,提出实施方案和举措等方式,对本行政区域内未成年人保护工作进行统筹规划,作出部署安排,整合各方资源,形成工作合力;协调是指通过联席会议、沟通交流、联络员、信息反馈等机制,协调各部门之间的工作安排和进度,化解工作中的分歧和争议,实现分工明确、优势互补、步调一致;督促是指通过督导检查、执法检查等方式,监督和推动有关部门认真履职、落实责任;指导是指通过宣传相关法律法规及政策、开展研究讨论、进行专项调研等方式,提出指

导意见、推广工作经验。未成年人保护工作协调机制发挥统筹、协调、督促和指导作用，并不改变或者替代各部门自身职责，而是为了更好地推动有关部门履行好各自的职责。

三、协调机制具体工作的承担部门

协调机制的运作涉及大量具体工作，需要有一个较为明确的部门承担。在修订过程中，修订草案初次审议稿规定协调机制具体工作由同级民政部门承担。对此，有的常委委员、部门和地方提出，有些地方规定政府其他部门也承担相应的工作，建议予以体现，给予地方一定的灵活性。据了解，目前多数地方未成年人保护工作协调议事机构设在共青团，福建、上海的未成年人保护工作协调议事机构设在教育部门，云南由妇女儿童工作委员会承担未成年人保护协调工作。在深入调研和广泛听取意见基础上，本条规定协调机制具体工作由县级以上人民政府民政部门承担，省级人民政府也可以根据本地实际情况确定由其他有关部门承担。具体理解上，应当把握好以下几个方面：

一是协调机制具体工作由政府部门承担。这是本法修改过程中一贯坚持的明确立场。在以往的实践中，各地存在由共青团、妇联等群团组织承担的情况，这些组织也发挥了较大作用。但未成年人保护工作大量涉及的是政府及其部门的职责，由群团组织协调政府有关部门、法院、检察院等各方面，力度总体有限，难以适应未来发展需要。从工作力度和有效性考虑，本条规定由政府部门承担。

二是协调机制具体工作原则上由县级以上人民政府民政部门承担。民政部门承担流浪乞讨儿童、留守儿童、困境儿童救助保障工作，发挥了国家的兜底责任。在党和国家机构改革中，民政部单设了儿童福利司，地方民政部门也正在加强相关组织建设，工作力度进一步加强。综合考虑，原则上调机制具体工作由县级以上人民政府民政部门承担，从国务院到县级人民政府，上下统一均由民政部门承担，符合法律规定。

三是适当兼顾地区间的差异，给予地方一定的灵活性。从实践经验和效果看，个别地方协调议事机构设在教育等部门，也取得了良好成效。考虑到地方实际，以及本次党和国家机构改革未对未成年人保护工作协调机制提出具体要求，各地可依据相关部门的“三定”规定确定具体分工，在原则性规定之外，还规定“省级人民政府也可以根据本地实际情况确定由其他有关部门承担”。省级人民政府指的是各省、自治区、直辖市人民政府。需要注意的是，新修订的未成年人保护法自 2021 年 6 月 1 日施行，这也给有关地方落实法律修改精神，及时建立健全未成年人保护工作协调机制，调整明确具体工作承担部门留出时间。

第十条　共产主义青年团、妇女联合会、工会、残疾人联合会、关心下一代工作委员会、青年联合会、学生联合会、少年先锋队以及其他人民团体、有关社会组织，应当协助各级人民政府及其有关部门、人民检察院、人民法院做好未成年人保护工作，维护未成年人合法权益。

【释义】 本条是关于群团组织及有关社会组织职责的规定。

一、群团组织及社会组织的协助职责

群团组织，是群众性团体组织的简称。随着社会主义建设事业不断发展，除八大人民团体外，其他群团组织也在不断成立和发展。我国的群众性团体组织一般是在党的领导下获得政府的认可和支持后成立的，是党密切联系群众的重要渠道。截至 2019 年，由中央编办管理机构编制的群众性团体组织共 22 个，包括全国总工会、共青团中央、全国妇联、中国文联、中国作协、中国科协、全国侨联、中国法学会、对外友协、中华全国新闻工作者协会（中国记协）、全国台联、贸促会、中国残联、红十字会、外交学会、宋庆龄基金会、黄埔军校同学会、欧美同学会、思想政治工作研究会、中华职业教育社、全国工商联、计划生育协会。社会组织，是指区别于政党、政府，由一定数量的社会成员为实现特定的社会目标，执行特定的社会职能，根据给定的准则和规章相互协作、共同活动的社会群体。社会组织包括社会团体、基金会和社会服务机构。群团组织及有关社会组织在未成年人保护工作中有着特殊的地位，其所起到的帮助、保护和协助保护的作用是其他任何组织无法替代的。按照本法规定，各级人民政府鼓励和支持有关人民团体、企业事业单位、社会组织开展家庭教育指导服务；为未成年人提供职业技能培训服务；参与建设未成年人保护服务平台、服务热线、服务站点，提供未成年人保护方面的咨询、帮助。

按照本条规定，有责任协助各级人民政府及其有关部门、人民检察院、人民法院做好未成年人保护工作的群团组织及有关社会组织主要是共产主义青年团、妇女联合会、工会、残疾人联合会、关心下一代工作委员会、青年联合会、学生联合会、少年先锋队以及其他人民团体。这些组织与未成年人的关系相当密切，除了要协助各级人民政府做好未成年人保护工作、维护未成年人的合法权益外，还应该承担主动开展适合未成年人特点的，有利于未成年人健康成长的具有知识性、趣味性的各类活动以及帮助未成年人遵纪守法的职责。除以上八个组织以外，其他人民团体如侨联、台联等也在某些方面承担协助政府做好未成年人保护工作的职责。此外，还有有关的社会组织，如由民间出资成立的，直接提供各种社会服务的各种民办学校、医院、福利机构等非会员制组织——民办非企业单位。这些社会组织也有协助政府做好未成年人保护工作，维护未成年人合法权益的职责。本法也鼓励一些科研机构和科技类社会组织对未成年人开展科学普及活动。

二、未成年人保护工作需要社会各方面通力合作，互相配合

保护未成年人是全社会的责任，做好未成年人保护工作，维护未成年人的合法权益也是有关单位、组织的责任。因此，本条规定，有关群团组织、有关社会组织，应当协助各级人民政府及其

有关部门、人民检察院、人民法院做好未成年人保护工作，维护未成年人合法权益。在未成年人保护工作中，人民检察院和人民法院承担着司法保护的重要责任，是未成年人保护工作中非常重要的环节。因此，本次法律修改将需要配合的部门中增加了人民检察院和人民法院。未成年人保护的许多工作都需要有关单位和部门相互配合，共同完成。如按照本法有关规定，公安机关、人民检察院、人民法院应当与其他有关政府部门、人民团体、社会组织相互配合，对遭受性侵害或者严重暴力伤害的未成年被害人及其家庭实施必要的心理干预、经济救助、法律援助、转学安置等保护措施。

第十一条　任何组织或者个人发现不利于未成年人身心健康或者侵犯未成年人合法权益的情形，都有权劝阻、制止或者向公安、民政、教育等有关部门提出检举、控告。

国家机关、居民委员会、村民委员会、密切接触未成年人的单位及其工作人员，在工作中发现未成年人身心健康受到侵害、疑似受到侵害或者面临其他危险情形的，应当立即向公安、民政、教育等有关部门报告。

有关部门接到涉及未成年人的检举、控告或者报告，应当依法及时受理、处置，并以适当方式将处理结果告知相关单位和人员。

【释义】　本条是关于检举、控告和强制报告制度的规定。

一、劝阻、检举和控告

对于违法犯罪行为，任何组织或者个人都有权制止或者检举、控告，这是宪法赋予的重要权利。不利于未成年人身心健康或者侵犯未成年人合法权益的情形，通常属于违法犯罪行为。保护未成年人是全社会的共同责任，因此本条第 1 款规定，任何组织或者个人发现不利于未成年人身心健康或者侵犯未成年人合法权益的情形，都有权劝阻、制止或者检举、控告。劝阻、制止或者检举、控告，都属于法律赋予的权利而非义务。任何组织或者个人，既包括权益受到侵犯的未成年人及其父母或者监护人等相关人员，也包括不直接相关的组织或者个人，但不包括负有强制报告义务的单位和个人，以及对违法犯罪行为负有查处职责的单位和个人。对于这些单位和个人来说，劝阻、制止或者报告不是权利，而是义务，如果其不依法履行，应当追究相应的责任。

二、强制报告制度

在未成年人遭受虐待或忽视等行为时，要求特定的人员应当向特定机构报告，未报告将承担相应责任，是国际上未成年人保护工作中较为通行的做法，通常被称为强制报告制度。未成年人保护强制报告制度产生于美国 20 世纪 60 年代，后为许多国家所采纳，我国也较早就开始这方面的探索实践。2011 年，国务院印发《中国儿童发展纲要（2011—2020 年）》，针对儿童虐待问题，提出“建立受暴力伤害儿童问题的预防、强制报告、反应、紧急救助和治疗辅导工作机制”。2015 年最高人民法院、最高人民检察院、公安部和民政部联合发布《关于依法处理监护人员侵害未成年人权益行为若干问题的意见》和《关于依法办理家庭暴力犯罪案件的意见》，规定了相关主体的报告义务。2015 年反家庭暴力法确立家庭暴力强制报告制度，对报告的责任主体、范围、对象、救济机制以及法律责任作出规定。2020 年 5 月最高人民检察院、国家监察委员会、教育部、公安部、民政部、司法部、国家卫健委、共青团中央、全国妇联联合印发《关于建立侵害未成年人案件强制报告制度的意见（试行）》，对未成年人案件强制报告制度作出了较为全面、具体的规定。

在国内外实践经验及有关制度基础上，本条第 2 款增加了强制报告制度的规定，内容主要包括：

一是强制报告的主体。强制报告的主体限定为国家机关、居民委员会、村民委员会、密切接触未成年人的单位及其工作人员。国家机关包括国家权力机关、行政机关、监察机关、审判机关等。二次审议稿曾将国家机关限定为“负有未成年人保护职责的国家机关”,但考虑到国家机关对未成年人都负有一定的保护职责,而且代表着党和国家,人民群众有更高期待和要求,因此进行了修改,只要是国家机关,就负有强制报告义务。居民委员会、村民委员会作为基层群众自治性组织,负有大量未成年人保护相关工作职责,与未成年人有较多接触,也比较熟悉辖区内未成年人的情况。密切接触未成年人的单位,是指对未成年人负有教育、培训、监护、救助、看护、医疗等职责的企业事业单位、社会组织等,这些单位及其工作人员在家庭之外与未成年人接触机会多,容易发现未成年人受侵害的情况,有必要纳入强制报告的主体范围。

二是强制报告的情形。多数国家或地区强制报告的情形,主要是儿童遭受身体虐待、精神虐待、性虐待和缺乏必要照护等情形。本法并未详细列举应当报告的情形,而是概括为未成年人身心健康受到侵害、疑似受到侵害或者面临其他危险情形。未成年人身心健康受到侵害,是指已有证据或者情况表明侵害已经发生;疑似受到侵害,是指证据并不充分,情况还不够明确,但有迹象表明侵害可能发生;面临其他危险情形,是指虽然未发生侵害,但未成年人处于危险境地,面临身心健康受到侵害的较大风险。最高人民检察院等九部门印发的《关于建立侵害未成年人案件强制报告制度的意见(试行)》对未成年人遭受或者疑似遭受不法侵害以及面临不法侵害危险的情形作了详细列举,在实践中可以作为重要参考。

三是强制报告的对象。报告的对象包括公安、民政、教育等部门,这些部门与未成年人保护工作密切相关,在不同方面负有重要职责。强制报告的义务主体可以根据发现的具体情况,选择向职责联系最紧密的一个或者多个部门报告。例如,发现未成年人遭受或疑似遭受性侵害时,应当立即向公安机关报告;发现未成年人被遗弃或长期处于无人照料状态的,应当向民政部门报告;发现未成年人失学辍学,受教育权受到侵犯时,应当向教育部门报告等。法律虽然没有明确报告的具体时限,但强调了应当"立即"报告,也就是说,应当毫不拖延,在发现法定情形的第一时间报告。

四是强制报告的责任。强制报告作为一项义务,有关组织或者个人如果不依法履行该义务,可能会导致未成年人难以及时有效地获得保护,可能造成未成年人权益受到侵犯的严重后果。为确保这项义务能够得到有效履行,解决追责难的问题,本法第 117 条中规定,未履行报告义务造成严重后果的,由上级主管部门或者所在单位对直接负责的主管人员和其他直接责任人员依法给予处分。

三、检举、控告和报告的处置

本条第 3 款对有关部门接到涉及未成年人的检举、控告或者报告后的处置作了规定。首先,应当依法及时受理、处置,包括开展调查、核实是否存在侵害或者风险、采取相应的处理措施等。一是强调依法,依照法定职责、程序和时限进行受理、处置,即使检举、控告和报告的情形不属于本部门职责范围,也不应拒绝接收,应当及时移送有权机关处理。二是强调及时,有法定时限的,应当在时限内进行处理;没有法定时限的,应当毫不拖延地在合理期间内进行处理。其次,处理结果应当告知相关单位和人员。相关单位和人员包括提出检举、控告或者报告的单位和人员,以便相关单位和人员的监督;还包括后续可能需要采取有关保护措施的单位和人员,以便多部门联动有效提供救助等。

第十二条　国家鼓励和支持未成年人保护方面的科学研究,建设相关学科、设置相关专业,加强人才培养。

【释义】 本条是关于国家鼓励和支持未成年人保护科学研究的规定。

未成年人保护工作的进步,离不开科学研究的支持。与域外相比,我国对未成年人保护的研究相对滞后,缺乏本土性,这在某种程度上制约着立法、政策制定以及开展具体工作时对我国未成年人实施有效的保护。为了能够更好地保护未成年人,使对未成年人的保护更有成效,应当更加注重科学技术的研究和应用科学的方法,对未成年人加以保护。科学技术的不断进步产生了一些先进的科学技术方法,未成年人保护应当注入现代科技,采用一些先进的科技手段,比如在信息化建议方面,要增加信息的供给,确保未成年人身心健康不受损害。如果不适当采用技术的手段,加强学生家长与学校老师之间的信息沟通,那么,未成年人保护很难达到预期的效果。因此,国家鼓励和支持未成年人保护方面的科学研究。

按照本条规定,国家鼓励和支持建设相关学科、设置相关专业,加强人才培养。这里主要指的是高等院校和科研机构应当构建协调可持续发展的学科体系,与国家和区域发展战略需求紧密衔接,充分发挥高校基础研究主力军作用,从我国改革发展的实践中挖掘新材料、发现新问题、提出新观点、构建新理论。学科建设要明确学术方向和回应社会需求,坚持人才培养、学术团队、科研创新"三位一体"。学科建设的重点在于尊重规律、构建体系、强化优势、突出特色,重点是研究如何能够有效保护未成年人。有条件的高等院校应当设置有关未成年人保护的相关专业,着力培养未成年人保护方面的专业人才。目前,我国未成年人保护工作缺乏专业人员,因此,有必要由高等院校设置相关专业,培养专门人才,让未成年人保护工作更专业。高等院校要制定跨学科人才培养方案,探索建立政治过硬、行业急需、能力突出的高层次复合型人才培养新机制。

第十三条　国家建立健全未成年人统计调查制度，开展未成年人健康、受教育等状况的统计、调查和分析，发布未成年人保护的有关信息。

【释义】 本条是关于国家建立健全未成年人调查统计制度的规定。

一、未成年人统计调查制度的必要性

按照本条规定，国家建立健全未成年人统计调查制度。目前，我国有关未成年人的统计调查制度还不够健全，也不是很系统，比较分散。2011年，国务院妇女儿童工作委员会发布了《中国儿童发展纲要（2011—2020年）》，在发展纲要中对未成年人的出生率、死亡率、入学率等作了统计调查。这些统计调查对国家进一步采取有效措施、进一步保护未成年人提供了基础的数据，可以精准施策。有关部门还开展了全国妇幼儿童情况的统计调查，了解妇幼健康工作、孕产妇和儿童健康、计划生育技术服务等情况，为制定妇女和儿童健康政策和规划提供依据。因此，有必要建立健全未成年人的统计调查制度。

二、有关未成年人状况的统计调查和分析

按照本条规定，开展未成年人健康、受教育等状况统计、调查和分析。这里所说的未成年人的健康状况，主要包括未成年人的身体状况、营养状况、死亡率、疫苗接种以及心理健康状况等。受教育状况主要包括学前教育入园（班），小学学龄儿童入学，初中阶段和高中阶段入学情况等。有的部门和地方还开展了未成年人上网情况调查和未成年人犯罪情况调查。要对未成年人健康、受教育等状况统计调查结果进行分析，通过分析，可以总结出我们预定的目标是否实现，针对存在的问题应采取什么措施。比如，《中国儿童发展纲要（2011—2020年）》通过一系列的数据得出,我国儿童生存、保护、发展的环境和条件得到明显改善,儿童权利得到进一步保护,儿童发展取得了巨大成就。截至 2020 年,“纲要”确定的主要目标基本实现。受社会经济、文化等因素的影响,儿童发展及权利保护仍然面临诸多问题与挑战。进一步解决儿童发展面临的突出问题,促进儿童的全面发展和权利保护,仍然是今后一个时期儿童工作的重大任务。通过全国妇幼健康情况调查得出,应加大妇幼卫生经费投入,加强妇幼卫生服务体系建设,加强儿童保健服务和管理,完善出生缺陷防治体系,加强儿童疾病防治,预防和控制儿童伤害,改善儿童营养状况,提高儿童身体素质,加强对儿童的健康指导和干预,构建儿童心理健康公共服务网络。通过对统计调查数据的分析,明确了下一步的工作目标,以及应采取的措施。

三、未成年人保护信息的发布

按照本条规定,要发布未成年人保护的有关信息。有关部门或者地方开展了未成年人有关情况的统计调查后,应当定期予以发布,让全社会了解我国未成年人保护方面的基本情况,未成年人受到保护的基本状况,以及国家采取的有关措施。有关方面也可探索发布综合性的类似白皮书性质的统计资料,让公众对未成年人保护工作可以有更全面的了解。

第十四条 国家对保护未成年人有显著成绩的组织和个人给予表彰和奖励。

【释义】 本条是关于对保护未成年人有显著成绩的组织和个人给予表彰和奖励的规定。

表彰和奖励不仅能够鼓励先进、弘扬正气,而且能对平庸者产生激励,对落后者进行鞭策。通过对保护未成年人有显著成绩的组织和个人给予表彰和奖励,表彰先进,树立典型,弘扬这种精神,形成有利于未成年人健康成长的社会环境,从而进一步调动各方面支持、参与未成年人保护工作的积极性。国家奖励,是指各级人民政府和有关部门为了表彰先进、激励后进、充分调动人们的积极性和创造性,依照法定条件和程序,对作出突出贡献、显著成绩或者模范遵纪守法的组织和个人给予物质或者精神奖励的一种行政行为。国家奖励包括表彰和奖励,表彰主要是精神奖励,如通报表扬、给予荣誉称号,奖励一般是给予一定的奖金、经费等。

关于实施表彰、奖励的主体,未成年人保护涉及政府、人民法院和人民检察院等,这些国家机关均可对有关组织和个人作出表彰。国家行政机关是实施表彰、奖励的主体之一,包括各级人民政府和行政主管部门。有些表彰和奖励由团委、律协等社会团体作出,有的由其他社会组织作出。

受表彰和奖励的对象,是指在未成年人保护工作中有显著成绩的组织和个人,其范围是比较广泛的,包括国家机关、武装力量、政党、人民团体、企业事业单位、社会组织、城乡基层群众性自治组织及其这些单位的工作人员以及普通公民等。所谓显著成绩,是指热爱未成年人保护工作,认真执行国家有关未成年人保护法律法规,模范履行职责,具有奉献精神,积极为未成年人办实事、解决难事、做好事,表现突出,工作有成效,社会评价高,等等。有关地方和单位曾经对关心未成年人健康成长,为维护其合法权益,积极做好事、办实事的先进集体和个人进行了表彰。实践中,具体称号有“保护未成年人先进集体”“保护未成年人先进公民”“保护未成年人优秀公民”等。如内江市民政局“四举措”扎实开展未成年人保护工作,2017 年 12 月,被四川省精神文明建设委员会表彰为“先进单位”。

第二章　家庭保护

第十五条　未成年人的父母或者其他监护人应当学习家庭教育知识，接受家庭教育指导，创造良好、和睦、文明的家庭环境。

共同生活的其他成年家庭成员应当协助未成年人的父母或者其他监护人抚养、教育和保护未成年人。

【释义】 本条是关于监护人及家庭成员的家庭教育职责的规定。

一、父母或者其他监护人的职责

从家庭角度来说，家庭是未成年人的启蒙学校，而家长则是未成年人的启蒙老师。不良的家风、不和谐的家庭环境都会对孩子的成长与教育产生不好的影响。当下，许多家长重智育、轻德育，盲目地对孩子进行智力教育，忽视了优秀道德文化教育，甚至对独生子女一味娇惯、宠溺，产生了许多问题。家长只有树立正确的教育观念，才有利于孩子的健康成长。按照本条规定，未成年人的父母或者其他监护人应当履行下列职责：

(1)学习家庭教育知识。家庭教育，是指父母或其他年长者在家庭中对儿童和青少年进行的教育，是一种存在于父母与子女之间的教育，它的发生不受时间、地点、条件的限制，更没有固定的方法和模式。实践中，许多未成年人的父母想教育孩子，但是不知如何教育，有的教育方法非常不当；有的家长没有意识到家庭对孩子教育的影响；有些父母可能简单地认为让未成年人上最好的学校,有最先进的学习工具就是对教育的投资。其实不然,父母对教育的重视程度不仅仅是一些简单的物质投入,更多的包括对未成年人心理的关爱和呵护。因此,未成年人的父母应当学习家庭教育知识,才能真正做好家庭教育。家庭教育需要采用合适的方式方法,比如,家庭气氛、家庭成员之间的关系会影响孩子性格的形成,一个充满了打骂声的家庭很难培养出快乐的孩子。每当发现孩子的优点时,家长要及时提出表扬,有时候,来自父母的肯定会更加有利于培养孩子的自信心。因此,教育未成年人首先必须了解未成年人的心理,遵循未成年人的心理发展规律。未成年人的父母要做好家庭教育,一是应该不断地进行自我学习,更新自己对未成年人的教育思想观念,提高自己对未成年人的教育水平和能力;二是必须事事以身作则,给未成年人树立良好的榜样。

(2)接受家庭教育指导。家庭教育水平的提高,离不开科学的家庭教育指导。家庭教育指导有广义和狭义之分。狭义的家庭教育指导,是指由社会通过大众传媒或社会机构,以儿童家长为主要对象,以提高家长的教育能力和水平、改善教育行为为直接目标,以促进儿童身心健康成长为目的的教育过程。狭义的家庭教育指导实际上就是我们传统意义上的"家长学校"的概念,简言之,就是教会家长如何教育孩子。一些父母不知道如何教育未成年人,有的教育方法不得当,对未成年人产生了不良的影响。因此,未成年人的父母有必要接受家庭教育的指导,由专业人士进行辅导。目前,我国有许多家庭教育指导培训师从事这项工作,未成年人的父母可以参加家庭教育培训班学习家庭教育知识,接受家庭教育指导。

(3)创造良好、和睦、文明的家庭环境。党的十八大以来,习近平总书记从党和国家事业发展全局和促进人的全面发展出发,就家庭家教家风建设发表一系列重要讲话,指出家庭是人生的第一个课堂,父母是孩子的第一任老师;有什么样的家教,就有什么样的人;家风是社会风气的重要组成部分。不论时代发生多大变化，不论生活格局发生多大变化，我们都要重视家庭建设，注重家庭、注重家教、注重家风，紧密结合培育和弘扬社会主义核心价值观，发扬光大中华民族传统家庭美德，促进家庭和睦，促进亲人相亲相爱，促进下一代健康成长，促进老年人老有所养，使千千万万个家庭成为国家发展、民族进步、社会和谐的重要基点。民法典中对家庭也作出了规定，家庭应当树立优良家风，弘扬家庭美德，重视家庭文明建设。夫妻应当互相忠实，互相尊重，互相关爱；家庭成员应当敬老爱幼，互相帮助，维护平等、和睦、文明的婚姻家庭关系。通过家庭的情感认同、家长的言传身教、家风的浸润熏陶，让社会主义核心价值观在少年儿童心中生根发芽；坚持弘扬优良家风，以好家风支撑起好的社会风气。

家庭环境与社会环境相辅相成，对未成年人身心的健康发育成长至关重要。国内多项调查显示，父母经常吵架、很少与孩子交流，在家庭生活不协调的家庭环境中成长的未成年人，特别是父母离婚后生活在单亲家庭的孩子，多数会有孤僻、自卑、冲动的性格，有心理问题的很多。而和睦幸福的家庭，则会使孩子拥有一个温暖安全的依靠，这样的家庭环境容易让孩子得到坚韧不屈、拼搏向上的精神力量。家庭环境包括家庭结构、家庭成员之间的关系、家庭生活方式三个方面。家庭环境对父母及监护人履行义务和实施家庭教育起基础性作用。和睦的家庭环境能使监护人更好地履行监护义务和有效地实施家庭教育；反之，则很难达到家庭保护的目的。创造良好、和睦的家庭环境，对未成年人的成长是一种积极的助力和催化剂，特别有助于未成年人形成完整健康的人格。和睦的家庭环境，是指家庭成员的关系相处良好，关系比较融洽。在创造良好、和睦的家庭环境的同时，还要创造文明的家庭环境。文明的家庭环境可以表现为夫妻和睦、关爱老人、热爱子女，教育后代。家庭成员特别是父母的言行，一定要文明礼貌，不吵不闹不说脏话，给孩子打下良好的基础。教育子女方法要得当，不打不骂不训斥，善于启发引导，多表扬少训斥，教育他们克服缺点、坚持优点。

按照本条第 1 款的规定,除未成年人的父母要履行本条规定的义务外,未成年人的其他监护人也应履行本条规定的义务。按照民法典第 27 条的规定,父母是未成年子女的监护人。未成年人的父母已经死亡或者没有监护能力的,由下列有监护能力的人按顺序担任监护人:(1)祖父母、外祖父母;(2)兄、姐;(3)其他愿意担任监护人的个人或者组织,但是须经未成年人住所地的居民委员会、村民委员会或者民政部门同意。

二、共同生活的其他成年家庭成员的协助义务

按照本条第 2 款的规定,共同生活的其他成年家庭成员应当协助未成年人的父母或者其他监护人抚养、教育和保护未成年人。按照民法典第 26 条的规定,父母有教育、保护未成年人的权利和义务。抚养主要包括为未成年人提供生活、健康、安全等方面的保障。未成年人的家庭除了未成年人的父母或者其他监护人外,也应当包括共同生活的其他成年家庭成员。其他与未成年人共同生活的成年家庭成员,应当协助未成年人的父母对未成年人进行抚养、教育。由于未成年人的父母工作忙,需要自己的父母帮助抚养、教育下一代,因此,许多未成年人的祖父祖母、外祖父外祖母和未成年人生活在一起,也承担了许多抚养、教育的责任。比如,有的在经济上给予很大的支持,有的帮助接送孩子,有的帮助料理家务等,承担了许多力所能及的事务。其他家庭成员所承担的只是协助义务,未成年人的父母或者其他监护人不能以此为由,怠于履行自己的监护职责。抚养、教育未成年人的责任,主要还是应当由未成年人的父母或者其他监护人来承担。除了抚养、教育外,其他成年家庭成员也有协助未成年人的父母对未成年人加以保护的责任,以使未成年人不受各种侵害。

第十六条　未成年人的父母或者其他监护人应当履行下列监护职责：

（一）为未成年人提供生活、健康、安全等方面的保障；

（二）关注未成年人的生理、心理状况和情感需求；

（三）教育和引导未成年人遵纪守法、勤俭节约，养成良好的思想品德和行为习惯；

（四）对未成年人进行安全教育，提高未成年人的自我保护意识和能力；

（五）尊重未成年人受教育的权利，保障适龄未成年人依法接受并完成义务教育；

（六）保障未成年人休息、娱乐和体育锻炼的时间，引导未成年人进行有益身心健康的活动；

（七）妥善管理和保护未成年人的财产；

（八）依法代理未成年人实施民事法律行为；

（九）预防和制止未成年人的不良行为和违法犯罪行为，并进行合理管教；

（十）其他应当履行的监护职责。

【释义】 本条是关于父母或者其他监护人监护职责的规定。

父母或者其他监护人是保护未成年人的第一责任人，家庭是未成年人最先开始生活和学习的场所，对于未成年人的健康成长具有不可替代的重要作用。宪法第 49 条规定，父母有抚养教育未成年子女的义务。民法典第 26 条规定，父母对未成年子女负有抚养、教育和保护的义务。具体到生活中，此种义务主要包括进行生活上的照料，保障未成年人接受义务教育，以适当的方式、方法管理和教育未成年人，保护未成年人的人身、财产不受到侵害，促进未成年人的身心健康发展等。

一、为未成年人提供生活、健康、安全等方面的保障

生活、健康和安全是保障未成年人生存权的基础要求。一是保障基本生活。一般来说,未成年人普遍缺乏独立生存的能力。父母和其他监护人作为第一责任人,应当为未成年人提供衣、食、住或其他生活必需品,满足未成年人基本的生存条件。二是保障身体健康。父母或其他监护人应当保障未成年人基本医疗卫生保健条件,生病及时就医,如疫苗管理法规定,监护人应当依法保证适龄儿童按时接种免疫规划疫苗。三是保障基本安全。安全包括人身安全和财产安全,这里主要指父母或其他监护人应当为未成年人提供安全的生活条件,保障未成年人人身安全。例如,在家庭生活中,及时排除触电、烫伤、跌落等伤害的安全隐患,在户外活动中,避免未成年人发生溺水、踩踏等事故等。

二、关注未成年人的生理、心理状况和情感需求

未成年人生长期大致包括以下几个阶段:新生儿期、婴儿期、先童年期、童年早期、童年中期、少年期、青年初期。在不同的阶段,未成年人具有显著不同的生理、心理特征和行为习惯,随着未成年人社会阅历的扩展及思维方式的变化,对于亲情有不同的情感需求,即使在相同成长阶段,不同性别的未成年人也会有差异。在现实生活中,一方面,受传统家庭理念的影响,父母在孩子面前扮演家庭权威的角色,不苟言笑,居高临下,造成孩子不敢、不愿与父母沟通,无法进行正常的对话和情感的交流;另一方面,父母普遍认为家长的责任就是为孩子创造丰富的物质条件,从而忽视了孩子的精神需求和情感慰藉。这对于未成年人的身心健康成长是极为不利的,极易导致未成年人出现心理问题,影响心理健康,长大后也无法与他人相处、共事,甚至做出极端行为。因此,此次修改在 2012 年未成年人保护法基础上,增加了"情感需求"。父母或者其他监护人应当加强家庭教育知识的学习,掌握家庭教育科学理念和方法,科学把握未成年人不同成长阶段的生理、心

理和情感特点，关心、关注未成年人的生理、心理变化，与未成年人保持积极有效的沟通，耐心倾听未成年人的诉求，满足未成年人的情感需求。

三、教育和引导未成年人遵纪守法、勤俭节约，养成良好的思想品德和行为习惯

青少年时期是未成年人世界观、人生观、价值观形成和良好品德习惯养成的关键阶段。家长应当教育和引导未成年人遵纪守法、勤俭节约，养成良好的思想品德和行为习惯。

遵纪守法是每个公民应尽的社会责任和道德义务。加强未成年人纪律和法治教育，从小树立纪律和法治观念，养成遵纪守法的思维习惯和行为方式，是促进未成年人健康成长、全面发展，培养社会主义合格公民的客观要求。父母或者其他监护人应当使未成年人了解、掌握个人成长和参与社会生活必需的法律常识和制度，明晰行为规则，自觉尊法、守法；规范行为习惯，培育法治观念，增强依法规范自身行为、分辨是非、运用法律方法维护自身权益、通过法律途径参与国家和社会生活的意识和能力。

勤俭节约是中华民族的传统美德。习近平总书记多次强调，要大力弘扬中华民族勤俭节约的优秀传统，大力宣传节约光荣、浪费可耻的思想观念，努力使厉行节约、反对浪费在全社会蔚然成风。教育未成年人从小树立勤俭节约的意识，养成勤俭节约的良好习惯，对于提升未成年人思想道德水平，促进未成年人健康成长具有重要意义。

作为家长，一方面，要提升自己对未成年人进行教育的意识和能力，适应未成年人身心成长的特点和接受能力，从他们的思想实际和生活实际出发，深入浅出，循序渐进；另一方面，也要重视家庭美德和家庭文化的建设，不断提高自身素质，重视以身作则和言传身教，要时时处处给孩子做榜样，以自身健康的思想、良好的品行影响和帮助孩子养成好思想、好品格、好习惯，及时督促改正未成年人的不良行为。

四、对未成年人进行安全教育，提高未成年人的自我保护意识和能力

此次修改增加了父母或者其他监护人对未成年人进行安全教育的职责。安全教育的主要内容包括预防和应对社会安全、公共卫生、意外伤害、网络、信息安全、自然灾害以及影响未成年人安全的其他事故或事件。父母或者其他监护人对未成年人进行安全教育，培养社会安全责任感，逐步形成安全意识，使其掌握必要的安全行为的知识和技能，了解相关的法律法规常识，养成在日常生活和突发安全事件中正确应对的习惯，对于最大限度地预防安全事故发生和减少安全事件对未成年人造成的伤害，保障未成年人健康成长具有重要意义。未成年人的父母或者其他监护人应当了解和掌握安全教育的科学方法，进行安全教育要遵循未成年人身心发展规律，根据未成年人的认知特点，将知识教育与强化管理、培养习惯相结合，做到由浅入深，循序渐进，不断强化，养成习惯。

五、尊重未成年人受教育的权利，保障适龄未成年人依法接受并完成义务教育

（1）尊重未成年人受教育的权利。受教育权，是指公民依法享有的要求提供平等的受教育条件和机会，通过学习来发展个性、才智和身心能力，以获得平等的生存和发展机会的基本权利。我国宪法规定，中华人民共和国公民有受教育的权利和义务，国家培养青年、少年、儿童在品德、智力、体质等方面全面发展。未成年人受教育的权利包括三个方面：一是学习机会权，具体包括入学机会权、受教育的选择权、学生身份权（学籍权）。二是学习条件权。三是学习成功权，包括获得公正评价和获得学业证书学位证书权。

（2）保障适龄未成年人依法接受并完成义务教育。义务教育法规定，国家实行九年义务教育制度，义务教育是国家统一实施的所有适龄儿童、少年必须接受的教育，是国家必须予以保障的公益性事业;适龄儿童、少年的父母或者其他法定监护人应当依法保证其按时入学接受并完成义务教育。因此,未成年人的父母或者其他监护人对适龄的未成年人的义务教育权利保障负有基本义务。义务教育法规定,凡年满6周岁的儿童,其父母或者其他法定监护人应当送其入学接受并完成义务教育;条件不具备的地区的儿童,可以推迟到7周岁。适龄儿童、少年因身体状况需要延缓入学或者休学的,其父母或者其他法定监护人应当提出申请,由当地乡镇人民政府或者县级人民政府教育行政部门批准。适龄儿童、少年的父母或者其他法定监护人无正当理由未送适龄儿童、少年入学接受义务教育的,由当地乡镇人民政府或者县级人民政府教育行政部门给予批评教育,责令限期改正。同时,父母或者其他监护人还应当为适龄未成年人提供接受义务教育的物质保障。

六、保障未成年人休息、娱乐和体育锻炼的时间,引导未成年人进行有益身心健康的活动

联合国《儿童权利公约》规定:儿童有权享有休息和闲暇,从事与儿童年龄相宜的游戏和娱乐活动,以及自由参加文化生活和艺术活动;应尊重并促进儿童充分参加文化和艺术生活的权利。未成年人处于身心发育的关键时期,需要保障充足的休息和睡眠时间,睡眠不足会严重影响未成年人的学习、生活和心理健康。未成年人享有娱乐权,父母或者其他监护人应当给予未成年人充足的娱乐时间并对娱乐活动进行积极的引导。体育锻炼是提高未成年人健康素质的有效途径,对未成年人思想品德、智力发育、审美素养和健康生活方式的形成具有不可替代的作用。

在现实生活中,一些家长存在"望子成龙""望女成凤"的教育观念,为了让子女"出人头地",强迫子女学习各种技能,忽视未成年人的年龄和智力水平,挤占未成年人合理的休息、娱乐和体育锻炼时间,一味地"揠苗助长",严重损害未成年人身心健康。此次修改,增加了"保障未成年人休息、娱乐和体育锻炼的时间"的内容。家长应当树立正确的教育观念,掌握科学的教育方法,尊重子女的健康情趣,培养子女的良好习惯和健康的兴趣爱好。加强与学校的沟通配合,共同减轻学生课业负担,促进未成年人生动活泼学习、健康快乐成长,丰富未成年人课外及校外活动,给未成年人留下了解社会、深入思考、动手实践、健身娱乐的时间。

七、妥善管理和保护未成年人的财产

我国宪法第 13 条规定:“公民的合法的私有财产不受侵犯。国家依照法律规定保护公民的私有财产权和继承权。”民法典第 35 条第 1 款规定:“……监护人除为维护被监护人利益外,不得处分被监护人的财产。”《中国儿童发展纲要(2011—2020 年)》要求,依法保护儿童合法财产权益。因此,未成年人享有与成年人平等的财产权,其合法财产受到法律平等保护。父母或者其他监护人应当依法妥善管理和保护未成年人的财产,除为维护未成年人利益外,如为了未成年人的生活、教育等,不得处分未成年人的财产。对于任何侵害未成年人合法财产的行为,要及时采取合法必要的保护措施。

未成年人的个人财产可以从以下途径取得:一是通过法定义务人应尽的抚养义务取得,如抚养费等;二是通过接受赠与取得;三是通过创作活动取得,如稿酬等;四是通过自己的特殊技能取得,如参与演出等;五是通过国家政策明文规定给未成年人的财产取得;六是通过获奖取得,如奖学金等;七是通过继承遗产取得;八是通过人身伤害追偿权取得,等等。

八、依法代理未成年人实施民事法律行为

从法理上看,弥补被监护人民事行为能力的不足,是监护制度设立的重要目的。民法典第 23 条规定:“无民事行为能力人、限制民事行为能力人的监护人是其法定代理人。”第 19 条规定:“八周岁以上的未成年人为限制民事行为能力人,实施民事法律行为由其法定代理人代理或者经其法定代理人同意、追认……”

第 20 条规定:“不满八周岁的未成年人为无民事行为能力人,由其法定代理人代理实施民事法律行为。”第 34 条第 1 款规定:“监护人的职责是代理被监护人实施民事法律行为,保护被监护人的人身权利、财产权利以及其他合法权益等。”将“依法代理未成年人实施民事法律行为”作为单独一项监护职责进行强调,是因为未成年人处于身心发展的特殊阶段,其认知能力、适应能力和自我承担能力还不够成熟,民事行为能力不足,无法独立实施一些复杂的民事法律行为,如签订合同、参加诉讼等,需要由父母或其他监护人代理实施。

九、预防和制止未成年人的不良行为和违法犯罪行为,并进行合理管教

预防未成年人犯罪法规定了九种不良行为:旷课、夜不归宿;携带管制刀具;打架斗殴、辱骂他人;强行向他人索要财物;偷窃、故意毁坏财物;参与赌博或者变相赌博;观看、收听色情、淫秽的音像制品、读物等;进入法律、法规规定未成年人不适宜进入的营业性歌舞厅等场所;严重违背社会公德的不良行为。同时也规定了九种严重不良行为:纠集他人结伙滋事,扰乱治安;携带管制刀具,屡教不改;多次拦截殴打他人或者强行索要他人财物;传播淫秽的读物或者音像制品等;进行淫乱或者色情、卖淫活动;多次偷窃;参与赌博,屡教不改;吸食、注射毒品;其他严重危害社会的行为。

父母或者其他监护人对未成年人的预防犯罪教育负有直接责任,在日常生活中,要提高自身素质和家教水平,走出溺爱、纵容子女或“棍棒教育”等误区,以自己的良好品行当好子女的第一任“教师”。与未成年人经常保持沟通交流,了解未成年人日常的生活、交友、学习和兴趣爱好等情况,发现未成年人心理或者行为异常的,应当及时了解情况并进行教育、引导和劝诫。发现未成年人有不良行为、严重不良行为的,应当及时制止并加以合理管教。这里的“合理”,一方面,要求父母或者其他监护人应当根据未成年人不良行为的具体原因和情形,采取有针对性的措施;另一方面,要求管教不能超过必要的限度,不能采取捆绑、辱骂等侵害未成年人身心健康的方式进行干预。

十、其他应当履行的监护职责

本项属于兜底项。除了以上列举的九项具体监护职责外,法律规定不可能穷尽现实生活中所有情形,并且随着经济社会的发展和法治化程度的提高,父母或者其他监护人应当承担的监护职责也会发生变化。为了进一步严格父母或者其他监护人的监护职责,强化对未成年人的保护,本条作了兜底规定。

第十七条　未成年人的父母或者其他监护人不得实施下列行为:

(一)虐待、遗弃、非法送养未成年人或者对未成年人实施家庭暴力;

(二)放任、教唆或者利用未成年人实施违法犯罪行为;

(三)放任、唆使未成年人参与邪教、迷信活动或者接受恐怖主义、分裂主义、极端主义等侵害;

(四)放任、唆使未成年人吸烟(含电子烟,下同)、饮酒、赌博、流浪乞讨或者欺凌他人;

(五)放任或者迫使应当接受义务教育的未成年人失学、辍学;

(六)放任未成年人沉迷网络,接触危害或者可能影响其身心健康的图书、报刊、电影、广播电视节目、音像制品、电子出版物和网络信息等;

(七)放任未成年人进入营业性娱乐场所、酒吧、互联网上网服务营业场所等不适宜未成年人活动的场所;

(八)允许或者迫使未成年人从事国家规定以外的劳动;

（九）允许、迫使未成年人结婚或者为未成年人订立婚约；

（十）违法处分、侵吞未成年人的财产或者利用未成年人牟取不正当利益；

（十一）其他侵犯未成年人身心健康、财产权益或者不依法履行未成年人保护义务的行为。

【释义】 本条是关于父母或者其他监护人在监护中的禁止性行为的规定。

为了进一步保护未成年人的合法权益，通过列举的方式明确细化了未成年人的父母或者其他监护人在监护中的禁止性行为，进一步增强了法律的指导性、针对性和可操作性。

一、不得虐待、遗弃、非法送养未成年人或者对未成年人实施家庭暴力

（1）不得虐待未成年人。我国宪法规定，禁止虐待老人、妇女和儿童。世界卫生组织对虐待儿童的描述如下：虐待儿童指对儿童有义务抚养、监督及有操纵权的人，做出的足以对儿童的健康、生存、生长发育及尊严造成实际的或潜在的伤害行为，包括各种形式的躯体和（或）情感虐待、性虐待、忽视及对其进行经济性剥削。治安管理处罚法第45条规定，虐待家庭成员，被虐待人要求处理的，处5日以下拘留或者警告。刑法第260条规定："虐待家庭成员，情节恶劣的，处二年以下有期徒刑、拘役或者管制。犯前款罪，致使被害人重伤、死亡的，处二年以上七年以下有期徒刑。第一款罪，告诉的才处理，但被害人没有能力告诉，或者因受到强制、威吓无法告诉的除外。"第260条之一第1款规定："对未成年人、老年人、患病的人、残疾人等负有监护、看护职责的人虐待被监护、看护的人，情节恶劣的，处三年以下有期徒刑或者拘役。"可见，虐待未成年人不仅不符合监护职责的规定，还要受到行政、刑事的处罚。

(2)不得遗弃未成年人。遗弃,是指对于年老、年幼、患病或者其他没有独立生活能力的家庭成员,负有赡养、抚养、扶养义务而拒不履行法定义务的行为。遗弃是以不作为的方式出现的,即应为而不为,致使家庭成员的合法权益遭受侵害。遗弃未成年人,应当承担相应的法律责任。治安管理处罚法第45条规定,遗弃没有独立生活能力的被扶养人的处5日以下拘留或者警告。刑法第261条规定:"对于年老、年幼、患病或者其他没有独立生活能力的人,负有扶养义务而拒绝扶养,情节恶劣的,处五年以下有期徒刑、拘役或者管制。"《最高人民法院、最高人民检察院、公安部、司法部关于依法办理家庭暴力犯罪案件的意见》规定,具有对被害人长期不予照顾、不提供生活来源;驱赶、逼迫被害人离家,致使被害人流离失所或者生存困难;遗弃患严重疾病或者生活不能自理的被害人;遗弃致使被害人身体严重损害或者造成其他严重后果等情形,属于刑法第261条规定的遗弃"情节恶劣",应当依法以遗弃罪定罪处罚。

(3)不得非法送养未成年人。在未成年人保护法修订草案的审议过程中,根据全国人大常委会审议意见及社会公众意见,新增加"非法送养"的规定。民法典婚姻家庭编第5章对收养制度作了规定,明确了收养关系成立的法定条件,任何不符合法定条件将未成年人送养的行为,都属于非法送养行为,应当承担相应的法律责任。例如,根据第1097条的规定,只有在生父母一方不明或者查找不到的情况下,才可以单方送养,否则应当双方共同送养。

(4)不得对未成年人实施家庭暴力。根据反家庭暴力法第2条的规定,家庭暴力,是指家庭成员之间以殴打、捆绑、残害、限制人身自由以及经常性谩骂、恐吓等方式实施的身体、精神等侵害行为。家庭暴力主要包括身体暴力和精神暴力。受"棍棒底下出孝子"等传统教育观念影响,针对未成年人的家庭暴力非常普遍。有研究表明,在家庭暴力下长大的未成年人发生自杀现象和犯罪机会的可能性要远远高于正常家庭,未成年人容易产生自卑、冷酷、暴躁等不良性格。家庭暴力行为直接危害未成年人的身心健康和生命安全,导致家庭和未成年人成长的不幸,而且容易引发恶性犯罪案件,危害社会的安全与稳定。为了保护未成年人在家庭生活中的合法权益,法律禁止对未成年人实施家庭暴力。

二、不得放任、教唆或者利用未成年人实施违法犯罪行为

放任,是指不加约束,任凭未成年人自主实施违法犯罪行为。教唆,是指指使、引诱未成年人进行违法犯罪行为。利用,是指采取收买、胁迫或者其他方法致使未成年人实施违法犯罪行为。

未成年人的父母或者其他监护人有教育、引导未成年人遵纪守法的义务,对未成年人预防犯罪教育负有直接责任,发现未成年人心理或者行为异常的,应当及时了解情况并进行教育、引导和劝诫,不得拒绝或者怠于履行监护职责,对于未成年人实施违法犯罪行为的,应该及时制止,向公安机关报告,并积极配合做好矫治教育工作。此外,对于教唆、利用未成年人实施违法犯罪行为的,根据刑法的相关规定,还应当承担相应的刑事责任。例如,刑法规定,利用、教唆未成年人走私、贩卖、运输、制造毒品,或者向未成年人出售毒品的,从重处罚。

三、不得放任、唆使未成年人参与邪教、迷信活动或者接受恐怖主义、分裂主义、极端主义等侵害

邪教,是指冒用宗教的名义而建立的、利用迷信等手段迷惑、蒙骗他人,实施危害社会行为的非法组织。与正常的宗教组织相比,因其无固定活动场所、经典和信仰,往往只是以一些异端邪说作为发展控制组织成员的工具、手段,实则进行破坏法律、违反道德的行为。近年来,邪教组织对社会的破坏和影响已成为一个不容忽视的问题,严重扰乱了社会秩序,并给人民群众的生命财产安全造成了严重损害。我国法律严厉打击邪教组织,例如,国家安全法第 27 条中规定,国家依法取缔邪教组织,防范、制止和依法惩治邪教违法犯罪活动。迷信是在生产力低下、文化落后、群众缺乏知识的情况下,作为科学的对立物出现的一种信奉鬼神的唯心主义的宿命论,其信仰、崇拜和活动形式带有浓厚的封建色彩。迷信活动本身并不为法律所禁止,但背离了社会主义核心价值观的要求,应该坚决予以抵制。

恐怖主义,是指通过暴力、破坏、恐吓等手段,制造社会恐慌、危害公共安全、侵犯人身财产,或者胁迫国家机关、国际组织,以实现其政治、意识形态等目的的主张和行为。反恐怖主义法第2条中规定,国家反对一切形式的恐怖主义,依法取缔恐怖活动组织,对任何组织、策划、准备实施、实施恐怖活动,宣扬恐怖主义,煽动实施恐怖活动,组织、领导、参加恐怖活动组织,为恐怖活动提供帮助的,依法追究法律责任。分裂主义,是指旨在破坏国家领土完整,包括把国家领土的一部分分裂出去或分解国家而使用暴力,以及策划、准备、共谋和教唆从事上述活动的行为。极端主义是恐怖主义的思想基础,国家反对一切形式的以歪曲宗教教义或者其他方法煽动仇恨、煽动歧视、鼓吹暴力等极端主义。公安机关和有关部门对宣扬极端主义,利用极端主义危害公共安全、扰乱公共秩序、侵犯人身财产、妨害社会管理的,应当及时予以制止,依法追究法律责任。在我国境内,恐怖主义、分裂主义和极端主义"三股势力"以各种方式散布恐怖主义、极端主义思想,境外恐怖活动组织也不断向我国境内渗透,进行宣传煽动,影响和控制信教群众,扶植境内民族分裂、宗教极端和暴力恐怖活动分子。防止未成年人接触恐怖主义、极端主义思想,对于从根源上防范恐怖主义、分裂主义和极端主义活动的发生,促进未成年人身心健康成长,维护国家安全以及政治、经济和社会稳定具有重要的意义。

未成年人的父母或者其他监护人,首先应该树立法律意识、科学意识,带头抵制邪教、迷信活动,抵制恐怖主义、分裂主义和极端主义的侵蚀,给未成年人树立良好的榜样。同时,加强对未成年人的教育和引导,不得放任,更不能唆使未成年人参加邪教、迷信活动以及受到恐怖主义、分裂主义和极端主义等思想的侵害，保障未成年人身心健康成长。

四、不得放任、唆使未成年人吸烟（含电子烟，下同）、饮酒、赌博、流浪乞讨或者欺凌他人

（1）不得放任、唆使未成年人吸烟（含电子烟）、饮酒。烟酒对未成年人身心健康的具有严重的危害。未成年人身心处于发育状态，自制能力不强，接触烟酒后容易成瘾。酒精会影响未成年人的大脑，使其智力下降等；烟草燃烧时，会释放大量有毒物质，给人体多数脏器发育带来损伤。烟酒还会诱发未成年人一系列的不良行为，有的甚至因此走上违法犯罪的道路。近年来，一些电子烟企业将电子烟标榜为“年轻”“时尚”的代表诱导未成年人，加之电子烟本身具有新奇性，在电商平台可随意购买，导致电子烟在未成年人群体中有泛滥趋势。实际上，电子烟是一种特殊的烟草产品，一般由烟油和烟具组成，烟油主要由烟碱（尼古丁）制成并通过电子烟具将尼古丁及各类添加剂雾化后供消费者吸食，对未成年人的危害更大。2019 年，国家卫生健康委、中宣部、教育部等八部门联合印发《关于进一步加强青少年控烟工作的通知》要求，全面开展电子烟危害宣传和规范管理，倡导青少年远离电子烟，各类市场主体不得向未成年人销售电子烟，尤其是通过互联网向未成年人销售电子烟。此次修订，根据全国人大常委会审议意见、部门意见及社会公众意见，在法律层面明确将吸电子烟纳入吸烟的范围，为相关部门开展工作提供了法律依据。

（2）不得放任、唆使未成年人赌博。赌博，是指以获取非法收入为目的，聚众进行以财物作抵押，就偶然的输赢决定财物所有权的行为。赌博是社会的不安定因素，不仅助长投机取巧、不劳而获的思想，造成有些人因嗜赌而倾家荡产、家破人亡，而且会引发盗窃、抢劫、诈骗甚至图财害命等违法犯罪，是我国法律禁止的行为。未成年人如有赌博行为，父母或者其他监护人应该加强管教，对于屡教不改、情节严重的，可以送入专门学校进行教育矫治。

(3)不得放任、唆使未成年人流浪乞讨。受人口流动加速、一些家庭监护缺失和社会不良因素影响,未成年人流浪现象仍然存在,甚至出现胁迫、诱骗、利用未成年人乞讨和实施违法犯罪活动等问题,严重侵害了未成年人合法权益,妨害了未成年人健康成长。家庭是预防和制止未成年人流浪乞讨的第一责任主体,未成年人的父母或者其他监护人应当依法履行对未成年人的监护责任和抚养义务,不得放任、唆使未成年人流浪乞讨。此外,如有胁迫、诱骗、利用未成年人乞讨等违法犯罪行为的,还要承担相应的行政和刑事责任。

(4)不得放任、唆使未成年人欺凌他人。近年来,学生欺凌事件频发,严重损害未成年人身心健康,造成了不良的社会影响,社会反映强烈。因此,如何防治学生欺凌是本法重点解决的问题之一。总的来看,防治学生欺凌需要家庭、学校、政府通力协作,形成合力。家庭在其中的重要作用是不可替代的,管教孩子也是家长的法定监护职责。因此,父母或者其他监护人应当增强法治意识,掌握科学的家庭教育理念,尽量多安排时间与孩子相处交流,及时了解孩子的日常表现和思想状况,积极与学校沟通情况,自觉发挥榜样作用,切实加强对孩子的管教,特别要做好孩子离校后的监管看护教育工作,不得放任、唆使未成年人欺凌他人。

五、不得放任或者迫使应当接受义务教育的未成年人失学、辍学

未成年人的父母或者其他监护人对适龄的未成年人的义务教育权利保障负有基本义务。一方面,即使未成年人有主动放弃接受义务教育的意愿,父母或者其他监护人也不得放任未成年人失学、辍学,而是应该与学校配合,耐心做好说服教育工作,保证未成年人返校入学;另一方面,父母或者其他监护人不得以任何理由,迫使适龄未成年人失学、辍学,应当保障其接受并完成义务教育,如有特殊原因需要延缓入学或者休学的,也应当向教育部门提出申请。否则,将依法承担相应的法律责任。例如,义务教育法规定,适龄儿童、少年的父母或者其他法定监护人无正当理由未依照该法规定送适龄儿童、少年入学接受义务教育的,由当地乡镇人民政府或者县级人民政府教育行政部门给予批评教育,责令限期改正。

六、不得放任未成年人沉迷网络,接触危害或者可能影响其身心健康的图书、报刊、电影、广播电视节目、音像制品、电子出版物和网络信息等

(1)不得放任未成年人沉迷网络。未成年人沉迷网络特别是网络游戏问题,是当前我国未成年人存在的突出问题,也是此次修改未成年人保护法着力解决的最主要问题之一。未成年人自控能力、辨别能力弱,是易于沉迷网络的高风险群体。沉迷网络会影响未成年人身体机能的健康发育,造成学习成绩下降甚至学业荒废等结果,而且会阻碍未成年人正常的人际交往,无法有效实现未成年人的社会化。为了预防未成年人沉迷网络,教育部、文化和旅游部、新闻出版总署等相关管理部门就先后制定了若干政策文件。从多年的实践情况来看,预防未成年人沉迷网络需要家庭、学校、政府、社会、网络产品和服务提供者的协同配合、综合施策,但未成年人的父母或者其他监护人,对预防和制止未成年人沉迷网络负有最直接、最重要的责任。

(2)不得放任未成年人接触危害或者可能影响其身心健康的内容。未成年人处于长身体、长知识的阶段,吸收知识快,求知欲强,但生理、心理尚未完全发育成熟,辨别能力差,容易沾染不良习气。图书、报刊、电影、广播电视节目、音像制品、电子出版物和网络信息等是未成年人汲取知识和营养的重要渠道,与未成年人身心健康成长关系密切。本项规定了两类未成年人不得接触的信息:一是危害未成年人身心健康的,如含有宣扬淫秽、色情、赌博、引诱自杀等法律法规所禁止传播的,无论是成年人还是未成年人都不得接触的内容;二是可能危害未成年人身心健康的,如宣扬不良的家庭观、婚恋观、利益观,介绍或者易被未成年人模仿

的危险行为等，这些内容对于成年人不会造成太大影响，但对于缺乏分辨能力的未成年人却可能造成不良影响。因此，父母或者其他监护人应当关心未成年人，积极创造有益于未成年人健康向上的生活环境，提供各种有益的精神产品，尽量避免未成年人接触到上述信息；关注未成年人的心理、行为变化，发现未成年人接触上述信息的，应当及时制止，并进行教育和引导，不得放任不管，任由发展。

七、不得放任未成年人进入营业性娱乐场所、酒吧、互联网上网服务营业场所等不适宜未成年人活动的场所

不适宜未成年人活动的场所，是指以成年人为服务对象，供成年人消遣娱乐而不利于未成年人身心健康发展的一些特定的娱乐场所。主要包括营业性娱乐场所、酒吧、互联网上网服务营业场所等。对于这些不适宜未成年人活动的场所，政府出台了许多规定，对其向未成年人提供服务作了许多限制。

一方面，未成年人处于身心发展的特殊时期，世界观、人生观、价值观还不够成熟，容易受到不良环境的影响；另一方面，营业性娱乐场所、酒吧、互联网上网服务营业场所等场所的人员成分复杂，流动性大，甚至有很多违法犯罪人员混迹其中，对未成年人造成极坏的影响。实践中，一些未成年人长时间在网吧活动，严重影响了学业，有的为了筹集上网费用，甚至走上了违法犯罪的道路。因此，父母或者其他监护人应该积极履行监护职责，加强对未成年人的教育和引导，不带未成年人进入上述场所，发现未成年人进入上述场所时，要及时制止，不得放任不管。

八、不得允许或者迫使未成年人从事国家规定以外的劳动

为了保障未成年人的合法权益，国家对未成年人从事劳动作了严格的限制。根据劳动法的相关规定，用人单位不得招用未满16周岁的未成年人；不得安排年满16周岁未满18周岁的未成年人，从事矿山井下、有毒有害、国家规定的第四级体力劳动强度的

劳动和其他禁忌从事的劳动。所以，父母或者其他监护人不得允许或者迫使未成年人从事国家规定以外的劳动。

需要强调的是，本项的规定，并不意味着未成年人不能进行任何劳动。未成年人应当参加力所能及的社会公益劳动，培养热爱劳动、热爱劳动人民的情感，掌握一定的劳动技能。

九、不得允许、迫使未成年人结婚或者为未成年人订立婚约

父母或者其他监护人允许、迫使未成年人结婚或者为未成年人订立婚约，违反了结婚实质要件中的婚姻自由原则和法定婚龄要求，也不符合结婚形式要件的要求，属于无效婚姻。

未成年人早婚有以下几种形式：(1)包办婚姻。这是指父母或者其他监护人违反婚姻自由原则，强制、干涉他人婚姻的行为。主要有几种方式。一是指腹婚，男女双方父母在母亲怀孕时互为腹中胎儿定亲，相约如生下一儿一女，须按照约定结为夫妻；二是童养媳，父母为幼子娶回媳妇，待幼子成年后再完婚的形式；三是娃娃亲，指父母为年幼的子女订下婚约，待子女成年后再完婚的形式。(2)买卖婚姻。这是指第三者(包括父母)以索取大量财物为目的，强制干涉他人的婚姻。(3)“早恋失控”的早婚早育。未成年人恋爱怀孕后，双方为了保持“体面”，维护子女“名誉”，要求或同意未成年子女结婚。

未成年人结婚或订婚，违反了法律的规定，严重影响未成年人的身心健康发展，也不利于家庭关系的稳定。因此，本项规定不得允许、迫使未成年人结婚或者为未成年人订立婚约。

十、不得违法处分、侵吞未成年人的财产或者利用未成年人牟取不正当利益

(1)不得违法处分、侵吞未成年人的财产。未成年人作为与成年人平等的民事主体，其财产也受到法律平等的保护，任何人包括父母或者其他监护人不得侵犯未成年人的财产以及财产权利。父母或者其他监护人在履行监护职责的过程中，享有对未成

年人财产的管理和支配权。监护人享有这项权利,是为履行监护职责的需要,目的还是保护未成年人的财产权利,并不意味着可以随意处分。应当依法妥善管理和保护未成年人的财产,除为维护未成年人利益外,如为了未成年人的生活、教育等,不得处分、侵吞未成年人的财产。民法典第 35 条第 1 款中规定:“监护人除为维护被监护人利益外,不得处分被监护人的财产。”因此,对未成年人财产的处分,必须是为维护未成年人的利益,如为了未成年人的生活、教育等,并且还要符合最有利于未成年人的原则。

(2)不得利用未成年人牟取不正当利益。父母或者其他监护人相对于未成年人尤其是低龄未成年人而言,处于强势的地位。这种强势地位,一方面是受传统家长观念的影响,父母或者其他监护人习惯于安排和决定未成年人的学习和生活;另一方面则是由于未成年人的心智还不够成熟,缺乏自我保护的意识和能力。有的父母或者其他监护人,凭借强势地位,利用未成年人为自己牟取不正当利益。所谓“不正当利益”,既包括牟取的利益是违反法律、法规及政策规定的,也包括获取这种利益不是为了未成年人,并以损害未成年人身心健康为代价的。实践中,一些父母为了追求经济利益,强迫自己的孩子当童模,尽管目前我国法律对儿童从事模特工作以及其他商业性活动没有禁止性或者限制性规定,但高强度的工作模式、过长的拍摄时间、被商业化甚至荒废学业等问题普遍存在,严重侵害了未成年人的休息娱乐时间和受教育权利。因此,本项规定父母或者其他监护人不得利用未成年人牟取不正当利益,为保护未成年人合法权益提供了法律依据。

十一、不得有其他侵犯未成年人身心健康、财产权益或者不依法履行未成年人保护义务的行为

本项是兜底条款。列举的方式不可能穷尽所有具体的行为,并且随着经济社会的发展,对监护人监护职责的细化以及对未成年人保护力度的加强,除了前十项的规定外,还有其他不得实施的行为。但是,在实践中,父母或者其他监护人最为常见的三种不得实施的行为类型,就是侵犯未成年人身心健康、侵犯未成年人财产权益、不依法履行未成年人保护义务。因此,本项规定父母或者其他监护人不得有其他侵犯未成年人身心健康、财产权益或者不依法履行未成年人保护义务的行为,既保证法律的严谨性,也为保护未成年人合法权益提供法律依据。

第十八条　未成年人的父母或者其他监护人应当为未成年人提供安全的家庭生活环境,及时排除引发触电、烫伤、跌落等伤害的安全隐患;采取配备儿童安全座椅、教育未成年人遵守交通规则等措施,防止未成年人受到交通事故的伤害;提高户外安全保护意识,避免未成年人发生溺水、动物伤害等事故。

【释义】　本条是关于父母和其他监护人安全保障义务的规定。

意外伤害是造成我国未成年人死亡的首要原因,我国每年约5000多名未成年人因意外伤害死亡,其中溺水、道路交通事故和跌落位列死因的前三位。修订前的未成年人保护法没有规定父母以及其他监护人对未成年人的安全保障义务,在听取各方面意见的基础上,修订草案一次审议稿在父母或者其他监护人应当履行的监护职责中增加了一项“对未成年人进行安全教育,提供必要的安全保障设施,预防、避免伤害的发生,当伤害、侵害发生时,应当及时制止和救助”。对于修订草案的这一规定,一些部门和公众认为比较原则,没有针对现实中未成年人受到意外伤害的主要类型,明确父母或者其他监护人的安全保障义务。考虑到生命健康权是未成年人最重要的权利,根据各方面的意见,修订后的未成年人保护法强化了父母对未成年人生命健康权保护的力度,将父母监护职责中有关安全保障义务的表述修改为“对未成年人进行安全教育,提高未成年人的自我保护意识和能力”,同时增加本条父母或者其他监护人对未成年人安全保障义务的具体规定,主要包括以下三方面内容：

(1)保障家庭生活环境的安全。安全的家庭生活环境是保护未成年人生命健康权的第一道防线。新冠疫情暴发以来,由于未成年人大多数时间只能居家学习和玩耍,在家庭生活环境中发生意外伤害的数量也随之上升。在家庭生活环境中造成未成年人的伤害主要有三方面:一是触电。随着人民生活水平的提高,家用电器、移动电子产品已成为家庭的必备品,电源插头和电子充电设施的增多,加大了未成年人触电的风险。近些年发生的未成年人触电伤亡事故中多与未成年人不当接触电源插座、接线板等有关。因此,未成年人的父母或者其他监护人应当重视未成年人用电安全的教育,在家庭中使用合格、安全的电器和移动电子产品,及时排查家庭环境中可以引起未成年人触电的隐患,从根源上减少触电事故的发生。(2)烫伤。烫伤主要发生于 0 至 4 岁的未成年人身上,大约 84%发生在家里。厨房是家庭火源和热源的主要来源地,所以,父母或者其他监护人应当尽可能使未成年人主要的活动区域远离厨房,同时将打火机、火柴、酒精、消毒液等易燃、易爆物品放到未成年人触及不到的地方。对于年龄较大的未成年人,应当帮助他们掌握安全用火、用电的生活技能,正确使用煤气灶、电水壶、微波炉、热水器、取暖炉等设施。(3)跌落。世界卫生组织将跌落界定为导致人跌到地面或者其他较低平面的非故意性事件。一般程度的跌落是未成年人成长过程中的正常事件,如果跌落超出了未成年人的恢复能力,就会造成其永久的伤残甚至死亡。20 世纪 70 年代,美国未成年人从窗户跌落致伤致死的事故频发,对此美国纽约市开展了一项名为“儿童不可以飞翔”(Children Can Not Fly)的活动,在很大程度上降低了未成年人从窗户跌落事故的发生。随着我国城市化进程的发展,城市中高层住宅楼越来越多,未成年人从高楼跌落的悲剧在不断上演。高层住户窗户、阳台缺乏防护栏等安全设施成为导致未成年人高空跌落最直接的因素。因此,父母或者其他监护人应当在阳台、窗户安装防护栏等安全设施,清除家庭环境里容易引起未成年人跌落的危险因素,未成年人容易攀爬的沙发、床、桌凳等家具应当尽量和阳台、窗台保持一定的距离,防止这些物品成为未成年人跌落事故的诱因。

(2)防止未成年人受到交通事故的伤害。本条规定,未成年人的父母或者其他监护人应当采取配备儿童安全座椅、教育未成年人遵守交通规则等措施,防止未成年人受到交通事故的伤害。为了预防未成年人在交通事故中受到伤害,目前世界上已有 90 多个国家和地区出台了要求汽车强制配备儿童安全座椅的法律。世界卫生组织在《2018 年全球道路安全现状报告》中建议,各国应当在国家层面出台强制使用汽车儿童安全座椅的法律,明确对于年龄在 10 周岁或者身高 135 厘米以下的未成年人应当使用儿童安全座椅等约束系统;同时禁止一定年龄、身高以下的未成年人坐在汽车的前排。之所以对配备儿童安全座椅等汽车约束系统如此重视,是因为根据未成年人的年龄和身高、体重等选择儿童安全座椅可以大大降低交通事故中未成年人死亡和重伤的风险,实践中的数据显示,婴儿正确使用反向座椅,在碰撞中死亡风险可以降低 70%;幼儿正确使用正向座椅,在碰撞中死亡风险会降低 54%~80%。目前我国上海、广西、海南、南京、武汉等地出台的未成年人保护条例中对儿童安全座椅等问题作出了规定,明确携带未满 4 周岁的未成年人乘坐家庭用车,应当配备并正确使用儿童安全座椅。还有一些省市是在道路交通安全条例中对使用儿童安全座椅作出了原则性规定。由于目前立法的层级较低,这些规定出台后没有引起父母或者其他监护人的重视,加之缺乏相应的法律责任的规定,相关部门无法进行有效的监管和查处,父母和其他监护人配备汽车儿童安全座椅的情况还不是很普遍,因此造成未成年人在交通事故中伤亡的情况不断发生。在未成年人保护法修订过程中,一些专家、部门和国际组织提出,应当在保护未成年人的基本法律中对父母或者其他监护人配备汽车儿童安全座椅的义务作出规定,进一步强化父母和其他监护人对未成年人道路安全的保护意识。修订草案在二次审议后根据各方面的意见,将配备儿童安全座椅作为父母和其他监护人对未成年人的一项重要的安全保障义务作出了规定,为今后出台相关的法律、行政法规、地方性法规等打下了基础。此外,父母或者其他监护人应当教育未成年人遵守交通规则,让未成年人懂得过马路不能闯红灯、要走斑马线,不要在道路、车辆旁、停车场等地方玩耍,骑行非机动车佩戴安全头盔等基本的交通规则,提高未成年人的交通安全危险的识别能力,从小养成遵守交通规则的良好习惯。

(3)保障未成年人户外活动的安全。户外活动容易造成未成年人意外伤害主要包括两种:一是溺水。溺水是造成未成年人夏季意外死亡的"最大杀手"。2020 年受新冠疫情的影响,未成年学生的假期较长,溺水事故也进入高发期。重庆、广东等地先后出现多名未成年人溺亡的事故,这些事故多发生在农村或者城市无人看管的江河、池塘等水域。虽然一些地方在溺水事件多发地都有"禁止游泳"等警示标志,但不少未成年人无视警示,依然下水游泳,导致溺亡悲剧的发生。因此,父母或者其他监护人首先要提高自身的预防溺水的安全意识,不能认为溺水是"小概率事件"而忽视了对未成年人的安全教育,应当让未成年人掌握游泳和水上安全技巧,培养未成年人在安全的游泳场所游泳的习惯。二是动物伤害。我国不论农村还是城市里饲养动物的情况越来越普遍。大多数省市都出台了养犬方面的管理规定,比如,不得携犬进入公共场所;携犬出户时,应当使用束犬链,由成年人牵领,避让未成年人。但是,由于监管难度较大,一些不规范的养犬行为导致未成年人伤害的事件时有发生。因此,父母或者其他监护人应当教育未成年人在户外碰到动物时,不要用手去触摸、追赶,尽量避让、远离,以避免受到伤害。

实践证明 90%的意外伤害是可以有效预防的。因此,父母和其他监护人应当提高自身的安全保护意识,及时排除未成年人生活环境中安全隐患意识;高度重视对未成年人进行安全教育,让未成年人学会识别危险因素,培养未成年人养成安全的行为习惯;积极配合学校开展安全教育,使未成年人逐步提高自我保护意识和能力。父母和其他监护人只有认真履行安全保障义务，才能使未成年人能远离意外伤害，在安全的环境里健康成长。

第十九条　未成年人的父母或者其他监护人应当根据未成年人的年龄和智力发展状况，在作出与未成年人权益有关的决定前，听取未成年人的意见，充分考虑其真实意愿。

【释义】　本条是关于尊重未成年人意见的规定。

本法规定，未成年人的父母或者其他监护人应当依法履行抚养、教育和保护未成年人的义务，承担十项监护职责。因此，父母或者其他监护人必然要作出与未成年人权益有关的决定。这种决定权实质上是监护权的具体体现。归纳起来有两个方面：一是无民事行为能力或者限制行为能力的未成年人在从事民事活动、诉讼时要由其父母或者其他监护人全部或部分代理；二是父母或者其他监护人在对未成年人进行抚养、教育和保护时要尽职尽责，选取妥善方案。

父母或者其他监护人在行使监护权时，要正确处理决定权与未成年人自身独立性的关系，并非未成年人的所有活动都需要由监护人决定。根据民法典的规定，不满 8 周岁的未成年人为无民事行为能力人，由其法定代理人代理实施民事法律行为。8 周岁以上的未成年人为限制民事行为能力人，实施民事法律行为由其法定代理人代理或者经其法定代理人同意、追认，但是可以独立实施纯获利益的民事法律行为或者与其年龄、智力相适应的民事法律行为。16 周岁以上的未成年人，以自己的劳动收入为主要生活来源的，视为完全民事行为能力人，可以独立实施民事法律行为。

履行监护职责以尊重未成年人权利为基础。父母或者其他监护人应当充分意识到未成年人与自己在法律面前是平等的，行使监护权时应当充分尊重未成年人的主体地位，把握未成年人的成长规律，调动未成年人的主观能动性和积极性，充分尊重未成年人的知情权。联合国《儿童权利公约》规定了对儿童自主意识的尊重,其第 12 条第 1 款规定,缔约国应确保有主见能力的儿童有权对影响到其本人的一切事项自由发表自己的意见,对儿童的意见应按照其年龄和成熟程度给以适当的看待。民法典第 35 条第 2 款规定:“未成年人的监护人履行监护职责,在作出与被监护人利益有关的决定时,应当根据被监护人的年龄和智力状况,尊重被监护人的真实意愿。”

未成年人的知情权,是指未成年人寻求、接受与自身权益有关消息的自由。未成年人享有知情权包含两个前提条件:一是是否与其年龄、智力状况相适应,未成年人在每个年龄阶段,其智力发展水平和认知能力是不一样的,应当限定于在其能认知并预见后果的范围。二是是否与未成年人权益有关。只有决定涉及未成年人的人身、财产或者其他合法权益时,未成年人才享有知情权。

此次修改增加了“充分考虑其真实意愿”的表述。主要考虑是,实践中未成年人可能因为各种原因,表达的意见并非其真实意愿,这样修改更体现了对未成年人真实意愿的保护和尊重,同时与民法典相关规定相衔接。在作出与未成年人权益有关的决定时,不但要告知其本人,还要征求本人的意见,再根据未成年人的年龄、社会经验、认知能力和判断能力等,对问题进行全面客观的分析,只有这样才能全面了解未成年人的真实想法,进而做出有利于未成年人身心健康的最优决策。

第二十条　未成年人的父母或者其他监护人发现未成年人身心健康受到侵害、疑似受到侵害或者其他合法权益受到侵犯的,应当及时了解情况并采取保护措施;情况严重的,应当立即向公安、民政、教育等部门报告。

【释义】　本条是关于未成年人的父母或者其他监护人报告义务的规定。

由于未成年人自我保护意识、能力不强,不少孩子遇到侵害后不敢、不愿甚至不知道寻求帮助。这导致一些未成年人多次被侵害,有的遭受侵害甚至持续几年的时间,给未成年人造成了不可挽回的后果,也给有关部门查明真相、打击违法犯罪带来了很大困难。一些地方针对此类问题出台了地方性法规,积累了成功经验。本条在认真研究论证的基础上,将被实践证明符合我国国情且行之有效的实践做法上升为法律规定。作出上述规定,有以下四方面作用:有利于第一时间发现未成年人遭受侵害的线索,及时完善固定证据,将侵害程度降到最低;能让遭受侵害的未成年人得到及时有效的保护和救助,切实维护其身体健康和合法权益;有助于及时排除隐患,堵塞管理漏洞,依法惩治和打击侵害未成年人的违法犯罪行为;有助于提高父母或者其他监护人的责任意识,更好地保护未成年人的合法权益。

(1)关于报告的主体。与本法第 11 条规定的强制报告制度不同,本条将报告的主体限定为未成年人的父母或者其他监护人。这是因为,父母或者其他监护人承担着抚养、教育、保护未成年人等监护职责,与未成年人共同生活,关系最为密切,最有可能发现未成年人身心健康是否受到侵害,应当承担报告的义务。

(2)关于未成年人身心健康受到侵害、疑似受到侵害或者其他合法权益受到侵犯。根据本法规定,未成年人的生存权、发展权、受保护权、参与权、受教育权等权利都受到保护。民法典第 110 条第 1 款规定,自然人享有生命权、身体权、健康权、姓名权、肖像权、名誉权、荣誉权、隐私权、婚姻自主权等权利。因此,只要是侵害未成年人上述权利,导致未成年人身心健康受到伤害或者其他合法权益受到侵犯的,未成年人的父母或者其他监护人都应该及时了解情况并采取保护措施。需要强调的是,在没有证据证明未成年人已经受到侵害,但只要疑似受到伤害,未成年人的父母或者其他监护人也应当重视,及时了解情况并采取保护措施,这也体现了给予未成年人特殊保护的原则要求,有利于保护未成年人的合法权益。

(3)关于及时了解情况并采取保护措施。当发现未成年人身心健康受到侵害、疑似受到侵害或者其他合法权益受到侵犯时,未成年人的父母或者其他监护人应当区分具体情况,及时向未成年人、未成年人所在学校、幼儿园或者其他相关的单位、个人询问情况,了解造成侵害的原因和程度。“采取保护措施”是在未成年人保护法修订草案一审后,根据有关方面的意见新增加的内容。主要考虑是,在很多情况下,父母或者其他监护人仅仅了解情况是不够的,需要及时采取必要的保护措施,如带离现场、就医等,避免未成年人遭受二次伤害,更好地保护未成年人的身心健康和合法权益。

(4)关于向公安、民政、教育等部门报告。这里有两层意思:一是父母或者其他监护人认为造成的侵害结果不严重,通过协商、投诉等方式,能得到妥善解决的,可以不必向有关部门报告。二是如果侵害行为达到违法犯罪程度,对未成年人造成了严重侵害后果的,例如,性侵害未成年人,教唆、利用未成年人实施违法犯罪行为,胁迫、诱骗、利用未成年人乞讨,以及欺凌未成年人等,应当区分情况,立即向公安、民政、教育等行政主管部门报告,便于相关部门及时介入开展工作。

第二十一条　未成年人的父母或者其他监护人不得使未满八周岁或者由于身体、心理原因需要特别照顾的未成年人处于无人看护状态,或者将其交由无民事行为能力、限制民事行为能力、患有严重传染性疾病或者其他不适宜的人员临时照护。

未成年人的父母或者其他监护人不得使未满十六周岁的未成年人脱离监护单独生活。

【释义】　本条是关于临时照护和禁止未成年人单独生活的规定。

近些年来,一些父母在临时外出或者办事时将一些年龄较小的未成年人"反锁"在家里或者汽车里。这些父母有的是出于对未成年人照料的疏忽,有的是存在侥幸心理,高估了未成年人独处的能力。年龄较小的未成年人在独处时,容易产生情绪上的烦躁不安,加之缺乏对危险的认知和自我保护的意识,就可能做出一些危险的举动。2020 年,我国多地发生未成年人被反锁在车内因高温闷热不幸身亡的悲剧,令人痛心。为了保护未成年人的人身安全,不少国家和地区法律禁止父母把年龄较小的未成年人独自留在家里或者汽车里。比如,美国纽约州规定,将 12 岁以下的未成年人独自留在家中或其他地方无人看管,一旦被报警,该未成年人会被社会福利机构带走,父母会被诉危害儿童安全罪。如果法庭判定父母缺乏监管能力,可以剥夺父母对子女的监护权。在修订未成年人保护法时,一些意见提出,应当借鉴国外的先进的立法经验,进一步强化父母或者其他监护人对年龄较小或者情况特殊未成年人的看护职责,保护他们的生命安全。根据各方面的意见,本条作出以下三方面的规定:

(1)父母不能使未成年人处于无人看护状态。父母或者其他监护人不能使两类未成年人处于无人看护的状态:一是未满 8 周岁的未成年人。以 8 周岁来划界主要是考虑到不满 8 周岁的未成年人身体、心理发育尚不成熟,生活方面不能完全自理,是民法上确定的无民事行为能力人,他们离不开父母或者其他监护人的看护。二是因心理、身体原因需要特殊照顾。有的未成年人虽然年龄超过了 8 岁,但是由于心理或者身体方面有残疾,离开父母和其他监护人的看护无法正常生活,所以也不能让他们处于无人看护的状态。

(2)父母应当委托具备条件的人员代为临时照护。临时照护是父母或者其他监护人因故不能直接看护需要特殊照护的未成年子女时,应当把子女交给符合条件的人短时间照料和看护。由于父母只是短时间离开未成年子女,比如,外出购物、临时到单位加班等,所以,没有要求父母或者其他监护人要将临时照护的情况向有关单位报告的义务。但是,为了保障未成年人的身心健康和人身安全,本条规定,父母或者其他监护人不得将未成年子女交给以下四类人员临时照护:一是无民事行为能力。我国对民事行为能力是根据年龄和智力情况进行划分的。8 周岁以下的未成年人和不能辨认自己行为的成年人是无民事行为能力人,这两类人生活尚不能自理,离不开他人的看护,属于需要特别保护的对象,所以,不宜将 8 周岁以下的未成年人和需要特殊照顾的未成年子女交给无民事行为能力人临时照护。二是限制民事行为能力人。8 周岁以上的未成年人和不能完全辨认自己行为的成年人为限制民事行为能力人。虽然相对于无民事行为能力人,限制民事行为能力人可以实施与其智力、精神健康状况相适应的民事法律行为,但从保护未成年人的人身安全,减少风险出发,也不宜让限制民事行为能力人承担临时照护 8 周岁以下和需要特殊照护未成年人的职责。三是患有严重传染性疾病的人。这里所说的"严重传染性疾病"主要是指传染性强,未成年人与病人接触后容易被传染的疾病,比如传染性非典型肺炎等。相对于成年人来说,未成年人抵抗病毒的能力较弱,所以,应当尽可能阻断他们与严重传染病患者接触的机会。四是其他不适宜的人员。其他不适宜的人员主要是指本法第 22 条规定的四类人:曾实施性侵害、虐待、遗弃、拐卖、暴力伤害等违法犯罪行为;有吸毒、酗酒、赌博等恶习;曾拒不履行或者长期怠于履行监护、照护职责;其他不适宜担任被委托人的情形。

(3)16 周岁以下的未成年人不能脱离监护单独生活。根据民法典的规定,16 周岁以上的未成年人,以自己的劳动收入为主要生活来源的,视为完全民事行为能力人,所以,法律上是允许 16 周岁以上的未成年人离开父母或者其他监护人独自生活。但是,未满 16 周岁的未成年人,尚不具备成年人的辨识能力,其父母或者其他监护人应当全面履行监护职责,不能让其脱离监护单独生活。这里所说的脱离监护单独生活主要是指:一是不允许 16 周岁以下的未成年子女离开父母或者其他监护人在外租房单独生活,或者去异地打工;二是父母或者其他监护人在外出务工等情况下，不能将16周岁以下的未成年子女留在家里单独生活，应当将未成年子女委托给他人照护；三是不包括学生住校、参加夏令营等经父母或者其他监护人同意的行为。

第二十二条　未成年人的父母或者其他监护人因外出务工等原因在一定期限内不能完全履行监护职责的，应当委托具有照护能力的完全民事行为能力人代为照护；无正当理由的，不得委托他人代为照护。

未成年人的父母或者其他监护人在确定被委托人时，应当综合考虑其道德品质、家庭状况、身心健康状况、与未成年人生活情感上的联系等情况，并听取有表达意愿能力未成年人的意见。

具有下列情形之一的，不得作为被委托人：

（一）曾实施性侵害、虐待、遗弃、拐卖、暴力伤害等违法犯罪行为；

（二）有吸毒、酗酒、赌博等恶习；

（三）曾拒不履行或者长期怠于履行监护、照护职责；

（四）其他不适宜担任被委托人的情形。

【释义】　本条是关于担任长期照护被委托人条件的规定。

随着我国经济的发展，农村中越来越多的劳动力转移到城市务工，大量的未成年人与父母分离被留守在家里。父母长期在外容易造成留守未成年人亲情和教育的缺失。留守未成年人这一特殊群体的出现已成为我国经济发展中需要解决的社会问题。党中央高度重视留守未成年人的关爱保护工作。党的十八届三中、五中全会分别对建立健全农村留守儿童关爱服务体系作出决策部署，提出农村留守儿童的问题不仅涉及他们的健康成长，而且与农村经济和社会的发展和稳定息息相关，所以，要从构建和谐社会的高度来看待这一问题。2016年2月，国务院出台的《关于加强农村留守儿童关爱保护工作的意见》提出，农村留守儿童工作中存在一些薄弱环节，突出表现在家庭监护缺乏监督指导、关爱服务体系不完善、救助保护机制不健全等方面，农村留守儿童关爱保护工作制度化、规范化、机制化建设亟待加强。

修订前的未成年人保护法规定，父母因外出务工或者其他原因不能履行对未成年人监护职责的，应当委托有监护能力的其他成年人代为监护。该规定是我国法律中最早涉及留守未成年人的规定，在保护留守未成年人方面起到了重要的作用。但是，由于该规定比较原则，缺乏可操作性，所以，在修订未成年人保护法时，地方、部门、专家和公众建议，应当在法律上进行顶层设计，完善保护留守未成年人的规定，强化监护人的主体责任，加强政府的监督指导职责，充分发挥居民委员会、村民委员会的作用，保障留守未成年人得到切实的关爱和保护。根据各方面的意见，修订后的未成年人保护法增加和完善了留守未成年人的相关规定。

(1)父母委托他人长期照护子女应当有正当理由。根据本条第1款的规定，未成年人的父母或者其他监护人因外出务工等原因在一定期限内不能完全履行监护职责的，应当将未成年人子女委托给他人长期照护。本法建立委托长期照护制度的目的是解决我国目前农村劳动力到城市务工造成的未成年人被留守在农村的社会问题，同时兼顾解决在城市父母因工作、学习等原因需要离开未成年子女的现实问题，以减少因父母和与未成年子女长时间分离对其成长带来的不利影响。从有利于未成年子女健康成长来看，未成年子女应当由父母亲自抚养、教育和保护。因此，父母或者其他监护人只有在有正当理由，确实需要离开未成年子女一段时间的情况下，如外出务工、学习、就医等，才能把未成年子女委托给他人长期照护。为了防止父母或者其他监护人利用委托照护制度逃避应当承担的监护职责，未成年人保护法修订草案三次审议时，根据有关方面的意见，增加了禁止性的规定，即未成年人的父母或者监护人“无正当理由的，不得委托他人代为照护”。

(2)承担长期照护被委托人的条件。父母或者其他监护人应当按照以下要求选择被委任人:一是被委托人应当是具有照护能力的完全民事行为能力人。完全民事行为能力人,是指18周岁以上、智力健全的成年人。父母应当委托具有照护能力的完全民事行为能力人照护自己的未成年子女。二是父母应当综合考虑被委托人各方面的情况。父母或者其他监护人在选择被委托人时,应当对被委托人的情况进行全面了解:被委托人为人是否正派,道德品质有无问题;被委托人的家庭条件能否满足未成年子女正常的生活、学习的需要;被委托人身心是否健康,是否患有严重的传染性疾病,身体状况能否承担照护未成年子女的职责;未成年子女是否熟悉或者了解被委托人,与被委托人的感情是否融洽,与被委托人一起生活是否适应等。三是听取有表达意愿能力未成年人的意见。根据本法第4条的规定,处理涉及未成年人事项,应当听取未成年人的意见。父母委托他人长期照护子女,是涉及未成年子女利益的重大事项。所以,父母或者其他监护人应当充分考虑未成年子女的真实感受,听取有表述意愿能力的未成年子女的意见,不能擅自决定。

(3)不能担任被委托人的情形。有以下四种情形的,不得担任被委托人:一是曾实施性侵害、虐待、遗弃、拐卖、暴力伤害等违法犯罪行为。把未成年人交给实施过性侵害、虐待、遗弃等违法犯罪行为的人照护,会大幅增加未成年子女受到侵害的风险,也会为违法犯罪活动提供便利的条件。因此,为了保护未成年人的生命健康和人身安全,不能把未成年子女交给有以上违法犯罪行为的人照护。二是有吸毒、酗酒、赌博等恶习。有吸毒、酗酒、赌博等恶习的人很难在短时间内戒毒、戒酒和戒赌。他们即使一时戒了,也存在反复的可能。因此,如果把未成年子女交给有以上恶习的人照护,未成年子女与其朝夕相处,耳濡目染容易养成不良的生活习惯,进而实施不良行为或者违法犯罪行为。三是曾拒不履行或者长期怠于履行监护、照护职责。被委托人曾经对自己的子女不履行或者长期怠于监护职责,或者对曾经委托给他照护的未成年人不履行照护职责,表明该人缺少履行照护职责的责任心,主观上不愿意为未成年人的成长付出精力。把未成年子女委托这类人照护,他们很可能重蹈覆辙,不履行相关的照护义务,不利于未成年人的健康成长。四是其他不适宜担任被委托人的情形。除了以上明确规定的三种情况外,实践中还会出现其他不适宜当被委托人的情形,所以,需要作出兜底性的规定。

需要说明的是:目前国家层面出台的关爱和保护措施主要是针对农村留守儿童。根据现行规定,农村留守儿童是指父母双方外出务工或者一方外出务工另一方无监护能力、不满 16 周岁的未成年人。考虑到在城市中一些未成年人的父母或者其他监护人也存在到异地工作、学习等情况,需要将未成年子女委托给他人代为照护,所以,本法中涉及委托长期照护的规定不仅适用于农村留守儿童,城市中符合条件的未成年人同样适用。因此,本法用“留守未成年人”取代了“农村留守儿童”的概念,将城市留守未成年人纳入了关爱和保护的范围。

第二十三条　未成年人的父母或者其他监护人应当及时将委托照护情况书面告知未成年人所在学校、幼儿园和实际居住地的居民委员会、村民委员会,加强和未成年人所在学校、幼儿园的沟通;与未成年人、被委托人至少每周联系和交流一次,了解未成年人的生活、学习、心理等情况,并给予未成年人亲情关爱。

未成年人的父母或者其他监护人接到被委托人、居民委员会、村民委员会、学校、幼儿园等关于未成年人心理、行为异常的通知后,应当及时采取干预措施。

【释义】 本要是关于委托长期照护时监护人义务的规定。

长期以来,我国对于留守未成年人的数字和基本情况都缺少国家层面的权威性的统计资料。法律上没有要求父母外出打工,把未成年子女委托给亲属或者其他人照护的,需要将有关情况及时报告给居民委员会、村民委员会等。为了加强对留守未成年人的保护,2016 年《国务院关于加强农村留守儿童关爱保护工作的意见》提出,民政部门应当会同有关部门开展一次全面的农村留守儿童摸底排查,依托现有信息系统完善农村留守儿童信息管理功能,健全信息报送机制。为了保证留守未成年人及时纳入国家的保护体系,以便有针对性地落实关爱和保护措施,同时加强父母与留守未成年人的感情交流,对留守未成年人出现的问题及时干预,本条对父母和其他监护人委托他人长期照护未成年子女的义务作出了以下四方面的规定:

(1)父母应当履行告知义务。未成年人的父母或者其他监护人外出打工,将子女委托给他人长期照护的,应当及时将有关情况书面告知未成年人所在学校、幼儿园和实际居住地的居民委员会、村民委员会。本条特别强调"书面告知",一方面是要求父母或者其他监护人对委托他人长期照护自己子女的情况高度重视并慎重考虑,不能草率决定,一走了之,把未成年子女丢给被委托人照护;另一方面是便于未成年人所在的学校、幼儿园以及居民委员会、村民委员会能够及时将留守未成年人的信息准确地记录在案。居民委员会、村民委员会和学校通过建立留守未成年人的信息档案,使民政、卫生健康等政府部门了解未留守成年人具体情况,确保关爱措施精准到位;学校应当针对本校留守未成年人的情况,开展有针对性的关爱和保护工作。

(2)父母应当加强和学校、幼儿园的沟通。父母和其他监护人委托他人代为长期照护子女后,应当与子女所在的学校、幼儿园加强联系,了解和掌握子女在学校、幼儿园的情况,针对子女出现的问题及时与老师沟通,商讨解决方案。学校、幼儿园除了重点关注留守未成年人在校、在园的表现外,还应当利用实地家访等方式,了解未成年人真实的生活状况,将未成年人在学校、幼儿园的表现、生活中出现的问题及时告知其父母或者其他监护人,并积极解答父母和其他监护人提出的问题。

(3)父母应当加强对未成年子女的亲情关爱。缺少亲情关爱是目前留守未成年人普遍存在的问题。许多留守未成年子女最大的心愿就是希望父母早些回家,能够陪伴自己成长。因此,未成年人保护法修订草案二次审议稿根据各方面的意见,增加规定父母与留守未成年子女以及被委托人“每月至少交流一次”。对于二次审议稿增加的这一规定,有的意见认为现实中的情况千差万别,父母不与留守未成年子女联系的原因各异,所以不宜对父母与留守未成年子女交流的次数作出统一的规定。但是,大多数意见赞同新增加的内容,同时认为规定“每月至少交流一次”的频次太少,不利于留守未成年子女的健康成长。考虑到父母在未成年子女的成长过程中扮演着不可替代的角色,其监护责任不能因身在异地而有所变化。父母不在未成年子女身边更应当加强联系保持亲情,让远离父母的留守未成年子女感受到父母的关爱和温暖。随着我国经济社会的发展,手机等通讯设备已成为生活必需品,父母通过打电话、发微信等方式与留守未成年子女联络十分便捷。一些学校、幼儿园也都设置了专门的场所和设施方便在校、在园住宿的未成年人与父母或者其他监护人通电话或者进行视频,所以,父母或者其他监护人不便于与未成年子女交流的客观原因是不存在的。根据各方面的意见修订后的未成年人保护法将父母与留守未成年子女交流的规定“每月至少一次”修改为“每周至少一次”。通过增加父母与留守未成年子女交流的频次,使身在异地的父母能随时掌握留守未成年子女的生活、学习情况,进一步强化父母或者其他监护人对留守未成年子女的亲情关爱。父母或者其他监护人除了与未成年子女交流外,还应当加强与承担照护义务的被委托人联系。特别是有的未成年子女年龄比较小,还无法与父母进行有效的沟通,在这种情况下,父母应当加强与被委托人的沟通,通过被委托人了解子女的身体、心理成长等情况,对出现的问题及时给予帮助和指导。

(4)留守未成年人心理、行为异常的,应当及时采取干预措施。父母在外务工客观上会为留守未成年子女的教育和成长创造一定的物质基础,但是长期与父母分离,监护职责的失位和缺少亲情关爱,容易使留守未成年子女心理健康等方面出现问题,在遭受意外伤害或者不法侵害后，留守未成年子女容易出现一些极端行为。虽然近些年来国家支持和指导中小学校加强心理健康教育，人格健康发展，但是留守未成年子女出现心理异常、实施不良行为的情况仍不容忽视。根据本条的规定，学校、幼儿园、居民委员会、村民委员会发现未成年人的心理、行为异常的，应当及时通知留守未成年子女的父母或者其他监护人。父母或者其他监护人得知相关情况后，应当及时与学校、幼儿园、居民委员会、村民委员会沟通，尽快回到留守未成年子女的身边，安排留守未成年子女到相关的专业机构接受心理疏导和行为矫治，通过采取一系列干预措施使留守未成年子女能重新回到健康成长的正确轨道。

第二十四条　未成年人的父母离婚时，应当妥善处理未成年子女的抚养、教育、探望、财产等事宜，听取有表达意愿能力未成年人的意见。不得以抢夺、藏匿未成年子女等方式争夺抚养权。

未成年人的父母离婚后，不直接抚养未成年子女的一方应当依照协议、人民法院判决或者调解确定的时间和方式，在不影响未成年人学习、生活的情况下探望未成年子女，直接抚养的一方应当配合，但被人民法院依法中止探望权的除外。

【释义】　本条是关于父母离婚对未成年子女义务的规定。

为了充分保障未成年人的合法权益不因父母离婚有所改变，本条对父母离婚时涉及未成年人的事项作了以下规定：

(1)妥善处理涉及未成年人的事项。根据本条第 1 款的规定，不论未成年人的父母是协议离婚，还是法院判决离婚，都应当妥善处理涉及未成年人的有关事宜。相关的事项主要包括：一是抚养的问题。离婚后不满 2 周岁的子女，以由母亲直接抚养为原则；已满 2 周岁的子女，父母双方可以协议由父亲或母亲抚养，协议不成的，由人民法院根据双方的具体情况，按照最有利于未成年子女的原则判决。子女已满 8 周岁的,应当尊重其真实意愿。二是教育问题。父母与子女之间的关系,不因父母离婚而消除。离婚后父母对于未成年子女仍有抚养、教育、保护的权利和义务。未成年人的父母离婚时,未成年子女可能正在上幼儿园、小学或者中学,是否需要转园、转学,如何保障未成年子女接受学前教育、义务教育等权利不受影响,需要父母双方认真协商,找到最有利于未成年子女接受教育的方案。三是探望问题。不直接抚养子女的父亲或者母亲,有探望子女的权利,另一方有义务协助。行使探望权的方式、时间由当事人协议,协议不成的,由人民法院判决。四是财产问题。目前未成年人拥有自己财产的情况越来越多,比如过年时收的红包,接受亲朋好友赠送的财物,参加写作获得的报酬,参加比赛得到的奖金等,这些财产的所有权属于未成年子女本人,父母只是作为监护人负责管理。父母离婚并不改变未成年子女财产的属性,但是会涉及财产管理方面的变化,所以,需要父母双方认真协商并妥善安排。

(2)不得以抢夺、藏匿未成年子女等方式争夺抚养权。我国长期以来实行计划生育的国策,许多家庭都只有一个孩子,因此离婚时未成年子女的抚养权往往成为争执的焦点。近年来抢夺、藏匿未成年子女的问题比较突出,发生在离婚诉讼前、诉讼中以及离婚以后的情况都有。抢夺、藏匿未成年子女的原因各异:有的父母一方把未成年子女藏匿起来,造成子女是由自己直接抚养或者由自己的父母代为照护的事实,以此作为与子女共同生活时间较长的证据来争夺抚养权;有的父母一方把未成年子女藏匿起来是为了让对方撤销离婚诉讼或者达到同意离婚的目的;有的父母一方是因为经济条件相对较差,担心争取抚养权会对自己不利,于是将未成年子女抢走后藏匿。法律赋予了父母在离婚时争取抚养未成年子女的权利,但是行使该权利应当从保护未成年子女的利益出发,通过合法的手段来实现。以抢夺、藏匿未成年子女等方式抢夺抚养权,人为阻断未成年子女与父母一方的血肉亲情,会导致未成年子女在成长过程中缺乏父爱或者母爱,造成情感缺失的精神伤害。为了躲避父亲或者母亲的寻找，另一方会让未成年子女始终处于隐秘、动荡的生活环境中，严重影响未成年子女的健康成长。未成年子女不是父母任何一方的私有财富，父母不能为了满足自己的需求，强行绑架未成年子女的感情，将未成年子女作为达到自己目的的筹码。本条针对现实中存在的突出问题，明确规定不得以抢夺、藏匿未成年子女等方式争夺抚养权。目前法律对有抢夺、藏匿未成年子女行为的父母应当承担的法律责任没有作出规定。在司法实践中，人民法院在处理离婚案件时，一般认为抢夺、藏匿子女的一方行为有过错，会作为不利于抚养子女的因素在判决时加以考虑。对于抢夺、藏匿子女行为情节严重，严重损害未成年子女合法权益的，人民法院在判决抚养权归属时会作出不利于实施抢夺、藏匿一方的判决。

(3)依法行使探望权。离婚后不直接抚养子女的父亲或者母亲有探望子女的权利，父母应当按照协议、人民法院判决或者调解确定的时间和方式，在不影响未成年人学习、生活的情况下探望未成年子女。比如，人民法院判决探望未成年子女的时间是每周六，如果某个周六未成年子女生病不宜外出，那么未成年人的父母应当重新协商探望子女的时间，以不影响未成年子女正常的学习、生活为前提条件作出调整。探望权是离婚后不直接抚养未成年子女的父母一方依法享有的权利，任何人不得阻碍、限制和剥夺。但是，如果行使探望权不利于未成年子女身心健康的，应当对探望权的行使给予必要的限制，人民法院可以依法中止探望权，暂时停止探望权的行使。不利于未成年子女身心健康的情形，实践中主要是指行使探望权的一方有以下行为：一是患有严重的传染病，会危及未成年子女的健康的；二是在探望时对未成年子女实施违法犯罪行为的；三是有吸毒、赌博等恶习或教唆未成年子女违法犯罪的；四是借探望之机有抢夺、藏匿未成年子女行为的；五是其他不宜行使探望权的情形。行使探望权的一方出现以上对未成年子女不利的情形时，未成年子女、直接抚养子女的一方以及其他监护人可以向人民法院提出中止探望权的申请，经人民法院裁定后中止。探望权中止的事由消失后,行使探望权的一方可以向人民法院申请恢复探望权的行使。实践中时常会出现直接抚养子女的一方无故拒绝对方行使探望权的情况,对此,行使探望权的一方可以向人民法院申请强制执行涉及探望权的判决或者裁定。人民法院可以对拒不履行协助探望权的一方采取拘留、罚款等强制措施,但不得对未成年子女的人身、探望行为进行强制执行。

第三章 学校保护

第二十五条 学校应当全面贯彻国家教育方针,坚持立德树人,实施素质教育,提高教育质量,注重培养未成年学生认知能力、合作能力、创新能力和实践能力,促进未成年学生全面发展。

学校应当建立未成年学生保护工作制度,健全学生行为规范,培养未成年学生遵纪守法的良好行为习惯。

【释义】 本条是关于全面贯彻国家教育方针政策的规定。

学校应当依照本法及其他有关法律、法规,对未成年人进行教育,实施保护。学校保护是未成年人保护的重要方面。学校作为专门的教育机构,是教育、培养未成年人的基地,既要依法履行对未成年人的教育职责,又要依法承担对未成年人的保护义务,既有责任使在校学生接受良好的教育,又有义务保护学生在校活动时的人身安全和身心健康。

一、学校应当全面贯彻国家的教育方针

教育方针,是国家基本教育政策的概括和总结,是国家为了发展教育事业而制定的具有战略意义的总政策,是国家教育工作发展的总的方向与指针,具有非常重要的地位和作用。我国教育方针的确定经历了一个逐步发展完善的过程。教育法第 5 条对国家教育方针作了规定,即教育必须为社会主义现代化建设服务、为人民服务,必须与生产劳动和社会实践相结合,培养德、智、体、美劳方面全面发展的社会主义建设者和接班人。作为对未成

年人实施基础教育的专门机构，学校在未成年人保护方面承担着不可替代的重要职责，学校的教育和保护对未成年人的个人发展有着重要而深远的影响。依据本条的规定，学校必须全面贯彻国家的教育方针，采取措施保证在校未成年学生接受良好的教育，促进他们在德、智、体、美、劳等方面获得全面发展。

二、学校应当坚持立德树人

党的十八大报告提出“把立德树人作为教育的根本任务”，党的十九大报告要求教育“落实立德树人根本任务”。习近平总书记在全国教育大会上指出，教育必须把培养社会主义建设者和接班人作为根本任务，培养一代又一代拥护中国共产党领导和我国社会主义制度、立志为中国特色社会主义奋斗终身的有用人才。本法在修订过程中，一些常委会组成人员和全国人大代表建议本法明确学校应当坚持立德树人的根本任务。为了贯彻落实党的十八大、十九大会议精神和全国教育大会的精神，本条采纳了上述建议，增加了坚持立德树人的内容，明确学校教育的根本任务。学校坚持立德树人，就是以德育为先，把社会主义核心价值体系融入思想道德教育、文化知识教育、社会实践教育各环节，融入国民教育全过程，引导学生形成正确的世界观、人生观、价值观。

三、学校应当实施素质教育，提高教育质量

以人为本、全面实施素质教育，是我国教育改革发展的战略主题。学校教育必须坚持面向全体学生、促进学生全面发展。提高教育质量是我国教育改革发展的核心任务，学校要树立科学的质量观，把促进人的全面发展、适应社会需要作为衡量教育质量的根本标准。义务教育法第 3 条中规定，义务教育必须贯彻国家的教育方针，实施素质教育，提高教育质量。本条也对此作了要求，根据本条的规定，学校应当实施素质教育，提高教育质量。2017 年的《中共中央办公厅、国务院办公厅关于深化教育体制机制改革的意见》进一步要求，全面实施素质教育，使各级各类教育更加符合教育规律、更加符合人才成长规律、更能促进人的全面发展；坚持以人民为中心，着眼促进教育公平、提高教育质量，增强人民群众获得感。这也为学校进一步实施素质教育，提高教育质量指明了方向。

四、学校应当注重学生能力培养

在国家教育方针的统领下，学校应当优化知识结构，丰富社会实践，强化能力培养，教育学生学会知识技能，学会动手动脑，学会生存生活，学会做人做事，促进学生主动适应社会，开创美好未来，这是促进未成年学生全面发展的重要方面。学校在具体的教育教学活动中应当注重培养支撑终身发展、适应时代要求的关键能力。2017 年《中共中央办公厅、国务院办公厅关于深化教育体制机制改革的意见》提出，在培养学生基础知识和基本技能的过程中，强化学生的认知能力、合作能力、创新能力、职业能力等关键能力的培养。本法修订的过程中，有的常委委员提出，2012 年未成年人保护法关于“注重培养未成年学生独立思考能力、创新能力和实践能力”的表述不规范，建议根据中央文件的有关精神，将 2012 年未成年人保护法中的“独立思考能力”，修改为“认知能力、合作能力”，保留“创新能力”和“实践能力”，使条文表述更科学和准确。本次修订采纳了上述建议。根据本法的规定，学校应当密切结合基础教育的教育教学实际，特别是学科教学实际，开展认知能力、合作能力、创新能力、实践能力培养的相应实践探索。培养认知能力，引导学生具备独立思考、逻辑推理、信息加工、学会学习、语言表达和文字写作的素养，养成终身学习的意识和能力。培养合作能力，引导学生学会自我管理，学会与他人合作，学会过集体生活，学会处理好个人与社会的关系，遵守、履行道德准则和行为规范。培养创新能力，激发学生好奇心、想象力和创新思维，养成创新人格，鼓励学生勇于探索、大胆尝试、创新创造。培养实践能力，引导学生适应社会需求，践行知行合一，积极动手实践和解决实际问题，重视将教育教学活动与经济、科技等劳动生产和社会实践相结合，并在这一过程中更进一步提升学生的认知能力、合作能力和创新能力。

五、学校应当促进未成年学生全面发展

全面发展是我国教育方针的重要内容，它体现了素质教育的质量标准。新时代，为实现中华民族的伟大复兴，更是要求坚持全面发展。2017年《中共中央办公厅、国务院办公厅关于深化教育体制机制改革的意见》进一步要求，要建立促进学生身心健康、全面发展的长效机制，切实加强和改进体育，改变美育薄弱局面，深入开展劳动教育，加强心理健康教育和国防教育。上述精神都已经体现在本法的相关条款。

六、学校应当建立未成年人保护工作制度

根据本条第2款的规定，学校应当建立未成年人保护工作制度，以切实加强对未成年学生的教育保护：(1)要求学校围绕本法及预防未成年人犯罪法、教育法、义务教育法等相关法律法规赋予的其在未成年学生保护方面的特殊职责，建立健全未成年人保护相关工作制度，以规范学校及其教职员工的日常管理行为和教育教学活动，依法履行对未成年学生的保护职责。这些工作制度可能包括校园安全管理制度、校车安全管理制度、应对突发事件和意外伤害预案、学生欺凌防控工作制度、预防性侵和性骚扰未成年人工作制度等。(2)要求学校健全学生行为规范。学校可以根据教育部发布的《中小学生守则》《小学生日常行为规范(修订)》《中学生日常行为规范(修订)》，结合本校的实际情况，制定本校学生行为规范，作为学生行为准则，通过规范未成年学生的行为，使其从小树立规则意识和责任意识，从而养成遵纪守法的良好行为习惯。

第二十六条　幼儿园应当做好保育、教育工作，遵循幼儿身心发展规律，实施启蒙教育，促进幼儿在体质、智力、品德等方面和谐发展。

【释义】 本条是关于幼儿园教育、保育职责的规定。

学前教育是终身学习和基础教育的开端，是国民教育体系的重要组成部分。发展学前教育对于促进未成年人身心全面健康发展，普及义务教育，提高国民整体素质，实现全面建设社会主义现代化国家的奋斗目标具有重要意义。办好学前教育、实现幼有所育，是党的十九大作出的重大决策部署。本次修订针对目前社会上出现的幼儿园“小学化”和对幼儿实施超前教育的现象，明确要求幼儿园应当遵循幼儿身心发展规律，实施启蒙教育。

一、做好保育教育工作

幼儿园的保育教育工作，是指对处于3~6岁年龄阶段的幼儿所实施的能够影响其身体成长和认知、情感、性格等方面发展的有目的的活动。

幼儿年龄小、自我保护能力弱，幼儿园保障在园幼儿的人身安全的责任重大。在幼儿园的日常管理、教育和生活等各方面工作中，都必须严格遵守《幼儿园管理条例》和教育部2016年的《幼儿园工作规程》等规定，应当严格执行国家和地方幼儿园安全管理的相关规定，建立健全门卫、房屋、设备、消防、交通、食品、药物、幼儿接送交接、活动组织和幼儿就寝值守等安全防护和检查制度，建立安全责任制和应急预案。

根据《幼儿园工作规程》的规定，幼儿园教育工作的原则和要求为：德、智、体、美等方面的教育应当互相渗透，有机结合；遵循幼儿身心发展规律，符合幼儿年龄特点，注重个体差异，因人施教，引导幼儿个性健康发展；面向全体幼儿，热爱幼儿，坚持积极鼓励、启发引导的正面教育；综合组织健康、语言、社会、科学、艺术各领域的教育内容,渗透于幼儿一日生活的各项活动中,充分发挥各种教育手段的交互作用;以游戏为基本活动,寓教育于各项活动之中;创设与教育相适应的良好环境,为幼儿提供活动和表现能力的机会与条件。

幼儿园应当切实做好幼儿生理和心理卫生保健工作,严格执行《托儿所幼儿园卫生保健管理办法》以及其他有关卫生保健的法规、规章和制度,为幼儿创设与教育相适应的保障其健康成长的良好环境。具体包括制定合理的幼儿一日生活作息制度;建立卫生消毒、晨检、午检制度;建立幼儿健康检查制度和幼儿健康卡或档案,定期分析评价幼儿健康发展状况;配合有关部门做好计划免疫工作和疾病防控工作;保证幼儿用药安全、食品安全和合理膳食;积极开展适合幼儿的体育活动,等等。幼儿园应当做好幼儿生活管理工作,培养幼儿良好的生活习惯。

保育工作和教育工作共同担负着促进幼儿身心和谐健康发展的任务。保教工作既要重视对孩子的照顾保护,又要满足他们不断增长的独立要求。要有意识地训练孩子自己动手尝试,培养自我服务的能力。幼儿园应当切实做到保教结合,教养并重,在互相弥补的过程中提高教育质量。

二、遵循幼儿身心发展规律,实施启蒙教育

幼儿的身心发展是一个由低级到高级、由简单到复杂、由量变到质变的连续不断的发展过程,幼儿教育工作必须遵循幼儿身心发展规律,坚持科学的保教方法,实施启蒙教育。主要体现为:(1)幼儿在不同的年龄阶段有不同的身心特点,幼儿教育要遵照幼儿不同发展阶段的身心特点,在教育内容、教育方法进行适当调整。(2)幼儿身心发展总体来讲是按照一定的顺序进行的,教育中要做到不“凌节而施”,遵循幼儿身心发展的顺序性,充分考虑到幼儿的认知能力发展,在幼儿一定的发展阶段施以相应内容的教育。(3)幼儿教育还要照顾到幼儿身心发展的不平衡性,充分理解和尊重幼儿发展进程中的个体差异。既要做到按照幼儿

一般的发展规律施教，又要照顾到特殊幼儿以及幼儿不同发展阶段的特殊性，如家庭背景、地域的不同，气质类型、性格等的差异，做到因材施教、因时施教。切忌用一把“尺子”衡量所有幼儿。幼儿园和小学应当密切联系，互相配合，注意两个阶段教育的相互衔接；幼儿园不得提前教授小学教育内容，不得开展任何违背幼儿身心发展规律的活动。

2018 年，中共中央、国务院颁布的《关于学前教育深化改革规范发展的若干意见》要求，幼儿园要遵循幼儿身心发展规律，树立科学保教理念；坚决克服和纠正“小学化”倾向。本次修订贯彻落实上述中央精神，在本条增加规定幼儿园应当“遵循幼儿身心发展规律，实施启蒙教育”的内容，使学前教育回归本源。根据本条的规定，幼儿园应当注重实施启蒙教育。要掌握好日常生活中教育的契机，注重榜样示范的作用，对幼儿采取直观的、生动有趣的教育方式，寓教于乐，及时对其启发、引导。要珍视游戏和生活的独特价值，创设丰富的教育环境，合理安排一日生活，最大限度地支持和满足幼儿通过直接感知、实际操作和亲身体验获取经验的需要。严禁“揠苗助长”式的超前教育和强化训练。

三、促进幼儿在体质、智力、品德等方面和谐发展

学前教育是学校教育和终身教育奠基阶段，为实现未成年人在德、智、体、美、劳等方面全面发展奠定基础。因此，本条明确规定幼儿园应当促进幼儿在体质、智力、品德等方面和谐发展。《幼儿园工作规程》规定了幼儿园保育和教育的主要目标为：(1)促进幼儿身体正常发育和机能的协调发展，增强体质，促进心理健康，培养良好的生活习惯、卫生习惯和参加体育活动的兴趣；(2)发展幼儿智力，培养正确运用感官和运用语言交往的基本能力，增进对环境的认识，培养有益的兴趣和求知欲望，培养初步的动手探究能力；(3)萌发幼儿爱祖国、爱家乡、爱集体、爱劳动、爱科学的情感，培养诚实、自信、友爱、勇敢、勤学、好问、爱护公物、克服困难、讲礼貌、守纪律等良好的品德行为和习惯，以及活泼开朗的性

格;(4)培养幼儿初步感受美和表现美的情趣和能力。幼儿的身心发展具有整体性,幼儿园要注重保教目标之间的相互渗透和整合,促进幼儿身心全面协调发展,而不应片面追求某一方面或几方面的发展;要遵循幼儿的年龄特点和身心发展规律,科学制订保教工作计划,合理安排和组织幼儿一日生活;要坚持以游戏为基本活动,灵活运用集体、小组和个别活动等多种形式,锻炼幼儿强健的体魄,激发探究欲望与学习兴趣,养成良好的品德与行为习惯,培养积极的交往与合作能力,促进幼儿身心全面和谐发展。

第二十七条　学校、幼儿园的教职员工应当尊重未成年人人格尊严,不得对未成年人实施体罚、变相体罚或者其他侮辱人格尊严的行为。

【释义】　本条是关于尊重未成年人人格尊严,不得对其实施侮辱人格尊严的行为的规定。

人格尊严是我国宪法赋予每个公民的一项基本权利,同时,人格尊严作为人身权的重要内容,受我国法律的严格保护,任何组织或者个人不得侵害。

一、尊重未成年人的人格尊严

未成年人的人格尊严也同样受到法律的严格保护,不容他人侵犯。我国教师法和义务教育法对教师应当尊重学生人格尊严作了严格要求。2020 年 5 月出台的民法典对各种人格权的具体保护作了专编规定。实践中,由于未成年人正值年幼,他们或者不了解自己享有的人格尊严,或者缺乏保护自己的能力,其人格尊严常常受到人们的忽视和侵犯。个别教职员工对幼儿、未成年学生经常厉声训斥,动辄实施体罚或者变相体罚,甚至粗暴侮辱、摧残,严重伤害他们的自尊心和人格尊严,影响其身心健康发展。本法在借鉴教师法和义务教育法精神的基础上,把尊重未成年人的人格尊严明确为学校、幼儿园全体教职员工必须履行的一项法律义务,进一步加大了对未成年人的保护力度。

尊重学生的人格是师生之间沟通的桥梁。只有尊重才有平等,只有平等才有信任,有了信任,教师才能更好地了解未成年人的内心世界,准确把握其心理状态,更好地与其进行沟通,从而达到良好的教育教学效果。尊重学生人格,归根结底在于教职员工良好的道德素质。教职员应当不断提升自身素质,严格要求自己,宽容、友善对待学生,避免恶语中伤,践踏学生的人格,引发逆反情绪和对抗行为。根据本法的规定,学校、幼儿园的教职员工在教育、管理工作中,首先必须增强法律意识,严格遵守本条规定。其次,既要严格管理,又要耐心教育;既要晓之以理,又要动之以情,在师生之间建立一种互相尊重、平等、亲密的关系。同时,对于有某些缺点错误的幼儿和学生,要特别耐心细致,循循善诱,从多方面关心他们,引导和帮助他们认识错误并加以改正,而绝不能用打骂或体罚的方法解决问题。

二、不得体罚、变相体罚、侮辱未成年人人格尊严

目前,一些学校、幼儿园的教职员工法律意识淡薄,品德素质较差,仍存在对学生或者幼儿实施体罚、变相体罚或者侮辱人格尊严的行为,主要表现为:讽刺、挖苦、侮辱、谩骂;罚站、罚跪、罚提重物、罚承担不合理的作业、因迟到或者考试不及格罚款等;教师打孩子,指使孩子打孩子,或强迫孩子打自己;随意停课,如不让学生进教室听课,或者不准学生来校上课;以打针等方式恐吓和折磨幼儿,等等。对学生坚持正面教育,是所有教育工作者必须遵循的一条重要的教育原则。上述行为违背了为人师表的精神,有损于教师的形象和教育本质,严重危害未成年学生和幼儿的身心健康,影响其未来发展,甚至导致未成年人自残或者自杀的严重后果,为法律严格禁止。义务教育法明确规定,教师不得对学生实施体罚、变相体罚或者其他侮辱人格尊严的行为,不得侵犯学生合法权益。本条规定借鉴了义务教育法的立法精神,并

将禁止实施上述行为的主体扩展到学校、幼儿园全体教职员工，进一步加大了对未成年人的保护力度。

本法第119条对学校、幼儿园、婴幼儿照护服务等机构及其教职员工对未成年人实施体罚、变相体罚或者其他侮辱人格行为的，规定了相应的法律责任。同时，根据教师法的有关规定，对于体罚和变相体罚学生的教师，所在学校、其他教育机构或者教育行政部门，必须及时进行批评教育，帮助他们认识和改正错误，并视情节给予行政处分或者解聘；对于情节极为恶劣，构成犯罪的，依据刑法有关规定追究刑事责任。在实际处理的过程中，可能还需要依据《教师资格条例》《事业单位工作人员处分暂行规定》以及教育部2018年修订的《中小学教师违反职业道德行为处理办法》《幼儿园教师违反职业道德行为处理办法》等有关规定予以执行。

一些学校和家长担心，如果不对一些犯有严重错误的学生加以适当惩戒，让其从小养成规则意识，知道行必果，反而可能纵容其犯更为严重的错误，甚至犯罪。同时，由于这些孩子严重破坏学校的学习环境，影响其他未成年学生的健康发展，这种保护是否有失不公平。禁止体罚并不意味着不允许对学生的过错行为给予必要的、适当的惩罚。在尊重人格的原则上进行适当的惩罚对学生是有必要的。对于极个别屡教不改、错误性质严重、影响恶劣、需要依据校规校纪给予纪律处分的学生，可以依规依程序给予公开批评、警告、记过、留校察看等纪律处分，不能采用简单粗暴和压服的办法。惩罚只是教育的一种辅助手段，其目的仍是通过惩罚教育学生本人和学生集体。本法修订的过程中，有的意见建议本法明确教师的教育惩戒权，赋予学校和老师可采取与学生年龄、身心健康相适应的惩戒措施。因教育惩戒权与体罚学生的界限一直是争议比较大的问题，本次修订对教育惩戒权未作出规定，允许地方立法进行更多有益的实践探索，如广东省2020年出台的《广东省学校安全条例》已经作了规定。

另外，本次修订为与本章第41条规定相照应，本条和其他相关条款删除或者修改了“托儿所”的有关表述。主要考虑：(1)目前新制定的国家有关规定中一般较少使用“托儿所”这一概念，常使用“婴幼儿照护服务机构”的概念。(2)本章章名为“学校保护”，主要对包括普通中小学、特殊教育学校、中等职业学校、专门学校在内的学校和幼儿园保护未成年人的义务作出规定。考虑到婴幼儿照护服务机构、早期教育服务机构、校外培训机构、校外托管机构等专门为未成年人提供照护、托管、培训、教育等服务的机构也应当承担有关未成年人保护义务，本章第 41 条统一规定上述机构参照本章有关规定做好未成年人保护工作。

第二十八条　学校应当保障未成年学生受教育的权利，不得违反国家规定开除、变相开除未成年学生。

学校应当对尚未完成义务教育的辍学未成年学生进行登记并劝返复学；劝返无效的，应当及时向教育行政部门书面报告。

【释义】　本条是关于学校应当保障未成年学生受教育的权利的规定。

学校对未成年人实施保护的一个重要方面就体现为充分其发挥教育机构的功能，保障未成年学生受教育的权利，保证未成年人学生获得平等的教育机会，以实现教育目的。

一、保障未成年学生受教育的权利，不得违规开除或变相开除未成年学生

本条第 1 款对 2012 年未成年人保护法第 18 条进行了修改，加大对未成年学生受教育的权利的保护力度。一是将 2012 年未成年人保护法关于保障未成年学生受教育权利的内容放在本条加以修改完善。二是增加禁止“变相开除”未成年学生的规定。

(一)保障未成年学生受教育的权利

我国宪法和教育法分别规定，我国公民有受教育的权利和义务，依法享有平等的受教育机会。受教育权，是指公民依法享有的要求国家积极提供均等的受教育条件和机会，通过学习来发展其个性、才智和身心能力，以获得平等的生存和发展机会的基本权利。在未成年阶段，公民所接受的教育是基础教育，是通过学校的教育教学活动实现的，学校是保障未成年人接受教育的权利的重要责任主体之一，因此本条明确规定学校保障未成年学生受教育权利的职责。根据本法和有关法律规定，学校应当从以下几方面保障未成年学生受教育的权利：(1)对依据义务教育法应当接受规定年限义务教育的未成年人，必须按照有关规定接纳他们入学，不得以任何理由将他们拒之于校门之外；(2)要根据义务教育法、教育法、教师法和本法第 5 条、第 3 章等有关规定，对学生进行综合素质的教育，包括德、智、体、美、劳以及其他多方面的教育，组织开展有益的社会实践活动等；(3)贯彻国家教育方针，执行国家教育教学标准，保证教育教学质量，确保教师教育教学质量达标；(4)不得实施可能影响未成年学生公平受教育机会的其他行为。

实践中，学校侵犯未成年人受教育权主要有以下情形：(1)违反规定乱收费用，拒绝接受交不起费用的学生就学；(2)擅自提出不合理的入学条件，以学生未满足这些条件为由拒绝其入学；(3)拒绝接受有正常学习能力的残疾孩子就近入学；(4)拒绝接受刑满释放、接受社区矫正、专门学校结业，但应继续接受义务教育的未成年学生复学；(5)对违纪义务教育阶段学生处以停课、停考试、勒令退学的处罚；(6)违反国家规定开除或者变相开除学生，等等。

（二）不得违规开除或变相开除未成年学生

根据本条的规定，学校不得违反国家规定开除或者变相开除未成年学生，这对学校实施开除学籍的处分进行更为严格的限制，也对学校保障未成年学生教育的权利提出了更进一步的要求。

开除学籍是学校管理制度中比较严重的处罚方式，确实能起到警醒作用，但也意味着对学生受教育机会的剥夺，不利于未成年人的长远发展。未成年学生特别是正在接受义务教育的学生，心智发展不成熟，辨别能力和自控能力差，不可避免地会犯这样或那样的错误，甚至违反学校管理制度。学校是教书育人的专门机构，对未成年学生有不可推卸、不可替代的教育责任，如果因为学生违反了学校管理制度就不给其改正错误的机会，开除学籍，无疑是将教育责任推给社会，这有违教育的本质和学校办学宗旨。对这些孩子应当以批评教育感化为主，尽量避免对其进行严厉的纪律处分，特别要谨慎使用开除学籍的处分。同时，也要严格执行法律、法规和国家有关规定，严格掌握标准，严格履行审批手续。

我国义务教育法第27条明确规定："对违反学校管理制度的学生，学校应当予以批评教育，不得开除。"在此基础上，为了进一步保障未成年人受教育的权利，本法进一步规定，学校不得违反国家规定变相开除未成年学生，旨在更加严格地规范学校开除未成年学生的情形。实践中有的学校对义务教育阶段的学生勒令退学、劝退、以不让参加考试或者随意停止其在校接受教育等方式迫使其退学，这些都属于变相开除义务教育阶段未成年学生行为，是本法所禁止的。接受义务教育是每个未成年学生的基本权利，即使是一些可能会对学校秩序产生恶劣影响的有严重不良行为的义务教育阶段学生，也不能开除学籍，可以依照预防未成年人犯罪法的规定将其送专门学校继续接受义务教育，由专门学校其进行道德教育、文化教育、法治教育、心理健康教育、劳动教育和职业技术教育。

对于违反法律和国家规定开除、变相开除未成年学生，侵犯未成年学生受教育权的违法行为，未成年人及其父母或者监护人有权依照教育法第43条的规定，要求有关主管部门处理，或者向人民法院提起诉讼。

关于对严重违反法律法规、严重违反《中小学生守则》《中学生日常行为规范》或者学校管理制度的普通高中在读未成年学生是否可以实施开除学籍的纪律处分，目前法律没有明确的禁止性规定，教育部也没有统一明确的规定。教育部2010年颁布的《中等职业学校学生学籍管理办法》规定，中等职业学校对于有不良行为的学生，可以视其情节和态度给予开除学籍处分。实践中各地对高中阶段的学生，如其严重违反法律、法规、规章和学校管理制度，一般可以适用开除学籍的处分。如《安徽省全日制普通高级中学学籍管理办法》（2010 年修订）、2020 年实施的《广东省校园安全管理条例》都对此有规定。对于少数就读高等院校的未成年大学生，根据教育部 2017 年修订的《普通高等学校学生管理规定》的规定，若其严重违反法律、法规、规章和学校管理制度，是可以被依法开除学籍的。

二、履行控辍保学职责

本条第 2 款为本次修订的新增条款，明确了学校在控辍保学方面的具体职责，进一步强化了学校在保障未成年学生受教育的权利方面的职责，加大对未成年学生受教育的权利的保护力度。

义务教育直接关系到国家和民族的未来，是国家统一实施并予以保障的所有适龄未成年人必须接受的教育。一直以来，受办学条件、地理环境、家庭经济状况和思想观念等多种因素影响，我国一些地区特别是老少边穷岛地区仍不同程度存在失学辍学现象，初中学生辍学、流动和留守儿童失学辍学问题仍然较为突出。党和国家高度重视义务教育工作，在促进教育公平、保障适龄未成年人平等接受义务教育方面作出重要部署。近年来，国家先后颁布《国家中长期教育改革和发展规划纲要（2010—2020 年）》《国务院关于加强农村留守儿童关爱保护工作的意见》《国务院关于统筹推进县域内城乡义务教育一体化改革发展的若干意见》《国务院办公厅关于进一步加强控辍保学提高义务教育巩固水平的通知》等一系列文件，切实推动解决义务教育学生失学辍学问题，义务教育控辍保学工作取得了显著成绩，未成年人受教育的权利保障工作有了重大进步。截至 2020 年 6 月 14 日，全国义务教育阶段辍学学生人数由 2019 年年初的 60 万人减少至 6781 人，下降了近 99%。但受思想观念、自然条件等多种因素影响，一些地区防止学生辍学新增和反弹的任务依然十分艰巨,有必要健全精准控辍长效机制,彻底解决义务教育阶段学生辍学问题,真正实现义务教育有保障这一脱贫攻坚的底线目标,巩固脱贫攻坚的成效和彰显全面小康的成色。

为了切实贯彻上述文件精神,保障全体未成年人获得接受义务教育的机会,本条增加一款规定,明确了学校在控辍保学方面的具体职责。根据本款规定,学校应当持续常态化开展控辍保学工作:(1)对学籍在本校的学生是否到校上课进行动态跟踪管理;(2)发现学生有辍学倾向的,及时安排家访,积极做好说服教育工作,动员学生返校学习;(3)严格学籍管理,严格转学、休学、退学手续;(4)发现未完成义务教育的学生辍学的,应当进行学生相关信息予以登记,并做好劝返复学工作;(5)经多次劝返无效的,应当及时向教育行政部门书面报告。同时,学校应当依照本法第29条的规定,关心爱护每一名学生。对学习困难厌学辍学学生,要建立帮扶制度,有针对性地制定教学计划,通过插班、单独编班、普职融合等多种方式做好教育安置工作;对因家庭经济困难或交通不便而辍学学生,要及时向有关部门反映有关情况,帮助其落实社会救助、免费义务教育、教育资助等帮扶关爱政策,使学生能安心、安全到校学习。

第二十九条　学校应当关心、爱护未成年学生,不得因家庭、身体、心理、学习能力等情况歧视学生。对家庭困难、身心有障碍的学生,应当提供关爱;对行为异常、学习有困难的学生,应当耐心帮助。

学校应当配合政府有关部门建立留守未成年学生、困境未成年学生的信息档案,开展关爱帮扶工作。

【释义】　本条是关于学校应当关爱帮扶并不得歧视未成年学生的规定。

根据本条的规定，为了促进未成年学生身心健康发展，学校在开展教育教学活动的过程中，应当注意平等对待每一位学生，不得因学生自身存在一些特殊情况而歧视学生。要关心关爱每一位学生，注意发现学生的困难情况，对其实施必要的关爱帮扶措施。

一、关心爱护并不得歧视未成年学生

本条第 1 款对 2012 年未成年人保护法第 18 条进行了修改，主要将 2012 年未成年人保护法关于关心爱护和不得歧视未成年学生的内容单列一条并加以修改完善。根据本款规定，学校应当关心爱护全体未成年学生，并不得歧视未成年学生。根据宪法、教育法、义务教育法和本法第 3 条的规定，未成年人依法享有平等的受教育机会。学校作为实施教育的主体，应当依法为未成年学生提供平等的受教育机会。学校及其教职员工在进行日常行政管理和开展教育教学活动时，应当将所有的学生纳入视角，关心关爱全体学生。只有真心关爱学生，关注到每个孩子的特殊性，为他们提供必要的帮助、才能做到因材施教，使学生真正获得平等的教育机会，从而保障未成年学生受教育的权利。关爱学生有利于帮助学生融入集体生活，形成团结协作的良好氛围，有利于培养学生的自信心，有利于培养学生对他人的友爱之心，有利于增强教师的感召力，真正达到亲其师、信其道，实现教育目的。关心爱护学生，也是中小学教师职业道德规范的基本要求之一，也是身为人师的基本素质之一。教师法规定，教师应当关心、爱护全体学生。教育部 2018 年颁布的《新时代中小学教师职业行为十项准则》指出，教师要"关心爱护学生。严慈相济，诲人不倦，真心关爱学生，严格要求学生，做学生良师益友"。

根据义务教育法的规定，教师在教育教学中应当平等对待学生，不得歧视学生。本条更进一步规定，学校不得因家庭、身体、心理、学习能力等情况歧视学生。根据本条的规定，学校、教师应当平等公正地关爱每一位学生，不得因家庭、身体、心理、学习能

力等情况偏爱一部分学生、歧视另一部分学生。实践中，一些学生出自单亲家庭、家庭贫困或者父母残疾、失业或为服刑人员，一些学生有肢体或智力残疾，身体患较为严重的疾病或存在心理疾病，或者学习能力低下。这些因素可能造成学生性情孤僻、敏感自卑、成绩落后，需要学校老师在教育教学活动当中，花费更多的时间和精力予以教导，经常地帮助学生查漏补缺，给予正面的鼓励和引导，帮助其提升信心，树立正确的价值观。但一些学校和教师由于片面追求业绩考核成绩，存在偏爱优等生，歧视差等生，忽视中等生现象。对问题较多、学习困难和有特殊情况的学生，有些教师容易产生偏见，态度冷漠，没有耐心甚至恶语中伤。上述歧视未成年学生的行为均为本法所不允许。

根据本条的规定，学校对家庭困难、身心有障碍的学生，应当提供关爱；对行为异常、学习有困难的学生，应当耐心帮助。对家庭经济困难的学生，要将学生有关情况反映给有关部门，帮助其家庭落实有关扶贫和社会救助政策，落实义务教育"两免一补"、农村义务教育学生营养改善计划等惠民政策，让孩子安心学习。对身心有障碍的学生，根据残疾学生的身心特点和学习规律，在课程教材、教学方式、考试评价、教具学具等方面，强化对残疾学生的特殊关爱，保障残疾学生跟班就读，接受融合教育。对行为异常的学生，要耐心细致地与学生沟通，做好心理疏导，要保持家校联系，必要时通知家人及时送医。对学习有困难的学生，要按照因材施教的原则，针对其学习能力、学习方法、家庭情况和思想心理状况，切实加大帮扶力度，使他们增强学习兴趣，改进学习方法，养成良好学习习惯，不断提升学习能力和学习水平，切实增强学习的自信心、有效性和获得感。

二、关爱帮扶留守未成年学生和困境未成年学生

本条第 2 款是新增条款，进一步明确学校在关爱帮扶留守未成年学生、困境未成年学生方面的职责。留守儿童，是指父母双方外出务工或一方外出务工另一方无监护能力的未成年人。困

境儿童，是指因家庭经济贫困、自身残疾、缺乏有效监护等原因，面临生存、发展和安全困境的未成年人。留守儿童、困境儿童和其他未成年人一样，是祖国的未来和希望，需要全社会的共同关心。国家对做好农村留守儿童和困境儿童关爱保护工作高度重视，先后颁布《国务院关于加强农村留守儿童关爱保护工作的意见》《国务院关于加强困境儿童保障工作的意见》，建立了农村留守儿童关爱保护和困境儿童保障工作体系，加强对他们的关爱和保护。加强农村留守儿童和困境儿童关爱保护工作、维护未成年人合法权益，是各级政府的重要职责，也是家庭和全社会的共同责任。学校作为教育主体，在留守未成年学生和困境未成年学生关爱方面负有重要职责，在进行教育教学的过程中应当关注留守未成年学生和困境未成年学生在校学习期间各方面需求，给予他们更多关爱。近年来，学校配合各部门积极开展农村留守儿童和困境儿童关爱保护工作，对促进广大农村留守儿童和困境儿童健康成长起到了积极作用。因此本次修订明确了学校在留守学生和困境未成年学生关爱保护方面的职责。(1)配合政府有关部门建立留守未成年学生、困境未成年学生的信息档案。学校在新学期学生报到时，要认真做好留守未成年学生、困境未成年学生入学管理工作，全面了解其学籍变动情况，保障其按时入学。要建立留守未成年学生和困境未成年学生信息档案，将父母外出务工情况、监护人变化情况或者因家庭经济贫困、自身残疾、缺乏有效监护等原因，面临生存、发展和安全困境的情况，逐一进行登记并及时更新，准确掌握留守未成年学生和困境未成年学生信息，为有针对性地开展关爱帮扶工作提供支持。(2)对学籍在本校的留守未成年学生、困境未成年学生按照有关规定予以关爱帮扶。学校要重点关注在籍留守未成年学生、困境未成年学生受教育情况，对学习困难的学生要进行适当帮扶，帮助他们启发学习兴趣、树立学习信心。加强与家长的沟通交流，了解其生活情况和思想动态，做好控辍保学工作。帮助留守未成年学生、困境未成年学生落实免费义务教育和各项教育资助政策。加强留守未成年学生、困境未成年学生心理健康教育，引导其积极参与体育、艺术、社会实践等活动，促进其心理、人格积极健康发展，及早发现并纠正心理问题和不良行为。加强校园安全管理，做好法治宣传和安全教育，帮助留守未成年学生、困境未成年学生增强防范不法侵害的意识、掌握预防意外伤害的安全常识。在工作中发现留守未成年学生、困境未成年学生脱离监护单独居住生活或失踪、监护人丧失监护能力或不履行监护责任、疑似遭受家庭暴力、疑似遭受意外伤害或不法侵害等情况的，应当在第一时间向公安机关报告。

第三十条　学校应当根据未成年学生身心发展特点，进行社会生活指导、心理健康辅导、青春期教育和生命教育。

【释义】　本条是关于学校应当对未成年学生进行社会生活指导、心理健康辅导、青春期教育、生命教育的规定。

未成年人的身心发展特点包括两个方面：一是身体发展的特点，表现为一个人从出生到成年，经历了一个身体由小到大，个头由矮到高，体力由弱到强的发育过程；二是心理发展的特点，表现为思维活动由简单到复杂，认识自己行为的性质和控制自己行为的能力由小到大的过程。要做好保护未成年人的工作，就必须充分认识未成年人的身心发展特点，根据其身心发展特点对未成年人实施教育、指导。根据本法第 1 条、第 25 条的规定，学校应当全面贯彻国家的教育方针，对未成年学生进行德、智、体、美、劳等方面的教育。为了更进一步健全未成年人的人格、保障其身心健康，本条在上述规定的基础上更进一步明确了学校还应当根据未成年学生身心发展特点，进行社会生活指导、心理健康辅导、青春期教育和生命教育。

一、进行社会生活指导

随着年龄增长，未成年人接触社会的范围逐步扩大，在观察社会或处理社会生活、社会交往的问题时常常感到困惑不解和不知所措，这些都会影响其身心健康发展。学校教育不能仅仅满足传授知识技能，还要把教育目的渗透到社会生活的所有领域，结合未成年学生的生活实际，给予其具体引导和帮助，使其获得尽可能充分和全面的发展。社会生活指导包括很多方面的内容，涉及学习兴趣与方式方法、品德与文明礼仪、身心健康、合理利用闲暇时间、个人生活自理与社会关系处理、职业生涯规划等。

学校对学生进行社会生活指导能够帮助未成年学生学会观察和认识社会，提高辨别是非的能力，自觉抵御社会上不健康因素的侵袭和影响；帮助他们养成良好的生活习惯，提高生活自理能力，学会自己管理自己、控制自己；帮助他们恰当地处理与同学、老师、家长、邻居等不同人群的关系，组织引导他们积极参与社会生活，开阔视野，在多种健康有益的活动中提高他们的社会交往能力。总之，学校对未成年学生实施进行社会生活指导是培养他们参加社会生活能力的重要环节。

学校和教师对未成年学生进行社会生活指导，应加强与其进行多方位沟通，深入了解其生活状况、思想和活动，根据不同学生的实际状况，有针对性地开展指导工作，尊重并相信每个学生都存在自我发展的潜能，根据每个学生的特点和实际情况，引导他们得到尽可能完善的发展。

二、进行心理健康辅导

近年来，未成年学生因心理障碍而实施自杀或伤人的过激行为事件时有发生。2020 年由于受疫情影响，未成年学生有 2~3 个月的时间无法到校上课，期间就有学生因产生心理障碍而发生过激行为。在战胜疫情后的第一个秋季开学季，教育部要求各地小学校要高度关注学生的身心健康，有针对性地持续加强学生心理健康教育。学校应该发挥教育的主渠道作用，提高学生心理健康素养，培养学生健全的心理素质，使其形成完善的人格和良好的社会适应能力，为促进学生整体素质的全面发展奠定基础。因此,本法规定了学校应当对未成年学生进行心理健康辅导的内容。

心理健康对于未成年人的成长和发展至关重要。党和国家高度重视未成年人的心理健康,先后颁布《中共中央关于进一步加强和改进学校德育工作的若干意见》《中共中央、国务院关于进一步加强和改进未成年人思想道德建设的若干意见》《中共中央、国务院关于深化教育改革全面推进素质教育的决定》《教育部关于加强中小学心理健康教育的若干意见》《中小学心理健康教育指导纲要》等一系列文件规范指导中小学生的心理健康教育工作,强调心理健康在未成年人的健康成长、全面发展中的重要作用,把未成年人良好心理素质的培养作为未成年人教育的一项重要内容。2018 年修订的精神卫生法明确规定,学校应当对学生进行精神卫生知识教育和心理健康教育。

学校的心理健康辅导是根据未成年学生生理、心理发展特点,运用有关心理教育方法和手段,帮助学生疏导与解决学习、生活、自我意识、情绪调适、人际交往和升学就业中出现的心理行为问题,排解心理困扰和防范心理障碍,培养学生良好的心理素质,促进学生身心全面和谐发展和素质全面提高的教育活动。学校开展心理健康辅导应注意:(1)遵循学生心理发展规律和教育规律,有针对性地提供发展性心理辅导和帮助。(2)面向全体学生,通过普遍开展教育活动,使学生对心理健康教育有积极的认识,使心理素质逐步提高。(3)关注个别差异,根据不同学生的不同需要开展多种形式的教育和辅导,提高他们的心理健康水平。(4)以学生为主体,充分启发和调动学生的积极性。要把教师在心理健康教育中的科学辅导与学生对心理健康教育的主动参与有机结合起来。(5)开展心理辅导必须遵守职业伦理规范,在学生知情自愿的基础上进行,严格遵循保密原则,保护学生隐私,但在学生可能出现自伤、他伤等极端行为时,应突破保密原则,及时告知班主任及其监护人,并记录在案;谨慎使用心理测试量表或其他测试手段,并在学生及其监护人知情自愿的基础上进行,禁止强迫学生接受心理测试;禁止给学生贴上“心理疾病”标签;禁止使用任何可能损害学生身心健康的仪器设备。

三、进行青春期教育

未成年学生在校阶段大部分都要经历青春期。此阶段的未成年人正值由少年向青年过渡,处于生理发育和心理发育由不成熟向成熟过渡的急剧变化时期,其显著生理特征就是性腺的发育和成熟,并在此基础上产生相应的性意识和性心理变化。如果缺乏科学的引导,学生往往感到惶惑与迷惑,并产生一系列心理与行为问题。学校应当根据学生不同年龄的生理、心理特点的情况,适时地把青春期教育有关的性生理、性心理和性道德的内容纳入教学计划进行正面讲授。对未成年人进行青春期教育要以社会主义道德教育为核心,通过教育,使未成年人正确认识自身生理的发育变化,注意保护健康,养成卫生习惯;培养未成年人具有良好的心理素质和道德品质,使他们懂得自尊、自爱、自重,增强他们的自我控制的能力,正确对待男女同学之间的关系,使他们的身心健康发展。对未成年人进行青春期教育,是保障未成年人健康成长的需要,学校应当予以重视。相反,如果学校忽视了这项教育,或者躲躲闪闪,一味避讳,反而会产生消极影响,不利于未成年人身心的健康成长。如今,由于互联网和手机等智能终端使用的普及,未成年人很容易接触到各种良莠不齐的涉及性的信息,有的甚至因此坠入追求简单性感官刺激的迷途,无法自拔,更有甚者可能引发性侵害案件。2019 年引发社会广泛关注与争议的大连 13 岁男孩强奸杀害同楼 10 岁女童的案件就是这种情况。因此,学校应当切实承担起进行青春期教育的重任,教育学生正确认识自己的身体变化,引导学生大方、健康地与异性交往,帮助学生了解抵御性侵害的一般常识和方法。本法为了进一步保障未成年人的身心健康发展,又专门强调了学校应当对未成年学生开展青春期教育。

四、进行生命教育

生命教育事关未成年人的身心健康，有广义和狭义两种。狭义的生命教育，是指对生命本身的关注，包括个人与他人的生命，进而扩展到一切自然生命。广义的生命教育是关注人的整体，它不仅包括对生命的关注，而且包括对生存能力的培养和生命价值的提升。目前，我国教育实践中实施生命教育，主要通过开展生命教育、生活教育和生存教育，让未成年学生认识生命、尊重生命、珍爱生命，关心自己和家人；珍视生活，了解生活常识，掌握生活技能，养成良好生活习惯，关心他人和集体，树立正确的生活目标；学习生存知识，保护珍惜生态环境，关心社会和自然，强化生存意志，提高生存的适应能力和创造能力。

美国 20 世纪五六十年代开始提出生命教育，我国台湾和香港地区 20 世纪末开始在中小学阶段实施生命教育。上海 2005 年出台了《中小学生生命教育指导纲要（试行）》。中宣部、教育部等四部门 2007 年颁布《中小学法制教育指导纲要》，强调法制专题教育要与生命教育紧密结合。2010 年《国家中长期教育改革和发展规划纲要（2010—2020 年）》进一步要求重视生命教育。此后生命教育在各级各类学校全面实施。

近年来，教育部先后印发《中小学公共安全教育指导纲要》《中小学心理健康教育指导纲要》《中小学德育工作指南》《基础教育课程改革纲要（试行）》等一系列文件，明确将生命教育纳入中小学德育工作的重要内容；同时要求学校通过开展艾滋病预防、毒品预防、环境教育等专题教育形式进行生命教育，引导青少年学生崇尚科学文明的生活方式，增强安全意识，珍爱生命，热爱生命；要求学校推进生命教育进课程体系，结合学生的年龄特点，在中小学相关课程中对学生循序渐进开展生命教育。

本法在修订过程中，有的意见提出，为了引导未成年学生认识自我、尊重生命、珍爱生命，培养其健全的人格、积极的心态和良好的个性心理品质，建议本条增加规定学校应当进行“生命教育”。本次修订,总结教育实践经验,综合各方面意见,明确了学校开展生命教育的职责。学校通过认真履行这一职责,帮助未成年学生树立正确的生命观、生活观、生存观。

第三十一条　学校应当组织未成年学生参加与其年龄相适应的日常生活劳动、生产劳动和服务性劳动,帮助未成年学生掌握必要的劳动知识和技能,养成良好的劳动习惯。

【释义】　本条是关于学校应当加强劳动教育的规定。

劳动教育是中国特色社会主义教育制度的重要内容,直接决定社会主义建设者和接班人的劳动精神面貌、劳动价值取向和劳动技能水平。长期以来,各地区和学校坚持教育与生产劳动相结合,在实践育人方面取得了一定成效。同时也要看到,近年来一些青少年中出现了不珍惜劳动成果、不想劳动、不会劳动的现象,劳动的独特育人价值在一定程度上被忽视,劳动教育正被淡化、弱化。习近平总书记在全国教育大会上提出,要在学生中弘扬劳动精神,教育引导学生崇尚劳动、尊重劳动,懂得劳动最光荣、劳动最崇高、劳动最伟大、劳动最美丽的道理,长大后能够辛勤劳动、诚实劳动、创造性劳动。为构建德智体美劳全面培养的教育体系,培养新时代社会主义建设者和接班人,2020 年 3 月,中共中央、国务院颁布《关于全面加强新时代大中小学劳动教育的意见》,就加强新时代大中小学劳动教育作出重要部署。为贯彻落实中央精神,弘扬劳动光荣、劳动创造伟大的主旋律,反对一切不劳而获、贪图享乐的错误观念,帮助未成年人掌握基本劳动能力、养成良好的劳动习惯,本次修订增加一条对学校加强劳动教育作了专门规定。

一、劳动教育的重要性

加强劳动教育是构建德智体美劳全面培养的教育体系的重

要环节。劳动教育是实施素质教育的重要内容，一方面，其与德育、智育、体育、美育密不可分，学生在劳动中培养道德情感，增长见识，开阔眼界，锻炼身体，提高审美；另一方面，劳动教育强调手脑并用、知行结合，在实践中获得劳动技能，培养劳动素养，发挥着独特的育人功能。但与德智体美其他四“育”相比，劳动教育仍是短板，一段时期以来学校劳动教育存在窄化、泛化、异化等问题。若不科学解决劳动教育中存在的问题，将影响德智体美劳全面培养教育体系的构建、全面提高育人质量的实现，影响教育事业的整体发展。全面贯彻党的教育方针，落实全国教育大会精神，要求把劳动教育纳入人才培养全过程，贯通大中小学各学段，贯穿家庭、学校、社会各方面，与德育、智育、体育、美育相融合，紧密结合经济社会发展变化和学生生活实际，积极探索具有中国特色的劳动教育模式，创新体制机制，注重教育实效，实现知行合一，促进学生形成正确的世界观、人生观、价值观。通过劳动教育，牢固树立劳动最光荣、劳动最崇高、劳动最伟大、劳动最美丽的观念；体会劳动创造美好生活，体认劳动不分贵贱，热爱劳动，尊重普通劳动者，培养勤俭、奋斗、创新、奉献的劳动精神；具备满足生存发展需要的基本劳动能力，养成良的好劳动习惯和劳动品质。

二、劳动教育应当遵循教育规律

根据本条的规定，学校开展劳动教育应当遵循教育规律，根据未成年学生年龄特点和身体发育情况，科学设计课内外劳动项目，采取灵活多样的形式，以体力劳动为主，注意手脑并用、安全适度，强化实践体验，让学生亲历劳动过程，提升育人实效性。小学低年级要注重围绕劳动意识的启蒙，让学生学习日常生活自理，感知劳动乐趣，培养人人都要劳动的意识。小学中高年级要注重围绕卫生、劳动习惯养成，让学生做好个人清洁卫生，主动分担家务，适当参加校内外公益劳动，学会与他人合作劳动，体会到劳动光荣。初中要注重围绕增加劳动知识、技能，加强家政学习，开展社区服务,适当参加生产劳动,使学生初步养成认真负责、吃苦耐劳的品质和职业意识。普通高中要注重围绕丰富职业体验,开展服务性劳动、参加生产劳动,使学生熟练掌握一定劳动技能,理解劳动创造价值,具有劳动自立意识和主动服务他人、服务社会的情怀。中等职业学校重点要结合专业人才培养,增强学生职业荣誉感,提高职业技能水平,培育学生精益求精的工匠精神和爱岗敬业的劳动态度。

三、开展劳动教育的形式

根据本条的规定,学校应当组织未成年学生参加日常生活劳动、生产劳动和服务性劳动,通过劳动实践让未成年学生掌握必要的劳动知识和技能。学校应当鼓励、引导学生在日常生活中自己的事情自己做,做好生活自理的同时自觉承担家务劳动、班级劳动,主动为家人和班集体服务。鼓励学生参加各种公益活动、志愿服务,引导学生开展服务性劳动,在为他人、为社会奉献中不断完善自己。组织学生到由各类企事业单位开放的劳动实践场所、到田间地头,参加生产劳动,让学生能在实际岗位劳动中了解真实的职业劳动,体会各种工作的快乐和辛苦,树立正确的职业观。学校应当根据各学段特色,合理安排日常生活劳动、生产劳动和服务性劳动内容,发挥好各类劳动教育内容的育人作用,如在日常生活劳动中培养学生独立生活能力,传承勤俭节约的家风,在服务性劳动中强化社会责任和奉献精神,在生产劳动中培养吃苦耐劳、精益求精、创新进取的品质。学校开展劳动教育要根据中小学国家课程方案的要求,在必要的劳动教育课程和课时中落实。开展劳动教育不能只是在讲台上"讲"劳动、在黑板上"写"劳动,简单说教,而是要给学生提供真正的劳动机会,让学生在实际生活中、特定岗位上经历劳动过程,感受不同劳动的艰辛,思考不同职业岗位上的人是如何通过劳动推动社会的进步和发展。

第三十二条 学校、幼儿园应当开展勤俭节约、反对浪费、珍惜粮食、文明饮食等宣传教育活动，帮助未成年人树立浪费可耻、节约为荣的意识，养成文明健康、绿色环保的生活习惯。

【释义】 本条是关于学校、幼儿园应当开展勤俭节约等宣传教育活动的规定。

习近平一直高度重视粮食安全和提倡“厉行节约、反对浪费”的社会风尚。2013 年 1 月，习近平作出重要指示，要求厉行节约、反对浪费；此后，又多次作出重要指示，要求以刚性的制度约束、严格的制度执行、强有力的监督检查、严厉的惩戒机制，切实遏制公款消费中的各种违规违纪违法现象。党的十八大以来，各地区各部门贯彻落实习近平重要指示精神，采取出台相关文件、开展“光盘行动”等措施，大力整治浪费之风，“舌尖上的浪费”现象有所改观，特别是群众反映强烈的公款餐饮浪费行为得到有效遏制。同时，一些地方餐饮浪费现象仍然存在。2020 年 8 月，习近平总书记对制止餐饮浪费行为作出重要指示，强调要加强立法，强化监管，采取有效措施，建立长效机制，坚决制止餐饮浪费行为，要进一步加强宣传教育，切实培养节约习惯，在全社会营造浪费可耻、节约为荣的氛围。为了贯彻落实习近平总书记的重要指示，帮助未成年人从小树立浪费可耻、节约为荣的意识，养成文明健康、绿色环保的生活习惯，本次修订，要求学校、幼儿园加强对未成年人开展勤俭节约、反对浪费、珍惜粮食、文明饮食的宣传教育活动，以推动全社会深入推进厉行节约、反对浪费，十分必要。

一、学校、幼儿园应当就勤俭节约、反对浪费、珍惜粮食、文明饮食等开展宣传教育活动

勤俭节约、反对浪费是中华民族的优良传统。我国宪法总纲第 14 条第 2 款明确规定：“国家厉行节约，反对浪费。”这既是坚持艰苦奋斗的优良传统,又是我国人口多底子薄的基本国情所决定的,是国家各方面建设所应遵循的基本原则。我国节约资源、节约能源、建设节约型国家的各项政策,也都是遵循以上原则所制定的。习近平总书记针对部分学校存在食物浪费和未成年人节俭意识缺乏的问题,对切实加强引导和管理、培养未成年人勤俭节约良好美德等提出明确要求。珍惜粮食也是中华民族的传统美德,“谁知盘中餐,粒粒皆辛苦”几乎人人耳熟能详。近年来,中国社会经济得到了跨越式发展,城乡居民生活水平显著提高,居民不合理消费也带来了严重的食物浪费特别是餐饮浪费问题。中科院地理科学与资源研究所 2018 年发布的《中国城市餐饮食物浪费报告》显示,某大型城市中小学生食物浪费明显高于城市餐饮浪费的平均水平。教育、引导未成年人从小做到珍惜粮食、反对餐饮浪费、反对粮食浪费,有助于节约粮食资源,减少餐厨垃圾的填埋量,从而有利于节约土地资源、水资源,降低因废弃食物传染疾病的安全风险,保护生态环境。根据《全国人大常委会关于全面禁止非法野生动物交易、革除滥食野生动物陋习、切实保障人民群众生命健康安全的决定》,学校、幼儿园也应当通过宣传教育,引导未成年人文明饮食,革除食用野生动物陋习,引领文明生活新风尚。2020 年 3 月初,习近平总书记在北京考察新冠肺炎防控科研攻关工作时强调,要坚决杜绝食用野生动物的陋习,提倡文明健康、绿色环保的生活方式。广大未成年人也应当积极响应总书记的号召,深入贯彻学习习近平生态文明思想,移风易俗,革除食用野生动物等饮食陋习,做到文明饮食,从小养成科学文明健康、绿色环保的生活习惯。学校、幼儿园应当把勤俭节约、反对浪费、珍惜粮食、文明饮食作为弘扬中华优秀传统文化、践行社会主义核心价值观教育的重要内容,结合绿色校园建设因校制宜对未成年人开展多种形式的宣传教育活动,引导广大未成年人养成勤俭节约、珍惜粮食的传统美德,引领带动文明饮食的新风尚。

二、帮助树立浪费可耻、节约为荣的意识，养成文明健康、绿色环保的生活习惯

根据本条的规定，学校、幼儿园应当通过开展宣传教育活动帮助未成年人树立浪费可耻、节约为荣的意识，养成文明健康、绿色环保的生活习惯。要结合节能宣传周、世界粮食日、全国爱粮节粮宣传周等活动，组织开展主题鲜明的宣传活动。要通过主题班会开展勤俭节约、反对浪费、珍惜粮食、文明饮食的专题教育活动。结合不同学科特点，有针对、有重点地纳入课堂教学，有机渗透，全员育人。要加强先进典型的正面宣传，发挥榜样示范作用，对浪费行为开展反面警示教育，加大对浪费行为的纠正力度，引导未成年人树立浪费可耻、节约为荣的意识。要组织未成年人走出课堂，走向田间地头或者青少年社会实践基地等场所，广泛开展社会实践、劳动体验，让未成年人切身感受食物的来之不易，真正形成尊重劳动和珍惜粮食、文明饮食的思想意识。要结合实际制定节约用餐规范，引导未成年人参与学校餐饮节约，推动光盘常态化。要落实集中用餐陪餐制度，在食物收残环节对浪费行为进行直接监督和提醒。

第三十三条　学校应当与未成年学生的父母或者其他监护人互相配合，合理安排未成年学生的学习时间，保障其休息、娱乐和体育锻炼的时间。

学校不得占用国家法定节假日、休息日及寒暑假期，组织义务教育阶段的未成年学生集体补课，加重其学习负担。

幼儿园、校外培训机构不得对学龄前未成年人进行小学课程教育。

【释义】　本条是关于学校应当保障未成年学生的休息权的规定。

近年来，学生学业负担重，一直是党和国家关心、社会关注、群众关切的问题。当前,这一问题也出现了一些新情况,主要表现为“校内减负、校外增负”,“教师减负、家长增负”。2017 年《中共中央办公厅、国务院办公厅关于深化教育体制机制改革的意见》对中小学生“减负”工作进行了系统部署,要求学校切实减轻学生过重课外负担,加强家庭教育指导服务,帮助家长树立正确的教育观念,合理安排孩子的学习、锻炼和休息时间。随后,有关部门又先后出台《中小学生减负措施》《综合防控儿童青少年近视实施方案》等一系列文件,进一步细化对保障未成年学生的休息、娱乐、体育锻炼时间的要求。本条对 2012 年未成年人保护法第 20 条进行了修订。本次修订主要是回应常委会组成人员、全国人大代表和社会公众关于应当减轻未成年人学习负担、不得超前超时教学的建议,防止和纠正学前教育小学化现象,进一步加大对未成年学生休息权的保护力度。为了切实保障未成年学生的休息、娱乐、体育锻炼时间,本条新增第 2 款和第 3 款,进一步对实践中两种可能造成挤占未成年人的休息、娱乐、体育锻炼时间,影响未成年人身心健康成长的现象予以规范。

一、保障未成年学生休息、娱乐、体育锻炼时间

本条第 1 款规定了学校应当保障未成年学生的休息、娱乐、体育锻炼时间,这与联合国《儿童权利公约》的相关规定精神一致。《儿童权利公约》第 31 条明确指出,儿童有权享有休息和闲暇,从事与儿童年龄相宜的游戏和娱乐活动,以及自由参加文化生活和艺术活动;应尊重并促进儿童充分参加文化和艺术生活的权利,并应鼓励提供从事文化、艺术、娱乐和休闲活动的适当和均等的机会。根据本款的规定,学校应当科学合理安排课程计划和家庭作业,同时与家长紧密配合,保障未成年学生充分的休息时间,特别是让其能获得充足的睡眠时间;保障未成年学生的适当的娱乐时间,让其有时间自由选择自己感兴趣的文化、艺术、游戏等娱乐休闲活动;保障未成年学生的适当体育锻炼时间,让其通过体育锻炼或者参加体育活动强身健体、锻炼意志品质、结交良

师益友、培养合作精神。这是保证未成年人身心健康，真正实现其德智体美劳全面发展所必需的。2009 年，《教育部关于当前加强中小学管理规范办学行为的指导意见》要求学校按照不同学段和年级、走读生和寄宿生的实际需要，对学生休息时间、在校学习（包括自习）时间、体育锻炼时间、在校活动内容和家庭作业等方面作出科学合理安排和严格规定，坚决纠正各种随意侵占学生休息时间的做法，正确引导家长积极参与，切实把课内外过重的课业负担减下来，依法保障学生的休息权利。

二、不得违反规定集体补课

根据本条第 2 款的规定，学校不得占用国家法定节假日、休息日及寒暑假期，组织义务教育阶段的未成年学生集体补课，加重其学习负担。早在 2006 年，教育部颁布的《关于贯彻〈义务教育法〉进一步规范义务教育办学行为的若干意见》明确要求，学校和教师不得占用节假日和休息时间组织学生上课和集体补课；其 2009 年颁布的《关于当前加强中小学管理规范办学行为的指导意见》明确要求学校坚决纠正各种随意侵占学生休息时间的做法，切实把课内外过重的课业负担减下来，依法保障学生的休息权利。各地在此基础上纷纷出台减负措施，不少地方都明确禁止学校以各种名义占用国家法定节假日、休息日及寒暑假期，组织义务教育阶段的未成年学生集体补课。本次修订综合了地方的实践和各方面的意见，更进一步加大了对未成年学生休学权的保护力度。

三、不得对学龄前未成年人提前进行小学课程教育

根据本条第 3 款的规定，幼儿园、校外培训机构不得对学龄前未成年人进行小学课程教育。近年来，由于应试教育和社会上一些不良宣传的影响，出现了学前教育“小学化”的现象，损害了幼儿的身心健康，危害很大。一是违背幼儿身心发展规律。幼儿身心、动作还处于初步发展时期，无力承担小学课程内容的学习。这个阶段要求他们写字，会影响其正常生长发育。二是剥夺了幼

儿快乐的童年。学前教育阶段的孩子们应当在游戏活动、童话故事中获得知识、健康快乐成长。过早进入小学课程的学习和强化训练,将严重影响他们的身心健康和社会能力的发展。三是将造成厌学的严重后果。超前学习的孩子进行小学后,容易养成上课不专心听讲、做小动作等不良学习习惯,容易对学习失去兴趣。学前教育应当遵循科学规律,重点关注孩子健康、语言、社会、科学、艺术等领域的发展,培养孩子良好的行为习惯,而不是过早地对他们进行文化知识教育。2010 年《国务院关于当前发展学前教育的若干意见》明确要求防止和纠正幼儿园教育"小学化"倾向。教育部 2011 年发布《关于规范幼儿园保育教育工作　防止和纠正"小学化"现象的通知》专门规范办园行为,防止和纠正"小学化"现象。《幼儿园工作规程》更进一步明确规定,幼儿园不得提前教授小学教育内容,不得开展任何违背幼儿身心发展规律的活动。根据上述文件精神,幼儿园不得提前教授小学教育内容,不得以举办兴趣班、特长班和实验班为名进行各种提前学习和强化训练活动,不得给幼儿布置家庭作业。因此,为了进一步保障未成年人身心健康,还给孩子快乐的童年,本次修订禁止了幼儿园实施"小学化"教育,同时为了防止某些家长避开幼儿园通过校外培训机构寻求对学龄前未成年人进行超前教育,本条也禁止校外培训机构对学龄前未成年人进行小学课程教育,为彻底解决目前学前教育"小学化"倾向问题提供强有力的法治保障。

第三十四条　学校、幼儿园应当提供必要的卫生保健条件,协助卫生健康部门做好在校、在园未成年人的卫生保健工作。

【释义】　本条是关于学校、幼儿园的卫生保健职责的规定。

本条对 2012 年未成年人保护法第 44 条规定的内容进行拆分,将学校、幼儿园的卫生保健职责修改完善后在本条进行规定,将政府及其有关部门的相关职能和职责调整至"政府保护"一章中加以修改完善。鉴于卫生保健、营养指导、疾病预防主要属于政府卫生健康部门的职能,对学校、幼儿园的卫生保障职责进行更为准确的界定。

一、学校、幼儿园应当提供必要的卫生保健条件

根据本条的规定,学校、幼儿园应当为在校在园未成年人提供必要的卫生保健条件。2020 年实施的基本医疗卫生与健康促进法第 68 条第 3 款也明确规定,学校按照规定配备校医,建立和完善卫生室、保健室等。加强中小学医务室、卫生室、保健室建设和中小学校卫生保健机构建设,配备校医等卫生专业技术人员是保证学校卫生保健工作顺利开展的前提。1990 年 6 月,国务院颁布《学校卫生工作条例》,对学校卫生工作主要任务、监督管理、人员配备、机构设置等提出了具体要求。根据该条例,城市普通中小学、农村中心小学和普通中学设卫生室,按学生人数 600∶1 的比例配备专职卫生技术人员。学生人数不足 600 人的学校,可以配备专职或兼职保健教师,开展学校卫生工作。2007 年 5 月,中共中央、国务院印发《关于加强青少年体育增强青少年体质的意见》,要求中小学要依据《学校卫生工作条例》规定,设立卫生室,配备校医或专(兼)职教师,设有校医院(卫生室)和专职校医的学校比例稳步提高。2019 年,全国中小学设有校医院(卫生室)学校占比 54.7%,中小学配有专职校医的学校占比 17.2%。

教育部、原卫生部 2010 年颁布《托儿所幼儿园卫生保健管理办法》,原卫生部 2012 年颁布《托儿所幼儿园卫生保健工作规范》,对幼儿园卫生保健工作作了具体规定。按照上述规定,幼儿园应当根据规模、接收儿童数量等设立相应的卫生室或者保健室,具体负责卫生保健工作;应当聘用符合国家规定的卫生保健人员,包括具有从业资格的医师、护士和符合该办法要求的保健员;卫生保健人员应当按照收托 150 名儿童至少设 1 名专职卫生保健人员的比例配备卫生保健人员,收托 150 名以下儿童的,应当配备专职或者兼职卫生保健人员。

二、学校、幼儿园应当做好卫生保健工作

本条明确规定学校、幼儿园协助卫生健康部门做好在校、在园未成年人的卫生保健工作，主要承担学校学生、幼儿园幼儿的预防保健，健康状况监测，健康教育，良好卫生习惯培养，改善校园卫生环境和教学卫生条件，加强传染病和学生常见病预防与控制等工作。如按照《中小学幼儿园安全管理办法》《托儿所幼儿园卫生保健管理办法》等国家有关规定，学校、幼儿园教学建筑、环境噪声、室内微小气候、采光、照明灯、卫生设施等环境质量、黑板、课桌椅的设置以及饮用水应当符合国家有关标准；在新生入托、入学时查验预防接种证；建立未成年人健康档案，定期进行健康体检；在疾病预防控制机构指导下，做好传染病预防和控制工作，发现传染病患儿应当及时按照法律、法规和国家有关规定进行报告；在传染病流行期间，加强预防控制措施，在疾病预防控制机构的指导下，对环境进行严格消毒处理等。根据2020年6月实施的基本医疗卫生与健康促进法，学校应当利用多种形式实施健康教育，普及健康知识、科学健身知识、急救知识和技能，提高学生主动防病的意识，培养学生良好的卫生习惯和健康的行为习惯，减少、改善学生近视、肥胖等不良健康状况。学校应当按照规定开设体育与健康课程，组织学生开展广播体操、眼保健操、体能锻炼等活动。

第三十五条　学校、幼儿园应当建立安全管理制度，对未成年人进行安全教育，完善安保设施、配备安保人员，保障未成年人在校、在园期间的人身和财产安全。

学校、幼儿园不得在危及未成年人人身安全、身心健康的校舍和其他设施、场所中进行教育教学活动。

学校、幼儿园安排未成年人参加文化娱乐、社会实践等集体活动，应当保护未成年人的身心健康，防止发生人身伤害事故。

【释义】 本条是关于学校、幼儿园应当保障未成年人安全的规定。

校园应当是最阳光、最安全的地方。加强学校、幼儿园安全工作是全面贯彻党的教育方针，保障学生健康成长、全面发展的前提和基础，关系广大师生的人身安全，事关亿万家庭幸福和社会和谐稳定。长期以来，党中央、国务院和地方各级党委、政府高度重视学校、幼儿园安全工作，采取了一系列措施维护学校、幼儿园及周边安全，学校、幼儿园安全形势总体稳定。但是，受各种因素影响，学校、幼儿园安全工作还存在相关制度不完善、不配套，预防风险、处理事故的机制不健全及其意识和能力不强等问题。为进一步改进学校、幼儿园安全工作，本条对学校和幼儿园的安全保障职责作了规定。

一、学校、幼儿园维护未成年人校内、园内安全的责任

本条第1款规定了学校、幼儿园保障未成年人在校在园期间的人身和财产安全的责任，主要包括以下几层内容：

(1)学校、幼儿园应当遵守有关安全管理工作的法律、法规和规章，建立健全校内园内各项安全管理制度。加强中小学、幼儿园安全管理工作是全面贯彻党的教育方针，保障学生健康成长、全面发展的前提和基础。2006年，教育部、公安部等十部委联合发布《中小学幼儿园安全管理办法》对校长负责制、门卫制度、校内安全定期检查和危房报告制度、消防安全制度、食堂卫生制度、实验室管理制度、学生安全信息通报制度、住宿学生安全管理制度、校车管理制度、安全工作档案等学校应当建立健全的各项具体的安全管理制度作出了明确规定，同时还针对大型集体活动、体育活动等日常管理中容易发生安全事故的领域与环节作出了明确的安全管理要求。另外，根据本法第37条、第39条和第40条的规定，学校还应当建立应对突发事件和意外伤害预案、学生欺凌防控工作制度、预防性侵和性骚扰未成年人工作制度等安全管理制度，从各个方面保障未成年人的安全。

(2)学校、幼儿园应当健全学校安全教育机制,加强对未成年人的安全教育。《中小学幼儿园安全管理办法》对学校如何实施安全教育作出具体要求:按照国家课程标准和地方课程设置要求,将安全教育纳入教学内容,对学生开展安全教育,培养学生的安全意识,提高学生的自我防护能力;针对不同课程实验课的特点与要求,对学生进行实验用品的防毒、防爆、防辐射、防污染等的安全防护教育;对学生进行用水、用电的安全教育,对寄宿学生进行防火、防盗和人身防护等方面的安全教育;开展安全防范教育,使学生掌握基本的自我保护技能,应对不法侵害;开展交通安全教育,使学生掌握基本的交通规则和行为规范;开展消防安全教育,有条件的可以组织学生到当地消防站参观和体验,使学生掌握基本的消防安全知识,提高防火意识和逃生自救的能力;根据当地实际情况,有针对性地对学生开展到江河湖海、水库等地方戏水、游泳的安全卫生教育;根据学生群体和年龄特点,有针对性地开展安全专题教育,定期组织应对地震、火灾等情况的应急疏散演练。同时,学校应当将安全教育与法治教育有机融合,把尊重生命、保障权利、尊重差异的意识和基本安全常识从小根植在学生心中,在教育中要适当增加反欺凌、反暴力、反恐怖行为及防范针对未成年人的犯罪行为等内容,引导学生明确法律底线、强化规则意识。

(3)学校、幼儿园应当完善安保设施、配备安保人员,保障未成年人在校、在园期间的人身和财产安全。2017 年,国务院办公厅颁布《关于加强中小学幼儿园安全风险防控体系建设的意见》要求学校、幼儿园应当按照相关规定,根据实际和需要,配备必要的安全保卫力量;除学生人数较少的学校、幼儿园外,每所学校、幼儿园应当至少有 1 名专职安全保卫人员或者受过专门培训的安全管理人员。要求完善学校安全技术防范系统,在校园主要区域要安装视频图像采集装置,有条件的要安装周界报警装置和一键报警系统,做到公共区域无死角。要求学生在校期间,对校园实行封闭化管理,并根据条件在校门口设置硬质防冲撞设施,阻止人员、车辆等非法进入校园;学校、幼儿园要与社区、家长合作,有条件的建立安全保卫志愿者队伍,在上下学时段维护校门口秩序;寄宿制学校、幼儿园要根据需要配备宿舍管理人员。

二、学校、幼儿园不得在危及未成年人人身安全、身心健康的校舍等进行教育教学活动

根据本条第 2 款的规定,学校、幼儿园不得在危及未成年人人身安全、身心健康的校舍和其他设施、场所中进行教育教学活动。学校、幼儿园的校舍或其他教育设施不安全,将会危及在校在园未成年人的人身安全和身心健康。针对此种情况,学校、幼儿园有义务及时检修或者更换,保证其达到安全使用的要求。学校、幼儿园应当积极采取措施,改善办学条件,检查并修复、改造可能危及未成年人人身安全健康的校舍和其他教学设施。学校、幼儿园应当建立健全有关制度,定期对校舍进行检验,发现问题,及时报告当地政府或上级主管部门,以便进行修缮或改建。未修复的危房必须停止使用,由当地政府或主管部门负责解决临时用房。对新建或改建的校舍要进行严格的质量检查验收,确保不因质量问题发生人身伤亡事故。国家有关法律对学校、幼儿园有保证校舍和教育教学设施安全的义务作出了明确的规定,如教育法第 73 条规定,明知校舍或者教育教学设施有危险,而不采取措施,造成人员伤亡或者重大财产损失的,对直接负责的主管人员和其他直接责任人员,依法追究刑事责任。

国家历来高度重视校舍安全工作,21 世纪以来,先后部署实施了一系列校舍建设工程,建立了农村义务教育中小学校舍维修改造长效机制,特别是从 2009 年起,部署实施了全国中小学校舍安全工程,在各级各类城乡中小学开展校舍抗震加固和提高综合防灾能力建设,校舍安全隐患大幅减少,安全状况进一步改善。但我国中小学的学生规模大、农村学校多、基础条件差,保障校舍安全是一项长期的艰巨任务。根据教育部和国家建设主管部门的要求,各级各类学校凡新建、扩建校舍等设施的,必须严格按照建设程序办事。村镇中小学的工程要向县建设主管部门报建,经审查批准后,才能兴建。新建扩建校舍必须委托当地工程质量监督站进行质量监督,不经监督站或管理单位核验合格的工程,不能交付使用。2017 年,国务院办公厅颁布的《关于加强中小学幼儿园安全风险防控体系建设的意见》提出,各地要坚持安全优先、勤俭节约的原则开展校园建设;学校建设规划、选址要严格执行国家相关标准规范,对地质灾害、自然灾害、环境污染等因素进行全面评估;各地要建立健全校舍安全保障长效机制,保证学校的校舍、场地、教学及生活设施等符合安全质量和标准;校舍建设要严格执行国家建筑抗震有关技术规范和标准,有条件建设学校体育馆的地方,要按照国家防灾避难相关标准建设;建立校园工程质量终身责任制,凡是在校园工程建设中出现质量问题导致严重后果的建设、勘察、设计、施工、监理单位,一旦查实,承担终身责任并限制进入相关领域。

三、安排集体活动,应当防止发生人身伤害事故

根据本条第 3 款的规定,学校、幼儿园安排未成年人参加文化娱乐、社会实践等集体活动,应当保护未成年人的身心健康,防止发生人身伤害事故。近年来,学校、幼儿园的教育教学活动内容和形式越来越丰富,有些教学活动并不仅仅限定在校内。根据《中小学幼儿园安全管理办法》的规定,学校组织学生参加的集体劳动、教学实习或者社会实践活动,应当符合学生的心理、生理特点和身体健康状况,必须采取有效措施,为学生活动提供安全保障;不得组织学生参加抢险等应当由专业人员或者成人从事的活动,不得组织学生参与制作烟花爆竹、有毒化学品等具有危险性的活动,不得组织学生参加商业性活动;组织学生参加大型集体活动,应成立临时的安全管理组织机构,有针对性地对学生进行安全教育,安排必要的管理人员,明确所负担的安全职责,制定安全应急预案,配备相应设施;并事先与公安机关交通管理部门共同研究并落实安全措施。因此,学校、幼儿园安排未成年人参加

文化娱乐、社会实践等集体活动时，不仅要从内容及形式上防止对学生、幼儿产生不良影响，而且要防止在活动中发生任何人身伤亡事故。

第三十六条　使用校车的学校、幼儿园应当建立健全校车安全管理制度，配备安全管理人员，定期对校车进行安全检查，对校车驾驶人进行安全教育，并向未成年人讲解校车安全乘坐知识，培养未成年人校车安全事故应急处理技能。

【释义】　本条是关于校车安全管理制度的规定。

近年来，校车安全事故时有发生。从校车安全事故发生情况来看，使用校车的学校、幼儿园不建立安全管理制度，不履行安全管理责任，对校车和驾驶人不加强安全管理，是造成校车安全事故频发的重要原因。2012 年，国务院出台《校车安全管理条例》，从学校和校车服务提供者、校车使用许可、校车驾驶人、校车通行安全、校车乘车安全等方面，对校车安全管理作出规范。《校车安全管理条例》实施后，很多省、自治区和直辖市制定了具体的实施办法。未成年人保护法修订草案一审稿并未对校车安全问题作出规定。有的常委委员、部门、地方和社会公众建议，应当完善学校安全管理制度，增加校车安全管理的规定。未成年人保护法作为保护未成年人合法权益的基础性法律，有必要将行政法规和实践中成熟的制度上升为法律，通过增加校车安全管理的专门规定，从法律层面保障未成年人上下学集体乘车安全，回应社会关切。

一是建立健全校车安全管理制度。使用校车的学校、幼儿园，既包括配备校车，也包括与校车服务提供者签订服务协议的学校、幼儿园，都应该结合自身实际情况，建立专门的校车安全管理制度。安全管理制度包括安全教育培训、安全检查、设备管理、安全责任等各项制度。根据领导人员、安全管理人员、驾驶人员、随车照管人员等各自的工作任务和岗位特点等，用制度的形式明确各自对校车安全具体承担的职责。

二是配备安全管理人员。配备安全管理人员,是落实校车安全管理的重要抓手。学校、幼儿园应当配备固定的安全管理人员,不得随意指派或临时安排。安全管理人员应当具备一定的校车安全知识、安全管理经验和较强的责任心,具体负责校车安全管理工作,加强对校车使用的安全监督管理。

三是定期对校车进行安全检查。车辆安全是保障未成年人乘车安全的前提。校车在投入使用前,应当符合校车安全国家标准,取得机动车检验合格证明,但随着车辆的老化和磨损,不可避免会导致安全隐患。这就要求学校、幼儿园应当定期对校车的制动、转向、外部照明、轮胎、安全门、座椅、安全带等车况是否符合安全技术要求进行检查,按照要求进行维护保养,保证校车处于良好的安全技术状态。

四是对校车驾驶人进行安全教育。校车的乘坐对象是未成年人,不具备或者不完全具备自我防护意识和自我救助能力,需要给予特殊保护。国家对校车驾驶人的驾驶资格作了更为严格的限制。这就要求学校、幼儿园应当对校车驾驶人进行安全教育,使其具备比普通车辆驾驶人更强的交通安全意识,熟悉交通安全法律法规,掌握相应的安全防范、应急处置和应急救援知识和技能等。

五是向未成年人讲解校车安全乘坐知识,培养未成年人校车安全事故应急处理能力。交通安全教育是学校、幼儿园教育的重要组成部分。向未成年人传授校车安全乘坐知识和必要的交通安全知识,培养良好的乘车习惯和交通安全意识,能够有效地降低安全事故发生的风险。学校、幼儿园应当结合未成年人的身心发展特点,有针对性地讲解校车安全乘坐知识。通过对校车安全知识常识的学习,使未成年人掌握一些基本的自救、互救方法,能够正确使用车辆逃生设施,熟悉应急逃生程序。同时,通过定期组织校车安全事故应急处置演练等方式,培养未成年人应急处理能力,遇到突发事故能从容应对。

第三十七条　学校、幼儿园应当根据需要，制定应对自然灾害、事故灾难、公共卫生事件等突发事件和意外伤害的预案，配备相应设施并定期进行必要的演练。

未成年人在校内、园内或者本校、本园组织的校外、园外活动中发生人身伤害事故的，学校、幼儿园应当立即救护，妥善处理，及时通知未成年人的父母或者其他监护人，并向有关部门报告。

【释义】　本条是关于学校、幼儿园制定应急预案以及妥善处理人身伤害事故的规定。

一、关于制定预案并定期演练

突发事件应对法第3条规定，本法所称突发事件，是指突然发生，造成或者可能造成严重社会危害，需要采取应急处置措施予以应对的自然灾害、事故灾难、公共卫生事件和社会安全事件。学校、幼儿园的突发事件，是指校内、园内或者学校、幼儿园组织的校外、园外活动中，由人为原因或者自然灾害引起，具有突发性或难以预见性，造成或者可能造成师生身体健康严重损害，对教学工作和生活秩序以及家庭和社会稳定造成严重影响的突发性事件。一般包括：(1)自然灾害，如台风、冰雹、雪、沙尘暴等气象灾害，火山、地震灾害，山体崩塌、滑坡、泥石流等地质灾害，风暴潮、海啸等海洋灾害，森林草原火灾和重大生物灾害等自然灾害。(2)事故灾难，如火灾、建筑物倒塌、交通事故、游泳溺水等。(3)公共卫生事件，是指突然发生、造成或者可能造成社会公众健康严重损害的重大传染病疫情、群体性不明原因疾病、重大食物和职业中毒以及其他严重影响公众健康的事件。(4)社会安全事件，如学生之间较大规模纠纷、教师体罚行为致学生死亡或伤残病重住院、严重影响校园教学秩序或群众生活秩序的其他突发事件。

将学校、幼儿园应当根据需要制定应对各种突发事件的预案,配备相应的设施并进行必要的演练写入法律,有利于提高学校应对突发事件的能力,增加未成年人的自我保护意识和能力,最大限度地降低突发事件的危害。目前,全国教育系统已经基本建立起突发公共事件应急预案体系,形成包括教育部总体预案、各省区市教育部门预案、各级各类学校预防的体系格局。

二、关于妥善处理未成年人人身伤害事故

近年来,学校、幼儿园的教育教学活动内容和形式越来越丰富,未成年人伤害事故也越来越频繁。依法保护在校、在园未成年人的人身安全和客观公正地处理人身伤害事故,有更加重要的现实意义。2002 年,教育部出台《学生伤害事故处理办法》,根据该办法,学生伤害事故主要是指,在学校实施的教育教学活动或者学校组织的校外活动中,以及在学校负有管理责任的校舍、场地、其他教育教学设施、生活设施内发生的,造成在校学生人身损害后果的事故。发生学生伤害事故,学校应当及时救助受伤害学生,并应当及时告知未成年学生的监护人;有条件的,应当采取紧急救援等方式救助。发生学生伤害事故,情形严重的,学校应当及时向主管教育行政部门及有关部门报告。在此基础上,本条第 2 款将幼儿园纳入责任主体,明确规定,未成年人在校内、园内或者本校、本园组织的校外、园外活动中发生人身伤害事故的,学校、幼儿园应当立即救护,妥善处理,及时通知未成年人的父母或者其他监护人,并向有关部门报告。

(1)学校、幼儿园应当立即救护受伤害的未成年人,妥善处理学生伤害事故。针对不同的事故情况,视情况拨打救护电话和报警电话,及时送校医务室或者送医院进行检查、诊断、治疗,尽一切可能及时、积极进行抢救治疗工作,避免受到二次伤害。发生事故后,学校、幼儿园应配合有关部门查明事故原因及责任人。学校、幼儿园对事故负有责任的,应当根据责任大小,予以适当的经济赔偿。学校对事故无责任的,如果有条件,可以根据实际情况,本着自愿和可能的原则,对受伤害学生给予适当的帮助。因学校教师或者其他工作人员在履行职务中的故意或者重大过失造成的学生伤害事故,学校予以赔偿后,可以向有关责任人员追偿。

(2)学校、幼儿园应当及时通知未成年人的父母或者其他监护人。这主要有以下几方面的考虑:一是保障未成年人的父母或者其他监护人的知情权,使其知悉事故的具体情况。二是对于某些情况,受伤未成年人的父母或者其他监护人需要及时参与救治意见。三是发生学生伤害事故,学校与受伤害学生或者学生家长可以通过协商方式解决;双方自愿,可以书面请求主管教育行政部门进行调解。成年学生或者未成年学生的监护人也可以依法直接提起诉讼。四是未成年学生对学生伤害事故负有责任的,由其父母或者监护人依法承担相应的赔偿责任。

(3)学校、幼儿园应当及时向有关部门报告。发生学生伤害事故后,学校、幼儿园应当及时将事故发生原因、师生伤亡等具体情况及时向有关主管部门报告。这里的有关主管部门,主要是指教育行政部门。发生学生伤害事故,学校负有责任且情节严重的,教育行政部门应当根据有关规定,对学校直接负责的主管人员和其他直接责任人员,分别给予相应的行政处分;有关责任人的行为触犯刑律的,应当移送司法机关依法追究刑事责任。学校管理混乱,存在重大安全隐患的,主管的教育行政部门或者其他有关部门应当责令其限期整顿;对情节严重或者拒不改正的,应当依据法律法规的有关规定,给予相应的行政处罚。

第三十八条　学校、幼儿园不得安排未成年人参加商业性活动,不得向未成年人及其父母或者其他监护人推销或者要求其购买指定的商品和服务。

学校、幼儿园不得与校外培训机构合作为未成年人提供有偿课程辅导。

【释义】 本条是关于学校、幼儿园禁止商业行为的规定。

未成年人保护法修订草案一审稿第32条规定,禁止学校、幼儿园指定购买或者直接推销保险产品。对此,一些全国人大常委会组成人员、部门和社会公众提出,实践中有的学校、幼儿园不仅仅推销和要求购买保险产品,还包括其他各种类型的产品和服务,有的还安排未成年人参加商业演出等商业性活动,建议规定得更宽泛、严谨一些。我们在相关调研中也了解到,一些学校、幼儿园出于种种目的,要求未成年人及其父母购买各种各样的商品和服务,例如,学校要求学生购买平板电脑,幼儿园要求购买指定品牌的学习用品,学校指定学生参加校内英语培训或夏令营活动等,引起部分学生和家长的不满,造成了不良的社会影响。因此,我们在一审稿的基础上作了修改,扩大了学校商业性行为的范围。

一是学校、幼儿园不得安排未成年人参加商业性活动。《中国儿童发展纲要(2011—2020年)》要求,规范和限制儿童参加商业性演出和活动。根据本法第25条、第26条的相关规定,学校、幼儿园有其特定的功能定位,承担着培养未成年人身心健康发展的重要任务。安排未成年人从事商业性活动,势必会对学校、幼儿园的正常教育教学秩序造成干扰,影响未成年人的学习和休息时间,过度的商业化活动也不利于未成年人的健康成长。因此,本次修订明确规定学校、幼儿园不得安排未成年人参加商业性活动,既是将成熟的实践做法上升为法律,也是着力解决现实中存在的突出问题,进一步完善学校保护的内容,保护未成年人受教育的权利,回应社会关切。

二是学校、幼儿园不得向未成年人及其父母或者其他监护人推销或者要求其购买指定的商品和服务。2020年,教育部、国家发展改革委等五部门发布《关于进一步加强和规范教育收费管理的意见》提出,不得在代收费中获取差价,不得强制或者暗示学生及家长购买指定的教辅软件或资料,不得通过提前开学等形式或变相违规补课加收相关费用。因此,我们在反复研究论证的基础上，对未成年人保护法修订草案一审稿的相关规定进行了修改，不仅仅局限于不得指定购买或者直接推销保险产品，而是扩大到“商品和服务”。这里规定的“商品和服务”，包括保险产品、教辅资料、学习用品、培训、心理咨询服务等。

三是学校、幼儿园不得与校外培训机构合作为未成年人提供有偿课程辅导。2015 年，教育部印发《严禁中小学校和在职中小学教师有偿补课的规定》，严禁中小学校与校外培训机构联合进行有偿补课；严禁中小学校为校外培训机构有偿补课提供教育教学设施或学生信息；严禁在职中小学教师参加校外培训机构或由其他教师、家长、家长委员会等组织的有偿补课；严禁在职中小学教师为校外培训机构和他人介绍生源、提供相关信息。2018 年，《国务院办公厅关于规范校外培训机构发展的意见》指出，对中小学教师“课上不讲课后到校外培训机构讲”、诱导或逼迫学生参加校外培训机构培训等行为，要严肃处理，直至取消有关教师的教师资格；坚决禁止中小学校与校外培训机构联合招生，坚决查处将校外培训机构培训结果与中小学校招生入学挂钩的行为，并依法追究有关学校、校外培训机构和相关人员责任。2018 年，教育部等九部门印发《中小学生减负措施》规定，严禁聘用在职中小学教师到培训机构任教；严禁将培训结果与中小学招生入学挂钩，严禁作出与升学、考试相关的保证性承诺，严禁组织举办中小学生学科类等级考试、竞赛及排名。在未成年人保护法公开征求意见阶段，有的部门和社会公众提出，应当禁止学校介绍参加有偿课程辅导。因此，本款在认真研究论证的基础上作了上述规定。一方面，要求学校、幼儿园坚持教育公益属性，做好日常教育工作，提升教育教学质量；另一方面，也切实为未成年人及其家长减轻学习负担和经济压力。需要强调的是，本条的规定并不意味着禁止学校、幼儿园与校外培训机构进行一切形式的合作，只是禁止双方合作为未成年人提供“有偿”的课程辅导。例如，在 2020 年新冠疫情期间，一些学校、幼儿园与校外培训机构合作，为未成年人提供免费的在线课程辅导，取得了良好的效果。

第三十九条　学校应当建立学生欺凌防控工作制度，对教职员工、学生等开展防治学生欺凌的教育和培训。

学校对学生欺凌行为应当立即制止，通知实施欺凌和被欺凌未成年学生的父母或者其他监护人参与欺凌行为的认定和处理；对相关未成年学生及时给予心理辅导、教育和引导；对相关未成年学生的父母或者其他监护人给予必要的家庭教育指导。

对实施欺凌的未成年学生，学校应当根据欺凌行为的性质和程度，依法加强管教。对严重的欺凌行为，学校不得隐瞒，应当及时向公安机关、教育行政部门报告，并配合相关部门依法处理。

【释义】　本条是关于防治学生欺凌的规定。

防治学生欺凌是未成年人保护法修订重点解决的问题。我国学生欺凌现象一直存在。随着网络的不断发展，学生欺凌事件通过网络迅速传播、发酵。根据最高人民检察院发布的数据，2018 年以来，检察机关共批准逮捕校园欺凌犯罪案件 3407 人，起诉 5750 人，但这只是学生欺凌事件的冰山一角，更多遭受欺凌的学生选择了沉默，不少案件因达不到违法犯罪程度无法进入司法程序。欺凌行为严重摧残着受害学生的身心，被欺凌后自杀的情况时有发生。有的被欺凌学生不得已而采取“以暴制暴”的手段，走上了犯罪的道路。2019 年上映的电影《少年的你》，通过影像将学生欺凌给受害学生造成的伤害的情景生动展现，使学生欺凌再度成为社会的热点问题。学生欺凌事件的不断出现，让社会各界对此无不痛心，其严重性不得不引起高度警惕。学生欺凌是严重侵害未成年人合法权益的行为，事关未成年人的身心健康和全面发展，事关千家万户的幸福、社会的和谐稳定，因此加强学生欺凌防治工作刻不容缓。

2016 年 11 月，教育部等九部门出台了《关于防治中小学生欺凌和暴力的指导意见》。2017 年 11 月，教育部、中央综治办、最高人民法院、最高人民检察院、公安部、民政部、司法部等十一部门联合出台了《加强中小学生欺凌综合治理方案》,明确加强中小学生欺凌综合治理是中小学校安全工作的重点和难点,应当健全预防、处置学生欺凌的工作体制和规章制度,以形成防治中小学生欺凌长效机制为目标,确保中小学生欺凌防治工作落到实处,把校园建设成最安全、最阳光的地方。虽然各部门在防治学生欺凌方面采取了不少措施并取得了一定的成果,但是我国现行法律没有针对学生欺凌问题作出专门规定,影响了对学生欺凌行为的认定和惩处。近年来,不少全国人大代表、政协委员通过议案、建议要求法律上对预防和打击学生欺凌行为作出明确规定。在未成年人保护法修订时,各方面要求增加防治学生欺凌相关规定的呼声很高,希望在国家立法层面对学生欺凌行为进行界定,明确学生欺凌案件的启动与认定程序,加大对严重学生欺凌行为的惩罚力度。为了解决现实中存在的问题,回应社会各方面的关切,本条对防治学生欺凌问题作出了规定。

(1)学校应当建立学生欺凌防控工作制度,开展教育和培训。防治学生欺凌要从源头抓起,高度重视预防工作。学校应当坚持预防为主的原则,根据本校的具体情况,制订学生欺凌防控工作制度。明确相关岗位职责,健全应急处置预案,建立早期预警、事中处理及事后干预等机制。学校应当定期开展防治学生欺凌的专题教育,培养教职员工、学生及家长等不同群体预防和自觉反对学生欺凌的意识。学校应当将防治学生欺凌专题培训纳入教职员工在职培训内容,提高教职工预防和处理校园欺凌的工作能力。学校应当结合道德与法治等课程,向未成年学生进行法治宣传教育、安全教育,培养未成年学生尊重他人、团结友善、不恃强凌弱的良好行为习惯,提高未成年学生对欺凌行为危害性的认识,增强自我保护意识和能力,鼓励未成年学生发现并报告欺凌事件,形成反对学生欺凌的校园氛围。学校或社区应当定期开展针对未成年人家长的专题培训,帮助家长了解防治学生欺凌的知识,引导家长增强法治意识,认真履行监护职责。

(2)学校应当通知父母参与学生欺凌行为的认定和处理。对学生欺凌进行界定是防治欺凌工作的首要问题。根据本法第130条的规定，学生欺凌，是指发生在学生之间，一方蓄意或者恶意通过肢体、语言及网络等手段实施欺压、侮辱，造成另一方人身伤害、财产损失或者精神损害的行为。教职员工一旦发现符合本法规定的欺凌行为，应当立即制止，并及时通知实施欺凌和被欺凌未成年学生父母或者其他监护人来学校参与欺凌行为的认定和处理。请相关学生的父母或者其他监护人到学校，不是表明要根据他们的意见来认定和处理欺凌事件。其目的主要有以下三方面：一是让父母或者其他监护人了解欺凌事件发生的起因、被欺凌学生受到伤害等真实情况，防止父母或者其他监护人道听途说被加工的不实信息，激化矛盾；二是让父母或者其他监护人了解学校处理学生欺凌事件的依据和程序，对被欺凌学生采取的保护措施，对实施欺凌学生处罚的依据等；三是学校及相关部门应当将处理学生欺凌事件的信息及时向双方的父母或者其他监护人公开，在他们的监督下，本着公平、公正的原则依法对欺凌行为进行认定和处理。

(3)学校应当对相关未成年学生给予心理辅导。学生欺凌发生后，被欺凌的未成年学生心理会受到严重的创伤，容易出现愤怒、恐惧、紧张、羞耻等心理，还可能会引发其他方面的心理反应，所以学校应当及时安排被欺凌者接受心理辅导，引导他们走出心理阴影，尽早恢复正常的学习和生活。学校在开展相关工作时应当严格保护被欺凌学生的隐私，尊重其人格尊严，防止他们受到二次伤害。大多数实施欺凌的学生存在人格不健全，有暴力倾向等问题，所以对他们进行教育、处罚的同时也需要进行心理和行为矫治。此外，不能忽视发生欺凌事件时旁观学生的心理健康问题。一些严重的欺凌行为会给旁观的学生心理造成不同程度的伤害，所以，学校应当认真排查旁观学生们可能存在的问题，重视对他们的心理疏导，及时提供相应的心理辅导。

(4)学校应当对未成年学生的父母进行家庭教育指导。根据本法第15条的规定，未成年人的父母或者其他监护人应当学习家庭教育知识,接受家庭教育指导。实施欺凌行为的学生绝大多数与父母管教不严有关。所以,学校应当给予这些父母必要的家庭教育指导,让他们懂得如何科学地管教自己的子女,对施暴学生进行心理、行为干预,减少这些学生侵犯他人的动机和行为。在受到欺凌后,未成年学生心理都十分脆弱,父母如何与他们相处、沟通,如何安慰他们尽早摆脱心理阴影,同样也需要采取科学的方法和措施,因此,学校有责任帮助被欺凌学生的父母接受专业的指导和服务,让他们能以科学的方式与受欺凌的子女相处。

(5)对实施欺凌的未成年学生进行管教。对于情节轻微的欺凌事件,学校应当对实施欺凌的学生进行批评教育。实施欺凌的学生应当向被欺凌学生道歉,取得其谅解。对于情节轻微但反复发生的欺凌事件,学校在可视具体情节和危害程度给予纪律处分。对于情节比较恶劣、对被欺凌学生身心造成伤害的欺凌行为,学校可视具体情节和危害程度给予实施欺凌的学生纪律处分,将其表现记入学生综合素质评价。未成年学生实施欺凌行为屡教不改或者情节恶劣,尚不构成违反治安管理或者犯罪的,可以依法将其送入专门学校接受行为矫治。

(6)对于严重的欺凌行为向公安机关、教育行政部门报告。严重的欺凌行为,主要是指欺凌行为违反治安管理或者涉嫌犯罪的行为。对于严重的欺凌行为学校应当及时向公安机关、教育行政部门报告。学校和教育行政部门应当共同配合公安机关对实施严重欺凌行为的学生进行处理。欺凌行为构成违反治安管理行为的,依法给予治安管理处罚;构成犯罪的,依法追究刑事责任。

需要说明的是,目前不少地方学校主动报告的学生欺凌事件很少,许多学生欺凌事件都是因为在网络上被披露或者发生重伤、致死等恶性后果才浮出水面。教育部等十一部门的《加强中小学生欺凌综合治理方案》中明确将本区域学生欺凌综合治理工作情况作为考评内容,纳入文明校园创建标准以及教职员工学期和学年考评。该规定一方面增强了学校以及教职员工防治学生欺凌行为的责任感;另一方面也造成有的学校担心学生欺凌事件一旦被曝光,有损学校的声誉,影响相关考评的成绩,所以,会抱着大事化小、小事化了的态度对待学生欺凌事件,尽可能将学生欺凌事件在学校层面解决。针对目前存在的问题,本条明确规定对于严重的学生欺凌行为,学校不得隐瞒,其目的就是强化学校的报告责任,要求学校必须及时向公安机关和教育行政部门报告,配合相关部门开展调查和处理工作。只有加大对学生欺凌行为惩处的力度,才能起到教育和震慑的作用,也有助于从根源上防止学生欺凌行为的发生。

第四十条　学校、幼儿园应当建立预防性侵害、性骚扰未成年人工作制度。对性侵害、性骚扰未成年人等违法犯罪行为,学校、幼儿园不得隐瞒,应当及时向公安机关、教育行政部门报告,并配合相关部门依法处理。

学校、幼儿园应当对未成年人开展适合其年龄的性教育,提高未成年人防范性侵害、性骚扰的自我保护意识和能力。对遭受性侵害、性骚扰的未成年人,学校、幼儿园应当及时采取相关的保护措施。

【释义】　本条是关于学校、幼儿园在预防性侵害、性骚扰未成年人方面的主要职责的规定。

近些年,我国对未成年人实施性侵害和性骚扰的案件呈上升趋势。根据最高人民检察院公布的数据,2017 年至 2019 年,全国检察机关起诉成年人强奸未成年人犯罪,2018 年、2019 年同比分别上升 22.74%、39.33%,起诉猥亵儿童犯罪同比分别上升 37.44%、56.12%,起诉强制猥亵、侮辱未成年人犯罪同比分别上升 34.74%、45.31%。其中学校、幼儿园教职员工对未成年人实施性侵害的案件占有一定的比例。学校教职员工对未成年学生,特别是对初中、高中年级学生进行性骚扰的案件也时有发生。这些案件的频繁出现,不仅对未成年人的身心造成了严重的伤害,而且败坏了教职员工队伍的形象,产生了极为恶劣的社会影响。我国刑法没有性侵害未成年人犯罪的独立罪名,与性侵害未成年人相关的罪名分别为猥亵儿童罪、强奸罪和引诱幼女卖淫罪。民法典第191条规定,未成年人遭受性侵害的损害赔偿请求权的诉讼时效期间,自受害人年满18周岁之日起计算。该规定使遭受性侵害的未成年人能在成年后仍能通过诉讼要求赔偿。妇女权益保障法是我国第一部对性骚扰作出规定的法律,该法第23条规定,禁止违背妇女意愿,以言语、文字、图像、肢体行为等方式对其实施性骚扰。受害妇女可以向有关单位和国家机关投诉。接到投诉的有关单位和国家机关应当及时处理,并书面告知处理结果。受害妇女可以向公安机关报案,也可以向人民法院提起民事诉讼,依法请求行为人承担民事责任。民法典不仅对性骚扰作出了界定,还明确了相关单位的职责。该法第1010条规定,违背他人意愿,以言语、文字、图像、肢体行为等方式对他人实施性骚扰的,受害人有权依法请求行为人承担民事责任。机关、企业、学校等单位应当采取合理的预防、受理投诉、调查处置等措施,防止和制止利用职权、从属关系等实施性骚扰。该规定为学校处理性骚扰事件提供了法律依据。

根据本条的规定,学校、学校、幼儿园预防性侵害、性骚扰方面的职责主要有以下四方面:

一是建立预防性侵害、性骚扰未成年人的工作制度。学校、幼儿园应当建立性侵害、性骚扰处置预案,明确相关岗位的职责,定期开展性侵害、性骚扰问题的排查,加强对学生宿舍特别是女生宿舍的管理,对于未成年人出现学习成绩突然下滑、精神恍惚、无故旷课等异常情况的,要及时了解情况,排查是否存在被性侵害、性骚扰等问题。学校、幼儿园要通过开展家访、召开家长会等方式,提醒未成年人的父母或者其他监护人切实履行监护责任,特别是做好未成年人离校、离园后的监护工作,加强对留守未成年人、困境未成年人等重点人群的保护。学校、幼儿园要将师德教育、法治教育纳入教职员工培训内容及考核范围,采取多种方式对教职员工进行禁止性侵害、性骚扰未成年人方面的教育,使教职员工充分认识到性侵害、性骚扰等行为应当承担的法律责任,自觉遵守职业操守,守住行为的底线。近些年,发生在学校、幼儿园的性侵害、性骚扰案件,有的侵害人是学校保安、食堂的工作人员等,虽然这些人不是学校、幼儿园正式的教职员工,但他们可以直接接触到未成年人,所以,学校、幼儿园对教职员工的教育和管理不能留死角,应当重视对临时雇用或者劳务派遣人员的教育和管理。学校要进一步完善教职员工的准入制度,强化对拟招录人员和临时聘用人员品德、心理的前期考察,按照本法第62条的规定招聘工作人员时,应当查询应聘者是否具有性侵害等违法犯罪记录,发现有以上记录的不得录用。每年定期对教职员工是否具有违法犯罪记录进行查询。通过查询或者其他方式发现其工作人员有上述行为的,应当及时解聘,坚决杜绝和清理不合格的人员进入学校、幼儿园工作。

二是及时报告和处理。对于教职员工发生性侵害、性骚扰等侵害未成年人的违法犯罪行为,要建立零容忍制度,不得包庇和隐瞒。根据教师法的规定,教师品行不良、侮辱学生,影响恶劣的,由所在的学校、其他教育机构或者教育行政部门给予行政处分或者解聘。因此,对于教职员工实施性骚扰行为,尚不构成违反治安管理处罚的,学校要依照校规校纪给予相应的处分,情节严重的,要报教育行政部门给予处分,及时解聘实施性骚扰的员工;一旦发现教职员工实施性侵害行为的,学校应当及时向公安机关、教育行政部门报告,并配合公安机关、教育部门依法处理,并及时解聘实施性侵害的员工。

三是对未成年人开展适合其年龄的性教育。性教育是包括性知识、性健康、性道德、预防和拒绝不安全的性行为,预防侵害、性骚扰等方面的教育。受传统观念的影响,我国性教育长期处于落后的状态,不少人至今还把性教育视为洪水猛兽。父母对于性问题难以启齿,无法教育和指导未成年子女;在学校,性教育难登大雅之堂，教学中遇到有关性的内容往往是一带而过，这种局面造成许多未成年人在性问题处于陷入盲目无知的状态，容易出现性意识产生偏差和不良倾向。所以，学校、幼儿园对未成年人加强性教育十分必要。根据本条第2款的规定，学校、幼儿园应当通过课堂教学、讲座、班会、主题活动、网络信息、宣传栏等多种形式，将提高未成年人性的安全意识和自我防护能力作为素质教育的重要内容，增强未成年人对性别平等、性别意识等理念，提高未成年人处理涉及性的有关问题的能力，帮助未成年人学习如何应对性侵害、性骚扰。学校、幼儿园要根据不同成长阶段未成年人年龄特点，开展有针对性的教育，要让幼儿园阶段的未成年人了解自己的身体，懂得男女的生理区别，知道不能让外人触碰身体的敏感部位等；要让小学阶段的未成年人了解应对性侵害、性骚扰的一般方法，提高自我保护能力；要让初中年级的未成年人学习应对性侵害、性骚扰等突发事件的基本技能；要让高中年级的未成年人学习健康的异性交往方式，学会用恰当的方法保护自己，当遭受性侵害、性骚扰时，要用法律武器保护自己。学校还应当通过案例加强警示教育，强化规则意识，明确法律底线，引导未成年学生确立正确的性观念，不得对他人实施性侵害、性骚扰等行为。

四是对遭受性侵害、性骚扰的未成年人采取保护措施。未成年人在遭受性侵害、性骚扰后，容易出现恐惧、焦虑、愤怒、自卑、自责、羞愧等心理，严重的会出现自残、自杀等过激行为。不论未成年人遭受的性侵害、性骚扰是发生在校园内，还是校园外，学校、幼儿园发现后都要对未成年人及时采取相关的保护措施，对未成年人进行专业的心理辅导，帮助他们及时走出心理阴影。对因性侵害造成身体伤害需要就医的未成年人，学校要给予必要的帮助；对于经济出现困难的未成年人，学校要联系民政部门给予必要的社会救助。学校应当根据未成年人受到性侵害、性骚扰的具体情况，采取一定阶段单独教学、转班、转学等方式来保护遭受性侵害、性骚扰未成年人的隐私权，防止有关性侵害、性骚扰的信息扩散,使遭受性侵害、性骚扰的未成年人受到二次伤害。

第四十一条　婴幼儿照护服务机构、早期教育服务机构、校外培训机构、校外托管机构等应当参照本章有关规定,根据不同年龄阶段未成年人的成长特点和规律,做好未成年人保护工作。

【释义】　本条是关于相关机构参照适用学校保护的规定。

婴幼儿照护服务机构、早期教育服务机构、校外培训机构、校外托管机构等虽然在未成年人教育方面与学校、幼儿园定位有所不同,但都与未成年人教育密切相关,需要进行规范管理,切实保障未成年人的人身安全和身心健康成长。实践中,一些机构存在教职员工不合格、硬件设施不达标、安全管理不规范等问题。因此,有必要将这部分机构纳入学校保护中,进一步扩大学校保护的范围。

一是婴幼儿照护服务机构。2019 年,《国务院办公厅关于促进 3 岁以下婴幼儿照护服务发展的指导意见》指出,3 岁以下婴幼儿照护服务是生命全周期服务管理的重要内容,事关婴幼儿健康成长,事关千家万户。明确要求规范发展多种形式的婴幼儿照护服务机构,其中举办非营利性婴幼儿照护服务机构的,在婴幼儿照护服务机构所在地的县级以上机构编制部门或民政部门注册登记;举办营利性婴幼儿照护服务机构的,在婴幼儿照护服务机构所在地的县级以上市场监管部门注册登记。婴幼儿照护服务机构经核准登记后,应当及时向当地卫生健康部门备案。要求加强婴幼儿照护服务机构的卫生保健工作,加强婴幼儿照护服务的专业化、规范化建设。

二是早期教育服务机构。2010 年,《国务院关于当前发展学前教育的若干意见》要求,审批主管部门要加强对社会各类幼儿培训机构和早期教育指导机构的监督管理。在草案公开征求意见过程中,有的部门和社会公众提出,社会上一些早教机构存在定位不清、管理混乱、软硬件不达标等问题，严重影响了未成年人的身心发展，应当将早期教育服务机构纳入学校保护的范围，遵守学校保护的相关规定，做好未成年人保护工作。经研究，我们采纳了这一意见。

三是校外培训机构。2018 年，《国务院办公厅关于规范校外培训机构发展的意见》指出，面向中小学生的校外培训机构开展非学历教育培训是学校教育的补充，对于满足中小学生选择性学习需求、培育发展兴趣特长、拓展综合素质具有积极作用。校外培训机构必须经审批取得办学许可证后，登记取得营业执照（或事业单位法人证书、民办非企业单位登记证书），才能开展培训。因此，校外培训机构应当参照学校保护的相关规定，做好未成年人保护工作。

四是校外托管机构。实践中，面对家长的普遍需求，校外托管机构数量众多，也出现了很多问题，如一些校外托管机构的老师招聘不严格，托管地点存在安全隐患，安全管理制度不健全，卫生保健条件不合格等。由于缺少监管主体及管理依据，目前对于这些机构的监管并不到位，导致对托管机构的规范管理存在困难。通过立法明确将校外托管机构纳入学校保护的相关规定，有利于加强对校外培训机构的监管，也回应了社会的期待。

各类机构招收的未成年人在年龄阶段上不同，如婴幼儿照护服务机构招收 3 岁以下婴幼儿，校外培训机构和校外托管机构覆盖的年龄阶段更广。不同年龄阶段的未成年人，其身心发展特点和认知接受能力有着较大的区别。因此，无论是提供生活照料、进行文化知识和技能培训，还是完善硬件环境加强安全保护，都应当遵循未成年人的身心发展规律，采取合理的保护措施，保障未成年人身心健康发展。

第四章　社会保护

第四十二条　全社会应当树立关心、爱护未成年人的良好风尚。

国家鼓励、支持和引导人民团体、企业事业单位、社会组织以及其他组织和个人，开展有利于未成年人健康成长的社会活动和服务。

【释义】　本条是关于社会保护的基本内容的规定。

本条是关于社会保护的基本内容的规定，调整了未成年人保护法修订前第27条的表述，并作了部分文字修改。本章一共22条，与修订前相比，进一步充实了保护内容：增加了城乡基层群众性自治组织的保护责任；对净化社会环境提出更高要求；强调了公共场所的安全保障义务；对新闻媒体采访报道涉及未成年人案件作出规范；增加了旅馆、宾馆、酒店等住宿经营者接待未成年人住宿时的义务；为避免未成年人遭受性侵害、虐待、暴力伤害等侵害，创设了密切接触未成年人单位的从业查询及禁止制度。

社会保护，就是要求作为保护主体的社会各部门和个人都要以适合自身特点的形式和措施，从各个方面对未成年人进行全方位的保护。社会保护是未成年人保护必不可少的组成部分，将随着未成年人社会生活领域的扩大而日益重要。社会是未成年人成长的大背景大环境，影响着未成年人的健康成长。《中国儿童发展纲要（2011—2020年）》认为，儿童时期是人生发展的关键时期。为儿童提供必要的生存、发展、受保护和参与的机会和条件，最大限度地满足儿童的发展需要，开发、发挥儿童潜能，将为儿童一生的发展奠定重要基础。《儿童权利公约》提出，考虑到应充分培养儿童可在社会上独立生活，并在《联合国宪章》宣布的理想的精神下，特别是在和平、尊严、宽容、自由、平等和团结的精神下，抚养他们成长，要铭记如《儿童权利宣言》所示，“儿童因身心尚未成熟，在其出生前和以后均需要特殊的保护和照料，包括法律上的适当保护”。总而言之，未成年人的身心发育尚未成熟，自我保护能力较差，容易受到外界因素的影响，社会化尚未完成，需要社会给予特殊、优先保护，积极营造良好舆论氛围和社会环境，是全社会的共同责任。

在对草案的审议过程中，很多常委会组成人员提出，应当认识到，社会环境对人的影响是巨大的，尤其是未成年人，由于身心发展不够成熟，抵制诱惑的能力较差，很容易在外界影响下误入歧途。不良的社会环境，对未成年人不良心理因素的形成和不良行为的实施有重要的影响。因此，此次修改的一个重点就是既要加强对营业性歌舞娱乐场所、游艺娱乐场所、酒吧等的管理，消除危害未成年人的“文化垃圾”等，努力净化社会环境，避免未成年人受到不良影响，也要从积极方面着手，通过全社会的共同努力，力求创建一个有利于未成年人健康成长的社会环境，充分发挥良好的社会环境对未成年人成长的促进作用。

未成年人是祖国的未来，民族的希望，是党和国家事业后继有人的重要保证。同时，未成年人的成才和教育也牵动着成千上万个家庭的心。习近平总书记深刻指出：“全社会都要了解少年儿童、尊重少年儿童、关心少年儿童、服务少年儿童，为未成年人提供良好的社会环境。”本法第 6 条第 1 款规定，保护未成年人，是国家机关、武装力量、政党、人民团体、企业事业单位、社会组织、城乡基层群众性自治组织、未成年人的监护人以及其他成年人的共同责任。从法律层面上倡导全社会关心、爱护未成年人，有利于进一步提升社会各方面对未成年人保护的重视程度，有利于未成年人保护工作的开展，有利于为未成年人全面发展提供良好的社会环境。为了鼓励全社会共同做好未成年人保护工作，国家从政策和法律层面，出台了一系列规定，采取荣誉表彰、政策支持、税收优惠、资金补贴等多种形式的措施。例如，本法第 14 条规定，国家对保护未成年人有显著成绩的组织和个人给予表彰和奖励。其中，人民团体，是指全国总工会、共青团、全国妇联、全国工商联、全国青联、中国科协、全国台联、全国侨联。企业事业单位主要指企业和事业单位等依法成立的组织。根据《社会组织登记管理条例（草案征求意见稿）》的规定，社会组织包括社会团体、基金会、社会服务机构。以上主体可以以适合自身特点的形式和措施来开展各种各样有利于未成年人健康成长的社会活动，包括电影、戏剧、文艺演出、展览、演讲报告会、各项体育活动等多种形式。

第四十三条　居民委员会、村民委员会应当设置专人专岗负责未成年人保护工作，协助政府有关部门宣传未成年人保护方面的法律法规，指导、帮助和监督未成年人的父母或者其他监护人依法履行监护职责，建立留守未成年人、困境未成年人的信息档案并给予关爱帮扶。

居民委员会、村民委员会应当协助政府有关部门监督未成年人委托照护情况，发现被委托人缺乏照护能力、怠于履行照护职责等情况，应当及时向政府有关部门报告，并告知未成年人的父母或者其他监护人，帮助、督促被委托人履行照护职责。

【释义】　本条是关于居民委员会、村民委员会在未成年人保护方面的工作职责的规定。

城市居民委员会组织法、村民委员会组织法对居民委员会、村民委员会的法定职责作了规定。作为未成年人保护工作的最基层组织，居民委员会、村民委员会与未成年人及其家庭关系最为接近。实践中，居民委员会、村民委员会也承担着未成年人保护的相关工作。通过立法进一步明确居民委员会、村民委员会的具体职责,既为其开展工作提供了法律依据,也有利于基层未成年人保护工作的开展,加强对未成年人合法权益的保护。

一是协助政府有关部门宣传未成年人保护方面的法律法规。城市居民委员会组织法第3条规定,居民委员会的任务包括宣传宪法、法律、法规和国家的政策,维护居民的合法权益,教育居民履行依法应尽的义务。村民委员会组织法第9条规定,村民委员会应当宣传宪法、法律、法规和国家的政策,教育和推动村民履行法律规定的义务、爱护公共财产,维护村民的合法权益。居民委员会、村民委员会是自我管理、自我教育、自我服务的基层群众性自治组织,办理本居住区域的公共事务和公益事业。居民委员会、村民委员会应当协助政府有关部门宣传未成年人保护方面的法律、法规和国家的政策,教育居民、村民履行法定的义务。这里的政府有关部门范围较广,包括民政、教育、公安、司法等承担未成年人保护职能的部门。

二是应当设置专人专岗。在立法过程中,有的意见提出,目前居民委员会、村民委员会普遍存在经费不足、工作人员数量少、任务重等问题,难以做到专人专岗。也有的意见提出,如果不设置专人专岗,基层的未成年人保护工作就难以得到有效落实。早在2016年,《国务院关于加强困境儿童保障工作的意见》要求,村(居)民委员会要设立由村(居)民委员会委员、大学生村官或者专业社会工作者等担(兼)任的儿童福利督导员或儿童权利监察员,负责困境儿童保障政策宣传和日常工作。2019年,民政部、教育部、公安部等十部门联合印发《关于进一步健全农村留守儿童和困境儿童关爱服务体系的意见》,明确要求在村(居)一级设立"儿童主任",由村(居)民委员会委员、大学生村官或者专业社会工作者等担任,具体负责村(居)留守儿童和困境儿童关爱服务工作。截至2019年年底,我国已经在村(居)一级配备了62万名"儿童主任"。经研究,我们认为,未成年人保护工作有一定的特殊性和专业性,设置专人专岗具有一定的实践基础,并且从法律层面确认"儿童主任"的法律地位,更有利于未成年人保护工作的开展和落实,对于保护未成年人具有重要的现实和法律意义。

三是指导、帮助和监督未成年人的父母或者其他监护人依法履行监护职责。本法第16条首次明确了未成年人的父母或者其他监护人应当依法履行的法定职责。现实中,有的未成年人的父母或者其他监护人由于自身客观原因不能履行监护职责;有的拒绝或者怠于履行监护职责;有的因突发事件等紧急情况,无法履行监护职责,导致未成年人的生活处于无人照料状态等。面对种种情况,居民委员会、村民委员会应当采取相应措施,指导、帮助和监督未成年人的父母或者其他监护人依法履行监护职责。例如,可以利用大学生村官、社会工作者的专业优势,依托妇女之家、儿童之家等平台,组织开展家庭教育知识的培训,帮助未成年人的父母或者其他监护人提高家庭教育的能力;对属于家庭经济贫困、儿童自身残疾等困难情形的,要告知或协助其申请相关社会救助、社会福利等保障;对属于家庭监护缺失或监护不当导致儿童人身安全受到威胁或侵害的,要落实强制报告责任,并积极协助乡镇人民政府(街道办事处)、民政部门、妇儿工委办公室和教育、卫生计生、人力资源社会保障等部门及公安机关、残联组织开展困境儿童保障工作。对于未成年人的父母或者其他监护人不依法履行监护职责或者侵犯未成年人合法权益的,居民委员会、村民委员会应当予以劝诫、制止,情节严重的,应当及时向公安机关报告。

四是建立留守未成年人、困境未成年人的信息档案并给予关爱帮扶。留守未成年人,是指父母双方外出务工或一方外出务工另一方无监护能力的未成年人。困境未成年人包括因家庭贫困导致生活、就医、就学等困难的未成年人,因自身残疾导致康复、照料、护理和社会融入等困难的未成年人,以及因家庭监护缺失或监护不当遭受虐待、遗弃、意外伤害、不法侵害等导致人身安全受到威胁或侵害的未成年人。2016年,《国务院关于加强农村留守儿童关爱保护工作的意见》要求,村(居)民委员会要定期走访、全面排查,及时掌握农村留守儿童的家庭情况、监护情况、就学情况等基本信息。同年,《国务院关于加强困境儿童保障工作的意见》要求,村(居)民委员会要通过全面排查、定期走访及时掌握困境儿童家庭、监护、就学等基本情况,指导监督家庭依法履行抚养义务和监护职责。建立留守未成年人、困境未成年人的信息档案,是对未成年人进行关爱帮扶的前提和基础。居民委员会、村民委员会应当全面排查、掌握本辖区留守未成年人、困境未成年人的家庭情况、监护情况和就学情况等基本信息,做到一人一档,动态管理,精准帮扶。关爱帮扶措施包括:做好日常保障工作;为农村留守儿童通过电话、视频等方式与父母联系提供便利;定期随访监护情况较差、失学辍学、无户籍以及患病、残疾等重点未成年人,协助提供监护指导、精神关怀、返校复学、落实户籍等关爱服务;对符合社会救助、社会福利政策的未成年人及家庭,告知具体内容及申请程序,并协助申请救助,支持配合相关部门和社会力量开展关爱服务活动等。

五是居民委员会、村民委员会的报告责任和照护职责。本法第22条、第23条对委托照护制度作了规定,对被委托人的条件作了限制,并明确要求未成年人的父母或者其他监护人应当及时将委托照护情况书面告知未成年人实际居住地的居民委员会、村民委员会。居民委员会、村民委员会发现被委托人不符合委托照护的条件,缺乏照护能力、怠于履行照护职责等情况,应当及时向民政、公安、卫生计生等部门报告,为有关部门介入保护工作提供支持,并与未成年人的父母或者其他监护人取得联系,及时告知其未成年人的生活状况、精神状况,被委托人的照护状况。对于缺乏照护能力的被委托人,应当为其继续履行照护职责提供物质帮助、家庭教育指导或者安排必要的临时生活照料措施等;对于怠于履行照护职责的被委托人,应当对其进行法治宣传,督促其履行照护责任,提高照护能力;对于侵害未成年人合法权益的被委托人,应当予以训诫,及时报告并协助有关部门做好后续的处置工作。

第四十四条　爱国主义教育基地、图书馆、青少年宫、儿童活动中心、儿童之家应当对未成年人免费开放；博物馆、纪念馆、科技馆、展览馆、美术馆、文化馆、社区公益性互联网上网服务场所以及影剧院、体育场馆、动物园、植物园、公园等场所，应当按照有关规定对未成年人免费或者优惠开放。

国家鼓励爱国主义教育基地、博物馆、科技馆、美术馆等公共场馆开设未成年人专场，为未成年人提供有针对性的服务。

国家鼓励国家机关、企业事业单位、部队等开发自身教育资源，设立未成年人开放日，为未成年人主题教育、社会实践、职业体验等提供支持。

国家鼓励科研机构和科技类社会组织对未成年人开展科学普及活动。

【释义】　本条是关于社会对未成年人提供福利待遇的规定。

(1)公共文化体育设施应当对未成年人免费或者优惠开放。根据公共文化服务保障法第 14 条、第 31 条以及《公共文化体育设施条例》第 2 条、第 21 条的规定，本款中的爱国主义教育基地、图书馆、青少年宫、儿童活动中心、儿童之家、博物馆、纪念馆、科技馆、展览馆、美术馆、文化馆、社区公益性互联网上网服务场所以及影剧院、体育场馆、动物园、植物园、公园等场所属于公共文化设施，应当对未成年人免费或者优惠开放。这些设施向未成年人免费或者优惠开放，能够丰富未成年人精神文化生活，提高未成年人思想道德水平和科学文化素质，营造适宜未成年人健康成长的良好文化氛围和社会环境，同时还有利于发挥公共文化体育事业的潜能，进一步提高政府为全社会提供公共文化服务的水平。

本条第 1 款包含两方面内容：一是关于对未成年人免费开放场所的规定。这类场所包括爱国主义教育基地、图书馆、青少年宫、儿童活动中心、儿童之家等由政府投资建设的公益性事业单位。这类场所应当贯彻公益性原则,对未成年人免费开放。二是对未成年人免费或者优惠开放场所的规定。这类场所包括博物馆、纪念馆、科技馆、展览馆、美术馆、文化馆、社区公益性互联网上网服务场所以及影剧院、体育场馆、动物园、植物园、公园等。这类场所有的是由政府投资建设,有的是个人或者企业投资建设,其本身维持开放需要一定的成本,但仍应当坚持公益性原则,按照国家有关行政部门以及当地政府的有关规定,明确其功能定位,根据实际情况,对未成年人免费或者有优惠开放。

(2)开设未成年人专场,为未成年人提供有针对性的服务。爱国主义教育基地、博物馆、科技馆、美术馆等公共服务场馆是与学校教育相互联系、相互补充、促进青少年全面发展的实践课堂,是服务、凝聚、教育广大未成年人的活动平台,是加强思想道德建设、推进素质教育、建设社会主义精神文明的重要阵地,在教育引导未成年人树立理想信念、锤炼道德品质、养成行为习惯、提高科学素质、发展兴趣爱好、增强创新精神和实践能力等方面具有重要作用。2004 年,《中共中央、国务院关于进一步加强和改进未成年人思想道德建设的若干意见》提出,充分发挥爱国主义教育基地对未成年人的教育作用。2006 年,中共中央办公厅、国务院办公厅印发《关于进一步加强和改进未成年人校外活动场所建设和管理工作的意见》,明确指出各类科技馆要积极拓展为未成年人服务的功能。要切实改进展览方式,充分适合未成年人的展出内容,增强展馆的吸引力。要利用展馆资源,开展面向未成年人的科普活动,引导青少年走近科学、热爱科学。2015 年,中共中央办公厅、国务院办公厅印发《关于加快构建现代公共文化服务体系的意见》,要求将中小学生定期参观博物馆、美术馆、纪念馆、科技馆纳入中小学教育教学活动计划。这些公共场馆结合未成年人身心发展特点,开设未成年人专场,为未成年人提供思想道德建设、科学技术普及、文艺体育培训、劳动技能锻炼等有针对性的教育实践活动,有助于促进未成年人德智体美劳全面发展。

(3)国家机关、企业事业单位、部队等设立未成年人开放日。

2014 年,《教育部关于全面深化课程改革落实立德树人根本任务的意见》指出,要坚持知行统一原则,加强职业体验、社会实践等方面的课程。2017 年,《国家教育事业发展“十三五”规划》要求,通过社会实践、主题教育等方式,进一步提升学生思想道德水平、强化实践动手能力、增强职业认知规划能力等。《博物馆条例》第 35 条第 1 款规定,国务院教育行政部门应当会同国家文物主管部门,制定利用博物馆资源开展教育教学、社会实践活动的政策措施。实践中,一些国家机关、企事业单位、部队积极开发自身的教育资源,组织开展未成年人开放日活动,取得了良好的社会效果。例如,检察院通过组织“检察开放日”,加深了未成年人对未检工作的了解,培养了未成年人尊法、守法的意识;部队通过军营开放日、军事夏令营等活动,提高了对未成年人国防教育的效果,增强了未成年人的国家荣誉感、自豪感。因此,增加本条第 3 款规定,既是国家机关、企业事业单位、部队等履行全社会都要关心关爱未成年人的体现,也有利于充分利用社会资源服务未成年人,促进未成年人的全面发展。

(4)科研机构和科技类社会组织对未成年人开展科学普及活动。加强未成年人科普工作是加强和改进未成年人思想道德建设的重要环节。加强对未成年人科普教育,大力普及科学知识,从小培养未成年人对科学技术的兴趣和爱好,增加科技创新能力,引导未成年人逐步形成科学的世界观和方法论,不断提高科技素质,是关系到“科教兴国”的长期战略性工程。各科研机构和科技类社会组织应当加强贯彻落实科学技术普及法的规定,开展针对未成年人的科普活动,倡导科学方法、传播科学思想、弘扬科学精神,教育引导未成年人崇尚科学文明、反对迷信邪教。

针对未成年人进行普及科学知识的活动,应当根据未成年人身心以及科普活动的特点,有针对性地为未成年人编印科普读物。例如,组织未成年人进行科技培训,举办各种科普讨论、展览、培训、科技竞赛、科普游园等活动;充分利用网络、场馆、宣传栏等平台开展形式多样、内容丰富、健康向上的科普活动,宣传科学知识,培养未成年人对科学的兴趣爱好,增强社会责任感以及运用科学知识解决问题的能力,提高未成年人科学素质等。对在科普工作中作出重要贡献的组织和个人,国家应当予以表彰和奖励,科普组织开展科普活动、兴办科普事业,可以依法获得资助和捐赠。

第四十五条　城市公共交通以及公路、铁路、水路、航空客运等应当按照有关规定对未成年人实施免费或者优惠票价。

【释义】 本条是关于未成年人免费或者优惠乘坐交通工具的规定。

未成年人乘坐交通工具有相应的免费或者优惠政策已成为共识,各部门也出台了相应的规定,本条进一步明确了未成年人乘坐交通工具享受免费或者优惠票价的法律依据。

一、关于未成年人免费或者优惠票价的现行规定

未成年人乘坐交通工具享有免费或者优惠票价,体现了对未成年人的特殊照顾。目前,城市公共交通和公路、铁路、水路、航空客运对未成年人免费或者优惠票价都有相关规定。

(一)公路客运的免费或者优惠规定

未成年人乘坐长途客运和农村客运汽车时,根据《交通运输部、国家发展改革委关于深化道路运输价格改革的意见》的规定,以身高为标准,可以享受免费乘车或者客票半价优待。具体条件为:每一成人旅客可携带一名6周岁(含6周岁)以下或者身高1.2米(含1.2米)以下、且不单独占用座位的儿童免费乘车,需单独占用座位或者超过一名时超过的人数执行客票半价优待,并提供座位;6~14周岁或者身高为1.2~1.5米的儿童乘车执行客票半价优待,并提供座位。证明儿童年龄的有效身份证件包括居民身份证、临时居民身份证、港澳台居民居住证、港澳居民来往内地

通行证、台湾居民来往大陆通行证、护照、外国人永久居留身份证等。

（二）铁路客运的免费或者优惠规定

未成年人乘坐火车时，根据《铁路旅客运输规程》的规定，按照身高享受相应的免费或者半价优惠。《铁路旅客运输规程》第19条规定，随同成年人旅行身高1.2~1.5米的儿童，享受半价客票、加快票和空调票，即儿童票。超过1.5米时应买全价票。每一成人旅客可免费携带一名身高不足1.2米的儿童，超过一名时，超过的人数应买儿童票。儿童票的座别应与成人车票相同，其到站不得远于成人车票的到站。免费乘车的儿童单独使用卧铺时，应购买全价卧铺票，有空调时还应购买半价空调票。

（三）航空客运的免费或者优惠规定

未成年人乘坐民用航空客机时，根据《中国民用航空旅客、行李国内运输规则》的规定，以年龄为标准，享受相应的优惠票价。《中国民用航空旅客、行李国内运输规则》第15条规定，年龄满2周岁但不满12周岁的未成年人按适用成人票价的50%购买儿童票，提供座位。年龄不满2周岁的未成年人按适用成人票价的10%购买婴儿票，不提供座位；如需要单独占用座位时，应购买儿童票。每一成人旅客携带婴儿超过一名时，超过的人数应购儿童票。

（四）水路客运的免费或者优惠规定

未成年人乘坐水路运输工具时，根据《交通运输部关于做好〈国内水路运输管理规定〉实施有关工作的通知》的规定，以年龄或者身高标准享受相应的免费或者半价客票优待。该通知规定，对年龄超过6周岁但不超过14周岁或者身高超过1.2米但不超过1.5米的未成年人，应当执行客票半价优待。对有成年人陪伴的年龄不超过6周岁或者身高不超过1.2米，且不占用座（铺）位的未成年人免费并出具免费票（1周岁以下未成年人不计入乘客定额）；如未成年人需要单独占用座（铺）位的，应当执行客票半价优待。每位成年旅客可带两名持免费票的未成年人，超过两名未成年人时，对超过的应当执行客票半价优待。

（五）城市公共交通的免费或者优惠规定

未成年人乘坐城市公共交通工具的免费或者优惠政策，目前尚未出台全国统一的规定，有的地方结合当地的实际情况出台了具体规定。比如，《上海市公共汽车和电车乘坐规则》第 9 条规定，乘客可以免费带领一名身高 1.2 米（含 1.2 米）以下儿童乘车，超过一名的按超过人数购票。无成年人带领的学龄前儿童不得单独乘车。《成都市城市轨道交通管理条例》第 43 条规定，一名成年乘客可以免费携带一名身高 1.3 米以下的儿童乘车，携带超过一名的，应当按照超过人数购买成人全票。

二、对未成年人实施免费或者优惠票价

未成年人乘坐城市公共交通工具以及公路、铁路、水路、航空客运工具时享受免费或者优惠票价已经成为共识。但是根据现行规定，不同交通工具关于未成年人免费或者优惠票价的适用标准有所不同。修订草案向社会公众征求意见的过程中，有意见提出，对未成年人实施免费或者优惠票价应当按照统一的标准。经过研究，因为不同交通工具的运行特点存在较大差异，对未成年人的免费或者优惠票价标准需要结合交通工具的运行特点和实际情况确定。因此本法中没有统一规定对未成年人实施免费或者优惠票价的标准，而是由行政主管部门结合交通运输工具的特点进行具体规定。

第四十六条　国家鼓励大型公共场所、公共交通工具、旅游景区景点等设置母婴室、婴儿护理台以及方便幼儿使用的坐便器、洗手台等卫生设施，为未成年人提供便利。

【释义】　本条是关于母婴设施以及方便幼儿使用的卫生设施配备的规定。

方便、完善的母婴设施和方便幼儿使用的卫生设施可以提高携带婴幼儿出行的便利性,有关公共场所和交通工具配备母婴设施以及方便幼儿使用的卫生设施,可以满足群众对母婴设施建设的需求,积极营造保障未成年人权益的社会环境。

一、母婴设施以及方便幼儿使用的卫生设施的设置要求

(一)大型公共场所有关设施的设置要求

大型公共场所,主要是指公众进行公开活动的机场、车站、码头、商场等。原国家卫生计生委等十部委《关于加快推进母婴设施建设的指导意见》规定,经常有母婴逗留且建筑面积超过1万平方米或日客流量超过1万人的交通枢纽、商业中心、医院、旅游景区及游览娱乐等公共场所,应当建立使用面积一般不少于10平方米的独立母婴室。同时,该意见对公共场所母婴设施配置标准也作出了规定,比如婴儿尿布台、洗手台、婴儿床的配置等。《民用建筑设计统一标准》(GB 50352-2019)进一步规定了交通客运站、高速公路服务站、医院、商业中心、公园及办公楼等建筑物内母婴室的配置、面积要求。

(二)公共交通工具有关设施的设置要求

公共交通工具包括飞机、火车、轮船、客车、公交、地铁等,大多数公共交通等候区已经按照规定配置了母婴设施。《汽车客运站级别划分和建设要求》规定,一级汽车客运站必须配置母婴候车室(区)。目前,全国二级以上汽车客运站和水路客运码头多数已设置了母婴候车室或重点旅客候车室。

(三)旅游景区景点有关设施的设置要求

《旅游厕所质量等级的划分与评定》(GB/T 18973-2016)规定,旅游厕位(间)大小便位中至少各设一个儿童便位,在以儿童旅游为主体的场所应按照儿童数量比例增设儿童便位的数量。AAA级厕所洗手区应至少配备一个儿童洗手盆或洁手设备,男女分区的洗手区应至少各配备一个儿童洗手盆或洁手设备;此外,还应增设家庭卫生间,内部设施包括儿童坐便位、儿童小便位、儿童洗手盆、有婴儿台功能的多功能台、儿童安全座椅等。

二、鼓励进一步完善有关设施的配置

《国家人口发展规划（2016—2030年）》规定，在大型公共场所、公共交通工具、旅游景区景点等设置母婴室或婴儿护理台，保障母婴权益。《关于加快推进母婴设施建设的指导意见》规定，到2016年底，全国省会城市应配置母婴设施的机场、主要火车站（包括高铁站）均按要求配置母婴设施；其他地区公共场所应配置母婴设施的，配置率不低于50%；到2018年底，应配置母婴设施的公共场所，配置率达到80%以上；到2020年底，所有应配置母婴设施的公共场所和用人单位基本建成标准化的母婴设施。

目前，不同地区和场所的母婴设施和方便幼儿使用的卫生设施建设水平还存在一定差异，有关设施的便利性和可及性仍有待进一步改善。比如，受限于交通工具本身的客观条件和设计布局，大部分公共交通工具上仍未配置母婴设施或者方便幼儿使用的卫生设施。高铁列车、部分飞机在卫生间内配置了婴儿护理台，部分客运轮船上设置了母婴室等母婴设施，公共汽车、普通列车等尚未配置母婴设施或者方便幼儿使用的卫生设施。

修订草案一审稿曾经规定大型公共场所、公共交通工具、旅游景区景点应当设置母婴室等，有的部门提出，现有的部分场所或交通工具尚不具备设置母婴设施或者方便幼儿使用的卫生设施的条件，因此，本条规定鼓励大型公共场所、公共交通工具、旅游景区景点等设置母婴室等设施。暂不具备设置有关母婴设施或者方便幼儿使用的卫生设施条件的，应当采取一定的措施，积极创造条件，配置更加完善的母婴设施以及方便幼儿使用的卫生设施。

第四十七条　任何组织或者个人不得违反有关规定，限制未成年人应当享有的照顾或者优惠。

【释义】 本条是关于不得限制未成年人应当享有的照顾或者优惠的规定。

虽然对未成年人照顾或者优惠的规定逐渐完善,但实践中限制未成年人应当享有的照顾或者优惠的情况仍有发生。为保护未成年人依法应当享有的权益,本条明确所有组织和个人均有按照有关规定,给予未成年人应当享有的照顾或者优惠的义务。

一、未成年人应当享有的照顾或者优惠

本法及其他法律法规规定了未成年人可以享有的照顾或者优惠。本法第 44 条第 1 款规定,爱国主义教育基地、图书馆、青少年宫、儿童活动中心、儿童之家应当对未成年人免费开放;博物馆、纪念馆、科技馆、展览馆、美术馆、文化馆、社区公益性互联网上网服务场所以及影剧院、体育场馆、动物园、植物园、公园等场所,应当按照有关规定对未成年人免费或者优惠开放。第 45 条规定,城市公共交通以及公路、铁路、水路、航空客运等应当按照有关规定对未成年人实施免费或者优惠票价。有关部门按照这些法律规定出台了未成年人享有照顾或者优惠的具体标准。

有的地方性法规也规定了未成年人可以享有的照顾或者优惠。比如,《广东省未成年人保护条例》第 34 条中规定,对有特殊才能、有发明创造或者有突出成就的未成年人,各级人民政府以及学校、家庭应当为其发展创造有利条件,并依法保障其智力成果和荣誉权不受侵犯。《广州市未成年人保护规定》第 41 条规定,少年宫、儿童活动中心等公益性未成年人活动场所应当根据未成年人生理、心理发展的特点开设各类兴趣班,内容设置应当以科技活动、体育锻炼、文学艺术等为主。

二、不得限制针对未成年人的照顾或者优惠

法律法规规定的针对未成年人的照顾或者优惠,不应因未成年人的年龄或者规定的条件以外的其他因素而受到限制。按照法律法规和有关规定,负有给予未成年人照顾或者优惠义务的组

织或者个人，应当严格按照规定给予未成年人相应的照顾或者优惠。然而，实践中，限制未成年人依法享有照顾或者优惠的事件时有发生。比如，《国家发展改革委关于进一步落实青少年门票价格优惠政策的通知》规定，各地实行政府定价、政府指导价管理的游览参观点，对6周岁（含6周岁）以下或身高1.2米（含1.2米）以下的儿童实行免票。实践中，有的旅游景区仍然只按照儿童的身高执行免票政策。还有的组织或者个人，在有关规定之外自行设置额外标准，或者在执行有关规定时，故意曲解或者歪曲规定本意，导致未成年人不能享有本应享有的照顾或者优惠。因此，本条明确规定，无论是组织还是个人，均不得违反有关规定，限制未成年人依法应当享有的照顾或者优惠。

第四十八条 国家鼓励创作、出版、制作和传播有利于未成年人健康成长的图书、报刊、电影、广播电视节目、舞台艺术作品、音像制品、电子出版物和网络信息等。

【释义】 本条是关于鼓励有利于未成年人健康成长的创作等的规定。

随着舞台艺术的蓬勃发展，未成年人参与或者以未成年人为对象的舞台艺术作品逐渐增多，需要鼓励其对未成年人的健康成长发挥更大的作用，本次修改时增加规定国家鼓励有利于未成年人健康成长的舞台艺术作品。同时，将2012年未成年人保护法条关于国家鼓励创作或者提供有利于未成年人健康成长的作品的规定和国家扶持以未成年人为对象的内容健康的图书等的规定合并进行表述。

一、有利于未成年人健康成长的内涵

未成年人正处在长身体、长知识的阶段，吸收知识快，求知欲强，有益的精神文化可以鼓励未成年人积极向上、陶冶情操，培养未成年人良好的品行。但未成年人生理心理尚未完全发育成熟，辨别是非能力、抵抗不良影响的能力都较弱，容易被不良的精神文化危害心理健康。尤其是处于青春发育期的未成年人，容易受到暴力、色情、凶杀等书刊、音像、网络信息等的影响而产生享乐主义、追求刺激等不良的世界观、人生观、价值观，甚至还会模仿实施犯罪行为。

图书、报刊、电影、广播电视节目、舞台艺术作品、音像制品、电子出版物和网络信息等是未成年人汲取知识和营养的重要渠道，其内容应该健康、向上，有益于未成年人健康成长。《国家广播电视总局未成年人节目管理规定》第8条规定，国家支持、鼓励含有下列内容的未成年人节目的制作、传播：(1)培育和弘扬社会主义核心价值观；(2)弘扬中华优秀传统文化、革命文化和社会主义先进文化；(3)引导树立正确的世界观、人生观、价值观；(4)发扬中华民族传统家庭美德，树立优良家风；(5)符合未成年人身心发展规律和特点；(6)保护未成年人合法权益和情感，体现人文关怀；(7)反映未成年人健康生活和积极向上的精神面貌；(8)普及自然和社会科学知识；(9)其他符合国家支持、鼓励政策的内容。

有利于未成年人健康成长，主要是指可以满足未成年人特定的精神文化需求。一方面，作品内容应当积极进步、健康向上，符合未成年人的需要，适合未成年人阅读观赏，帮助未成年人开阔眼界、提高素质、陶冶情操、愉悦身心；另一方面，作品的形式要适合未成年人的阅读观赏兴趣，种类丰富、数量充足，适应不同年龄层次少年儿童的欣赏需求，可以为未成年人提供足够的精神文化产品，做到知识性、娱乐性、趣味性、教育性相统一。

二、关于舞台艺术作品

近年来舞台艺术蓬勃发展，戏曲、话剧、歌剧、舞剧、交响乐、杂技、曲艺等舞台表演艺术创作逐渐拓展至以未成年人为观演人群，有的主要由未成年人创作和出演。丰富的艺术形式有利于通过多种途径提高未成年人的艺术素养，培养未成年人积极的世界观、人生观和价值观。考虑到未成年人参与或者以未成年人为对象的舞台艺术作品逐渐增多,需要鼓励其对未成年人的健康成长发挥更大的作用,本条修改时增加规定鼓励创作、出版、制作和传播有利于未成年人健康成长的舞台艺术作品。同时,舞台艺术作品不能有危害未成年人身心健康的内容,如果包含可能影响未成年人身心健康的内容,则应当以显著方式作出提示。

三、国家采取多种鼓励措施

为创造适宜未成年人成长的健康的社会文化环境,我国有关部门一直采取多种措施鼓励创作、出版、制作和传播有利于未成年人健康成长的图书、报刊、电影、广播电视作品、舞台艺术作品、音像制品、电子出版物和网络信息。比如,国家新闻出版广电总局(现为国家广播电视总局)设立少儿节目精品发展专项资金扶持项目,每年评选优秀少儿广播栏目和优秀少儿电视栏目各50个,对其进行资金扶持。中国作家协会设立全国优秀儿童文学奖,每三年评选一次,凡在评选年度内出版的个人创作的儿童文学作品集均可参加评选。

第四十九条　新闻媒体应当加强未成年人保护方面的宣传,对侵犯未成年人合法权益的行为进行舆论监督。新闻媒体采访报道涉及未成年人事件应当客观、审慎和适度,不得侵犯未成年人的名誉、隐私和其他合法权益。

【释义】　本条是关于新闻媒体在未成年人保护方面的责任的规定。

近年来,新闻报道侵犯未成年人合法权益的事件时有发生,为积极回应社会关切,规范媒体对涉未成年人事件的采访报道,本条明确规定了新闻媒体在未成年人保护方面的责任。

一、新闻媒体在未成年人保护方面的责任

新闻媒体是营造保护未成年人社会氛围的重要力量。无论是主动宣传未成年人保护方面的政策、观点,还是曝光侵犯未成年人合法权益的行为,都使未成年人保护这一问题吸引了更多的社会关注,增强了未成年人的保护意识。近年来,多起涉未成年人事件都是经由媒体报道后,引发了社会广泛关注,直接推动保护未成年人工作的进一步开展。比如,2016 年山东某高考考生因家中筹措的 9000 余元学费被诈骗,悲愤之下引发猝死,经媒体报道后社会反响强烈,同年 12 月,最高人民法院、最高人民检察院、公安部共同制定出台了《关于办理电信网络诈骗等刑事案件适用法律若干问题的意见》,加大对电信网络诈骗犯罪案件的打击惩处力度。2020 年"鲍某某事件"经媒体报道后引发社会广泛关注,为回应社会关切,本法第 54 条在本次修订时增加规定禁止非法收养未成年人。同样,经媒体报道的大连 13 岁男孩杀死 10 岁女孩的案件,正在推动预防未成年人犯罪法对涉罪未成年人相关制度的重构。

二、新闻媒体采访报道涉及未成年人事件的规范

新闻媒体报道在营造保护未成年人社会氛围的同时,也可能出现损害未成年人合法权益的情况,近年来新闻媒体报道侵犯未成年人合法权益的事件时有发生。比如,在 2013 年李某某案件中,因涉案未成年人身份的特殊性,该案经媒体报道后引起了极大的社会关注。涉案未成年人的姓名、家庭情况、教育和生活经历等被各大媒体广为报道,此外,涉案未成年人的侦查、审理甚至羁押情况同样有媒体持续追踪报道,早在侦查阶段,就有媒体对案件细节进行分析,其中有大量的主观推断性的内容。修订草案在征求意见的过程中,有的部门和地方建议,对新闻媒体采访报道涉及未成年人案件作出规范。结合近年来新闻媒体报道涉未成年人事件的实际情况,积极回应社会关切,本条规定了新闻媒体采访报道涉及未成年人事件应当遵守的规范。

新闻报道为了取得更高的关注度与点击量,可能会通过更加深度地挖掘新闻信息、突出事件的尖锐矛盾等方式吸引公众关

注。但这种报道可能会导致对涉未成年人事件的社会关注过多，造成未成年人隐私暴露、承受较大的社会压力或者其他后果，从而妨碍事件的正常处置，对未成年人的身心健康造成不良影响。为积极回应社会关切，规范媒体对涉未成年人事件的采访报道，本条规定，媒体报道需要客观、审慎和适度。“客观”即报道涉未成年人的事件时应当充分调查了解，确保所报道事件的真实性、客观性，避免在报道中增加主观推断的内容。“审慎”即新闻选题、构思、刊载或者推送时应当进行周密而慎重的论证，分析该报道可能引起的社会关注及其对涉及的未成年人的影响。“适度”即媒体报道涉未成年人事件时不宜过分追求全面真实，而是应当有一定的尺度和界限，防止因新闻媒体对事件信息的过度挖掘而造成对未成年人名誉、隐私和其他合法权益的侵犯。

三、新闻媒体采访报道涉及未成年人事件的要求

新闻采访报道涉及未成年人事件时，其信息来源、报道方式、报道内容等方面，都应当符合保护未成年人合法权益的要求。《国家互联网信息办公室关于进一步加强对网上未成年人犯罪和欺凌事件报道管理的通知》规定，网站登载涉及未成年人犯罪和欺凌事件报道，原则上应采用中央主要新闻媒体的报道，确有必要使用其他来源稿件时，要严格进行核实，由网站总编辑签发，保留签发证明及依据；网站不得在首页及新闻频道要闻位置登载未成年人犯罪和欺凌事件报道，不得在博客、微博、论坛、贴吧、弹窗、导航、搜索引擎等位置推荐相关报道，不得制作专题或集纳相关报道；在涉及未成年人的网上报道中，不得对涉及未成年人体罚、侮辱人格尊严行为、校园暴力以及未成年人犯罪情节等进行渲染报道；严禁使用未经处理的涉未成年人暴力、血腥、色情、恐怖等违法视频及图片。《未成年人节目管理规定》第 13 条第 2 款规定，对确需报道的未成年人违法犯罪案件，不得披露犯罪案件中未成年人当事人的姓名、住所、照片、图像等个人信息，以及可能推断出未成年人当事人身份的资料。对于不可避免含有上述

内容的画面和声音,应当采取技术处理,达到不可识别的标准。

本条对新闻媒体报道的规定既适用于涉未成年人的案件,也适用于涉未成年人的事件。实践中,新闻媒体报道可能侵犯未成年人权益的不只是对有关案件的报道,还可能是社会热点事件等。比如,2016年“罗尔事件”引起了社会舆论的极大关注,5岁女童罗某某的姓名、照片、疾病等个人隐私信息在媒体上广为传播,虽然该事件并没有涉及具体案件,但部分新闻媒体对该事件的报道严重侵犯了未成年人的隐私,影响其正常生活。为防止此类事件再次发生,加大对未成年人名誉、隐私和其他合法权益的保护,本条规定,所有涉及未成年人事件的报道都应该客观、审慎和适度。

第五十条　禁止制作、复制、出版、发布、传播含有宣扬淫秽、色情、暴力、邪教、迷信、赌博、引诱自杀、恐怖主义、分裂主义、极端主义等危害未成年人身心健康内容的图书、报刊、电影、广播电视节目、舞台艺术作品、音像制品、电子出版物和网络信息等。

【释义】　本条是关于禁止危害未成年人身心健康内容的规定。

随着信息技术的发展,危害未成年人身心健康的内容形式及传播方式更加多元化,此次修改时一是增加规定禁止复制、出版、发布有害信息的行为;二是考虑到含有引诱自杀内容的网络信息等已经成为未成年人生命健康面临的现实威胁,将引诱自杀规定为危害未成年人身心健康的内容;三是增加规定电影、广播电视节目、舞台艺术作品中不得有危害未成年人身心健康的内容。

一、禁止制作、复制、出版、发布、传播含有危害未成年人身心健康内容的图书等

保障未成年人的精神文化权益,一方面,要求国家和社会积

极创造有利条件，为未成年人提供各种有益的精神产品；另一方面，对不利于未成年人身心健康的出版物、影视节目、艺术作品等，需要国家立法予以限制、禁止和排除。未成年人的自控力、判断力、鉴别力较弱，容易受到有淫秽、色情、暴力、邪教、迷信、赌博、引诱自杀、恐怖主义、分裂主义、极端主义等内容的图书、报刊、电影、广播电视节目、舞台艺术作品、音像制品、电子出版物和网络信息等的影响，从而产生不良的世界观、人生观、价值观，在某种特定信息的刺激下，很容易出现犯罪倾向。因此，本条明确规定禁止这些信息的制作、复制、出版、发布、传播。

本条规定的“制作”是指生产、录制、编写、译著、绘画、印刷、刻印、摄制、洗印等行为。“复制”是指通过翻印、翻拍、复印、复写、复录等方式进行重新制作的行为。“出版”是指编辑、印刷出版有关出版物。“发布”是指通过文字、图像等方式向社会公众公开有关信息的行为。“传播”是指通过播放、出租、出借、承运、邮寄等方式致使流传的行为。随着信息技术的发展，复制、出版、发布行为在有害信息产生和传播中所占的比重越来越大，本次修改时专门增加禁止复制、出版、发布行为的规定。

二、关于图书、报刊、电影、广播电视节目、音像制品、电子出版物和网络信息内容的规定

（一）关于图书、报刊、音像制品和电子出版物

《出版管理条例》第 25 条规定，任何出版物不得含有下列内容：（1）反对宪法确定的基本原则的；（2）危害国家统一、主权和领土完整的；（3）泄露国家秘密、危害国家安全或者损害国家荣誉和利益的；（4）煽动民族仇恨、民族歧视，破坏民族团结，或者侵害民族风俗、习惯的；（5）宣扬邪教、迷信的；（6）扰乱社会秩序，破坏社会稳定的；（7）宣扬淫秽、赌博、暴力或者教唆犯罪的；（8）侮辱或者诽谤他人，侵害他人合法权益的；（9）危害社会公德或者民族优秀文化传统的；（10）有法律、行政法规和国家规定禁止的其他内容的。《音像制品管理条例》第 3 条也规定了音像制品禁止载有

上述内容。

（二）关于电影

电影产业促进法第16条规定，电影不得含有下列内容：（1）违反宪法确定的基本原则，煽动抗拒或者破坏宪法、法律、行政法规实施；（2）危害国家统一、主权和领土完整，泄露国家秘密，危害国家安全，损害国家尊严、荣誉和利益，宣扬恐怖主义、极端主义；（3）诋毁民族优秀文化传统，煽动民族仇恨、民族歧视，侵害民族风俗习惯，歪曲民族历史或者民族历史人物，伤害民族感情，破坏民族团结；（4）煽动破坏国家宗教政策，宣扬邪教、迷信；（5）危害社会公德，扰乱社会秩序，破坏社会稳定，宣扬淫秽、赌博、吸毒，渲染暴力、恐怖，教唆犯罪或者传授犯罪方法；（6）侵害未成年人合法权益或者损害未成年人身心健康；（7）侮辱、诽谤他人或者散布他人隐私，侵害他人合法权益；（8）法律、行政法规禁止的其他内容。

（三）关于广播电视节目

《广播电视管理条例》第32条规定，广播电台、电视台应当提高广播电视节目质量，增加国产优秀节目数量，禁止制作、播放载有下列内容的节目：（1）危害国家的统一、主权和领土完整的；（2）危害国家的安全、荣誉和利益的；（3）煽动民族分裂，破坏民族团结的；（4）泄露国家秘密的；（5）诽谤、侮辱他人的；（6）宣扬淫秽、迷信或者渲染暴力的；（7）法律、行政法规规定禁止的其他内容。

（四）关于网络信息

《互联网信息服务管理办法》第15条规定，互联网信息服务提供者不得制作、复制、发布、传播含有下列内容的信息：（1）反对宪法所确定的基本原则的；（2）危害国家安全，泄露国家秘密，颠覆国家政权，破坏国家统一的；（3）损害国家荣誉和利益的；（4）煽动民族仇恨、民族歧视，破坏民族团结的；（5）破坏国家宗教政策，宣扬邪教和封建迷信的；（6）散布谣言，扰乱社会秩序，破坏社会稳定的；（7）散布淫秽、色情、赌博、暴力、凶杀、恐怖或者教唆犯罪的;(8)侮辱或者诽谤他人,侵害他人合法权益的;(9)含有法律、行政法规禁止的其他内容的。

三、关于引诱自杀的规定

本条规定的危害未成年人身心健康的内容,除整合现有法律法规的相关规定外,还专门增加了"引诱自杀"的内容。2017 年,"蓝鲸"游戏经媒体报道后引起了社会广泛关注。该游戏以未成年人为对象,利用未成年人心智比较脆弱的特点,通过大量的引诱自杀内容诱导、煽动未成年人自杀,在国外造成了上百名未成年人死亡,已通过社交网络进入我国,成为未成年人生命健康面临的现实威胁。在审议过程中,有常委会组成人员建议在本条中增加"引诱自杀"的规定。为回应社会关切,本条专门规定,图书、报刊、电影、广播电视节目、舞台艺术作品、音像制品、电子出版物和网络信息中不得含有引诱自杀的内容。

第五十一条　任何组织或者个人出版、发布、传播的图书、报刊、电影、广播电视节目、舞台艺术作品、音像制品、电子出版物或者网络信息,包含可能影响未成年人身心健康内容的,应当以显著方式作出提示。

【释义】 本条是关于可能影响未成年人身心健康内容管理的规定。

对未成年人身心健康造成影响的内容,既包括危害未成年人身心健康的内容,也包括可能影响未成年人身心健康的内容。对未成年人身心健康有明确危害的内容,应当禁止其制作、传播等,对未成年人身心健康可能造成影响的内容,则应当予以明确提示。

一、可能影响未成年人身心健康的内容

本法第 50 条与本条分别对危害未成年人身心健康和可能影

响未成年人身心健康两种不利于未成年人身心健康成长的内容作出规定。本法第50条规定了任何组织或者个人不得制作、复制、出版、发布、传播含有危害未成年人身心健康内容的图书、报刊等。淫秽、色情、暴力、邪教、迷信、赌博、恐怖主义、分裂主义、极端主义等危害未成年人身心健康的内容,也是我国其他法律明确规定禁止制作、传播的内容,无论其受众是否为未成年人,含有这些内容的图书、报刊、电影、广播电视节目、舞台艺术作品、音像制品、电子出版物或者网络信息都被禁止制作、复制、出版、发布、传播。除这些危害未成年人身心健康的内容外,还有一些内容,虽然不属于违反法律法规规定的内容,但是仍有可能对未成年人的身心健康造成影响。这类内容对不同人群的影响是不同的,如果是具有较强的辨别、分析和判断能力的成年人,不会被这些内容所影响。但对于未成年人而言,因其身心发育尚不成熟,缺乏辨别、分析和判断能力,接触到这类信息后,有可能会对其身心健康造成影响。

可能影响未成年人身心健康的内容,有的是因为所呈现的内容有大量性、暴力、血腥场景等。比如,某大型恐怖网络游戏,其场景安排、背景音乐、人物形象、情节发展等都在营造恐怖氛围,以吸引玩家继续挑战,即使是成年人也容易被游戏中的恐怖氛围所影响。而未成年人的心智尚未成熟,意志力和自我控制能力都较弱,更加容易在玩游戏的过程中被影响身心健康。可能影响未成年人身心健康的内容,也有的是因为内容所传递的价值取向。比如,电影《姜子牙》在预告中提示,建议8岁以上观众观看。有的观众在观影后也提出,该影片的故事架构超出了8岁以下未成年人的理解能力和思维水平,未成年人可能对影片所传递的信息产生错误的认知,影响其形成积极的价值观。

二、可能影响未成年人身心健康内容的载体

本条规定的可能影响未成年人身心健康内容的载体与本法第50条相同,包括图书、报刊、电影、广播电视节目、舞台艺术作

品、音像制品、电子出版物或者网络信息。其中网络信息包含所有通过互联网传播的信息,如网页信息、软件、App、网络游戏等。在信息时代,通过互联网传播的可能对未成年人身心造成影响的信息更多,传播方式更为隐蔽,对有关信息的防范也更为重要。因此,本条规定网络信息包含可能影响未成年人身心健康内容的应当以显著方式作出提示。此外,本法第67条进一步规定,网信部门应当会同公安、文化和旅游、新闻出版、电影、广播电视等部门根据保护不同年龄阶段未成年人的需要,确定可能影响未成年人身心健康网络信息的种类、范围和判断标准。

三、应当以显著方式作出提示

以显著方式作出提示,是指提示内容在字体颜色、大小、位置、出现方式等形式上与其他提示或者内容有显著区别,保证消费者在正常阅读浏览情况下必然予以关注。比如,将提示内容的字体增大、加重、更改颜色,在浏览过程中单独显示或者弹窗提示等方式。在提示中,需要说明该内容可能影响未成年人身心健康、不适宜未成年人观看或者适合观看的人群年龄等信息。需要注意,提示的内容应当是清晰而明确的,不应使人产生误解。

第五十二条　禁止制作、复制、发布、传播或者持有有关未成年人的淫秽色情物品和网络信息。

【释义】　本条是关于有关未成年人的淫秽色情物品和网络信息管理的规定。

近年来,儿童色情日渐泛滥,为防止未成年人成为色情行为的受害者,保护未成年人的身心健康,本条明确规定禁止涉及未成年人的淫秽色情物品和网络信息制作、复制、发布、传播或者持有。

一、打击儿童色情制品的国际共识

以未成年人为主角的淫秽色情物品和网络信息日渐增多,严厉打击儿童色情制品已经成为国际社会的共识。联合国《儿童权利公约》第 34 条规定，缔约国承担保护儿童免遭一切形式的色情剥削和性侵犯之害，为此目的，缔约国尤应采取一切适当的国家、双边和多边措施，以防止引诱或强迫儿童从事任何非法的性活动，利用儿童卖淫或从事其他非法的性行为，利用儿童进行淫秽表演和充当淫秽题材。《〈儿童权利公约〉关于买卖儿童、儿童卖淫和儿童色情制品问题的任择议定书》规定，各缔约国应当就对儿童进行性剥削为目的制作、分销、传送、进口、出口、出售、销售或拥有儿童色情制品等行为作出规定。

实践中，关于"淫秽色情"的判断标准，应当与其他淫秽色情物品和网络信息的判断标准一致，区别仅在于以未成年人为主角还是以成年人为主角。刑法第 367 条规定了淫秽物品的定义，即具体描绘性行为或者露骨宣扬色情的淫秽性的书刊、影片、录像带、录音带、图片及其他淫秽物品、有关人体生理、医学知识的科学著作不是淫秽物品、包含有色情内容的有艺术价值的文学、艺术作品不视为淫秽物品。

二、禁止制作、复制、发布、传播、持有行为

对于制作、复制、发布、传播有关未成年人的淫秽色情物品和网络信息的行为，最高人民法院、最高人民检察院 2011 年发布的《关于办理利用互联网、移动通讯终端、声讯台制作、复制、出版、贩卖、传播淫秽电子信息刑事案件具体应用法律若干问题的解释(二)》规定，以牟利为目的，利用互联网、移动通讯终端制作、复制、出版、贩卖、传播内容含有不满 14 周岁未成年人的淫秽电子信息，以制作、复制、出版、贩卖、传播淫秽物品牟利罪定罪处罚。

国际上多数国家都禁止持有有关未成年人的淫秽色情物品和网络信息，因为持有这些信息是制作、复制、发布、传播的最终目的，导致了以牟利为目的的制作、复制、发布和传播行为。比如，加拿大法律规定，凡制作、传播、售卖、持有、浏览涉及未成年人的色情图片、视频、文章、录音等信息的相关人员，一经查实，将

视情节轻重被判处6个月至14年的监禁；除非相关资料纯粹用于与司法、科学、医疗、教育、艺术有关的合法目的。韩国“N号房间”事件爆发后，韩国通过了《Telegram“N号房”事件防治法》，将持有、购买、储存或者观看非法拍摄的淫秽视频纳入刑事处罚范围。考虑到儿童色情泛滥的现状及其严重危害，同时与国际接轨，本条专门规定了禁止持有有关未成年人的淫秽色情物品和网络信息。

三、本条与本法第50条的区别

本条与本法第50条的规定虽然都涉及淫秽色情物品和网络信息，但规定的内容是有明显差别的。从行为指向的对象看，本法第50条规定了禁止制作、复制、出版、发布、传播含有宣扬淫秽、色情等危害未成年人身心健康内容的图书、网络信息等，禁止有关行为的原因在于淫秽色情等内容有害未成年人的身心健康，但对淫秽色情的内容本身没有作出规定。本条规定的淫秽色情物品和网络信息特指淫秽色情的内容是有关未成年人的，即以未成年人为主角的淫秽色情内容。从禁止的行为看，本法第50条规定禁止“制作、复制、出版、发布、传播”的行为，本条除上述行为外，特别规定了“禁止持有”有关未成年人的淫秽色情物品和网络信息，也就是说，持有有关未成年人的淫秽色情物品和网络信息，则违反了本条规定。

第五十三条　任何组织或者个人不得刊登、播放、张贴或者散发含有危害未成年人身心健康内容的广告；不得在学校、幼儿园播放、张贴或者散发商业广告；不得利用校服、教材等发布或者变相发布商业广告。

【释义】 本条是关于与未成年人有关的广告管理的规定。

广告作为推销商品或者服务的活动，其中可能含有不真实、不准确,甚至危害未成年人身心健康的内容。因此,本条明确规定所有广告中都不得含有危害未成年人身心健康的内容,与未成年人关系密切的场所、物品等不得有商业广告。

一、广告不得含有危害未成年人身心健康的内容

广告是商品经营者或者服务提供者通过一定媒介和形式直接或者间接地介绍自己所推销的商品或者服务的活动。广告的目的是推销商品或者服务,为了实现这一目的,广告的内容、形式等会带有一定的说服性,即使是成年人也可能会因为被广告说服而购买商品或者服务。未成年人的心智尚不成熟,缺乏辨别是非的能力,更容易受到广告影响。如果广告含有危害未成年人身心健康的内容,当未成年人接收到广告所传递的信息时,就会很容易被其中的内容所误导,影响其身心健康发展。比如,曾经一些电视台播放的宣传"O泡果奶""莎娃鸡尾酒"的电视广告,部分内容含有表现学生早恋和少男少女饮用酒精饮品感受等情节,价值导向存在偏差,易对未成年人产生误导,因此被国家广播电视总局要求立即停止播出。

为了保护未成年人的利益,保障未成年人的健康成长,本条和广告法均对广告涉及未成年人的内容作出了规定。广告法第10条规定,广告不得损害未成年人和残疾人的身心健康。第39条规定,不得在中小学校、幼儿园内开展广告活动,不得利用中小学生和幼儿的教材、教辅材料、练习册、文具、教具、校服、校车等发布或者变相发布广告,但公益广告除外。第40条规定,在针对未成年人的大众传播媒介上不得发布医疗、药品、保健食品、医疗器械、化妆品、酒类、美容广告,以及不利于未成年人身心健康的网络游戏广告。针对不满14周岁的未成年人的商品或者服务的广告不得含有下列内容:(1)劝诱其要求家长购买广告商品或者服务;(2)可能引发其模仿不安全行为。《广播电视广告播出管理办法》第8条规定,广播电视广告禁止含有下列内容:……(7)诱使未成年人产生不良行为或者不良价值观,危害其身心健康的。

第24条中规定,播出机构应当严格控制酒类商业广告,不得在以未成年人为主要传播对象的频率、频道、节(栏)目中播出。第25条规定,在中小学生假期和未成年人相对集中的收听、收视时段,或者以未成年人为主要传播对象的频率、频道、节(栏)目中,不得播出不适宜未成年人收听、收视的商业广告。

二、不得在学校、幼儿园播放、张贴或者散发商业广告

学校、幼儿园是未成年人主要的学习、活动场所,应当是一个不受干扰的、健康的成长空间,在其中举办的任何社会活动都应当有利于未成年人健康成长。广告活动作为商业性活动,其主要目的在于宣传商品或者服务,在学校、幼儿园开展广告活动,不仅会对学生和幼儿正常的学习生活造成干扰,而且还可能因不适当的宣传方式或内容对他们的身心健康成长造成不良影响。因此,应当禁止在中小学校、幼儿园内通过任何媒介和形式直接或者间接地开展介绍商品或者服务,宣传企业形象和品牌的广告活动。

三、不得利用校服、教材等发布或者变相发布商业广告

现实生活中,广告主利用学生和幼儿的校服、教材等作为载体发布或者变相发布广告的现象屡见不鲜,有的在校服上印刷广告语,有的利用教材为其他图书作广告,等等。校服、教材等都是学生和幼儿在学习生活中必须使用或者经常接触的,如果成为广告宣传的载体,既可能分散他们学习的注意力,也可能形成他们购买广告商品的心理冲动,或者对他们造成其他不良影响。因此,本条规定不得利用校服、教材等发布或者变相发布商业广告。

需要注意的是,不得在学校、幼儿园播放、张贴、散发以及不得利用校服、教材等发布或者变相发布的是商业广告,不适用于公益广告。公益广告是以倡导健康社会文明风尚和关切社会公众福祉为目的的非商业性广告。具有正面宣传作用的公益广告可以通过生动活泼、贴近生活的形式对未成年人进行思想道德教育,如以尊老爱幼、勤俭节约、保护环境、遵守社会公德等为题材

的公益广告,是有益无害的。因此,本法不禁止在学校、幼儿园或者利用与学生、幼儿有关的物品发布公益广告。

第五十四条　禁止拐卖、绑架、虐待、非法收养未成年人,禁止对未成年人实施性侵害、性骚扰。

禁止胁迫、引诱、教唆未成年人参加黑社会性质组织或者从事违法犯罪活动。

禁止胁迫、诱骗、利用未成年人乞讨。

【释义】　本条是关于禁止严重侵犯未成年人权益的行为的规定。

严重侵犯未成年人权益的行为会危害未成年人的人身安全,摧残未成年人的身心健康,破坏未成年人的家庭和社会治安秩序,严重影响社会安定,必须加以严厉打击和惩处。

一、禁止拐卖、绑架、虐待、非法收养未成年人

(一)禁止拐卖未成年人

拐卖未成年人,是指以出卖为目的,使用欺骗、引诱、威胁、绑架等手段,将未成年人拐骗、绑架、收买、贩卖、接送或者中转的行为,构成刑法中规定的拐卖儿童罪。根据刑法第240条第1款的规定,应处以5年以上10年以下有期徒刑,并处罚金;情节严重的,处10年以上有期徒刑或者无期徒刑,并处罚金或者没收财产;情节特别严重的,处死刑,并处没收财产。刑法第240条第1款还具体列举了适用上述刑罚的六种拐卖儿童的严重情形,即:(1)拐卖妇女、儿童集团的首要分子;(2)拐卖妇女、儿童三人以上的;(3)以出卖为目的,使用暴力、胁迫或者麻醉方法绑架儿童的;(4)以出卖为目的,偷盗婴幼儿的;(5)造成被拐卖的儿童或者其亲属重伤、死亡或者其他严重后果的;(6)将儿童卖往境外的。

(二)禁止绑架未成年人

绑架未成年人,是以勒索财物为目的或者出于其他目的,将未成年人作为人质,使用暴力、胁迫或者麻醉等方法强行掳走未成年人,非法限制其人身自由的犯罪行为。根据刑法第 239 条第 1 款和第 2 款的规定,应处 10 年以上有期徒刑或者无期徒刑,并处罚金或者没收财产,情节较轻的,处 5 年以上 10 年以下有期徒刑,并处罚金;致使被绑架人死亡或者杀害被绑架人的,处死刑,并处没收财产。以勒索财物为目的偷盗不满 1 周岁的婴儿或者偷盗 1 周岁以上不满 6 周岁的幼儿的行为,以绑架论处;如果以出卖为目的,使用暴力、胁迫或者麻醉方法绑架未成年人的,则以拐卖妇女、儿童罪论处。

(三)禁止虐待未成年人

虐待未成年人,是指行为人经常以打骂、冻饿、禁闭、有病不给治疗、强迫过度劳动或限制自由、凌辱人格等各种方法,对未成年人从肉体上、精神上进行迫害、折磨、摧残的行为。与偶尔打骂或者偶尔的体罚行为不同,虐待行为往往是经常甚至一贯进行的,具有相对连续性。根据刑法第 260 条的规定,虐待家庭成员情节恶劣的,处 2 年以下有期徒刑、拘役或者管制,致使被害人重伤、死亡的,处 2 年以上 7 年以下有期徒刑。“情节恶劣”具体是指虐待的动机卑鄙、手段凶残;虐待年老、年幼、病残的家庭成员;或者长期虐待家庭成员屡教不改的,等等。

(四)禁止非法收养未成年人

我国民法典规定了收养需要满足的条件。被收养的未成年人的条件为:(1)丧失父母的孤儿;(2)查找不到生父母的未成年人;(3)生父母有特殊困难无力抚养的子女。送养人的条件为:(1)孤儿的监护人;(2)儿童福利机构;(3)有特殊困难无力抚养子女的生父母。生父母送养子女,应当双方共同送养。生父母一方不明或者查找不到的,可以单方送养。收养人的条件为:(1)无子女或者只有一名子女;(2)有抚养、教育和保护被收养人的能力;(3)未患有在医学上认为不应当收养子女的疾病;(4)无不利于被收养人健康成长的违法犯罪记录;(5)年满 30 周岁;(6)无配偶者收养异性子女的,收养人与被收养人的年龄应当相差 40 周岁以上。在实践中,违反民法典规定的条件收养未成年人,甚至以收养的名义从事人口买卖等违法犯罪行为的事件时有发生。2020 年“鲍某某事件”经媒体报道后引起了较大的社会关注,其中就涉及以收养为名掩盖真实目的。为回应社会关切,防止非法收养未成年人损害未成年人的权益,本次修订时专门增加了禁止非法收养未成年人的规定。

二、禁止对未成年人实施性侵害、性骚扰

(一)禁止对未成年人实施性侵害

常见的对未成年人实施的性侵害有强奸、强制猥亵妇女或者猥亵儿童等行为。(1)强奸,是指行为人违背妇女意志使用暴力、胁迫或者其他手段,强行与妇女发生性交的行为。如果受害人是不满 14 周岁的幼女,则不论被害人是否同意,只要与幼女发生性关系即构成强奸罪。(2)强制猥亵妇女,是指违背妇女的意愿,采取暴力、胁迫或者其他方法,强制以脱光衣服、抠摸等淫秽下流的手段猥亵妇女。强制猥亵 14 周岁以上不满 18 周岁的未成年女性,构成强制猥亵妇女罪。(3)猥亵儿童,是指以抠摸、指奸、鸡奸等淫秽下流的手段猥亵不满 14 周岁的儿童的行为。考虑到不满 14 周岁的儿童的认知能力,尤其是对性的认识能力很欠缺,为了保护儿童的身心健康,构成猥亵儿童罪并不要求以暴力、胁迫或者其他方法强制进行,只要对儿童实施了猥亵行为,就构成猥亵儿童罪。

(二)禁止对未成年人实施性骚扰

现实中,针对未成年人的性侵犯行为种类逐渐增多,原条文中规定的“性侵害”已不足以涵盖对未成年人的性侵犯行为,本次修订时回应社会关切,增加规定禁止对未成年人实施性骚扰。性骚扰行为会影响受骚扰者的学习、工作和生活,侵害人格尊严、自由。妇女权益保障法和民法典都有性骚扰相关规定。妇女权益保障法第 23 条第 1 款规定,禁止违背妇女意愿,以言语、文字、图像、肢体行为等方式对其实施性骚扰。民法典第 1010 条规定,违背他人意愿,以言语、文字、图像、肢体行为等方式对他

人实施性骚扰的,受害人有权依法请求行为人承担民事责任。

对未成年人实施的性骚扰一般包括以下条件:(1)性骚扰的对象一般是中高年龄的未成年人。年龄较小的未成年人尚未形成性的意识,无法识别性骚扰行为,也难以对性骚扰行为有明确的意愿表达,或者产生厌恶、反感等情绪,对其进行的性侵犯行为一般认定为性侵害。(2)性骚扰的对象不分性别。既可以是男性,也可以是女性。(3)行为与性有关。行为人具有性意图,以获取性方面的生理或者心理满足为目的。(4)行为一般具有明确的针对性。性骚扰行为所针对的对象是具体的、明确的。(5)行为人主观上一般是故意的。

三、禁止胁迫、引诱、教唆未成年人参加黑社会性质组织或者从事违法犯罪活动

(一)禁止胁迫、引诱、教唆未成年人参加黑社会性质组织

实践中,公检法机关在办理黑恶势力犯罪案件时,发现一些未成年人被胁迫、利诱参与、实施黑恶势力犯罪,严重影响未成年人健康成长。比如,最高人民法院公布的典型案例"张某等寻衅滋事、敲诈勒索、非法拘禁案"中,被告人张某纠集李某、任某等人,设立组建某财富公司,在江苏省某市区进行非法放贷活动,以喷油漆、扔油瓶、半夜上门滋扰等"软暴力"手段非法讨要债务。在放贷过程中,该组织成员还引诱、纠集褚某、朱某、姚某、王某、顾某等在校学生,利用同学、朋友关系诱骗其他未成年学生签订虚高借款合同,在借款中随意扣减"服务费、中介费、认家费"等,并逼迫未成年少女拍摄裸照担保债务,部分未成年被害人被迫逃离居住地躲债,造成辍学等不良后果。

2020年4月,最高人民法院、最高人民检察院、公安部、司法部出台《关于依法严惩利用未成年人实施黑恶势力犯罪的意见》,其中规定胁迫、教唆、拉拢、引诱、欺骗、招募、吸收、介绍未成年人参加黑社会性质组织、恶势力犯罪集团、恶势力,或者实施黑恶势力违法犯罪活动的以及其他利用未成年人实施黑恶势力犯罪的,

对黑社会性质组织、恶势力犯罪集团首要分子，按照集团所犯的全部罪行，从重处罚。对犯罪集团的骨干成员，按照其组织、指挥的犯罪，从重处罚。恶势力利用未成年人实施犯罪的，对起组织、策划、指挥作用的纠集者，恶势力共同犯罪中罪责严重的主犯，从重处罚。黑社会性质组织、恶势力犯罪集团、恶势力成员直接利用未成年人实施黑恶势力犯罪的，从重处罚。

根据刑法第294条的规定，黑社会性质的组织应当同时具备以下特征：(1)形成较稳定的犯罪组织，人数较多，有明确的组织者、领导者，骨干成员基本固定；(2)有组织地通过违法犯罪活动或者其他手段获取经济利益，具有一定的经济实力，以支持该组织的活动；(3)以暴力、威胁或者其他手段，有组织地多次进行违法犯罪活动，为非作恶，欺压、残害群众；(4)通过实施违法犯罪活动，或者利用国家工作人员的包庇或者纵容，称霸一方，在一定区域或者行业内，形成非法控制或者重大影响，严重破坏经济、社会生活秩序。

(二)禁止胁迫、引诱、教唆未成年人从事违法犯罪活动

未成年人意志力薄弱，对违法犯罪行为缺乏认识，容易被不法分子利用，从事违法犯罪活动，因此本条明确规定禁止胁迫、引诱、教唆未成年人从事违法犯罪活动。胁迫、引诱、教唆未成年人从事违法犯罪活动的，应当承担相应的法律责任。刑法第29条规定，教唆他人犯罪的，应当按照他在共同犯罪中所起的作用处罚，教唆不满18周岁的人犯罪的应当从重处罚。第262条之二规定，组织未成年人进行盗窃、诈骗、抢夺、敲诈勒索等违反治安管理活动的，处三年以下有期徒刑或者拘役，并处罚金；情节严重的，处三年以上七年以下有期徒刑，并处罚金。第301条、第347条和第353条规定，引诱未成年人参加聚众淫乱活动的，利用、教唆未成年人走私、贩卖、运输、制造毒品或者向未成年人出售毒品的，引诱、教唆、欺骗或者强迫未成年人吸食、注射毒品的，从重处罚。

四、禁止胁迫、诱骗、利用未成年人乞讨

未成年人由于尚不具备独立谋生的能力，心智发育尚不健

全,认识社会事物和辨别善恶的能力有限,容易成为犯罪分子侵害的对象,而且在被侵害时往往不敢反抗。在实际发生的案件中,一些道德败坏的不法人员,在牟利心理的驱使下,违背道德和法律的约束,组织他人甚至通过暴力、胁迫等手段组织他人乞讨,强占他人乞讨所得,特别是使用强迫手段组织未成年人乞讨。违法犯罪分子控制和操纵未成年人进行乞讨的具体方式多种多样,如恐吓、暴力威胁、冻饿、打骂、进行人身控制等,甚至还有以长期残害未成年人身体等极端残忍的方式胁迫、利用未成年人乞讨的。这些行为除侵犯被害人的人格尊严、人身自由及财产权,扰乱社会秩序外,还会使未成年人丧失受教育的机会,在恶劣环境下成长,形成畸形世界观,造成被害人人身伤亡等严重后果。本法出于保护未成年人权益的目的,明确规定了"禁止胁迫、诱骗、利用未成年人乞讨"。

胁迫,是指行为人以立即实施暴力或其他有损身心健康的行为,如冻饿、罚跪等相要挟,逼迫未成年人进行乞讨的行为。诱骗,是指行为人利用未成年人的弱点或亲属等人身依附关系,或者以许愿、诱惑、欺骗等手段指使未成年人进行乞讨的行为。利用,是指行为人怀有个人私利,使用各种手段让未成年人自愿地按其要求进行乞讨的行为。违反本条规定的,可以依照治安管理处罚法第 41 条的规定予以处罚。以暴力、胁迫手段组织不满 14 周岁的未成年人乞讨的,构成刑法第 262 条之一规定的组织未成年人乞讨罪。如果行为人故意伤害受其控制的未成年人,致其重伤、死亡的,则应以故意伤害罪故意或者杀人罪论处。

第五十五条　生产、销售用于未成年人的食品、药品、玩具、用具和游戏游艺设备、游乐设施等,应当符合国家或者行业标准,不得危害未成年人的人身安全和身心健康。上述产品的生产者应当在显著位置标明注意事项,未标明注意事项的不得销售。

【释义】 本条是关于生产、销售用于未成年人产品质量要求和提示义务的规定。

一、生产、销售用于未成年人产品的质量要求

(一)生产、销售用于未成年人产品应当符合国家标准和行业标准

国家一直高度重视未成年人食品、药品、玩具、用具、游戏游艺设备等产品安全。为规范未成年人产品的生产、销售,国家有关部门对质量制定了严格的标准,提出了明确要求。国家制定的未成年人产品质量标准,多为强制性国家标准,已经形成较为完善的标准体系,为未成年人产品安全设定了底线。根据标准化法等规定,产品标准包括国家标准、行业标准、地方标准等。国家标准是需要在全国范围内统一的技术要求,由国务院标准化行政主管部门制定,分为强制性和推荐性国家标准。行业标准又称部颁标准,由国务院有关行政主管部门制定并报国务院标准行政主管部门备案,当某些产品没有标准又需要在全国某个行业内统一技术要求时,可以制定行业标准,行业多为推荐性标准。

生产、销售用于未成年人的产品应当符合国家标准或行业标准。从现有规定上看,产品质量法、食品安全法、《游戏游艺设备管理办法》、《娱乐场所管理条例》、《娱乐场所管理办法》、原国家卫生计生委等九部门联合印发的《关于保障儿童用药的若干意见》《监督抽查不合格儿童玩具召回管理办法(试行)》等法律法规都对用于未成年人产品的质量要求作了规定。产品质量法第26条规定,生产者应当对其生产的产品质量负责。产品质量应当不存在危及人身、财产安全的不合理的危险,有保障人体健康和人身、财产安全的国家标准、行业标准的,应当符合该标准;食品安全法第25条、第26条、第33条等对专供婴幼儿等特定人群的主辅食品安全标准、相关责任作了规定,明确未成年人的食品安全标准是国家强制性标准。生产者、销售者生产、销售用于未成年人的产品时,有国家标准、行业标准的,应当按照相关标准执行,是现行法律法规的应有之义。

（二）生产、销售用于未成年人产品不得危害未成年人的人身安全和身心健康

本次修改吸收了社会公众意见，将本条的禁止性条款“不得有害于未成年的安全和健康”调整为“不得危害未成年人的人身安全和身心健康”。国家标准、行业标准等产品质量标准是从人体健康、财产安全的角度对产品的质量技术要求作出规定。不得危害未成年人身心健康，是在此标准上增加了对心灵健康的保护。如用于未成年人的玩具、游乐设备、游戏游艺设备等产品不得含有色情、暴力、引诱犯罪等侵害未成年人心理健康的信息，游戏游艺设备应当设置合理限制，避免未成年人沉迷游戏，等等。

二、生产者、销售者的提示义务

本条对生产者、销售者的提示义务作出规定，主要包含三方面内容：(1)生产者应当在所有用于未成年人产品的显著位置标明注意事项。(2)销售者对产品的显著位置是否标明注意事项负有审查义务，未履行审查义务销售未标明注意事项的未成年人产品，销售者承担相应责任。(3)未成年人因使用未标明注意事项的产品致害，生产者和销售者应按现有法律规定承担连带责任，一方赔偿后，可根据责任范围向另一方追偿。

第五十六条　未成年人集中活动的公共场所应当符合国家或者行业安全标准，并采取相应安全保护措施。对可能存在安全风险的设施，应当定期进行维护，在显著位置设置安全警示标志并标明适龄范围和注意事项；必要时应当安排专门人员看管。

大型的商场、超市、医院、图书馆、博物馆、科技馆、游乐场、车站、码头、机场、旅游景区景点等场所运营单位应当设置搜寻走失未成年人的安全警报系统。场所运营单位接到求助后，应当立即启动安全警报系统，组织人员进行搜寻并向公安机关报告。

公共场所发生突发事件时，应当优先救护未成年人。

【释义】 本条是关于公共场所的安全保障义务的规定。

一、未成年人集中活动的公共场所的安全保障义务

依据我国相关法律规定，公共场所运营管理者负有一定的安全保障义务。例如，消费者权益保护法第 18 条第 2 款规定，宾馆、商场、餐馆、银行、机场、车站、港口、影剧院等经营场所的经营者，应当对消费者尽到安全保障义务。民法典第 1198 条规定，宾馆、商场、银行、车站、机场、体育场馆、娱乐场所等经营场所、公共场所的经营者、管理者或者群众性活动的组织者，未尽到安全保障义务，造成他人损害的，应当承担侵权责任。这些法律规定为社会公众提供了普遍性的、最基本的保护，侧重于发生侵害后如何追究责任，在对未成年人进行特殊保护、提前预防侵害发生方面，作用比较有限。

实践中，未成年人尤其是低龄儿童活泼好动，好奇心强，容易对陌生新奇事物产生关注，但同时又缺乏足够的社会活动经验和必要的判断能力，不能完全认识和有效防范社会生活中潜在的危险。一些未成年人集中活动的公共场所存在设施设备未达标准、安防设备缺失、经营者管理疏漏等问题，未成年人受到伤害的事件屡屡发生。在这种情况下，有必要在立法上进一步明确在未成年人集中活动的公共场所，经营管理者应当尽到高度的注意义务，合理预见风险因素，采取必要措施，及时消除危险，防止造成未成年人人身损害。

本条第 1 款从强化提前预防的角度出发，对未成年人集中活动的公共场所的安全保障义务作出规定：(1)未成年人集中活动的公共场所应当符合国家或者行业安全标准，并采取相应安全保护措施，比如设施设备、建筑装修材料等应当安全可靠，符合国家或者行业规定的安全标准，配置电梯游乐设施应考虑未成年人的身高、年龄等特点，进行有关安全测试等。(2)对可能存在安全风险的设施，根据设施安全风险程度的不同，定期进行检修、维护，及时发现和清除安全隐患。(3)在显著位置设置安全警示标志并标明适龄范围和注意事项，不仅让成年人能够清楚地注意到，还应当采取更有针对性的措施提示未成年人注意。（4）必要时应当安排专门人员看管。在一些人流拥挤，容易发生危险的地点或者设施旁，配备专门人员加强看管，及时发现和制止未成年人危险行为，防范第三人的侵权行为，一旦发生伤害事故及时救助。

二、设置搜寻走失未成年人的安全警报系统

大型的商场、超市、医院、图书馆、博物馆、科技馆、游乐场、车站、码头、机场、旅游景区景点等场所的建筑结构比较复杂，层次多、出口多，容易出现未成年人走失的现象。世界各国都在探索快速寻找走失儿童的有效方法，20 世纪 80 年代后期，美国沃尔玛超市开始启用"亚当警报"系统。一旦有家长来报告儿童走失，超市会立即启动该系统，封闭所有的门，超市的工作人员开始全面搜寻孩子，如果 10 分钟内没找到，系统会自动报警。此后，这一系统被全美众多超市、商场等公共场所采用。

近年来，我国一些地方也在积极探索实践。据媒体报道，2015 年，南京德基广场正式启用公共场所防儿童走失系统，属于全国首创。通过该系统，顾客在德基广场内一旦发现孩子走失，能在商场每层的直升电梯处打开防儿童走失呼救器呼叫，并按下紧急报警按钮。广场的控制中心接到呼叫，会立即安排工作人员来到呼救者的身边，确认孩子走失，立即启动防儿童走失系统，10 分钟关内闭所有出口进行地毯式搜寻。10 分钟后如果仍未找到，将由警方继续搜寻。这种系统得到有关专家、社会公众的肯定，一些代表委员建议，借鉴国内外经验，在大型公共场所设置搜寻走失未成年人的安全警报系统，帮助父母及时找回走失的孩子。

综合各方面意见，本条第 2 款对安全警报系统的设置作出规定。根据该规定，大型的商场、超市、医院、图书馆、博物馆、科技馆、游乐场、车站、码头、机场、旅游景区景点等场所运营单位应当设置搜寻走失未成年人的安全警报系统。运营单位应当结合实际情况，在公共场所的醒目位置设置一键报警等技防安保装置；

完善各出入口的监控设备；设置与警方联网的报警系统；制定搜寻走失未成年人的应急预案，组织工作人员接受有关部门培训，定期开展相关救助演练。一旦发生未成年人走失的情况，场所运营单位接到求助后，应当立即启动安全警报系统，组织人员抵达现场进行搜寻，并及时向公安机关报告。

三、发生突发事件时，优先救护未成年人

突发事件，是指突然发生，造成或者可能造成严重社会危害，需要采取应急处置措施予以应对的自然灾害、事故灾难、公共卫生事件和社会安全事件。当公共场所发生突发事件时，需要对在场的人员进行紧急救助。未成年人由于其身心特点，自救的知识和技能相对少，自救能力更弱，在发生突发事件时，更需要得到救助。因此，本条第3款规定，公共场所发生突发事件时，应当优先救护未成年人，这也是对未成年人给予优先保护的具体体现。需要注意的是，这种优先救护是相对于成年人，在同等紧迫程度和救助条件下实施的。

第五十七条　旅馆、宾馆、酒店等住宿经营者接待未成年人入住，或者接待未成年人和成年人共同入住时，应当询问父母或者其他监护人的联系方式、入住人员的身份关系等有关情况；发现有违法犯罪嫌疑的，应当立即向公安机关报告，并及时联系未成年人的父母或者其他监护人。

【释义】　本条是关于住宿经营者的安全保护义务的规定。

目前，旅馆、宾馆、酒店等住宿场所已成为不法分子对未成年人实施侵害的高发场所，大量性侵害未成年人的案件发生在上述场所中。部分住宿经营者及其从业人员的保护意识不强，登记制度、报告制度等规定落实不到位，是造成上述现象的主要原因之一。因此，本条对住宿经营者的安全保护义务作了以下规定：

一、住宿经营者的询问义务

1987年经国务院批准并于2011年修订的《旅馆业治安管理办法》第6条明确规定，旅馆接待旅客住宿必须登记。登记时，应当查验旅客的身份证件，按规定的项目如实登记。实践证明，住宿登记制度虽然在追查在逃犯罪分子、保护旅客的生命财产安全和规范住宿行业管理秩序方面发挥了重要作用，但单纯的住宿登记制度对于有效防范在旅馆中发生的侵害未成年人的违法犯罪行为，却有所不足。在未成年人保护法修订草案审议过程中，有些意见提出，相比于发现违法犯罪嫌疑再进行报告，事前查询是避免未成年人在旅馆、宾馆、酒店中遭受侵害的更为有效的手段，应当采取保护前置的方式，即规定住宿经营者在接待未成年人入住时负有询问相关情况的义务。根据上述意见，除应当按规定严格履行登记手续外，本条基于对未成年人特殊保护的需要，规定住宿经营者接待未成年人入住，或者接待未成年人和成年人共同入住时，应当询问父母或者其他监护人的联系方式、入住人员的身份关系等有关情况。上述规定的目的不是为未成年人入住旅馆、宾馆、酒店增加障碍，或者阻止未成年人入住，而是在登记之外，多设一道关卡，通过进一步询问了解，及时发现异常情况，同时通过询问也能使不法分子产生心理畏惧，减少不法分子在旅馆、宾馆、酒店中对未成年人实施侵害的可能。

根据上述规定，住宿经营者在接待没有成年人陪同的未成年人入住（包括单个未成年人入住和两个以上未成年人共同入住）和接待未成年人和成年人共同入住时，均负有询问义务。只要有未成年人入住，住宿经营者就应当询问未成年人的父母或者其他监护人的联系方式；对于两个以上未成年人共同入住或者未成年人与成年人共同入住的，住宿经营者应当询问入住人员的身份关系。除询问上述内容外，住宿经营者还应当根据实际情况，询问有关情况，比如住宿经营者发现未成年人醉酒或者入住人员神色慌张等情形时，应当提高注意义务，除询问监护人联系方式、相互关系外,还可询问住宿原因、监护人是否知情、所在学校及其教师的联系方式等有关情况,通过观察入住人员能否作出合理答复,来确定是否有异常情况并进一步判断是否应向公安机关报告或者联系其监护人。通过询问和报告的有效衔接,能在相当大的程度上预防未成年人在旅馆、宾馆、酒店中遭受侵害。

目前,部分地方已对住宿经营者的事前询问义务作了规定,如 2020 年 5 月浙江省杭州市西湖区人民检察院、区公安分局、人社局等部门联合会签《关于建立未成年人“三不宜”行为处置制度的意见》,该意见规定住宿经营者发现携带未成年人特别是不满 14 周岁未成年人开房的,或者未成年人单独或者多人开房的,相关前台登记部门除按规定严格履行登记手续外,还需进行“三询问一报备”,即询问相互关系、开房目的和监护人是否知情,并及时向属地派出所报备。

二、住宿经营者的报告和联系义务

关于住宿经营者的报告义务,我国相关法律、行政法规等已作了明确规定。治安管理处罚法第 56 条第 2 款规定,旅馆业的工作人员明知住宿的旅客是犯罪嫌疑人员或者被公安机关通缉的人员,不向公安机关报告的,处 200 元以上 500 元以下罚款;情节严重的,处五日以下拘留,可以并处 500 元以下罚款。《旅馆业治安管理办法》第 9 条规定,旅馆工作人员发现违法犯罪分子,行迹可疑的人员和被公安机关通缉的罪犯,应当立即向当地公安机关报告,不得知情不报或隐瞒包庇。此外,结合 2020 年 5 月最高人民检察院、国家监察委员会、教育部、公安部等九部门印发的《关于建立侵害未成年人案件强制报告制度的意见(试行)》第 2 条和第 3 条的规定,旅馆、宾馆及其从业人员在工作中发现未成年人遭受或者疑似遭受不法侵害以及面临不法侵害危险的,应当立即向公安机关报案或举报。根据上述规定,本条规定住宿经营者发现有违法犯罪嫌疑的,应当立即向公安机关报告。这里的“发现”既包括住宿经营者在接待未成年人入住时发现,也包括未成年人入住后，住宿经营者在进行安全巡查时发现。

关于住宿经营者的联系义务，为加强对未成年人的安全保护，本条除要求住宿经营者在发现违法犯罪嫌疑后立即向公安机关报告外，还要求住宿经营者应当及时联系未成年人的父母或者其他监护人。住宿经营者通过联系未成年人的父母或者其他监护人，及时向其告知有关情况，能使未成年人的父母或者其他监护人提高保护意识，尽早了解和掌握未成年子女的活动等有关情况，更有针对性地对未成年子女进行保护和教育。本条在前述询问义务中，已经对住宿经营者在接待入住时应当询问未成年人的父母或者其他监护人的联系方式作了要求，此处要求住宿经营者及时联系未成年人的父母或者其他监护人，具有可操作性，也能够实现询问义务和联系义务的有效衔接。

第五十八条　学校、幼儿园周边不得设置营业性娱乐场所、酒吧、互联网上网服务营业场所等不适宜未成年人活动的场所。营业性歌舞娱乐场所、酒吧、互联网上网服务营业场所等不适宜未成年人活动场所的经营者，不得允许未成年人进入；游艺娱乐场所设置的电子游戏设备，除国家法定节假日外，不得向未成年人提供。经营者应当在显著位置设置未成年人禁入、限入标志；对难以判明是否是未成年人的，应当要求其出示身份证件。

【释义】　本条是关于对不适宜未成年人活动场所在设置和服务上作出限制的规定。

随着经济社会发展，营业性娱乐场所、酒吧、互联网上网服务营业场所纷纷出现，丰富了大众的文化娱乐生活。同时，这些场所也存在容易沾染不良习气、滋生违法犯罪等问题，对于未成年人成长有明显的不利影响，因此通常都不适宜未成年人活动。因此，在设置和提供服务上，法律都作出严格限制。本次修订进一步扩大了禁止设置不适宜未成年人活动的场所的区域范围，补充了有关服务的限制性规定,完善了经营者的提示义务。

一、在设置上的限制

学校、幼儿园是未成年人接受教育和保育的主要场所。良好的校园及其周边环境,是贯彻党的教育方针,保障学生健康成长、全面发展的前提和基础,关系未成年人人身安全和身心健康,事关亿万家庭幸福与社会和谐稳定。长期以来,党和国家高度重视学校、幼儿园安全工作,采取了一系列措施加强学校、幼儿园周边环境治理,其中就包括禁止在校园周边设置不适宜未成年人活动的场所。

早在1996年,中央综治委、国家教委、公安部就出台了《关于进一步加强学校治安综合治理工作的意见》,明确要求加强对校园周边文化娱乐场所的管理和清理工作,规定中小学校园周边200米以内不得开设酒吧、歌舞厅、电子游艺室等。《互联网上网服务营业场所管理条例》第9条规定,中学、小学校园周围200米范围内不得设立互联网上网服务营业场所。《娱乐场所管理条例》第7条也规定,娱乐场所不得设在学校周围。近年来,国家进一步加强校园周边环境治理,加大整治力度。2017年,中共中央、国务院印发《中长期青年发展规划(2016—2025年)》,要求严格落实禁止在中小学校园周边开办上网服务营业场所、娱乐场所、彩票专营场所等相关规定。同年,国务院办公厅印发《关于加强中小学幼儿园安全风险防控体系建设的意见》,提出在学校周边探索实行学生安全区域制度。在此区域内,禁止设立上网服务、娱乐、彩票专营等营业场所,禁止设立存在安全隐患的场所等。

本次修订在原有法律法规基础上,进一步对不适宜未成年人活动场所的设置作出严格限制,明确学校、幼儿园周边不得设置营业性娱乐场所、酒吧、互联网上网服务营业场所等不适宜未成年人活动的场所。娱乐场所,是指以营利为目的,向公众开放、消费者自娱自乐的歌舞、游艺等场所。互联网上网服务营业场所,是指通过计算机等装置向公众提供互联网上网服务的网吧、电脑休闲室等营业性场所。酒吧,通常是指提供酒精类饮料的消费场所,有些酒吧还提供歌舞表演活动。相比修改前,限制的范围进一步扩大:一是考虑到幼儿身心更易遭受不良影响,将"中小学校园周边"扩大为"学校、幼儿园周边";二是针对实践中酒吧对未成年人产生的不良影响,在不适宜未成年人活动的场所中增加"酒吧"。考虑到各地具体情况不同,本次修订没有进一步明确"周边"的范围有多大,仍由行政法规或者地方性法规作出配套规定。

二、在服务上的限制

学校、幼儿园周边不得设置营业性娱乐场所、酒吧、互联网上网服务营业场所等场所,当然更不允许未成年人进入,不允许向未成年人提供服务。根据《娱乐场所管理条例》《互联网上网服务营业场所管理条例》相关规定,歌舞娱乐场所不得接纳未成年人。除国家法定节假日外,游艺娱乐场所设置的电子游戏机不得向未成年人提供。互联网上网服务营业场所经营单位不得接纳未成年人进入营业场所。这些规定对规范营业性歌舞娱乐场所、互联网上网服务营业场所的经营秩序,保护未成年人免受不良环境的影响,发挥了重要作用。本次修订在现有规定的基础上,进一步明确了限制接待未成年人的规定,增加了对酒吧经营者的要求,即酒吧也不得允许未成年人进入。

三、经营者的提示义务和身份核实义务

为了确保限制接待未成年人的规定能够得到落实,有关法律法规对经营者规定了提示义务和身份核实义务。《互联网上网服务营业场所管理条例规定》第 21 条、第 23 条规定,场所经营单位应当在营业场所入口处的显著位置悬挂未成年人禁入标志,应当对上网消费者的身份证等有效证件进行核对、登记,并记录有关上网信息。在已有规定和实践经验基础上,本条进一步作出完善:一是与在国家法定节假日游艺娱乐场所设置的电子游戏机可以向未成年人提供相协调,增加限入标志的规定。经营者应当在

显著位置设置未成年人禁入、限入标志，标志摆放位置应当易于被发现和注意到，标志本身应当醒目、字体清晰、内容明确。尺寸大小、字体和内容，不仅便于成年人认识，也要考虑未成年人特点，便于未成年人清楚认识。二是对于难以判明是否是未成年人的，应当要求其出示身份证件。经营者可以根据有无身份证以及身份证的年龄判断其是否已成年。

第五十九条　学校、幼儿园周边不得设置烟、酒、彩票销售网点。禁止向未成年人销售烟、酒、彩票或者兑付彩票奖金。烟、酒和彩票经营者应当在显著位置设置不向未成年人销售烟、酒或者彩票的标志；对难以判明是否是未成年人的，应当要求其出示身份证件。

任何人不得在学校、幼儿园和其他未成年人集中活动的公共场所吸烟、饮酒。

【释义】　本条是关于禁止向未成年人销售烟、酒和彩票的规定。

随着科学技术的发展和医疗卫生水平的提高，全社会对吸烟、饮酒带来的健康风险有了较为深入的了解，普遍认识到烟酒对未成年人带来的危害。同时，随着彩票业的兴起和发展，也逐步认识到未成年人过早接触彩票对其身心健康产生的不利影响。因此，相关法律法规对未成年人禁烟、禁酒和禁售彩票作出规定。本次修订在原有规定基础上，增加学校周边不得设置烟、酒、彩票销售网点的规定；增加禁止向未成年人销售彩票或者兑付彩票奖金的规定；完善未成年人集中活动场所禁烟、禁酒的规定。

一、关于销售网点设置的禁止性规定

学校、幼儿园是未成年人接受教育、保育的主要场所，学校、幼儿园周边是未成年人重要的成长环境。为减少未成年人接触烟、酒和彩票的机会，尽可能降低对未成年人的不良影响，有关政策文件对销售网点的设置作出一定限制。例如,2017 年,中共中央、国务院印发《中长期青年发展规划(2016—2025 年)》,国务院办公厅印发《关于加强中小学幼儿园安全风险防控体系建设的意见》,都要求禁止在学校园周边设置彩票专营等营业场所。但总体要求还不够明确,规定比较原则、效力层级偏低,在校园周边安全检查和整治中,学校、幼儿园周边仍然存在烟、酒和彩票销售网点过多、距离过近等问题。在这种情况下,本次修订专门增加规定,即学校、幼儿园周边不得设置烟、酒、彩票销售网点。

学校包括本法附则中规定的各类学校,幼儿园包括公立幼儿园、私立幼儿园等。烟,主要是指卷烟、雪茄烟、烟丝、复烤烟叶等烟草制品。酒,是指酒精度(乙醇含量)大于 0.5%(体积分数)的含酒精饮料,包括发酵酒、蒸馏酒、配制酒、食用酒精以及其他含有酒精成分的饮品。彩票,是指国家为筹集社会公益资金,促进社会公益事业发展而特许发行、依法销售,自然人自愿购买,并按照特定规则获得中奖机会的凭证。本法只作了原则性的规定,并没有具体规定“周边”的空间距离,由有关部门和地方根据实际情况具体规定。

二、禁止向未成年人销售烟、酒、彩票或者兑付彩票奖金

禁止向未成年人出售烟酒,是法律法规的一贯立场。预防未成年人犯罪法第 15 条中规定,任何经营场所不得向未成年人出售烟酒。烟草专卖法第 5 条中规定,劝阻青少年吸烟,禁止中小学生吸烟。《彩票管理条例》第 18 条、第 26 条分别规定,彩票发行机构、彩票销售机构、彩票代销者不得向未成年人销售彩票,不得向未成年人兑奖。在原有“禁止向未成年人出售烟酒”的规定基础上,本条进一步明确“禁止向未成年人销售烟、酒、彩票或者兑付彩票奖金”。销售行为的主体,既包括依法依规取得烟、酒和彩票销售资格或者许可的经营者,也包括其他没有相应资格的单位或者个人。销售行为可能多样,如实践中向未成年人非法销售香烟,可能是整包、整条,还有可能是拆封后按支出售。无论哪种

形式,都是法律所禁止的。

三、经营者的提示义务和身份核实义务

为了确保禁售烟、酒、彩票的规定能够得到落实,法律法规还规定了经营者应当履行有关提示义务和身份核实义务。(1)烟、酒和彩票经营者应当在显著位置设置不向未成年人销售烟、酒或者彩票的标志。相关标志应当放置在显著位置,字样和内容应当醒目、清晰、明确。显著位置和标志明确的判断标准,不仅要适合成年人,还要考虑未成年人特点,能够让未成年人产生清楚认识。(2)对难以判明是否是未成年人的,应当要求其出示身份证件,核实是否属于未成年人。需要注意的是,经营者无论是在线下销售还是在互联网上销售,都负有相应的提示义务和身份核实义务。

四、在学校、幼儿园和其他未成年人集中活动的公共场所禁止吸烟、饮酒

医学研究已经证实,被动吸烟对人体健康同样有严重伤害,二手烟的危害甚至大于吸烟。在未成年人集中活动场所吸烟、饮酒,不仅危害未成年人身心健康,也容易对未成年人产生不良诱导。为了保护未成年人免受烟酒的危害,促使未成年人养成健康的生活习惯,本法在修订前就作出规定,禁止在中小学校、幼儿园、托儿所的教室、寝室、活动室和其他未成年人集中活动的场所吸烟、饮酒。本次修订过程中,有很多意见提出,未成年人在学校、幼儿园活动的范围不仅包括教室、寝室、活动室,还有很多其他场地,应当扩大禁止的范围,为未成年人提供更加健康安全的成长环境。因此,将“中小学校、幼儿园、托儿所的教室、寝室、活动室”修改为学校、幼儿园,覆盖更为全面。至于其他公共场所,要求有未成年人集中活动,不是只有个别未成年人经过或者停留,也不包括家庭等私人场所。当然,在任何场所都提倡禁止吸烟、文明饮酒。

第六十条　禁止向未成年人提供、销售管制刀具或者其他可能致人严重伤害的器具等物品。经营者难以判明购买者是否是未成年人的,应当要求其出示身份证件。

【释义】 本条是关于禁止向未成年人提供、销售危险物品的规定。

实践中存在向未成年人提供、销售管制刀具或者其他危险物品的现象,尤其是网上违法销售弓弩、管制刀具等危险物品泛滥,缺乏有效监管,不仅给未成年人自身以及他人的人身安全带来严重威胁,也为未成年人不良行为、学生欺凌行为的发生提供了条件。近年来在涉及未成年人的严重暴力伤害案件中,不少都存在未成年人非法获取、持有和使用危险物品的情形。为了有效预防未成年人遭受伤害,本次修订立足提前防范,坚持从源头抓起,增加禁止向未成年人提供和销售危险物品的规定。

一、危险物品的范围

根据本条规定,禁止向未成年人提供的危险物品范围包括以下两类:

(1)管制刀具。根据公安部2007年印发的《管制刀具认定标准》的规定,凡符合下列标准之一的,可以认定为管制刀具:①匕首,即带有刀柄、刀格和血槽,刀尖角度小于60度的单刃、双刃或多刃尖刀;②三棱刮刀,即具有三个刀刃的机械加工用刀具;③带有自锁装置的弹簧刀(跳刀),即刀身展开或弹出后,可被刀柄内的弹簧或卡锁固定自锁的折叠刀具;④其他相类似的单刃、双刃、三棱尖刀,即刀尖角度小于60度,刀身长度超过150毫米的各类单刃、双刃和多刃刀具;⑤其他刀尖角度大于60度,刀身长度超过220毫米的各类单刃、双刃和多刃刀具。未开刀刃且刀尖倒角半径R大于2.5毫米的各类武术、工艺、礼品等刀具不属于管制刀具范畴。少数民族使用的藏刀、腰刀、靴刀、马刀等刀具的管制范围认定标准,由少数民族自治区(自治州、自治县)人民政府公安机关参照本标准制定。管制刀具具有较大的杀伤力,国家对管制刀具的生产、销售、携带和使用都有严格的管理和限制。预防未成年人犯罪法将未成年人携带管制刀具作为不良行为之一。校园安全有关文件中也将管制刀具作为重点监管对象。

(2)其他可能致人严重伤害的器具等物品。除了实践中较为多发的管制刀具外,还有其他对于未成年人不宜持有、使用的危险物品。具体把握上需要注意:①可能致人严重伤害,即该物品具有相当的危险性,对未成年人自身或者他人都可能产生严重伤害。未成年人学习使用的铅笔刀、圆规等,不能认定为本条规定的危险物品。②不适宜未成年人使用,即在用途、使用方法等方面不适合未成年人。其他危险物品有可能是国家管制的物品,也可能是没有管制的物品。③具体形态上可能多样,包括刀具、弓弩、铲镐等器具,也有可能是呈液态或者气态的危险化学品等。

二、禁止向未成年人提供、销售

提供,是指不以营利为目,向未成年人提供的行为。销售,是指因营利为目的,向未成年人提供的行为。在具体把握上,要注意以下方面:一是无论提供者、销售者是否具有国家规定的生产、销售资质,都不影响行为的认定。二是提供、销售的主体可能是单位,也有可能是个人;数量可能多或者少。三是提供、销售的可能是国家管制的物品,如管制刀具,也有可能是没有管制的物品。四是提供、销售行为既包括线下,也包括线上的提供、销售行为。

根据公安部有关规定,即使对于成年人,管制刀具在生产、销售、持有、使用都严格限制。制造管制刀具的工厂、作坊,须有《特种刀具生产许可证》,方准生产。经销管制刀具的商店,必须经县、市以上主管部门审查同意和所在地县、市公安局批准。购销要建立登记制度,备公安机关检查。购买管制刀具的单位和个人,必须符合关于持有和使用的规定。军队和警察,由县、团以上单位凭上一级主管部门批准的函件，向指定单位定购。专业狩猎人员和地质、勘探等野外作业人员，由所属单位向所在地县、市公安局(公安分局)申请《特种刀具购买证》，凭证购买。三棱刮刀，凭单位介绍信向批准经销的商店购买。除中国人民解放军和人民警察作为武器、警械配备的以外，专业狩猎人员和地质、勘探等野外作业人员必须持有的，须由县以上主管单位出具证明，经县以上公安机关批准，发给《匕首佩带证》，方准持有佩带。

在信息化高速发展和网络购物普及的今天，非法向未成年人提供、销售管制刀具或者其他可能致人严重伤害器具的行为，越来越多地发生在互联网上。不论是线上还是线下，都不得向未成年人提供、销售管制刀具或者其他可能致人严重伤害的器具。依据 2015 年公安部、网信办等部门出台的《互联网危险物品信息发布管理规定》，危险物品从业单位应当在本单位网站网页显著位置标明单位、个人购买相关危险物品应当具备的资质、资格条件等。

三、经营者的身份核实义务

在现实生活中，单纯从身体形态上，有时难以判明购买者是否是未成年人的。在这种情况下，经营者应当要求其出示身份证件，通过核实身份证件判断是否属于未成年人，从而判断能否提供或者销售。经营者的身份核实义务，同样适用于网络购物的场景。如果经营者是在网上销售本条规定的物品，也应按照网络销售有关规定或者要求，对购买者是否成年进行核实。需要注意的是，核实是否属于成年人同时，提供和销售还应当符合法律规定的其他条件，如相关购买资质、提供证明材料条件等。

第六十一条　任何组织或者个人不得招用未满十六周岁未成年人，国家另有规定的除外。

营业性娱乐场所、酒吧、互联网上网服务营业场所等不适宜未成年人活动的场所不得招用已满十六周岁的未成年人。

招用已满十六周岁未成年人的单位和个人应当执行国家在工种、劳动时间、劳动强度和保护措施等方面的规定，不得安排其从事过重、有毒、有害等危害未成年人身心健康的劳动或者危险作业。

任何组织或者个人不得组织未成年人进行危害其身心健康的表演等活动。经未成年人的父母或者其他监护人同意，未成年人参与演出、节目制作等活动，活动组织方应当根据国家有关规定，保障未成年人合法权益。

【释义】 本条是关于未成年人劳动保护的规定。

我国对未成年人劳动用工进行严格的规范，重视对未成年人劳动用工的保护，劳动法等对未成年人劳动用工作出了一系列的规定，本条对未成年人的劳动保护主要包括以下四个方面：

（1）严禁用人单位招用未满 16 周岁的未成年人。根据劳动法的规定，禁止用人单位招用未满 16 周岁的未成年人。根据《国务院禁止使用童工规定》的规定，国家机关、社会团体、企业事业单位、民办非企业单位或者个体工商户均不得招用不满 16 周岁的未成年人。禁止任何单位或者个人为不满 16 周岁的未成年人介绍就业。禁止不满 16 周岁的未成年人开业从事个体经营活动。本条第 1 款从保护未成年人身心健康出发，再次明确规定任何组织或者个人不得招用未满 16 周岁未成年人。考虑到文艺、体育等特殊行业，需要从小培养专业的人才，劳动法对招用 16 周岁以下的未成年人作出了例外规定，明确文艺、体育和特种工艺单位可以招用未满 16 周岁的未成年人，必须依照国家有关规定，履行审批手续，并保障其接受义务教育的权利。《禁止使用童工规定》进一步细化了招用特殊未成年人的规定，明确文艺、体育和特种工艺单位确需招用未满 16 周岁的文艺工作者、运动员和艺徒时,须报经县级以上含县级劳动保障部门批准。其中文艺工作者,是指专门从事表演艺术工作的人员;运动员,是指专门从事某项体育运动训练和参加比赛的人员;艺徒,是指在杂技、戏曲以及工艺美术等领域中从师学艺的人员。除了以上三类人员外,用人单位招用未满16周岁的未成年人均属于违法行为。本条第1款中"国家另有规定的除外"的规定,就是表明招用未满16周岁的未成年人必须严格按照法律、行政法规和规章等国家层面的规定执行,不允许地方作出例外的规定。

(2)不适宜未成年人活动的场所不得招用未成年工。招用年满16周岁未满18周岁的劳动者称为未成年工。根据本条第2款的规定,营业性娱乐场所、酒吧、互联网上网服务营业场所等不适宜未成年人活动的场所不得招用已满16周岁的未成年人。根据本法第58条的规定,学校周边不得设置营业性歌舞娱乐场所、酒吧、互联网上网服务营业场所等不适宜未成年人活动的场所。营业性歌舞娱乐场所、酒吧、互联网上网服务营业场所等不适宜未成年人活动场所的经营者,不得允许未成年人进入。游艺娱乐场所设置的电子游戏设备,除国家法定节假日外,不得向未成年人提供。对于未成年人禁止进入或者限制进入的场所,当然不能招用未成年人在这些场所工作。

(3)对未成年工的特殊保护。年满16周岁未满18周岁的未成年工正处在身体的生长发育期,国家采取特殊措施保护其合法权益。本条第3款规定,招用已满16周岁未成年人的单位和个人应当执行国家在工种、劳动时间、劳动强度和保护措施等方面的规定,不得安排其从事过重、有毒、有害等危害未成年人身心健康的劳动或者危险作业。原劳动部《未成年工特殊保护规定》对未成年工不能参加的工作种类作了细化的规定,主要包括以下17类:①《生产性粉尘作业危害程度分级》国家标准中第一级以上的接尘作业;②《有毒作业分级》国家标准中第一级以上的有毒作业;③《高处作业分级》国家标准中第二级以上的高处作业;④《冷水作业分级》国家标准中第二级以上的冷水作业;⑤《高温作业分级》国家标准中第三级以上的高温作业；⑥《低温作业分级》国家标准中第三级以上的低温作业；⑦《体力劳动强度分级》国家标准中第四级体力劳动强度的作业；⑧矿山井下及矿山地面采石作业；⑨森林业中的伐木、流放及守林作业；⑩工作场所接触放射性物质的作业；⑪有易燃易爆、化学性烧伤和热烧伤等危险性大的作业；⑫地质勘探和资源勘探的野外作业；⑬潜水、涵洞、涵道作业和海拔3000米以上的高原作业（不包括世居高原者）；⑭连续负重每小时在六次以上并每次超过20公斤，间断负重每次超过25公斤的作业；⑮使用凿岩机、捣固机、气镐、气铲、铆钉机、电锤的作业；⑯工作中需要长时间保持低头、弯腰、上举、下蹲等强迫体位和动作频率每分钟大于50次的流水线作业；⑰锅炉司炉。用人单位和个人应当严格按照以上规定，不得安排未成年工到相关的岗位工作。

（4）对未成年人参加演出、节目制作等活动的保护。随着我国文化市场的繁荣，影视业的快速发展，未成年人参与各类演出、节目制作的情况越来越普遍。未成年人通过参与演出、节目制作等活动展示才艺，有助于提升自身的综合素质。未成年人在演出、节目中展现出的良好精神风貌，在宣传未成年人方面起到了积极的作用。但是，一些演出、节目制作过程中，出现严重超时、超期等情况，影响了未成年人正常的休息和学习；有的演出、节目对未成年人的安全保护措施不到位，容易发生意外事故，对未成年人的身心健康造成损害；有的节目出现拜金、炫富等倾向，不利于未成年人形成正确的价值观和人生观。因此，本条第4款明确规定，任何组织或者个人不得组织未成年人进行危害其身心健康的表演等活动。经未成年人的父母或者其他监护人同意，未成年人参与演出、节目制作等活动，活动组织方应当根据国家有关规定，保障未成年人合法权益。

为了加强未成年人参加影视节目制作方面的管理，2019年2月，国家广播电视总局出台了《未成年人节目管理规定》对未成年人参与广播电视节目和网络视听节目制作进行了细化的规定，明确不得以恐吓、诱骗或者收买等方式迫使、引诱未成年人参与节目制作。不得制作、传播利用未成年人或者未成年人角色进行商业宣传的非广告类节目。制作未成年人节目应当保障参与制作的未成年人人身和财产安全,以及充足的学习和休息时间。邀请未成年人参与节目制作,其服饰、表演应当符合未成年人年龄特征和时代特点,不得诱导未成年人谈论名利、情爱等话题。未成年人节目不得宣扬童星效应或者包装、炒作明星子女。未成年人节目制作过程中,不得泄露或者质问、引诱未成年人泄露个人及其近亲属的隐私信息,不得要求未成年人表达超过其判断能力的观点。该规定出台后取得了较好的社会效应,有助于纠正未成年人广播电视节目和网络视听节目制作中存在的歪风邪气,有利于弘扬社会正能量,将对未成年人的保护落到实处。因此,未成年人参加广播电视节目、网络视听节目以外的演出、节目制作的,活动主办方也应当参照以上规定来保护未成年人的合法权益。

第六十二条　密切接触未成年人的单位招聘工作人员时,应当向公安机关、人民检察院查询应聘者是否具有性侵害、虐待、拐卖、暴力伤害等违法犯罪记录;发现其具有前述行为记录的,不得录用。

密切接触未成年人的单位应当每年定期对工作人员是否具有上述违法犯罪记录进行查询。通过查询或者其他方式发现其工作人员具有上述行为的,应当及时解聘。

【释义】　本条是关于密切接触未成年人单位工作人员的从业查询制度的规定。

许多针对未成年人的违法犯罪行为是与未成年人密切接触行业的人员实施的,需要在立法上作一些防范性的规定。近年来上海、河南、浙江、江苏、广东、重庆等地探索教育等行业从业人员的入职查询制度,取得了比较好的效果。例如,2019 年 4 月,上海市排查近27万人，共发现26名曾有猥亵、介绍卖淫等违法犯罪记录人员，相关学校和教育培训机构对上述人员全部清退或不予录用。2019年7月，重庆市各区县检察院为教育机构提供查询5.3万人次，教育机构对3名涉暴涉毒人员不予录用，对21名有故意伤害等前科的人员予以辞退或者作出行政处分。

本条规定涉及查询主体、查询时机和对象、查询途径和内容、处理措施等内容。

一、查询主体

在未成年人保护法本次修订前，有关单位和地方推行的入职查询制度在查询主体上有较大差异。例如，《最高人民检察院、教育部、公安部关于建立教职员工准入查询性侵违法犯罪信息制度的意见》《河南省教职员工入职查询工作暂行办法》确定的查询义务主体是中小学校（含中等职业学校和特殊教育学校）和幼儿园。重庆市发布的《教职员工入职查询工作暂行办法》规定的查询义务主体是幼儿园、中小学校和高等院校。河南省洛宁县发布的《教职员工入职查询工作暂行办法》规定的查询义务主体是职业学校、中小学校、幼儿园和校外寄宿培训机构。上海市发布的《关于建立涉性侵害违法犯罪人员从业限制制度的意见》规定的查询义务主体是对未成年人负有监护、教育、训练救助、看护、医疗等特殊职责的企事业单位、社会组织，包括幼儿园、中小学校等教育机构，3岁以下幼儿托育机构，儿童福利机构，对象为未成年人的培训机构、医疗机构、文化体育场所等。

未成年人保护法规定密切接触未成年人的单位均为查询义务主体，包括：中小学校、幼儿园等教育机构；校外培训机构；未成年人救助保护机构、儿童福利机构等未成年人安置、救助机构；婴幼儿照护和未成年人早期教育服务机构；校外托管、临时看护机构；家政服务机构；为未成年人提供医疗服务的医疗机构；其他对未成年人负有教育、培训、监护、救助、看护、医疗等职责的企业事业单位、社会组织等。

二、查询时机和对象

入职查询的时机是招聘的工作人员时，对象是拟招聘的工作人员。招聘包括多个环节，目前实践中有关单位和地方的规定通常使用的是“入职前”“拟录用”等表述，也就是要确保该人员只有在经过查询确认没有问题的情况下才可以入职工作。

关于“工作人员”的范围，各单位和地方在推行入职查询探索中，均从宽划定。例如，《最高人民检察院、教育部、公安部关于建立教职员工准入查询性侵违法犯罪信息制度的意见》将教师、行政人员、勤杂人员、安保人员等在校园内工作的教职员工均纳入查询对象范围。上海市规定除了要求对教师、医生、教练、保育员等直接对未成年人负有特殊职责的工作人员进行审查外，还将行政工作人员以及保安、门卫、驾驶员、保洁员、志愿者和各级各类民办学校的创办者、理事会或者董事会成员、监事等虽不直接负有特殊职责但具有密切接触未成年人工作便利的其他工作人员也纳入适用对象范围。《河南省教职员工入职查询工作暂行办法》明确规定，以劳务派遣方式聘请的教学人员、行政人员、勤杂人员、安保人员等在校园内工作的教职员工也属于查询对象范围。对于未成年人保护法本条规定的“工作人员”的范围，也应当从有利于保护未成年人的角度从宽认定。无论是正式员工还是劳务派遣员工，无论是管理层人员还是普通员工，无论是长期的还是临时的，无论是否存在严格法律意义上的劳动关系，均属于本条规定的“工作人员”。

三、查询途径

根据本条规定，查询途径是向公安机关、人民检察院查询。本次未成年人保护法修改，修订草案一审稿曾规定向公安机关查询，主要是考虑到公安机关掌握的相关信息比较全面，且公安机关派出机构较多，方便群众查询。有的意见提出，近年来检察机关也在探索实施入职查询制度，一些地方的检察机关已经建立了相关查询系统,建议增加规定检察机关作为查询工作的负责单位之一。结合各方面意见和实际情况,最终修改为“向公安机关、人民检察院查询”。具体查询途径还有待在实践中进一步完善建立协调的信息查询途径,既要避免漏查,也要避免导致要求用人单位重复查询、增加用人单位查询负担。一方面,要促进各地数据联通,逐步建立全国统一的查询系统,让用人单位不仅能查询到本地数据,也能查询到其他地方的数据;另一方面,公安机关和检察机关要加强联动,提供方便、高效的查询渠道和权威结果。

四、查询内容及处置结果

草案一审稿规定查询内容是“性侵害、虐待、暴力伤害等严重侵害未成年人的违法犯罪记录”,后修改为“性侵害、虐待、拐卖、暴力伤害等违法犯罪记录”,一是不再限于“严重”的违法犯罪行为,二是不再限于是侵害未成年人的违法犯罪记录。

性侵害包括一系列涉及性的侵害。《最高人民检察院、教育部、公安部关于建立教职员工准入查询性侵违法犯罪信息制度的意见》规定的性侵违法犯罪范围较窄,限定在触犯刑法第 236 条、第 237 条规定的强奸、强制猥亵、猥亵儿童犯罪行为,触犯治安管理处罚法第 44 条规定的猥亵行为。2013 年《最高人民法院、最高人民检察院、公安部、司法部关于依法惩治性侵害未成年人犯罪的意见》则规定了较宽的范围,将性侵害未成年人犯罪范围界定为针对未成年人实施的强奸罪,强制猥亵、侮辱妇女罪,猥亵儿童罪,组织卖淫罪,强迫卖淫罪,引诱、容留、介绍卖淫罪,引诱幼女卖淫罪等。未成年人保护法本条规定的性侵害违法犯罪行为范围应当从宽理解,包括违反治安管理处罚法、刑法等规定的涉及性侵害的多种违法犯罪行为。

关于虐待,治安管理处罚法对虐待家庭成员的行为规定了处罚措施。刑法规定了虐待罪,虐待被监管人罪,虐待被监护、看护人罪,虐待部属罪。关于拐卖,刑法规定了拐卖妇女、儿童罪,收买被拐卖的妇女、儿童罪。暴力伤害主要是指行凶、杀人、抢劫、绑架等严重危及人身安全的暴力违法犯罪行为。需要指出的是，本条规定的是“性侵害、虐待、拐卖、暴力伤害等”违法犯罪记录，意味着查询内容不限于性侵害、虐待、拐卖、暴力伤害。在最高人民检察院公布的案例中，有的地方认定毒品犯罪严重破坏社会安全稳定且涉毒罪犯再犯率高、人身危险性大，对未成年人尤其是幼儿存在极大安全隐患，教育机构对相关人员予以解聘。需要指出的是，这需要有关单位、部门在实施本法过程中完善相关规则，依法根据实际情况确定其他需要查询的内容。用人单位经查询，发现应聘人员具有相关违法犯罪记录的，不得录用。

五、对在职人员的年度定期查询

本条第 2 款规定，密切接触未成年人的单位应当每年定期对工作人员是否具有上述违法犯罪记录进行查询，这就意味着用人单位每年对工作人员的情况查询至少一次。通过查询发现其工作人员具有相关违法犯罪行为的，应当及时解聘。除了查询，用人单位可能在日常管理中主动发现或基于他人举报或告知而发现工作人员存在相关违法犯罪行为，此时也应当及时解聘。出于最大程度保护未成年人的需要，在发现相关违法犯罪行为时应立即解聘，即使由于办理解聘手续需要一定程序和时间，也应当立即停止该工作人员的工作，避免其和未成年人接触。需要说明的是，本条规定的解聘是特别法规定的法定解聘事由，不受劳动合同法某些条件的约束。

第六十三条　任何组织或者个人不得隐匿、毁弃、非法删除未成年人的信件、日记、电子邮件或者其他网络通讯内容。

除下列情形外，任何组织或者个人不得开拆、查阅未成年人的信件、日记、电子邮件或者其他网络通讯内容：

（一）无民事行为能力未成年人的父母或者其他监护人代未成年人开拆、查阅；

（二）因国家安全或者追查刑事犯罪依法进行检查；

（三）紧急情况下为了保护未成年人本人的人身安全。

【释义】 本条是关于保护未成年人通信自由和通信秘密的规定。

通信自由和通信秘密是公民的重要权利。宪法第 40 条中规定，中华人民共和国公民的通信自由和通信秘密受法律的保护。民法典规定自然人享有隐私权。任何组织或者个人不得以刺探、侵扰、泄露、公开等方式侵害他人的隐私权。除法律另有规定或者权利人明确同意外，任何组织或者个人不得处理他人的私密信息。邮政法第 3 条规定，公民的通信自由和通信秘密受法律保护。除法律另有规定外，任何组织或者个人不得检查、扣留邮件、汇款。《计算机信息网络国际联网安全保护管理办法》第 7 条规定，用户的通信自由和通信秘密受法律保护。任何单位和个人不得违反法律规定，利用国际联网侵犯用户的通信自由和通信秘密。根据刑法的规定，隐匿、毁弃或者非法开拆他人信件，侵犯公民通信自由权利，情节严重的，处一年以下有期徒刑或者拘役。邮政工作人员私自开拆或者隐匿、毁弃邮件、电报的，处二年以下有期徒刑或者拘役。

原未成年人保护法第 39 条规定："任何组织或者个人不得披露未成年人的个人隐私。对未成年人的信件、日记、电子邮件，任何组织或者个人不得隐匿、毁弃；除因追查犯罪的需要，由公安机关或者人民检察院依法进行检查，或者对无行为能力的未成年人的信件、日记、电子邮件由其父母或者其他监护人代为开拆、查阅外，任何组织或者个人不得开拆、查阅。"本次修改，一是将保护未成年人隐私与民法典的规定相衔接，且前置放在未成年人保护法总则中第 4 条规定，凸显隐私保护的重要性。二是对通信自由和通信秘密的规定作了完善,将“信件、日记、电子邮件”修改为“信件、日记、电子邮件或者其他网络通讯内容”,将“不得隐匿、毁弃”修改为“不得隐匿、毁弃、非法删除”,回应了信息时代保护通信自由和通信秘密的需要。三是在第 2 款中增加规定紧急情况下为了保护未成年人本人的人身安全可以开拆查阅未成年人的相关通信内容,更好地保护未成年人合法权益。

任何组织或者个人不得开拆、查阅未成年人的信件、日记、电子邮件或者其他网络通讯内容。对于该规定有三个例外情形:一是无民事行为能力未成年人的父母或者其他监护人代未成年人开拆、查阅,这是监护人正常履行监护职责的内容。二是因国家安全或者追查刑事犯罪依法进行检查。例如,国家安全法第 77 条规定,公民和组织应当如实提供所知悉的涉及危害国家安全活动的证据,为国家安全工作提供便利条件或者其他协助,向国家安全机关、公安机关和有关军事机关提供必要的支持和协助。刑事诉讼法第 78 条规定,执行机关对被监视居住的犯罪嫌疑人、被告人,可以采取电子监控、不定期检查等监视方法对其遵守监视居住规定的情况进行监督;在侦查期间,可以对被监视居住的犯罪嫌疑人的通信进行监控。三是紧急情况下为了保护未成年人本人的人身安全。例如,在未成年人下落不明时为了查找其下落,通过恰当方式查阅其网络通讯内容等信息,是出于保护其人身安全的需要,不是侵犯其隐私权和通信秘密。关于该种例外情形,未成年人保护法修订草案二审稿使用的是“紧急情况下为了保障未成年人本人的合法权益”的表述,三审时将“合法权益”修改为“人身安全”,体现了对未成年人通信秘密以及其他相关利益保护的平衡。需要指出的是,上述几种情形下开拆、查阅未成年人的信件、日记、电子邮件或者其他网络通讯内容,都需要遵循合法、必要等原则,不得变相侵犯未成年人通信自由和通信秘密。

第五章　网络保护

第六十四条　国家、社会、学校和家庭应当加强未成年人网络素养宣传教育，培养和提高未成年人的网络素养，增强未成年人科学、文明、安全、合理使用网络的意识和能力，保障未成年人在网络空间的合法权益。

【释义】　本条是关于网络素养的规定。

“网络素养”的概念是20世纪90年代美国学者提出来的，当时是指个人识别、访问并使用网络信息的能力。联合国儿童基金会发布的《2017年世界儿童状况：数字时代的儿童》报告指出，信息时代未成年人需具备的素养主要包括未成年人可以安全有效地进入和利用数字环境，对接触到的信息进行评估，安全、负责任且有效地利用数字技术进行交流，制作数字内容，以尊重和包容的行为态度对待他人等。该报告还提出提升未成年人网络素养的建议，包括政府和技术人员紧密合作开发信息通信技术平台以及未成年人教育课程；支持建立网上图书馆教授网络技能；加大对教师的网络技术培训；教导儿童如何识别网络危险并自我保护；将数字公民教育作为传授网络素养的核心组成部分。

一、相关报告反映的未成年人网络素养情况

共青团中央维护青少年权益部和中国互联网络信息中心发布的《2019年全国未成年人互联网使用情况研究报告》的“网络素养”部分，主要关注了未成年人的上网技能学习能力、上网行为

自控能力、网上自我保护能力等。该报告显示，未成年网民上网技能学习主要依靠自己摸索，所占比例达到 65.6%；向同学朋友学习，占 46.6%；通过学校学习上网技能的为 25.7%。在上网自控力方面，认为自己非常依赖（有空闲就要上网）或比较依赖的为 17.3%，认为自己不太依赖或完全不依赖的为 44.9%。在自我保护意识方面，54.6%的未成年网民会有意识避免在网上发布个人信息；41.3%会将网上个人信息设置为好友可见；29.8%会在网上发布个人信息之前征得父母同意；但也有 20.8%的未成年网民不具备上述任何隐私保护意识。

二、网络素养宣传教育

修订草案一审稿第 58 条规定："家庭和学校应当培养和提高未成年人网络素养，开展网络安全和网络文明教育，提高未成年人安全、合理使用网络的意识和能力，增强未成年人自我保护意识。"审议过程中有的意见提出，培养和提高未成年人网络素养，需要国家、社会、学校和家庭共同努力，建议将"家庭和学校"扩大到国家、社会等方面，立法机关根据该意见对草案作了修改。

目前我国出台的相关文件对未成年人网络素养问题作了规定，如《新时代公民道德建设实施纲要》提出，推进网民网络素养教育，引导广大网民尊德守法、文明互动、理性表达，远离不良网站，防止网络沉迷，自觉维护良好网络秩序。《中长期青年发展规划（2016—2025 年）》提出，在青年群体中广泛开展网络素养教育，引导青年科学、依法、文明、理性用网。实践中，国家机关、企事业单位等也开展未成年人网络素养教育，如 2020 年"国家网络安全宣传周"期间，教育系统开展校园日活动，在学校宣传贯彻网络安全法及相关配套法规，提升广大师生网络安全意识和防护技能。北京、广东两地举行了"2020 儿童互联网大会暨未成年人网络素养论坛"。家长对未成年人的网络保护，不是要禁止未成年人上网，而是要对未成年人加强网络素养教育，使未成年人更好地适应网络社会。

培养和提高未成年人的网络素养,主要包括增强未成年人科学、文明、安全、合理使用网络的意识和能力。网络是未成年人获取知识的重要渠道,增强科学使用网络的意识和能力,可以使未成年人掌握利用网络的技能,从而利用网络获取知识等,以适应网络社会需要。文明使用网络,主要是强调未成年人在网络空间要规范自己的行为,遵守网络空间行为规范。例如,要尊重他人的合法权益,文明交流沟通,不实施低俗、暴力等不文明行为。安全使用网络,主要是增强安全防范意识和能力。例如,对网络诈骗、网络不良信息等的识别和防范能力。合理使用网络,主要是正确认识网络的作用,适度使用网络,避免沉迷于网络等情况的发生。

第六十五条　国家鼓励和支持有利于未成年人健康成长的网络内容的创作与传播,鼓励和支持专门以未成年人为服务对象、适合未成年人身心健康特点的网络技术、产品、服务的研发、生产和使用。

【释义】　本条是关于健康网络内容创作与传播的规定。

(1)国家鼓励和支持相关网络内容的创作与传播。网络内容包括网络信息、网络文学、网络音乐、网络表演、网络电影、网络剧、网络音视频、网络动漫、网络游戏等多种内容,网络内容广泛影响着人们的思想观念和道德行为。《中华人民共和国国民经济和社会发展第十三个五年规划纲要》规定,实施网络内容建设工程,丰富网络文化内涵,鼓励推出优秀网络原创作品,大力发展网络文艺,发展积极向上的网络文化。2016 年《国家信息化发展战略纲要》,2019 年《新时代爱国主义教育实施纲要》《新时代公民道德建设实施纲要》,2020 年《关于加快推进媒体深度融合发展的意见》等都对加强网络内容建设作了规定。电影产业促进法规定,国家支持促进未成年人健康成长的电影的创作、摄制。

国家对文化产业发展的支持有多种形式。例如，加强基金支持。2019 年《国务院关于文化产业发展工作情况的报告》指出，国家从财政、税收、科技、金融、土地、消费引领等方面持续为文化产业发展释放政策红利。中央和有条件的地方设立了文化产业发展专项资金，累计金额超过 600 亿元。2013 年至 2018 年，中央财政安排文化产业发展专项资金 275 亿元，支持项目超过 4000 个。《中长期青年发展规划（2016—2025 年）》提出，国家艺术基金、国家出版基金等文化发展基金要加强对青年题材重点选题项目的扶持，鼓励优秀青年文化人才参与创作，支持青年题材优秀图书、影视、音乐、舞蹈、戏剧、曲艺、美术等生产、发行和推广。又如，通过相关工程项目、评奖引导带动。《中长期青年发展规划（2016—2025 年）》提出，发挥精神文明建设"五个一工程"、国家舞台艺术精品创作工程、中国艺术节、中国文化艺术政府奖、中国新闻奖、中国出版政府奖等国家级重大工程项目、评奖的引导带动作用，鼓励文化机构、文艺工作者特别是青年文化人才，创作生产展现当代青年奋发向上、崇德向善、传承中华文明的文化精品。

（2）国家鼓励和支持相关网络技术、产品、服务的研发、生产和使用。有的网络产品和服务是专门面向未成年人的，如以未成年人学生为用户群体，以教育、学习为主要应用场景的教育移动应用，这也是目前未成年人使用时长占比较大的网络产品和服务。《教育部等八部门关于引导规范教育移动互联网应用有序健康发展的意见》规定，鼓励教育移动应用提供者参加网络安全认证、检测；鼓励教育移动应用将收集的机构、师生信息与国家基础数据库进行统一校验；鼓励移动终端提供者为家长监护提供技术支撑，提供未成年人监管功能等。教育部等十一部门联合印发的《关于促进在线教育健康发展的指导意见》对促进在线教育发展作了规定。

目前，市场上的网络产品和服务通常是针对所有消费者的，未成年人是其用户群体之一。国家鼓励和支持开发专门以未成年人为服务对象、适合未成年人身心发展特点的网络技术、产品、服务,有利于未成年人享受高质量的产品和服务,同时使其远离违法信息等不良网络内容。《网络信息内容生态治理规定》规定,鼓励网络信息内容服务平台坚持主流价值导向,优化信息推荐机制,加强版面页面生态管理,开发专门以未成年人为服务对象的网络信息内容专栏、专区和产品等。鼓励网络信息内容服务平台开发适合未成年人使用的模式,提供适合未成年人使用的网络产品和服务,便利未成年人获取有益身心健康的信息。

第六十六条　网信部门及其他有关部门应当加强对未成年人网络保护工作的监督检查,依法惩处利用网络从事危害未成年人身心健康的活动,为未成年人提供安全、健康的网络环境。

【释义】 本条是关于监督检查和惩处非法活动的规定。

在网络治理方面,相关部门的职责存在交叉的情况比较普遍,《"十三五"国家信息化规划》规定,"理顺网络执法体制机制,明确执法主体、执法权限、执法标准。加强部门信息共享与执法合作,创新执法手段,形成执法合力"。本条专门强调了相关部门应当落实监管责任。

一、监督检查和执法主体

网信部门是承担网络治理职责的重要部门,如网络安全法规定,国家网信部门负责统筹协调网络安全工作和相关监督管理工作。《国务院关于授权国家互联网信息办公室负责互联网信息内容管理工作的通知》规定,授权国家互联网信息办公室负责全国互联网信息内容管理工作,并负责监督管理执法。国家互联网信息办公室还专门制定了《互联网信息内容管理行政执法程序规定》。《互联网直播服务管理规定》规定,国家互联网信息办公室负责全国互联网直播服务信息内容的监督管理执法工作。地方互联网信息办公室依据职责负责本行政区域内的互联网直播服务信息内容的监督管理执法工作。国务院相关管理部门依据职责对互联网直播服务实施相应监督管理。

其他相关部门在各自职责范围内履行相关职责。《电信和互联网用户个人信息保护规定》规定，工业和信息化部和各省、自治区、直辖市通信管理局依法对电信和互联网用户个人信息保护工作实施监督管理。《电子出版物出版管理规定》规定，新闻出版署负责全国电子出版物出版活动的监督管理工作。县级以上地方新闻出版行政部门负责本行政区域内电子出版物出版活动的监督管理工作。《互联网视听节目服务管理规定》规定，国务院广播电视主管部门作为互联网视听节目服务的行业主管部门，负责对互联网视听节目服务实施监督管理。国务院信息产业主管部门作为互联网行业主管部门，依据电信行业管理职责对互联网视听节目服务实施相应的监督管理。《互联网文化管理暂行规定》的规定，文化部门负责制定互联网文化发展与管理的方针、政策和规划，监督管理全国互联网文化活动。

二、相关部门之间的联合行动

有关部门可以根据各自职责开展对未成年人网络保护工作的监督检查和执法活动，但更重要的是加强部门之间的协作。实践中，许多针对未成年人网络保护的监督检查和执法活动是多个单位联合开展的。例如，2020 年相关部门联合开展多项整治工作，国家网信办、全国“扫黄打非”办、最高人民法院等八个单位联合开展网络直播行业专项整治和规范管理行动。教育部、国家新闻出版署、中央网信办等六个单位联合开展未成年人网络环境专项治理行动，其中集中整治未成年人沉迷网络问题由新闻出版、网信、教育、电信、公安等部门根据职能各负其责；整治不良网络社交行为由公安部门牵头，网信、电信、市场监管等部门配合；专项治理低俗有害信息由网信部门牵头，电信、公安、市场监管等部门配合；加强对企业监督监管由网信部门牵头，电信、公安等部门配合；加强教育宣传引导由教育部门牵头，新闻出版、网信、电信、公安等部门配合。

对监督检查和执法活动中发现的问题，相关部门根据情况依法采取多种处理方式，包括约谈、责令限期整改、停止相关功能、全面下架、停止互联网接入服务、罚款、曝光违法违规案例等。例如，在2020年中央网信办和教育部联合开展的涉及未成年人网课平台及网络环境专项治理工作中，仅一个多月的时间，就累计关闭违法违规网站平台6000余家，集中清理危害未成年人身心健康的不良信息97.5万余条，处置相关问题账号、群组64.7万余个。

第六十七条　网信部门会同公安、文化和旅游、新闻出版、电影、广播电视等部门根据保护不同年龄阶段未成年人的需要，确定可能影响未成年人身心健康网络信息的种类、范围和判断标准。

【释义】　本条是关于可能影响未成年人身心健康的网络信息的规定。

修订草案一审稿“政府保护”一章第84条规定：“国家网信部门会同文化、新闻出版、电影、广播电视等主管部门根据未成年人网络保护的需要，结合未成年人的不同年龄阶段，确定可能影响未成年人身心健康信息的种类、范围和判断标准。”审议中根据各方面意见作了修改，一是考虑到该规定属于网络保护内容，将其调整到“网络保护”一章。二是增加了公安机关。

一、可能影响未成年人身心健康的信息

本法将不利于未成年人健康成长的信息分为两类：

一类是“危害未成年人身心健康”的信息。这类信息包括淫秽、色情、暴力、邪教、迷信、赌博、引诱自杀、恐怖主义、分裂主义、极端主义等信息，这类信息不仅危害未成年人身心健康，也危害成年人身心健康以及危害社会公共利益。对这类信息的管理是

最严格的，禁止任何组织或者个人制作、复制、出版、发布、传播。对于淫秽色情信息，有关部门出台了相关认定标准，如新闻出版署 1988 年制定的《关于认定淫秽及色情出版物的暂行规定》以及 2005 年制定的《关于认定淫秽与色情声讯的暂行规定》。

另一类是“可能影响未成年人身心健康”的信息。对于这类信息并非完全禁止出版、发布、传播，而是规定应当以显著方式作出适当提示，这样便于未成年人及其监护人等识别相关内容从而采取一定的措施避免未成年人接触。

二、网信部门以及相关部门的职责

本条规定由网信部门会同公安、文化和旅游、新闻出版、电影、广播电视等部门来确定相关标准等问题。一是明确了网信部门作为牵头部门，有利于这项工作的启动和开展；二是规定相关部门要共同参与，有利于整合各方资源共同完成这项工作，且有利于标准的统一和权威性，确保后续有效实施。

三、根据保护不同年龄阶段未成年人的需要来确定

不同年龄段的未成年人心智发育差异较大，同样的行为对不同年龄段未成年人产生的影响也不同，我国相关法律、法规等规定中也体现了区别不同年龄段未成年人设置规范的精神。例如，民法典规定了不同年龄段的行为能力差异。广告法规定不得利用不满 10 周岁的未成年人作为广告代言人。针对不满 14 周岁的未成年人的商品或者服务的广告不得含有劝诱其要求家长购买广告商品或者服务以及可能引发其模仿不安全行为的内容。2019 年国家广播电视总局制定的《未成年人节目管理规定》规定，广播电视播出机构、网络视听节目服务机构、节目制作机构应当根据不同年龄段未成年人身心发展状况，制作、传播相应的未成年人节目，并采取明显图像或者声音等方式予以提示。对于可能影响未成年人身心健康的网络信息，需要根据不同年龄段未成年人的情况来确定。这样既实现了对未成年人的保护，避免其接

触不良信息,也确保不同年龄段未成年人特别是高年龄段的未成年人,不因过于严格的标准影响其正常获取本来适宜其获取的信息,还充分考虑了网络产品和服务提供者在信息发布、传播等方面的权益。具体年龄阶段的划分由相关部门结合法律规定以及实践情况来确定。

第六十八条　新闻出版、教育、卫生健康、文化和旅游、网信等部门应当定期开展预防未成年人沉迷网络的宣传教育,监督网络产品和服务提供者履行预防未成年人沉迷网络的义务,指导家庭、学校、社会组织互相配合,采取科学、合理的方式对未成年人沉迷网络进行预防和干预。

任何组织或者个人不得以侵害未成年人身心健康的方式对未成年人沉迷网络进行干预。

【释义】 本条是关于沉迷网络的预防和干预的规定。

本条主要规定了两方面的内容:一是相关部门在预防和干预网络沉迷方面的责任,二是不得采取违法方式干预网络沉迷。

一、网络沉迷及其危害

网络沉迷也称网络成瘾。“沉迷”指的是对某种物质、习惯或行为具有强迫性的、不受控制的依赖,并且达到了一旦中断就会产生严重的情感、精神或心理反应的程度。网络沉迷的概念最早是美国精神科医生伊万·戈登伯格在1995年提出的,他指出网络沉迷的症状包括:过度使用网络,造成学业、工作、社会、家庭等身心功能的减弱。中国健康教育中心研究制订的《中国青少年健康教育核心信息及释义(2018版)》对“网络成瘾”作了界定,指出网络成瘾是在无成瘾物质作用下对互联网使用冲动的失控行为,表现为过度使用互联网后导致明显的学业、职业和社会功能的损伤。诊断网络成瘾障碍,持续时间是一个重要标准,一般情况下,相关行为至少持续12个月才能确诊。网络成瘾包括网络游戏成瘾、网络色情成瘾、信息收集成瘾、网络关系成瘾、网络赌博成瘾、网络购物成瘾等,其中网络游戏成瘾最为常见。根据世界卫生组织的定义,游戏成瘾(障碍),是指一种持续或复发性的游戏行为(数字游戏或视频游戏),可能是在线或离线,体现在:游戏控制受损(对游戏失去控制力),如对玩游戏的频率、强度、持续时间、终止时间、情境等缺乏自控力;对游戏的重视程度不断提高,以致游戏优先于其他生活兴趣和日常活动;尽管有负面效果出现,但依旧持续游戏甚至加大游戏力度。这种行为模式的严重程度足以导致个人、家庭、社会、教育、职业或其他重要功能领域受到严重损害,并通常明显持续了至少12个月。

未成年人沉迷网络的危害主要在于:一是沉迷网络会造成未成年人因过度上网而睡眠不足,注意力、视力下降等症状,严重影响其身体机能的健康发育;二是未成年人沉迷的网络产品和服务中可能含有色情、暴力等危害和影响未成年人身心健康的信息,会对未成年人的心理健康造成严重影响,如未成年人因沉迷网络暴力游戏引发违法犯罪案件的情况早已屡见不鲜;三是沉迷网络使未成年人将大量时间花费在网络虚拟世界中,不仅会造成学习成绩下降甚至学业荒废等后果,而且会阻碍未成年人正常的人际交往,无法有效实现未成年人的社会化。上述种种危害又会不断向家庭、社会传递,最终会影响和谐健康有序的家庭环境和社会秩序。世界卫生组织甚至将"游戏成瘾(障碍)"列为一种疾病。

根据《中国青少年健康教育核心信息及释义(2018版)》的表述,网络成瘾已经与近视、肥胖等成为未成年人面临的常见健康问题。从国家卫生健康委员会2018年9月例行新闻发布会上专家披露的数据显示,全世界范围内青少年过度依赖网络的发病率是6%。共青团中央维护青少年权益部、中国互联网络信息中心发布的《2019年全国未成年人互联网使用情况研究报告》指出,我国未成年网民工作日日均上网时长在2小时以上的为9.9%,节假日日均上网时长在5小时以上的为10.4%,这部分未成年网民可能受到过度使用互联网带来的不良影响。

二、相关部门的职责

修订草案一审稿在“政府保护”一章第83条中规定：“教育、卫生健康等部门应当组织开展预防未成年人沉迷网络的宣传教育，对未成年人沉迷网络依法实施干预。”在审议过程中根据各方面的意见作了修改完善：一是将该规定调整到“网络保护”一章；二是增加列举了新闻出版、文化和旅游、网信等部门；三是将相关部门在解决网络沉迷中的职责作了科学化设置，使其更符合实际。相关部门不是直接对未成年人沉迷网络实施干预，而是分别承担宣传、监督、指导三个角色，即开展预防网络沉迷的宣传，监督网络产品和服务提供者履行相关义务，指导家庭、学校和社会组织开展网络沉迷的预防和干预工作；四是增加了任何组织或者个人不得以侵害未成年人身心健康的方式对未成年人沉迷网络进行干预的规定。

三、开展宣传教育

宣传教育可以有多种形式，包括通过媒体进行宣传、通过学校开展教育等。例如，《教育部办公厅关于做好预防中小学生沉迷网络教育引导工作的紧急通知》规定，各地教育行政部门要积极会同当地宣传部门以及新闻媒体，集中在开学后、放假前等重点时段播放预防中小学生沉迷网络提醒，及时向家长推送防范知识。各校要通过课堂教学、主题班会、板报广播、校园网站、案例教学、专家讲座、演讲比赛等多种形式开展专题教育。教育部将研制预防中小学生沉迷网络的教师、家长和学生手册，制作专题警示片，上传教育部门户网站供各地下载使用。

四、监督网络产品和服务提供者履行预防义务

目前法律、法规中关于网络产品和服务提供者预防未成年人沉迷网络的义务，主要有以下几方面：进行实名认证，进行适龄提

醒,要求产品或服务本身不能故意包含有诱导沉迷的设计,不得提供不适合未成年人接触的内容,对用户在线时段和时长等进行限制,要求为监护人提供便利便于监护人采取相关干预措施等。例如,2019 年《国家新闻出版署关于防止未成年人沉迷网络游戏的通知》规定了实行网络游戏用户账号实名注册制度,严格控制未成年人使用网络游戏时段和时长,规范向未成年人提供付费服务,探索实施适龄提示制度等内容。2019 年国家互联网信息办公室、文化和旅游部、国家广播电视总局制定的《网络音视频信息服务管理规定》规定,网络音视频信息服务提供者应当落实信息内容安全管理主体责任,配备与服务规模相适应的专业人员,建立健全用户注册、信息发布审核、未成年人保护等制度。《教育部等六部门关于联合开展未成年人网络环境专项治理行动的通知》提出,重点对未落实网络游戏用户账号实名注册制度、控制未成年人使用网络游戏时段时长、规范向未成年人提供付费和打赏服务等方面要求的网络游戏企业或平台进行全面整治。进一步推动网络直播和视频平台开发使用青少年网络防沉迷模式,完善实名实人验证、功能限制、时长限定、内容审核、算法推荐等运行机制。2019 年,国家互联网信息办公室指导 50 多家短视频平台试点上线青少年防沉迷系统,进入青少年模式后,用户的使用时段、服务功能、在线时长等会受到限制。

五、指导家庭、学校、社会组织采取措施

指导家庭、学校、社会组织互相配合,采取科学、合理的方式对未成年人沉迷网络进行预防和干预。指导家庭主要是向家长普及知识、提供帮助等。指导学校主要是如何完善机制和开展工作。例如,《教育部办公厅关于做好预防中小学生沉迷网络教育引导工作的紧急通知》规定,各校要明确学校各岗位教职工的育人责任,将预防沉迷网络工作责任落实到每个管理环节。各地各校要通过开展家访、召开家长会、家长学校等多种方式提醒家长承担起对孩子的监管职责。指导社会组织发挥行业协会等作用,

可以有效推动预防和干预网络沉迷。2019 年中国网络视听节目服务协会发布《网络短视频平台管理规范》和《网络短视频内容审核标准细则》，提出网络短视频平台应当建立未成年人保护机制，采用技术手段对未成年人在线时间予以限制，设立未成年人家长监护系统，有效防止未成年人沉迷短视频。

六、不得采取侵害未成年人身心健康的干预方式

实践中曾发生通过非法限制人身自由、暴力等方式对未成年人沉迷网络进行干预的情况，相关部门及时进行了处置。例如，《卫生部办公厅关于停止电刺激（或电休克）治疗“网瘾”技术临床应用的通知》要求相关医疗机构停止电刺激（或电休克）治疗网瘾技术的临床应用。2013 年文化部等部门联合发布的《未成年人网络游戏成瘾综合防治工程工作方案》规定，对违法设立的网瘾干预机构要及时整治，杜绝违法执业和超范围执业。网瘾干预机构的服务涉及精神障碍诊断、治疗的，应当符合精神卫生法的要求。

未成年人沉迷网络可能涉及家庭关系不和谐、学业不顺利等多种原因，对网络沉迷的预防和干预也要科学进行。对于家长来说，通过加强与未成年人的精神沟通化解未成年人成长过程中面临的一些问题；对于学校来说，教师及时掌握学生思想情绪和同学关系状况，积极营造良好的班级氛围，组织学生开展丰富多彩的班级活动等，都对预防和干预网络沉迷具有积极意义。

第六十九条　学校、社区、图书馆、文化馆、青少年宫等场所为未成年人提供的互联网上网服务设施，应当安装未成年人网络保护软件或者采取其他安全保护技术措施。

智能终端产品的制造者、销售者应当在产品上安装未成年人网络保护软件，或者以显著方式告知用户未成年人网络保护软件的安装渠道和方法。

【释义】 本条是关于未成年人网络保护软件的规定。

本条主要是规定相关场所以及企业等在安装网络保护软件或采取其他技术措施方面的义务，更高效地保护未成年人网络空间的合法权益，这些措施也为未成年人及其监护人防范网络侵害提供了便利和支持。

一、学校、社区、图书馆等场所的义务

我国互联网上网场所主要分为两类，一类是互联网上网服务营业场所，根据《互联网上网服务营业场所管理条例》的规定，互联网上网服务营业场所是指通过计算机等装置向公众提供互联网上网服务的网吧、电脑休闲室等营业性场所。设立互联网上网服务营业场所，应当依法办理严格的审批手续。由于互联网上网服务营业场所经营单位不得接纳未成年人进入，所以未成年人保护法没有规定这类场所应当采取安装未成年人网络保护软件等措施。另一类是本条规定的学校、社区、图书馆、文化馆、青少年宫等单位内部附设的为特定对象获取资料、信息提供上网服务的场所。这类场所不属于《互联网上网服务营业场所管理条例》规定的互联网上网服务营业场所，本法规定的场所是可以为未成年人提供互联网上网服务的。为了保护未成年人在网络空间的合法权益免受侵害，本法规定这些场所为未成年人提供的互联网上网服务设施，应当安装未成年人网络保护软件或者采取其他安全保护技术措施。可以从以下几个方面理解该规定：

一是本条并非绝对要求相关场所所有的上网服务设施均要安装未成年人网络保护软件或者采取其他安全保护技术措施，而是要求"为未成年人提供的互联网上网服务设施"采取上述措施。如果这些场所所有的互联网上网服务设施均向未成年人开放，那么都需要安装；如果这些场所通过管理措施仅限定未成年人使用特定的互联网上网服务设施，那么只有这些向未成年人开放的互联网上网服务设施需要采取相关技术措施。

二是在具体措施上，可以安装未成年人网络保护软件，也可

以采取其他安全保护技术措施。本次未成年人保护法修订草案一审稿只规定了“安装未成年人上网保护软件”这一项措施,有的意见提出,不同地区、不同场所的情况差别较大,如果采取其他安全保护技术措施能够确保未成年人安全上网的,也应当是可以的。经研究,将一审稿中的“安装未成年人上网保护软件”修改为“安装未成年人网络保护软件或者采取其他安全保护技术措施”。

二、智能终端产品制造者和销售者的义务

本条第2款规定,智能终端产品的制造者和销售者应当在产品上安装未成年人网络保护软件,或者以显著方式告知用户未成年人网络保护软件的安装渠道和方法。可以从以下几个方面理解该规定:

一是关于“智能终端产品”的范围。本条的目的是保护未成年人免受网络侵害,智能终端产品是未成年人上网的载体,因此要求智能终端产品生产者和销售者承担安装网络保护软件等义务。需要指出的是,随着物联网等技术的发展,智能终端产品的种类和应用场景越来越多,范围越来越广,如《国务院办公厅关于以新业态新模式引领新型消费加快发展的意见》规定,推进快递服务站、智能快件箱(信包箱)、无人售货机、智能垃圾回收机等智能终端设施建设和资源共享。因此,结合未成年人保护法的立法目的和智能终端产品的实际情况,本条规定的“智能终端产品”并不是绝对涵盖所有的智能终端产品,而主要是指与未成年人网络保护有关的智能终端产品,需要结合实际情况来确定。

二是规定智能终端产品的制造者和销售者承担相关义务,并非要求两者都同时采取安装网络保护软件等措施,而是要求两者要确保法律规定的义务得到履行,具体如何操作也可以两者沟通协商确定,但这种沟通协商确定的义务分配不能对抗他人。如果销售出去的智能终端产品没有相关的安全措施,生产者和销售者就违反了法律规定,两者需要依法承担法律责任。

三是关于具体的义务内容,可以选择安装未成年人网络保护软件,也可以选择以显著方式告知用户未成年人网络保护软件的安装渠道和方法。安装的未成年人网络保护软件应当是与智能终端产品相匹配、能切实发挥作用的。告知的网络保护软件的安装渠道和方法也应当是便于用户操作和切实可行的。

第七十条　学校应当合理使用网络开展教学活动。未经学校允许,未成年学生不得将手机等智能终端产品带入课堂,带入学校的应当统一管理。

学校发现未成年学生沉迷网络的,应当及时告知其父母或者其他监护人,共同对未成年学生进行教育和引导,帮助其恢复正常的学习生活。

【释义】　本条是关于学校对沉迷网络的预防和处理的规定。

本条主要规定了两方面内容:一是学校应当采取哪些措施预防未成年人沉迷网络,二是学校发现未成年人沉迷网络的应当采取哪些措施。

一、学校应当合理使用网络开展教学活动

信息化网络已经广泛融入人类社会的生产生活,在教育领域使用网络开展教学活动是信息时代的现实需要。但是网络教学也可能带来未成年人沉迷网络或者视力下降等问题,本条规定了学校应当合理使用网络开展教学活动。根据 2018 年教育部等八部门《综合防控儿童青少年近视实施方案》的规定,学校教育本着按需的原则合理使用电子产品,教学和布置作业不依赖电子产品,使用电子产品开展教学时长原则上不超过教学总时长的 30%,原则上采用纸质作业。2020 年教育部印发《关于疫情防控期间以信息化支持教育教学工作的通知》等,要求学校科学有序实施线上教学,指导家长督促儿童青少年科学规范使用电子产品,严控在线时长。国家中小学网络云平台上的课程每节课时长15~20分钟,在醒目位置提示学生控制在线学习时间。

二、学校对手机等智能终端的管理

根据教育部等八部门《综合防控儿童青少年近视实施方案》的规定,学校要指导学生科学规范使用电子产品。严禁学生将个人手机、平板电脑等电子产品带入课堂,带入学校的要进行统一保管。

共青团中央维护青少年权益部、中国互联网络信息中心发布的《2019年全国未成年人互联网使用情况研究报告》显示,未成年网民中拥有属于自己上网设备的比例达到74.0%。手机拥有比例最高,达到63.6%;其次是平板电脑,为24.0%。81.9%的未成年人所在学校不允许学生带手机进校;15.0%的学校允许学生带手机进校,但要将手机交给老师统一保管或者上课时关机或静音;3.1%的学校对于学生在校使用手机还没有作出相关规定。

修订草案二审稿规定:"学校不得允许未成年学生将手机等智能终端产品带入课堂,带入学校的应当统一保管"。需要指出的是,在一些情况下将智能终端产品带入课堂的确是有必要的,学校也可以允许带入课堂,经研究,将该规定修改为"未经学校允许,未成年学生不得将手机等智能终端产品带入课堂,带入学校的应当统一管理"。主要是从学生角度规定,强调要服从学校对手机等智能终端产品的管理。这样兼顾了原则性和灵活性。同时,对于带入学校的,将"保管"修改为"管理",赋予学校一定自主权和灵活度。

关于学校对手机等智能终端的管理,法国曾于2010年修改教育法,规定幼儿园、小学、初中在上课时间严禁使用手机。2018年再次强化相关立法,禁止未成年学生在学校使用手机、平板电脑以及智能手表等终端电子通信设备。但是也作了例外规定,例如,有健康问题的学生可以使用与通讯设备相关的医疗设备(如糖尿病儿童管理血糖的设备)。同时也赋予学校一定的管理上的权限以应对特殊情况下使用智能终端的需要。另外，寄宿学校还可以对学生使用手机进行特殊规定，包括规定学生可以使用手机的地点和时间段等。

三、学校和监护人合作应对沉迷网络

修订草案二审稿曾规定，“学校发现未成年学生沉迷网络的，应当及时教育和引导，帮助其恢复正常的学习生活”。在审议过程中有的委员提出，家庭和学校是与未成年人最密切的两个地方，一旦未成年人沉迷网络，仅仅寄希望于其中一方的努力，达不到更好的效果，只有双方通力协作，才能更好地保护未成年人免受网络侵害。经研究，将该规定修改为：“学校发现未成年学生沉迷网络的，应当及时告知其父母或者其他监护人，共同对未成年学生进行教育和引导，帮助其恢复正常的学习生活。”学校发现未成年学生沉迷网络的，需要采取两方面措施：一是及时告知其父母或者其他监护人，让其父母或者其他监护人知悉该情况；二是与其父母或者其他监护人共同对未成年学生进行教育和引导，帮助其恢复正常的学习生活。

第七十一条　未成年人的父母或者其他监护人应当提高网络素养，规范自身使用网络的行为，加强对未成年人使用网络行为的引导和监督。

未成年人的父母或者其他监护人应当通过在智能终端产品上安装未成年人网络保护软件、选择适合未成年人的服务模式和管理功能等方式，避免未成年人接触危害或者可能影响其身心健康的网络信息，合理安排未成年人使用网络的时间，有效预防未成年人沉迷网络。

【释义】　本条是关于监护人对未成年人的网络保护义务的规定。

父母或者其他监护人作为保护和教育未成年人的第一责任人,应当对未成年人使用网络可能遭受违法或者不良信息侵害、沉迷网络等风险有清醒认识,并应当采取相应措施,对未成年人进行有效引导和监督。因此,本条对父母或者其他监护人的网络保护义务作了以下规定:

一、一般性网络保护义务

实践证明,父母或者其他监护人能否有效地对未成年人使用网络进行引导和监督,通常取决于两个条件:一是父母或者其他监护人本身是否具备相应的网络素养;二是父母或者其他监护人是否具备相应的技术条件。在传统领域,父母普遍具有超越未成年人的知识和阅历,但是在网络领域中,网络技术和应用的发展日新月异,作为"数字原住民"的未成年人普遍比他们的父母更熟悉社交网站、网络游戏和其他网络平台,不断拉大的"数字鸿沟"造成的现实问题是,父母所拥有的网络知识和技能可能足以使其有效指导幼儿使用网络,但在指导青少年使用网络方面存在不足。对此,父母应正确认识、接纳和使用网络,形成正确网络观念,掌握沉迷网络早期识别和干预的知识,及时发现、制止和矫正未成年人沉迷网络和不当消费行为,引导未成年人健康合理使用网络,才能更好地实现对未成年人的网络保护。同时,父母应规范自己的网络使用行为,通过言传身教,教导未成年人合理使用网络。因此,本条第 1 款规定,未成年人的父母或者其他监护人应当提高网络素养,规范自身使用网络的行为,加强对未成年人使用网络行为的引导和监督。

二、内容管理和预防网络沉迷义务

为了强化网络产品和服务提供者在预防违法、不良信息侵害未成年人和未成年人沉迷网络方面的主体责任,同时为父母或者其他监护人在履行对未成年人的网络保护义务方面提供技术基础和条件,本法对网络产品和服务提供者增加了相关义务性规定,如第 69 条第 2 款规定,智能终端产品的制造者、销售者应当在产品上安装未成年人网络保护软件,或者以显著方式告知用户未成年人网络保护软件的安装渠道和方法。第 74 条第 2 款规定,网络游戏、网络直播、网络音视频、网络社交等网络服务提供者应当针对未成年人使用其服务设置相应的时间管理、权限管理、消费管理等功能。基于上述规定,本条第 2 款对未成年人的父母和其他监护人的义务作了规定:一是应当避免未成年人接触危害或者可能影响其身心健康网络信息的侵害,对此要求未成年人的父母或者其他监护人应当在智能终端产品上安装未成年人网络保护软件;在未成年人使用网络服务时,为未成年人选择其适合的服务模式和管理功能;二是应当有效预防未成年人沉迷网络,对此要求未成年人的父母或者其他监护人对未成年人使用网络进行时间管理,合理安排未成年人的上网时段、时长。

第七十二条 信息处理者通过网络处理未成年人个人信息的,应当遵循合法、正当和必要的原则。处理不满十四周岁未成年人个人信息的,应当征得未成年人的父母或者其他监护人同意,但法律、行政法规另有规定的除外。

未成年人、父母或者其他监护人要求信息处理者更正、删除未成年人个人信息的,信息处理者应当及时采取措施予以更正、删除,但法律、行政法规另有规定的除外。

【释义】 本条是关于未成年人个人信息处理以及更正权、删除权的规定。

在信息时代,信息尤其是个人信息已然成为一种重要的战略资源,随着大数据、云计算等数字技术的广泛运用,个人信息正在被大规模电子化、数字化和产业化应用,个人信息处理的广度和深度不断拓展,这一方面推动了数字经济的迅猛发展,但另一方面非法处理个人信息以及个人信息泄露、窃取和倒卖等导致的侵权、诈骗、盗窃等案件多发、高发,对信息主体的日常生活、财产安全和正常的社会秩序造成了严重影响,因此,如何在保障数字经济创新发展的同时,加强个人信息保护成为亟待解决的问题。近年来,我国高度重视并通过相关立法,逐步确立了个人信息保护的基本原则和具体措施。关于加强网络信息保护的决定、消费者权益保护法、网络安全法、民法典等法律明确了个人信息保护的基本原则和规则、信息处理者保障个人信息安全的义务和责任、信息主体对其信息收集、使用的知情同意权、删除权、更正权等。上述规则和保护措施也同样适用于对未成年人个人信息的处理,未成年人特别是低龄未成年人由于认知能力有限,对个人信息的概念和范围往往缺乏理解,也缺乏对信息处理可能带来的风险、后果、保障措施及其相关权益的认识,一旦这些未成年人的个人信息被不正当地收集、使用、共享,将可能对未成年人及其家庭造成重大影响。因此,有必要规定信息处理者在处理未成年人个人信息时,除应遵循合法、正当、必要原则和采取一般性保护措施外,还应承担不同于处理成年人个人信息的特殊保护义务。本条主要规定如下:

一、处理未成年人个人信息应当符合的要求

(一)遵循合法、正当、必要原则

个人信息保护基本原则是规范处理个人信息行为的核心规则,自20世纪80年代开始,相关国际组织、国家和地区开始确立各自的个人信息处理原则,世界经济合作与发展组织发布的《隐私保护与个人数据跨国流通指南》规定了收集限制原则、数据质量原则、目的特定化原则、使用限制原则、安全原则、公开原则、个人参与原则、责任原则等八项原则。亚太经合组织发布的《APEC隐私保护框架》规定了防止损害原则、告知原则、限制收集原则、使用原则、选择原则、个人信息完整性原则、安全保障原则、查阅和修正原则、问责原则等九项原则。欧盟发布的《一般数据保护条例》(以下简称GDPR)规定了合法公平透明原则、目的限制原

则、数据最小化原则、精确性原则、存储限制原则、完整性与保密性原则、权责一致原则等七项原则。我国从个人信息保护相关立法之初，便十分重视确立个人信息保护的基本原则，2012 年全国人大常委会审议通过的《关于加强网络信息保护的决定》确立了处理个人信息应当遵循的基本原则，规定：网络服务提供者收集、使用公民个人电子信息，应当遵循合法、正当、必要的原则，明示收集、使用信息的目的、方式和范围，并经被收集者同意，不得违反法律、法规的规定和双方的约定收集、使用信息。此后，消费者权益保护法、网络安全法、民法典和一些司法解释与规范性文件也对合法、正当、必要原则进一步予以规定和明确。

(1)合法原则，即信息处理者处理个人信息必须有合法性基础，且处理的方法应当符合法律法规的规定。具体内容如下：一是，关于合法性基础。根据上述相关立法规定，信息主体的同意是我国个人信息处理合法性的最重要基础，诸多规定、措施也是围绕保障信息主体的同意权而进行设计。从国外规定来看，GDPR 虽然规定了六类个人信息处理的合法性基础(信息主体同意、合同履行、履行法定义务、保护重要利益、公共利益以及控制者的优先利益)，但对另外五类合法性基础的适用附加了较为苛刻的条件，信息主体同意仍然是作为首要合法性基础。除信息主体同意外，法律、行政法规的明确规定也是信息处理者处理个人信息的合法性基础。比如，刑事诉讼法第 54 条第 1 款规定，人民法院、人民检察院和公安机关有权向有关单位和个人收集、调取证据。有关单位和个人应当如实提供证据。反恐怖主义法第 36 条规定，公安机关和有关部门应当掌握重点目标的基础信息和重要动态。传染病防治法第 12 条规定，在中华人民共和国领域内的一切单位和个人，必须接受疾病预防控制机构、医疗机构有关传染病的调查、检验、采集样本、隔离治疗等预防、控制措施，如实提供有关情况。二是，关于处理方法的合法性。处理方法的合法性要求信息处理者在具体处理个人信息时不得违反法律、法规等相关规定。目前，网络安全法、消费者权益保护法、民法典等多部法律均对信息处理者的个人信息处理方法和信息安全保护义务作了原则性规定,如规定网络运营者不得违反法律、行政法规的规定和双方的约定收集、使用个人信息;任何个人和组织不得窃取或者以其他非法方式获取个人信息,不得非法出售或者非法向他人提供个人信息。相关主管部门依据上述法律制定了一些部门规章,对个人信息处理的方法作了具体规范。如国家网信办制定的《儿童个人信息网络保护规定》第 16 条第 1 款规定,网络运营者委托第三方处理儿童个人信息的,应当对受委托方及委托行为等进行安全评估,签署委托协议,明确双方责任、处理事项、处理期限、处理性质和目的等,委托行为不得超出授权范围。

(2)正当原则,即处理个人信息除要遵循合法原则外,信息处理的目的和手段还要正当,应当尊重公序良俗和遵守诚实信用原则,并且要尽量满足透明的要求,以便能够充分保障信息主体的知情权。这就要求信息处理者对处理个人信息的行为进行自我管理,确保处理个人信息行为的正当性。特别是在处理个人信息过程中不得强迫用户授权,或者以捆绑服务、强制停止使用等不正当手段变相诱导、胁迫用户提供个人信息,更不得欺骗、窃取或者使用其他非法手段处理他人的个人信息。实践中的"大数据杀熟"就是一种典型的违反正当原则的行为。

(3)必要原则,即处理个人信息的目的应当特定,处理应当依据特定、明确的目的进行,禁止超出目的范围处理个人信息。本原则对公共部门而言,收集个人信息通常只能出于履行其职责之特定目的,对非公共部门而言,收集个人信息必须与其提供的服务相关。例如,医疗机构收集患者的疾病信息目的是用于分析患者病情或者分析疾病,不得将其用于非医疗目的。此外,必要原则还包括即使按照特定目的处理个人信息,也应当按照对信息主体影响最小的方式进行,应当在必要的限度内进行。这就要求信息处理者在收集信息时不应当收集对提供服务没有必要的个人信息,只有那些对开展相关服务而言非收集不可或者不收集就无法满足用户服务需要的信息,才可以被收集;在处理个人信息时,处理的内容和范围不应过于宽泛，只有在不得不处理时才可以处理个人信息。

（二）不满 14 周岁未成年人个人信息的特殊处理规定

一般而言，信息处理者处理个人信息时，需告知信息主体并征得其同意。但是由于未成年人认知能力的欠缺和特殊保护的需要，对未成年人特别是低龄未成年人个人信息的处理有特殊要求。修订草案一审稿采用“双重同意”原则，即信息处理者处理未成年人个人信息应当经过未成年人及其父母或者其他监护人同意。经研究认为，“双重同意”原则难以做到保护个人信息与促进信息自由流动的平衡，可能会损害未成年人使用网络的权利，且由于不满 8 周岁的未成年人属无民事行为能力人，客观上信息处理者难以做到征得其同意，因此，自修订草案二审稿开始确立了“单同意”的立法思路，但确定什么年龄范围的未成年人，只需征得其父母或者其他监护人同意信息处理者即可处理其个人信息，即如何确定信息处理同意权的年龄界限是需要解决的基础性问题。

当前，国际上普遍根据未成年人教育、心理、青少年成长规律等，将个人信息处理需要监护人同意的年龄分界点设置在 13～16 周岁，如美国《儿童在线隐私保护法》（COPPA）规定，处理未满 13 周岁未成年人个人信息的，需取得其父母同意。欧盟 GDPR 第 8 条规定，在提供信息社会服务时，处理 16 周岁以下儿童的个人数据必须征得父母同意，欧盟成员国出于特定目的可以在法律上规定更低的年龄门槛，但是不得低于 13 周岁。截至 2019 年 1 月，比利时、丹麦、芬兰、英国、瑞典、拉脱维亚等国将年龄设定在 13 周岁；奥地利、意大利、西班牙等国设定在 14 周岁；法国设定在 15 周岁；德国、匈牙利、卢森堡等国设定在 16 周岁。韩国《个人信息保护法》规定，处理未满 14 周岁儿童的个人信息，依照本法需要征得同意的，个人信息处理者应征得其法定代理人的同意。从目前我国未成年人使用网络的实际情况来看，年满 14 周岁的未成年人已普遍具有了认知、判断网络风险的能力，而且我国部分法律已将14周岁作为划分未成年人权利义务的重要年龄分界点。例如,刑法将承担刑事责任的最低年龄规定为14周岁,女性"性同意权"年龄也规定为14周岁;广告法专门规定了针对不满14周岁未成年人的广告相关要求。此外,2019年国家网信办出台的《儿童个人信息网络保护规定》将儿童定义为不满14周岁的未成年人,并规定,网络运营者收集、使用儿童个人信息的,应当以显著、清晰的方式告知儿童监护人,并应征得儿童监护人的同意。综上,本法规定处理不满14周岁未成年人个人信息的,应当征得未成年人的父母或者其他监护人同意是相对合理的。同时,为与个人信息处理的其他合法性基础相衔接,作了"法律、行政法规另有规定的除外"的例外性规定。

二、更正权和删除权

信息主体对自己的个人信息享有一系列权能,包括知情同意权、更正删除权、受保密权等内容。从国际立法情况来看,信息主体权利呈现扩张趋势,如欧盟GDPR为信息主体新增设了限制处理权、可携带权、被遗忘权等权利类型。本条注意做好与网络安全法、民法典等法律的衔接,并未对未成年人信息主体的全部权利予以列举,而是从未成年人个人信息保护的特殊需要和现实情况出发,在第1款中对处理未成年人个人信息时的特殊同意权作了规定,在第2款中对更正权和删除权作了规定。

一般认为,信息主体是享有个人信息权能的主体,只有信息主体才有权要求信息处理者更正、删除其个人信息。但鉴于未成年人个人信息需要特殊保护的实际情况,本条规定未成年人、未成年人的父母或者其他监护人均有权要求信息处理者更正、删除未成年人个人信息。需要说明的是,与前述处理未成年人个人信息时,对未成年人年龄范围进行划定的做法不同,对于个人信息的更正和删除,从最大程度保护未成年人的合法权益和个人信息安全的角度考虑,并未作年龄划分。

个人信息更正权,简称更正权,是指信息主体有权请求信息处理主体对不准确、不完整的个人信息进行改正与补充的权利。更正权具体包括：个人信息错误更正权，即对于错误的个人信息，本人有更正的权利；个人信息补充权，即对于遗漏或新发生的个人信息，本人有补充的权利；个人信息更新权是本人要求对于过时的个人信息及时更新的权利。确保个人信息的准确性、完整性和及时更新，信息处理者才能确保提供服务的质量，才能有效维护信息主体的合法权益。

个人信息删除权，简称删除权，是指信息主体在法定或约定的事由出现时，有权请求信息处理者删除其个人信息的权利。目前网络安全法、民法典均规定，自然人发现信息处理者违反法律、行政法规的规定或者双方的约定处理其个人信息的，有权请求信息处理者及时删除。根据上述规定，信息主体一般在下列情形下可以请求删除个人信息：一是处理个人信息的行为不合法。例如，信息处理者处理个人信息未取得信息主体的同意，并且也没有法律法规的明确授权；又如，信息处理者的处理行为超出了法定或者约定的范围。二是信息处理者处理个人信息的目的已不存在，没有必要再保存个人信息。三是信息主体与信息处理者约定的处理个人信息的期限已届满，根据约定，信息主体有权要求删除。与上述规定相比，欧盟赋予了信息主体更大范围的删除权，GDPR 第 17 条规定，符合下列条件，数据主体有权要求数据控制者无不当延迟地删除其个人信息，而数据控制者有义务删除：个人信息与收集、使用的目的不再相关；数据主体撤回同意，且无其他合法事由；数据主体拒绝处理，且处理没有合法事由；个人数据被违法处理；数据控制者根据联邦法需要删除个人数据；违反关于收集未成年人个人数据的规定。

此外，需要说明的是，本条中“处理”的概念范围与民法典第 1035 条第 3 款中处理的概念范围保持一致，并不限于个人信息的使用行为，还包括个人信息的收集、存储、加工、传输、提供、公开等行为。

第七十三条　网络服务提供者发现未成年人通过网络发布私密信息的，应当及时提示，并采取必要的保护措施。

【释义】　本条是关于网络服务提供者对私密信息的提示、保护义务的规定。

关于个人信息的定义，我国网络安全法首先对个人信息作了概括和列举式规定，民法典在网络安全法规定的基础上，对个人信息定义作了完善，即个人信息是以电子或者其他方式记录的能够单独或者与其他信息结合识别特定自然人的各种信息，包括自然人的姓名、出生日期、身份证件号码、生物识别信息、住址、电话号码、电子邮箱、健康信息、行踪信息等。该定义中个人信息的核心要件是可识别性，即个人信息是能够识别、确定特定个人身份的信息。识别包括直接识别和间接识别，所谓直接识别，是指通过该信息可以直接确认某一自然人的身份，不需要其他信息的辅助，如某人的身份证号、基因信息等；所谓间接识别，是指通过该信息虽不能直接确定某人的身份，但可以借助其他信息确定某人的身份。任何可以直接或者间接识别特定自然人的信息都是个人信息。私密信息，是指通过特定形式体现出来的有关自然人的病历、财产状况、身体缺陷、遗传特征、档案材料、生理识别信息、行踪信息等个人情况。私密信息同样具有可识别性特征，其属于个人信息，但同时私密信息又是信息主体不愿为他人所知晓的信息，是隐私权保护的范畴。民法典第 1032 条第 2 款明确规定，隐私是自然人的私人生活安宁和不愿为他人知晓的私密空间、私密活动、私密信息。相较于一般个人信息，私密信息可能涉及该自然人的财产状况，可能涉及其社交状况，也可能涉及其生理状况，还可能涉及其身世经历等情况，由于私密信息所具有的强识别性和隐私属性，需要加大保护力度。因此，对私密信息的处理，法律作了特别规定，民法典第 1033 条第 5 项规定，除法律另有规定或者权利人明确同意外，任何组织或者个人不得处理他人的私密信息。根据上述规定,不同于处理一般个人信息,处理他人的私密信息要想获得合法性,除法律的明确授权外,必须经过权利人明确同意,而处理非私密个人信息则可以是默示同意,而不一定需要明示同意。综上,私密信息既是隐私的重要组成部分,也是个人信息的重要组成部分,与信息主体的人格尊严联系更为紧密。相比于非私密未成年人个人信息,未成年人私密信息一旦泄露或者被滥用,将会给未成年人及其家庭造成更为严重的影响和危害,因此本条对信息处理者关于私密信息的保护和提示义务作了以下规定:

未成年人私密信息同样具有上述私密信息的属性和特征,同时由于未成年人缺少风险防范意识,对私密信息的范围和发布私密信息可能造成的后果也缺少必要认识,容易主动或者受到引诱而发布私密信息,上述私密信息一旦泄露、非法提供或滥用可能会危害未成年人人身和财产安全,也极易导致个人名誉、身心健康受到损害或歧视性待遇等后果。对此,有必要对网络服务提供者增加相应的义务性规定,本条规定网络服务提供者在发现未成年人通过网络发布私密信息的情况下,应当及时进行提示,目的就是通过网络服务提供者的提示使未成年人注意和认识到其正在发布的信息属于私密信息,以及发布私密信息可能造成的后果。只有在对上述情况有清楚认识后,未成年人才可能主动对上述信息进行删除或者采取其他处理措施。

除此之外,本条还规定,网络服务提供者如果发现未成年人发布私密信息的,还应当采取必要的保护措施。修订草案在征求意见的过程中,有的意见提出,在发现未成年人发布私密信息时,应当明确要求网络服务提供者直接采取屏蔽、删除等相关措施。经研究认为,对未成年人个人信息的保护应注意平衡好未成年人的人格权益和宪法赋予公民所享有的言论自由、通信自由等宪法性权利的关系,对于未成年人主动发布的个人信息,无论是私密信息还是非私密信息,直接采取屏蔽、删除等措施予以处理应当慎重;此外,隐私的判断往往带有主观性,隐私定义中的“不愿意为他人知晓”也难有对每个信息主体统一适用的判断标准，如住址信息、人脸图像信息等，有些信息主体视其为私密信息，有些信息主体则认为可以公开，属于非私密的个人信息，要求网络服务提供者自行判断并直接采取屏蔽、删除等措施可能会不当侵犯部分未成年人的合法权益。因此，本条只作了原则性规定，要求网络服务提供者采取必要的保护措施，而对具体保护措施类型则未作规定。至于具体的保护措施，可由国务院或者其有关部门根据保护未成年人私密信息的实际需要，在制定相关行政法规、部门规章时予以明确规定。

第七十四条　网络产品和服务提供者不得向未成年人提供诱导其沉迷的产品和服务。

网络游戏、网络直播、网络音视频、网络社交等网络服务提供者应当针对未成年人使用其服务设置相应的时间管理、权限管理、消费管理等功能。

以未成年人为服务对象的在线教育网络产品和服务，不得插入网络游戏链接，不得推送广告等与教学无关的信息。

【释义】　本条是关于网络产品和服务提供者预防未成年人沉迷网络的一般性规定。

网络沉迷是当前我国未成年人网络保护面临的最主要问题之一，也是未成年人网络保护立法亟须解决的核心问题。尽管网络沉迷并非未成年人所特有的现象，成年人群体中遭遇网络沉迷的问题也并不罕见，但通常认为，相较于成年人，未成年人自控能力、辨别能力弱，是易于沉迷网络的高风险群体，且未成年人处在成长的关键时期，沉迷网络将会给未成年人身心健康和正常的学习、生活造成严重影响。作为未成年人沉迷网络的产品和服务提供者，网络产品和服务提供者理应对预防未成年人沉迷网络承担主体责任，因此，本条对网络产品和服务提供者预防未成年人网络沉迷的义务作了以下规定：

一、对网络产品和服务提供者的一般性要求

我国一直非常关注青少年网络沉迷问题，早在 2006 年修订的未成年人保护法中就明确规定，国家采取措施预防未成年人沉迷网络。此后，教育部、文化部、新闻出版署等相关管理部门就预防未成年人沉迷网络先后制定了若干政策文件。从多年的实践情况来看，预防未成年人沉迷网络需要家庭、学校、政府、社会、网络产品和服务提供者的协同配合、综合施策，本条立足预防为主的思路，聚焦落实网络产品和服务提供者主体责任，对网络产品和服务提供者预防未成年人网络沉迷的义务作了规定。鉴于网络沉迷所具有的危害和网络沉迷的主要成因，本条第 1 款明确规定，网络产品和服务提供者不得向未成年人提供诱导其沉迷的产品和服务。据此，网络产品和服务提供者应注意分析未成年人沉迷网络的成因，采取评估等方式对其产品和服务进行检查，发现其产品和服务存在诱导未成年人沉迷网络情况的，应当及时对该产品和服务的内容、功能或者规则等进行修改。

二、对部分网络服务提供者的特殊要求

本条第 2 款将预防未成年人沉迷网络的网络服务提供者明确为网络游戏、网络直播、网络音视频、网络社交等网络服务提供者，主要是按照目前我国未成年人使用网络的实际情况，网络游戏、网络直播、网络音视频、网络社交是未成年人用户数量最多，也是未成年人使用时间最长的网络服务，上述网络服务的提供者对于预防未成年人沉迷网络发挥着至关重要的作用，因此有必要着重强调上述网络服务提供者的主体责任。根据中国互联网络信息中心（以下简称 CNNIC）第 44 次《中国互联网络发展状况统计报告》，截至 2019 年 6 月，我国网络游戏用户规模达 4.94 亿，较 2018 年底增长 972 万，占网民整体的 57.8%；手机网络游戏用户规模达 4.68 亿，较 2018 年底增长 877 万，占手机网民的 55.2%。

虽然目前还没有最新的未成年人网络游戏用户数量数据，但CNNIC《2018年全国未成年人互联网使用情况研究报告》中的数据显示，64.2%的未成年人用户会玩网络游戏，玩电脑游戏的比例为33.9%，玩手机游戏的比例为58.1%。

需要说明的是，修订草案一审之后，有些意见提出，目前网络社交服务已不再是单纯提供聊天服务，网络社交服务提供者为提升用户满足感，提供了大量的诸如个性化装扮、礼包推送、视频特效、小游戏等附加性功能；同时由于网络社交服务的私密性，论坛、贴吧、通信群组、聊天室充斥着大量低俗甚至淫秽色情内容，有的还被犯罪分子作为犯罪工具使用，如韩国曝光的“N号房”事件，上述情况使喜欢追求个性、新鲜感和渴望互动的未成年人长时间驻留在网络社交服务之中，不利于未成年人的身心健康成长。根据上述意见，修订草案二次审议稿增加列举“网络社交”作为本款中网络服务提供者的具体类型。

此外，为有效预防未成年人沉迷网络，从网络服务提供者的业务实际出发，第2款要求网络服务提供者应当针对未成年人使用其服务设置相应的时间管理、权限管理、消费管理等功能。目前，有关主管部门正在开展相关工作，例如，国家新闻出版署2019年10月发布《关于防止未成年人沉迷网络游戏的通知》，要求网络游戏服务提供者应严格控制未成年人使用网络游戏时段、时长，每日22时至次日8时，网络游戏企业不得以任何形式为未成年人提供游戏服务，法定节假日每日累计不得超过3小时，其他时间每日累计不得超过1.5小时；网络游戏企业不得为未满8周岁的用户提供游戏付费服务。同一网络游戏企业所提供的游戏付费服务，8周岁以上未满16周岁的用户，单次充值金额不得超过50元人民币，每月充值金额累计不得超过200元人民币；16周岁以上未满18周岁的用户，单次充值金额不得超过100元人民币，每月充值金额累计不得超过400元人民币。2019年在国家网信办的组织指导下，“青少年防沉迷系统”在网络直播、视频平台全面推广，采用技术手段对未成年人在线时间予以限制，设立未成年人家长监护系统，有效防止未成年人沉迷网络；国内主要网络直播、视频平台上线“青少年模式”，在该模式下关闭站内搜索、弹幕评论、内容分享、私信聊天、拍摄发布、充值打赏等功能，仅推荐适合青少年观看的内容。

三、关于在线教育的规定

当前，我国在线教育发展迅猛，据统计，截至 2020 年 3 月，中国在线教育用户规模已达 4.23 亿，较 2019 年 6 月增长了 82%。但同时，不断曝光的网课乱象引起社会广泛关注，一些网络平台无视社会责任，屡屡采用插入链接、强制弹出等形式在网课页面中推送网络游戏，利用网课向未成年人推送网络交友信息或者购物广告，甚至散布、传播色情、暴力、诈骗、赌博等信息，诱导本应通过网络接受教育的未成年人点击不适宜的内容，甚至造成未成年人过度消费、沉迷网络，这不仅背离在线教育的初衷，而且严重危害了未成年人的身心健康。对此，2020 年 8 月，国家网信部门和教育部联合启动涉未成年人网课平台及网络环境专项治理工作，强调要加强网课页面周边生态治理，不得出现危害未成年人的内容；不得利用弹窗诱导点击不适宜未成年人的页面；不得推送与学习无关的广告信息；不得利用公益性质网课牟取商业利益等。截至 9 月中旬，已累计关闭违法违规网站 6000 余家，处置相关问题账号、群组 64.7 万余个。对此，本条第 3 款作出规定，以未成年人为服务对象的在线教育网络产品和服务，不得插入网络游戏链接，不得推送广告等与教学无关的信息。需要说明的是：一是，本款从保护未成年人的目的出发，只是对以未成年人为服务对象的在线教育网络产品和服务作了规定，而不是对所有的在线教育网络产品和服务的普遍规定。二是，本款并未将义务主体限定为在线教育网络产品和服务提供者，而是对所有的网络产品和服务提供者均提出了要求，即除了在线教育网络产品和服务提供者不得自行在网课中插入网络游戏链接和推送广告等与教学无关的信息外，其他网络产品和服务提供者也不得在线教育网络产品和服务提供者提供的产品和服务中,插入网络游戏链接和推送广告等与教学无关的信息。三是,“不得推送广告”并非禁止在线教育网络产品和服务提供者一切展示和推广其相关课程信息的行为,而是指不得在为未成年人提供课程服务的过程中,向其推送广告。

第七十五条　网络游戏经依法审批后方可运营。

国家建立统一的未成年人网络游戏电子身份认证系统。网络游戏服务提供者应当要求未成年人以真实身份信息注册并登录网络游戏。

网络游戏服务提供者应当按照国家有关规定和标准,对游戏产品进行分类,作出适龄提示,并采取技术措施,不得让未成年人接触不适宜的游戏或者游戏功能。

网络游戏服务提供者不得在每日二十二时至次日八时向未成年人提供网络游戏服务。

【释义】　本条是关于网络游戏服务提供者预防未成年人沉迷网络义务的规定。

近年来,网络游戏行业在满足未成年人休闲娱乐需要、丰富精神文化生活的同时,也出现一些值得高度关注的问题,特别是未成年人沉迷网络游戏已成为未成年人网络沉迷最主要的表现形式,对未成年人身心健康和正常学习生活造成不良影响,社会反映强烈。因此,本条对网络游戏审批、网络游戏服务提供者的实名认证、适龄提示、时间管理等义务作了以下规定:

一、网络游戏审批

2010 年文化部出台《网络游戏管理暂行办法》,对网络游戏实行审批加备案的管理制度。该办法第 11 条规定,国务院文化行政部门依法对进口网络游戏进行内容审查,进口网络游戏应当在获得国务院文化行政部门内容审查批准后，方可运营。第13条第1款规定，国产网络游戏在上网运营之日起30日内应当按规定向国务院文化行政部门履行备案手续。但因网络游戏主管部门调整，2019年7月，文化和旅游部印发《关于废止〈网络游戏管理暂行办法〉和〈旅游发展规划管理办法〉的决定》，正式废止了该暂行办法。在修订草案一审稿审议和征求意见的过程中，有些意见提出，网络游戏已成为造成未成年人沉迷网络的最主要原因，且网络游戏中充斥着大量暴力、色情内容，给未成年人身心健康造成严重危害，也是造成未成年人违法犯罪的重要诱因，近些年这些情况呈现愈演愈烈之势，应加大对网络游戏的管理力度，相关主管部门应对网络游戏进行事前审批，未经审批的网络游戏，不得上线运营。修订草案二审稿根据上述意见增加规定，网络游戏经依法审批后方可运营。需要说明的是，修订草案二审稿对网络游戏审批的权限、审批的方式未作具体规定，可以由国务院制定行政法规，或者由相关部门制定部门规章作出具体规定。

二、身份认证

如何确定网络游戏用户是不是未成年人，是预防未成年人沉迷网络措施的基础性和核心性问题，只有有效确认正在使用网络游戏服务的用户是未成年人，网络服务提供者才能进一步采取诸如时间管理、适龄提示等相关防沉迷措施，也才能真正发挥防沉迷措施的效能。早在2005年，我国就开始网络游戏实名化的探索，但一直难以解决有效确认的问题，同时在确认网络游戏用户是不是未成年人过程中，不可避免地要收集相关个人信息，如何平衡预防网络沉迷和保护个人信息、隐私之间的关系，也是公众一直争论的焦点问题。解决真实身份认证和个人信息保护需求之间的矛盾，对网络个人身份信息的管控体系、技术支撑提出了新要求。网络安全法第24条第2款规定，国家实施网络可信身份战略，支持研究开发安全、方便的电子身份认证技术，推动不同电子身份认证之间的互认。实施网络可信身份战略，实现不同电子身份认证之间的互认,有助于建立规范化、可管可控的网络安全管理体系,为用户上网带来便利,也可有效防范用户信息泄露,有助于互联网产业的良性发展。目前,国家新闻出版署正与公安部对接,牵头建设统一的网络游戏身份识别系统,为游戏企业提供游戏用户身份识别服务,以准确验证未成年人身份信息。因此,本条第 2 款规定国家建立统一的未成年人网络游戏电子身份认证系统。

在我国,推行网络用户身份管理制度经历了从注重网络基础服务身份管理到网络基础服务和网络信息服务身份管理并重的阶段。网络安全法第 24 条第 1 款规定,网络运营者为用户办理网络接入、域名注册服务,办理固定电话、移动电话等入网手续,或者为用户提供信息发布、即时通讯等服务,在与用户签订协议或者确认提供服务时,应当要求用户提供真实身份信息;用户不提供真实身份信息的,网络运营者不得为其提供相关服务。这里的“网络接入、域名注册服务,办理固定电话、移动电话等入网手续”指的就是网络基础服务,网络运营者在为用户提供基础服务时,应当要求用户提供证明真实身份信息的材料,个人有效证件包括身份证、户口簿、护照等,单位有效证件包括营业执照、登记证书等。网络信息服务包括提供信息发布、即时通讯服务等服务,对此类信息服务通常并不一律要求用户使用身份证进行登记和验证,大多数网站都是通过手机号、电子邮箱等进行验证,实现用户身份实名的。面对未成年人沉迷网络游戏的严峻形势,为切实实现保障未成年人健康成长的目标,有必要对网络游戏服务实行身份管理制度,对不能提供真实身份信息的网络游戏用户,网络游戏服务提供者不得为其提供相关服务。国家新闻出版署《关于防止未成年人沉迷网络游戏的通知》提出,实行网络游戏用户账号实名注册制度。所有网络游戏用户均须使用有效身份信息方可进行游戏账号注册。自该通知施行之日起,网络游戏企业应建立并实施用户实名注册系统,不得以任何形式为未实名注册的新增用户提供游戏服务。自该通知施行之日起 2 个月内,网络游戏企业须要求已有用户全部完成实名注册，对未完成实名注册的用户停止提供游戏服务。对用户提供的实名注册信息，网络游戏企业必须严格按照有关法律法规妥善保存、保护，不得用作其他用途。因此，本条第 2 款规定，网络游戏服务提供者应当要求未成年人以真实身份信息注册并登录网络游戏。

三、适龄提示和其他防范接触措施

随着网络游戏的迅猛发展，网络游戏的类型越来越多样化，在题材、内容、玩法等各方面都可能存在不适宜未成年人的问题。因此，网络游戏服务提供者有必要按照网络安全法、《互联网信息服务管理办法》、《网络信息内容生态治理规定》等国家有关规定和标准，对其提供服务的网络游戏产品进行全面综合衡量，在此基础上，作出科学合理的分类以及适合不同年龄未成年人用户的提示，帮助未成年人、监护人和教师等更好地区分网络游戏，引导未成年人更好地使用网络游戏，提示方式可以选择在用户下载、注册、登录页面等位置进行显著标明。需要说明的是，本条第 3 款有关对网络游戏产品进行分类和适龄提示的规定，并不等同于西方的分级制度，绝不允许色情、血腥、暴力、赌博等有害内容存在于面向成年人的游戏中。单纯的适龄提示，对部分未成年人可能难以达到不让其接触不适宜的网络游戏的目的，因此，本条第 3 款进一步规定，对经过分类不适宜未成年人接触的网络游戏，网络游戏服务提供者除进行提示外，还应采取技术措施，不得让未成年人接触不适宜的游戏或者游戏功能。

四、禁止提供游戏服务的时段管理

长时间无节制地使用网络游戏，是未成年人沉迷网络游戏的主要行为表现，部分未成年人由于日常学习安排较为紧凑、监护人要求较为严格等原因，正常作息时间难以满足其长时间玩游戏的需求，因而选择违背正常作息时间规律通宵使用网络游戏，长此以往，很有可能形成恶性循环。基于此，本法在一般性要求网络游戏服务提供者对未成年人使用其服务设置相应的时间管理功能外,本条第4款对网络服务提供者不得向未成年人提供网络游戏服务的时间作了专门规定,这与国家新闻出版署发布的《关于防止未成年人沉迷网络游戏的通知》相一致。该通知要求,每日22时至次日8时,网络游戏企业不得以任何形式为未成年人提供游戏服务。从时间段来看,22时至次日8时正是未成年人应当休息的时间,通过禁止该时间段玩游戏,在一定程度上是对未成年人发育和体质的保障;从监护和管理角度来看,这一时间段也是监护人和监管者管理最薄弱的时间,以时间段的限制来实现网络游戏管理,也有助于防止未成年人上网脱管现象发生。部分国家法律中也有类似网络游戏宵禁制度的规定,例如,2011年韩国国会通过了限制青少年深夜上网玩游戏的《青少年保护法》修订案,强制游戏发行商在晚上12时至早上6时停止向未满16周岁的未成年人提供互联网游戏服务,违反者将被处以2年以下有期徒刑和1000万韩元以上罚款。

第七十六条　网络直播服务提供者不得为未满十六周岁的未成年人提供网络直播发布者账号注册服务;为年满十六周岁的未成年人提供网络直播发布者账号注册服务时,应当对其身份信息进行认证,并征得其父母或者其他监护人同意。

【释义】　本条是关于网络直播服务提供者为未成年人提供账号注册服务义务的规定。

近年来,网络直播越来越受到未成年人的青睐,据相关数据显示,4.25亿网络直播用户中,青少年观看网络直播的比例达到45.2%。随着网络直播行业的迅猛发展,越来越多的人进入直播行业,网络主播炫技秀艺,在与网友的互动中收获点赞、转发、打赏等回报。在高额利润的驱动下,网络直播行业乱象丛生。有的网络主播哗众取宠,直播拼酒、跳河、虐杀动物等扭曲社会价值观的内容；有的网络主播进行低俗表演甚至是淫秽色情表演；有的网络主播兜售假冒伪劣商品等。同时，由于网络直播具有一对多的开放性，传播速度快，范围广，影响力巨大。

未成年人心智发展还不成熟，缺乏一定的判断力和自制力，若放任其上线直播，容易受到个别观众的挑唆诱导，作出不良举动或者形成心理障碍，如有的未成年主播为吸引用户关注直播脱衣；有的怀孕的未成年少女直播晒孕照、医院产检书等。此外，未成年主播还有可能在直播中被诱导泄露姓名、学校及家庭地址等个人信息，隐私泄露也将会给未成年人带来很多潜在风险。上述情况引起社会广泛关注，在2019年3月全国“两会”期间，有些政协委员提交提案，建议应立法明确禁止未成年人担任网络主播。2016年《北京网络直播行业自律公约》提出，不得为18岁以下的未成年人提供主播注册通道。2020年国家网信办《关于开展2020“清朗”未成年人暑期网络环境专项整治的通知》中要求，严禁未成年人担任主播上线直播。因此，本条对网络直播服务提供者增加了义务性规定。

为了体现对网络直播发布者从严管理的要求，有关主管部门对网络直播发布者和网络直播用户的注册作了不同规定。例如，《互联网直播服务管理规定》第12条第1款规定，互联网直播服务提供者应当按照“后台实名、前台自愿”的原则对互联网直播用户进行基于移动电话号码等方式的真实身份信息认证，对互联网直播发布者进行基于身份证件、营业执照、组织机构代码证等的认证登记；互联网直播服务提供者应当对互联网直播发布者的真实身份信息进行审核，向所在地省、自治区、直辖市互联网信息办公室分类备案，并在相关执法部门依法查询时予以提供。《网络表演经营活动管理办法》第9条规定，网络表演经营单位应当要求表演者使用有效身份证件进行实名注册，并采取面谈、录制通话视频等有效方式进行核实。

但同时也应认识到，网络直播并非洪水猛兽，多样化的网络直播促进了网络文化和“流量经济”的繁荣发展，未成年人通过网络直播、发布视频可以分享自己的兴趣爱好，如读书、音乐、舞蹈、手工等，由此找到有共同兴趣的伙伴，也有未成年人通过这个渠道，凭借自己的知识和本领获取一定的收益，增强了自己的价值感和获得感。根据民法典的规定，年满 16 周岁以自己的劳动收入为主要生活来源的未成年人，可被视为完全民事行为能力人，上述未成年人已具备一定的辨别能力，也需要一个展示自我的舞台，应保障他们的发展权，可有条件的允许他们进行网络直播。因此，本条以 16 周岁为界限，对网络直播服务提供者在面向未满 16 周岁的未成年人和年满 16 周岁未成年人提供网络主播账号注册服务时作了不同的要求：对于未满 16 周岁的未成年人，网络直播服务提供者一律不得为其提供网络直播发布者账号注册服务；对于年满 16 周岁的未成年人，网络直播服务提供者可允许其注册成为网络直播发布者，但注册前应对未成年人的身份信息进行认证，并应取得未成年人的父母或者其他监护人同意。

第七十七条　任何组织或者个人不得通过网络以文字、图片、音视频等形式，对未成年人实施侮辱、诽谤、威胁或者恶意损害形象等网络欺凌行为。

遭受网络欺凌的未成年人及其父母或者其他监护人有权通知网络服务提供者采取删除、屏蔽、断开链接等措施。网络服务提供者接到通知后，应当及时采取必要的措施制止网络欺凌行为，防止信息扩散。

【释义】　本条是关于禁止实施网络欺凌以及相关主体的权利与义务的规定。

随着网络技术的迅速发展与普及，欺凌者通过即时通讯、聊天室、电子邮件、网络论坛和媒体发布信息的方式对未成年人实施欺凌的情况非常普遍，给未成年人身心健康造成了严重危害。因此，本条对禁止实施网络欺凌以及相关主体的权利与义务作了以下规定：

一、关于网络欺凌

目前，关于网络欺凌没有统一的定义，有些国外学者将网络欺凌定义为故意、反复地使用手机、电脑等电子通讯设备来骚扰和威胁他人的行为。该定义强调欺凌行为是故意的、重复的、伤害性的行为，即欺凌者明知自己的行为会对目标对象造成骚扰和威胁，而选择多次或者重复实施该种行为，使目标对象产生持续性的精神伤害或者痛苦。网络欺凌可以使欺凌者在保持匿名性的情况下，迅速将欺凌内容传播给广大受众，同时由于数字内容的可复制性和可分享性，使网络欺凌的影响迅速扩大，产生比传统欺凌行为更大的破坏性，往往会对遭受欺凌的未成年人造成更大的伤害，容易导致未成年人自卑、焦虑、抑郁、愤怒、暴力倾向增加甚至自残自杀。2016 年 11 月，教育部等九部门下发的《关于防治中小学生欺凌和暴力的指导意见》明确指出“避免学生欺凌和暴力通过网络新媒体扩散演变为网络欺凌”。

本条第 1 款并未对网络欺凌进行定义，而是从网络欺凌的形式和类型角度出发，对网络欺凌行为作了禁止性规定。从未成年人遭受网络欺凌的实际情况来看，根据 2018 年 6 月共青团中央、中国社会科学院与腾讯公司联合发布的《中国青少年互联网使用及网络安全情况调研报告》统计，多达 71.11%的青少年遭遇过网络欺凌，主要形式包括嘲笑和讽刺、辱骂及侮辱性词汇、恶意图片及动态图、语言或文字恐吓等，遭遇场景多样化，包括社交软件、网络社区、短视频和新闻评论区域等。因此，本条第 1 款将网络欺凌的形式界定为“通过网络以文字、图片、音视频等形式”，即认为网络欺凌主要表现为网络欺凌者借助网络信息技术和设备，通过即时通讯、聊天室、电子邮件、网络论坛和网络媒体等以发布文字、图片、音视频等形式对未成年人实施欺凌，各种线下欺凌不属于本条规制的对象。关于网络欺凌的主要类型，本条第 1 款主要列举了四种类型：(1)侮辱，指对未成年人进行辱骂或者公然贬损未成年人的人格,破坏未成年人的名誉;(2)诽谤,指在网上散布捏造或者夸大的事实故意损害未成年人名誉的行为;(3)威胁,指向未成年人发送使其感到心理畏惧、恐慌的信息,以达到控制、胁迫或者勒索未成年人等目的;(4)恶意损害形象,指对未成年人的照片、视频等进行恶意编辑并传播。

需要说明的是,本条并未将网络欺凌行为界定为“重复性”的欺凌行为。从国际立法来看,是否将“重复性”作为界定网络欺凌的考量因素,不同国家有不同的规定,如美国部分州将网络欺凌行为定义为重复的、系统的或持续的行为,而部分州将欺凌行为定义为只包含严重的或普遍的行为,强调了欺凌行为本身的严重性或者普遍性。澳大利亚、意大利等国的法律中并未将“重复性”作为界定因素,如意大利于 2017 年 6 月发布的《关于保护儿童预防和打击网络欺凌的规定》,将网络欺凌定义为任何利用互联网来冒犯、威胁、虐待、勒索、诋毁和窃取未成年人身份的行为。经研究认为,网络信息易复制、传播快的特点,使网络欺凌本身就很有可能发生重复伤害,一次网络欺凌行为可能造成不同的用户反复查看、评论或者转发,从而导致目标对象不断遭受羞辱等伤害,因此结合学生欺凌的概念,并未将网络欺凌行为界定为“重复或者多次”的欺凌行为。

二、未成年人及其父母或者其他监护人的权利

关于网络侵权行为的“通知与取下”制度,最早规定在美国《千禧年数字版权法》中,但时至今日,其适用范围早已超出了解决著作权侵权纠纷责任承担的范畴,已发展成为有效解决各类网络平台服务提供者对平台中存在的侵权行为承担何种责任问题的重要制度。如 2018 年通过的电子商务法第 42 条第 1 款中规定,知识产权权利人认为其知识产权受到侵害的,有权通知电子商务平台经营者采取删除、屏蔽、断开链接、终止交易和服务等必要措施。民法典第 1195 条第 1 款规定,网络用户利用网络服务实施侵权行为的,权利人有权通知网络服务提供者采取删除、屏蔽、

断开链接等必要措施。由于网络具有传播速度快、传播范围广等特点，一旦发生侵犯未成年人人格权的网络欺凌行为，可能在几分钟之内就传播到世界各个角落，如果不赋予被侵权人及时救济的权利，会使损害后果无限扩大，被侵权人最终将无法得到充分救济。因此，本条第2款规定，遭受网络欺凌的未成年人及其父母或者其他监护人有权通知网络服务提供者采取删除、屏蔽、断开链接等措施。国际上对网络欺凌的应对措施也作了类似规定，如意大利《关于保护儿童预防和打击网络欺凌的规定》规定，遭受网络欺凌的未成年人或者他们的父母有权要求网站主机和社交网络平台在48小时内删除和屏蔽网络欺凌内容。需要说明的是，本条第2款从对未成年人特殊保护角度出发，考虑到未成年人认识能力和行为能力存在欠缺的实际情况，为更好保护未成年人免受网络欺凌行为的伤害，将"权利人"扩大为"未成年人及其父母或者其他监护人"。

三、网络服务提供者的义务

作为实施网络欺凌行为的载体，网络服务提供者对处理网络欺凌行为具有十分重要的作用，这体现在以下几个方面：一是承担对用户发布信息的安全管理义务，网络服务提供者应当对其所登载的信息进行审查；发现违法违规信息的，应当采取必要措施进行删除或屏蔽。二是采取措施制止网络欺凌行为，防止信息扩散。三是应当建立网络欺凌投诉、举报制度，公布投诉、举报方式等信息，及时受理并处理有关网络欺凌的投诉和举报。如网络安全法第47条规定，网络运营者应当加强对其用户发布的信息的管理，发现法律、行政法规禁止发布或者传输的信息的，应当立即停止传输该信息，采取消除等处置措施，防止信息扩散，保存有关记录，并向有关主管部门报告。民法典第1195条第2款规定，网络服务提供者接到通知后，应当及时将该通知转送相关网络用户，并根据构成侵权的初步证据和服务类型采取必要措施。根据上述规定，本条第2款规定，网络服务提供者接到通知后，应当及时采取必要的措施制止网络欺凌行为,防止信息扩散。对于所采取的必要措施,本条第2款未作具体规定,只要是能达到"制止网络欺凌行为,防止信息扩散"的效果,可由网络服务提供者根据其服务类型和技术能力来自行决定采取何种措施。

第七十八条　网络产品和服务提供者应当建立便捷、合理、有效的投诉和举报渠道,公开投诉、举报方式等信息,及时受理并处理涉及未成年人的投诉、举报。

【释义】　本条是关于网络产品和服务提供者接受投诉、举报义务的规定。

网络产品和服务提供者作为产品和服务的供给主体,有义务接受用户监督,为用户提供顺畅的维权机制。同时,有效的投诉、举报机制对于落实网络产品和服务提供者的信息安全管理、防范网络沉迷、保护个人信息、制止网络欺凌的主体责任具有重要作用,因此,本条对网络产品和服务提供者接受投诉、举报的义务等作了以下规定:

网络产品和服务提供者建立投诉和举报渠道、及时受理并处理用户的投诉和举报,是畅通消费者维权渠道、加强社会公众对网络产品和服务提供者监督的必然要求,是网络产品和服务提供者承担未成年人网络保护主体责任的重要方式,也是实现保护网络安全和维护未成年人在内的网络使用者合法权益的重要保障。我国相关法律、部门规章中对此已有明确要求,消费者权益保护法第17条明确规定,经营者应当听取消费者对其提供的商品或者服务的意见,接受消费者的监督。网络安全法第49条第1款规定,网络运营者应当建立网络信息安全投诉、举报制度,公布投诉、举报方式等信息,及时受理并处理有关网络信息安全的投诉和举报。电子商务法第59条规定,电子商务经营者应当建立便捷、有效的投诉、举报机制,公开投诉、举报方式等信息,及时受理并处理投诉、举报。国家网信办《网络信息内容生态治理规定》第16条规定，网络信息内容服务平台应当在显著位置设置便捷的投诉举报入口，公布投诉举报方式，及时受理处置公众投诉举报并反馈处理结果。据此，本条对网络产品和服务提供者建立投诉、举报渠道，及时受理并处理个人和组织涉及未成年人的投诉、举报提出了要求，一是网络产品和服务提供者应当建立便捷、合理、有效的投诉和举报渠道，建立畅通的投诉和举报渠道是用户顺利维权的基础；二是网络产品和服务提供者应当公开投诉、举报方式等信息，方便投诉举报人；三是网络产品和服务提供者应当及时受理投诉、举报，无正当理由不得拒绝；四是网络产品和服务提供者应当按照内部操作规程及时处理投诉和举报，并告知投诉举报人处理结果。

第七十九条　任何组织或者个人发现网络产品、服务含有危害未成年人身心健康的信息，有权向网络产品和服务提供者或者网信、公安等部门投诉、举报。

【释义】　本条是关于社会公众对危害未成年人身心健康信息投诉、举报权的规定。

信息内容安全管理方面的新情况、新问题层出不穷，在强调政府监管、市场主体自律的同时，重视发挥社会监督的作用，以投诉和举报的方式推动违法信息的治理，不仅可以降低违法信息治理的成本，而且可以提高治理的针对性和有效性。因此，本条对社会主体的投诉、举报权利作了以下规定：

在信息时代，网络社会具有高度的开放性和流动性，网络上充斥着大量违法信息对未成年人的身心健康造成严重危害，因此本法第50条规定，任何组织或者个人不得制作、复制、发布、传播含有宣扬淫秽、色情、暴力、邪教、迷信、赌博、引诱自杀、恐怖主义、分裂主义、极端主义等危害未成年人身心健康内容的网络信息。对网络违法信息的治理,过多地强调政府干预可能会压制网络开放、平等、创新的生命力;过多地强调自律管理又可能造成网络监管的放任和无序,对网络违法信息的治理是一项系统工程,需要国家、行业主体、市场主体以及社会主体共同参与、有效配合,形成治理合力。因此,在加强政府监管和行业、企业自律管理的同时,有必要强调发挥社会主体的作用,强化社会监督。社会监督,是指无法定监管职能的社会团体、组织和公民个人以批评、建议、检举、申诉、控告等方式对网络违法信息进行的监督,主要包括公民监督、社会团体监督以及舆论监督等。

重视发挥社会监督的力量,是国际上治理网络违法信息,综合推进网络产业健康发展,规范市场秩序的通行做法。目前各国基本都有相关的投诉举报机制,并通过多渠道方便各领域用户使用,大大提高了工作效率。如欧盟建立市民热线,社会公众通过热线对违法信息进行投诉举报,然后由热线网络将相关信息报告各主管部门,市民热线还通过构建专家中心,就何为违法信息等问题向网络服务提供者提供指导。同时,欧盟要求各国要加快建立热线并融合到现有的热线网络中,实现资源数据的共享。我国于 2005 年 8 月建立了中国互联网违法和不良信息举报中心,举报中心的宗旨是举报违法信息,维护公共利益,任何公民在网上发现违法和不良信息,只要登录到举报中心网站,说明相关信息所在网站的名称和页面位置,提供举报人的必要联系方式,即可实施举报,举报人的权益受到严格保护。被举报网站收到有效举报通知后,有责任及时处理举报,对不及时处理的,举报中心将在网站曝光,并通报国家有关执法部门依法处理。据此,本条对社会主体享有的对违法信息的投诉、举报权作了一般性规定,同时基于本法第 66 条、第 78 条的规定,就投诉举报的途径,本条规定赋予社会主体以选择权,即任何组织和个人发现网络产品和服务中含有危害未成年人身心健康信息的,既有权向网络产品和服务提供者投诉、举报,又有权向网信、公安等部门投诉、举报。对于向网络服务提供者投诉、举报的,依照本法第 80 条第 2 款规定,网络服务提供者发现其用户发布、传播含有危害未成年人身心健康内容的信息的，应当立即停止传输相关信息，采取删除、屏蔽、断开链接等处置措施，保存有关记录，并向网信、公安等部门报告。

第八十条　网络服务提供者发现用户发布、传播可能影响未成年人身心健康的信息且未作显著提示的，应当作出提示或者通知用户予以提示；未作出提示的，不得传输相关信息。

网络服务提供者发现用户发布、传播含有危害未成年人身心健康内容的信息的，应当立即停止传输相关信息，采取删除、屏蔽、断开链接等处置措施，保存有关记录，并向网信、公安等部门报告。

网络服务提供者发现用户利用其网络服务对未成年人实施违法犯罪行为的，应当立即停止向该用户提供网络服务，保存有关记录，并向公安机关报告。

【释义】　本条是关于网络服务提供者对用户行为的安全管理义务的规定。

网络服务提供者作为用户发布信息的平台，应当加强对其用户发布的公开信息的管理，对法律、行政法规禁止发布或者传输的信息，应当依法采取必要的处置措施。此外，网络服务提供者作为提供网络服务的平台，还需要履行信息安全管理以外的网络安全管理义务，应加强其所提供服务的日常安全管理，发现用户利用其网络服务实施违法犯罪行为的，应采取必要的处置措施。因此，本条对网络服务提供者对用户行为的安全管理义务作了以下规定：

一、网络服务提供者对用户发布信息的安全管理义务

对于网络服务提供者对用户发布信息的安全管理义务，我国相关法律、行政法规、部门规章均已作了规定。2000 年全国人大常委会通过的《关于维护互联网安全的决定》规定,从事互联网业务的单位要依法开展活动,发现互联网上出现违法犯罪行为和有害信息时,要采取措施,停止传输有害信息,并及时向有关机关报告。2012 年全国人大常委会通过的《关于加强网络信息保护的决定》第 5 条规定,网络服务提供者应当加强对其用户发布的信息的管理,发现法律、法规禁止发布或者传输的信息的,应当立即停止传输该信息,采取消除等处置措施,保存有关记录,并向有关主管部门报告。2016 年网络安全法第 47 条规定,网络运营者应当加强对其用户发布的信息的管理,发现法律、行政法规禁止发布或者传输的信息的,应当立即停止传输该信息,采取消除等处置措施,防止信息扩散,保存有关记录,并向有关主管部门报告。2019 年国家网信办《网络信息内容生态治理规定》第 10 条规定,网络信息内容服务平台应当加强信息内容的管理,发现该规定第 6 条、第 7 条规定的信息的,应当依法立即采取处置措施,保存有关记录,并向有关主管部门报告。世界上许多国家和地区的立法也规定了网络服务提供者处置违法信息的义务。比如,德国《电信媒体法》规定,电信媒体运营商有义务删除法律规定应予以删除的信息;印度《信息技术法》规定,互联网服务提供商负有网络内容监管义务,对诽谤、猥亵、骚扰、泄愤等敏感、易引发争议的内容进行管控;瑞典《网络论坛责任法》规定,用户在网络论坛上传明显违反刑法关于煽动叛乱罪、煽动种族仇恨、儿童色情、非法暴力描写等规定的信息的,网络服务提供商应当删除相关内容或以其他方式防止相关内容继续传播。

本法从保护未成年人工作实际出发,在对网络信息进行原则区分的基础上,针对不同内容的网络信息作了不同规定:一是对有利于未成年人健康成长的网络信息,本法第 48 条规定,国家鼓励制作和传播有利于未成年人健康成长的网络信息。二是对可能影响未成年人身心健康的网络信息,本法第 51 条规定,任何组织或者个人发布、传播的网络信息,包含可能影响未成年人身心健康内容的,应当以显著方式作出提示。对此类信息并非绝对禁止其发布、传播,而是要求必须作出显著提示后,方可发布、传播;至于对可能影响未成年人信息网络信息的种类、范围和判断标准,本法第 67 条规定,网信部门会同公安、文化和旅游、新闻出版、电影、广播电视等部门根据保护不同年龄阶段未成年人的需要,确定可能影响未成年人身心健康网络信息的种类、范围和判断标准。三是对危害未成年人身心健康的网络信息,本法第 50 条规定,禁止制作、复制、发布、传播含有宣扬淫秽、色情、暴力、邪教、迷信、赌博、引诱自杀、恐怖主义、分裂主义、极端主义等危害未成年人身心健康内容的网络信息。因此,本条规定的网络服务提供者对用户发布信息的安全管理义务,根据上述网络信息分类,对可能影响未成年人健康成长的信息和危害未成年人健康成长的信息分别作了规定。

依据本条第 1 款的规定,网络服务提供者发现用户发布、传播可能影响未成年人身心健康的信息且未作显著提示的,应当履行以下义务:一是必须作出提示,至于提示的方式,网络服务提供者可选择自行作出提示,或者通知用户,由用户作出提示;二是对于网络服务提供者和用户均未作出提示的可能影响未成年人身心健康的信息,网络服务提供者不得允许用户通过其网络服务将该信息传播给他人。

依据本条第 2 款的规定,网络服务提供者发现用户发布、传播含有危害未成年人身心健康内容的信息的,应当履行以下义务:一是应当立即停止传输相关信息,阻止违法信息通过其所提供的网络服务传播给他人;二是根据其提供服务的类型和技术能力,采取相应删除、屏蔽、断开链接等处置措施,防止未成年人继续浏览、复制等相关信息;三是保存有关记录,为依法追究信息发布者、传播者的责任提供依据;四是应当根据违法信息的内容和性质,向网信、公安等部门报告。

二、网络服务提供者对用户从事违法犯罪行为的安全管理义务

网络并非法外之地,网络安全法第 12 条第 2 款对个人和组

织禁止使用网络从事的活动作了规定,任何个人和组织使用网络应当遵守宪法法律,遵守公共秩序,尊重社会公德,不得危害网络安全,不得利用网络从事危害国家安全、荣誉和利益,煽动颠覆国家政权、推翻社会主义制度,煽动分裂国家、破坏国家统一,宣扬恐怖主义、极端主义,宣扬民族仇恨、民族歧视,传播暴力、淫秽色情信息,编造、传播虚假信息扰乱经济秩序和社会秩序,以及侵害他人名誉、隐私、知识产权和其他合法权益等活动。此外,为有效惩治利用网络实施违法犯罪的行为,2015 年刑法修正案(九)规定,在刑法第 287 条之后增加二条,其中第 287 条之一增设“非法利用信息网络罪”,规定利用信息网络实施下列行为之一,情节严重的,构成犯罪:(1)设立用于实施诈骗、传授犯罪方法、制作或者销售违禁物品、管制物品等违法犯罪活动的网站、通讯群组的;(2)发布有关制作或者销售毒品、枪支、淫秽物品等违禁物品、管制物品或者其他违法犯罪信息的;(3)为实施诈骗等违法犯罪活动发布信息的。因此,本条对网络服务提供者对用户从事违法犯罪行为的安全管理义务作了规定。依据本条第 3 款的规定,网络服务提供者发现用户利用其网络服务对未成年人实施违法犯罪行为的,应当履行以下义务:一是应当立即停止向该用户提供网络服务,阻止用户继续利用其网络服务对未成年人实施违法犯罪行为;二是保存有关记录,为依法追究利用其网络服务实施违法犯罪行为的用户的法律责任提供依据;三是向公安机关报告利用其网络服务实施违法犯罪行为的用户及其具体违法犯罪行为。

第六章　政 府 保 护

第八十一条　县级以上人民政府承担未成年人保护协调机制具体工作的职能部门应当明确相关内设机构或者专门人员，负责承担未成年人保护工作。

乡镇人民政府和街道办事处应当设立未成年人保护工作站或者指定专门人员，及时办理未成年人相关事务；支持、指导居民委员会、村民委员会设立专人专岗，做好未成年人保护工作。

【释义】　本条是关于城镇、乡村未成年人政府保护工作落实主体的规定。

近年来，在教育、民政、公安、司法等部门的共同努力下，我国未成年人保护工作不断完善，但因缺乏专门的政府协调负责机构，部门之间扯皮、推诿导致救助不力的情况时有发生，使相关法律法规常常难以落到实处。在立法过程中，政府有关部门、专家学者、社会公众建议，应当建立未成年人专门保护机构，协调未成年人保护的相关工作，落实主体责任，为未成年人的保护提供兜底保障。此次修订增加各级政府、政府派出机构和基层自治组织应确定承担未成年人保护工作的机构和人员的规定，是对上述问题和建议的回应。

一、承担未成年人保护协调工作的机构和人员

（一）县级以上人民政府承担未成年人保护协调机制的具体工作

未成年人政府保护工作，往往需要公安、教育、民政、司法等

各个政府职能部门协同推进才能完成，需要一个专门的机构负责协调统筹才能做好。从现行规定和我国未成年人保护工作实践看，民政部门在未成年人保护中一直承担协调职责。民政部的儿童福利司、民政局的儿童处在推进未成年人保护、困境未成年人救助、未成年人救助站的建设及未成年人侵害案件救济工作中发挥着协调联动的重要作用。考虑到一些地方有教育部门等其他政府部门承担未成年人保护协调工作的做法，本条规定没有直接将民政部门作为承担未成年人保护协调机制具体工作的职能部门予以规定，而是采用了灵活的表述，给地方建立符合地方特色的未成年人保护协调机制留出空间。同时，考虑到乡镇政府和街道办事处作为最基层的政府机构，没有同级的教育、司法等政府部门，无法成立协调机制，此次修订未规定其协调职责。

（二）承担未成年人保护协调机制具体工作的职能部门应当明确相关内设机构或者专门人员

2014 年，全国人大常委会就 2012 年修正的未成年人保护法开展执法检查，在实施情况的报告中提到，“未成年人保护还存在一些问题，有的省级地方政府没有设立未成年人保护委员会，有些地方和部门只重经济发展，有的地方把政府职责推给共青团和妇联组织，政府管理部门依法保护未成年人责任意识亟待提高”。为解决这一问题，近年来国家有关部门加强了对各地未成年人保护工作落实情况的监督，对落实主体作出要求，取得了较好的效果，不少地方政府已明确机构或者专门人员，负责承担未成年人保护协调工作。本条将相关职能部门应明确内设机构或者专门人员上升为法律规定，对进一步落实主体责任、确保政府保护落到实处有重大作用。

二、乡镇人民政府和街道办事处承担未成年人保护工作的机构或人员

在此次立法过程中，有地方和中央有关部门、单位提出，乡镇

人民政府和街道办事处应当切实履行未成年人保护职责，确保责有人负，事有人干，及时办理与未成年人相关事务，支持、指导居民委员会、村民委员会做好未成年人保护有关工作。乡镇人民政府是最基层的政府机构，街道办事处是基层政府的派出机构，直接面向群众开展工作，在未成年人保护中与群众的联系更为直接、工作内容更为具体，在乡镇政府、街道设立未成年人保护工作站或者指定专门人员，是未成年人相关事务及时办理的重要基础和重要保障。民政部、教育部等部门联合印发的《关于进一步健全农村留守儿童和困境儿童关爱服务体系的意见》提出，要加强基层儿童工作队伍建设，坚持选优配强，确保有能力、有爱心、有责任心的人员从事儿童关爱保护服务工作，做到事有人干、责有人负。乡镇人民政府（街道办事处）要明确工作人员负责儿童关爱保护服务工作，配备“儿童督导员”。乡镇人民政府和街道办事处可以通过设立未成年人保护工作站，也可以通过指定专门人员负责未成年人保护工作来落实主体责任。

三、居民委员会、村民委员会设立专人专岗做好未成年人保护工作

作为在政府指导下建立的自我管理、自我教育、自我服务的基层群众自治性组织，居民委员会、村民委员会对居住区域的未成年人的健康状况、家庭状况比较了解，从事本社区未成年人保护工作有天然的优势。居民委员会、村民委员会在乡镇政府、街道办事处的支持和指导下设立专人专岗，做好未成年人保护工作，是打通未成年人政府保护“最后一公里”的重要途径。《关于进一步健全农村留守儿童和困境儿童关爱服务体系的意见》提出，村（居）民委员会要明确由村（居）民委员会委员、大学生村官或者专业社会工作者等人员负责儿童关爱保护服务工作，优先安排村（居）民委员会女性委员担任，配备“儿童主任”，发挥宣传、引导、监督、协调的重要作用。

需要注意的是，考虑到基层群众自治性组织的人员有限，本条规定的专人专岗并非专人一岗，未成年人保护工作的专门负责人员也可以同时兼任其他工作。

第八十二条　各级人民政府应当将家庭教育指导服务纳入城乡公共服务体系，开展家庭教育知识宣传，鼓励和支持有关人民团体、企业事业单位、社会组织开展家庭教育指导服务。

【释义】　本条是关于政府提供、鼓励、支持家庭教育指导服务的规定。

本条是对2012年未成年人保护法第12条第2款的修改。与2012年未成年人保护法相比，主要是明确将家庭教育指导服务纳入城乡公共服务体系，同时鼓励和支持社会力量开展家庭教育指导服务。这样修改的目的是明确各级人民政府开展家庭教育指导服务的责任，扩展提供相关指导服务的单位范围。

一、家庭教育指导服务纳入城乡公共服务体系

家庭是社会的基本细胞。注重家庭、注重家教、注重家风，对于国家发展、民族进步、社会和谐具有十分重要的意义。家庭教育在未成年人思想道德建设中具有特殊重要的作用。家庭教育工作开展的如何，关系到孩子的终身发展，关系到千家万户的切身利益，关系到国家和民族的未来。

进入21世纪以来，我国高度重视家庭教育，先后出台多个规范性文件，为各地政府开展家庭教育指导服务提供了政策依据。2011年7月，《国务院关于印发中国妇女发展纲要和中国儿童发展纲要的通知》中明确指出，各级人民政府应当将家庭教育指导服务纳入城乡公共服务体系。具体而言，要普遍建立各级家庭教育指导机构，90%的城市社区和80%的行政村建立家长学校或家庭教育指导服务点。建立家庭教育从业人员培训和指导服务机构准入等制度，培养合格的专兼职家庭教育工作队伍。加大公共财政对家庭教育指导服务体系建设的投入。开展家庭教育指导和宣传实践活动。多渠道、多形式持续普及家庭教育知识，确保儿童家长每年至少接受 2 次家庭教育指导服务，参加 2 次家庭教育实践活动。通过加强家庭教育研究，促进研究成果的推广和应用，以充分发挥各类家庭教育学术团体的作用，同时针对家庭教育中存在的突出问题，积极开展科学研究，为指导家庭教育工作提供理论支持和决策依据。

二、政府开展家庭教育知识宣传

开展家庭教育知识宣传，是各级人民政府提供家庭教育指导服务的重要形式。2004 年 2 月，《中共中央、国务院关于进一步加强和改进未成年人思想道德建设的若干意见》中提出，各级人民政府要与社区密切合作，办好家长学校、家庭教育指导中心，并积极运用新闻媒体和互联网，面向社会广泛开展家庭教育宣传，普及家庭教育知识，推广家庭教育的成功经验，帮助和引导家长树立正确的家庭教育观念，掌握科学的家庭教育方法，提高科学教育子女的能力。同时，充分发挥各类家庭教育学术团体的作用，针对家庭教育中存在的突出问题，积极开展科学研究，为指导家庭教育工作提供理论支持和决策依据。

2015 年 10 月，教育部颁布了《关于加强家庭教育工作的指导意见》，对开展家庭教育工作提出了明确要求，其中提到，各地教育部门要加强宣传引导，开展家庭教育工作实验区和示范校创建工作，充分培育、挖掘和提炼先进典型经验，以点带面，整体推进。各地教育部门和中小学幼儿园要树立先进家庭典型，宣传优秀家庭教育案例，引导全社会重视和支持家庭教育工作，为家庭教育工作营造良好的社会环境和舆论氛围。

三、政府鼓励和支持社会力量开展家庭教育指导服务

各级人民政府应当加快形成家庭教育社会支持网络，鼓励和支持社会力量开展家庭教育指导服务。具体来说，可以从以下方

面入手：

一是构建家庭教育社区支持体系。各级人民政府要协调相关部门密切配合，推动建立街道、社区（村）家庭教育指导机构，利用节假日和业余时间开展工作，将街道、社区（村）家庭教育指导服务纳入社区教育体系。有条件的中小学幼儿园可以派教师到街道、社区（村）挂职，为家长提供公益性家庭教育指导服务。

二是统筹协调各类社会资源单位。各级人民政府要积极引导多元社会主体参与家庭教育指导服务，利用各类社会资源单位开展家庭教育指导和实践活动，扩大活动覆盖面，推动有条件的地方由政府购买公益岗位。依托青少年宫、乡村少年宫、儿童活动中心等公共服务阵地，为城乡不同年龄段孩子及其家庭提供家庭教育指导服务。鼓励和支持有条件的机关、社会团体、企事业单位为家长提供及时便利的公益性家庭教育指导服务。

三是给予留守未成年人、困境未成年人、残疾未成年人更多关爱帮扶。各级人民政府要特别关心留守未成年人、困境未成年人、残疾未成年人，鼓励和支持各类社会组织发挥自身优势，以城乡儿童活动场所为载体，广泛开展适合留守未成年人、困境未成年人、残疾未成年人特点和需求的家庭教育指导服务和关爱帮扶。倡导企业履行社会责任，支持志愿者开展志愿服务，引导社会各界共同参与，逐步培育形成家庭教育社会支持体系。

目前，家庭教育法已纳入全国人大常委会2020年度立法工作计划，作为预备审议项目，由有关方面抓紧开展调研和起草工作，视情况安排审议。各级人民政府和有关单位应当密切关注家庭教育法的立法动态，待法律公布后，严格遵守有关家庭教育指导服务的规定。

第八十三条　各级人民政府应当保障未成年人受教育的权利，并采取措施保障留守未成年人、困境未成年人、残疾未成年人接受义务教育。

对尚未完成义务教育的辍学未成年学生，教育行政部门应当责令父母或者其他监护人将其送入学校接受义务教育。

【释义】 本条是关于政府保障未成年人受教育权利的规定。

本条是对2012年未成年人保护法第28条的修改。考虑到政府在保障未成年人受教育权利的基础上，需要重点关注未成年人弱势群体，确保所有适龄未成年人接受义务教育，同时为了规范相关表述，将"家庭经济困难的、残疾的和流动人口中的未成年人等"修改为"留守未成年人、困境未成年人、残疾未成年人"，并增加尚未完成义务教育的辍学未成年学生继续接受义务教育的有关规定。

一、政府保障未成年人受教育的权利

未成年人的受教育权是宪法赋予的重要权利，保障未成年人接受教育是各级人民政府的职责所在。宪法第46条规定："中华人民共和国公民有受教育的权利和义务。国家培养青年、少年、儿童在品德、智力、体质等方面全面发展。"本法在第16条和第28条，已经分别规定了未成年人的父母或者其他监护人、学校应当尊重、保障未成年人受教育的权利，在本条中明确各级人民政府的保障职责，目的在于强调保护未成年人受教育的权利，需要家庭、学校和政府密切沟通、相互配合，是三方共同的义务和责任。

政府保障未成年人接受教育的权利，就是要最大限度地实现教育公平。教育公平的主要责任在政府，全社会要共同促进教育公平。2010年7月颁布的《国家中长期教育改革和发展规划纲要(2010—2020年)》中指出，教育公平是社会公平的重要基础。要把促进公平作为国家基本教育政策。具体来说，就是要实现机会公平，重点是促进义务教育均衡发展和扶持困难的未成年人群体，根本措施就是合理配置教育资源，向农村地区、边远贫困地区和民族地区倾斜，加快缩小城乡、区域之间的教育差距，保障广大未成年人依法享有平等接受教育的权利。

二、保障留守、困境和残疾未成年人接受义务教育

接受义务教育是适龄未成年人的权利,但是现实生活中部分弱势未成年人群体的受教育权往往被忽略或者得不到公平对待。这种状况不仅对未成年人本身的健康成长非常不利,影响其日后作为公民去实现其他权利的能力,而且对于国家提升国民整体素质,促进社会和谐稳定发展带来负面影响,因此未成年人保护法需要特别关注和保障留守未成年人、困境未成年人、残疾未成年人这三类弱势未成年人群体接受义务教育。

留守未成年人,是指父母双方外出务工或一方外出务工另一方无监护能力的未成年人。《国务院关于加强农村留守儿童关爱保护工作的意见》中指出,教育行政部门要落实免费义务教育和教育资助政策,确保农村留守儿童不因贫困而失学。各地也陆续出台了针对留守未成年人的保障规定。例如,《江苏省未成年人保护条例》第47条规定,该条例对特定对象实施特殊保护,对有严重不良行为的未成年人,应当有针对性地采取教育和保护措施。这其中就包括"留守未成年人"。又如,《山东省未成年人保护条例》第12条规定,在留守未成年人比较集中的地区,可以设立留守未成年人托管机构,为留守未成年人的学习、生活和身心健康提供指导和帮助。考虑到留守未成年人长期远离父母,长辈监护意识薄弱,缺乏必要的家庭保护和教育,将其作为控辍保学的重点对象,具有非常现实的意义。

根据《国务院关于加强困境儿童保障工作的意见》的精神,困境未成年人应当包括因家庭贫困导致生活、就医、就学等困难的未成年人,因自身残疾导致康复、照料、护理和社会融入等困难的未成年人,以及因家庭监护缺失或监护不当遭受虐待、遗弃、意外伤害、不法侵害等导致人身安全受到威胁或侵害的未成年人。其中,对于家庭经济困难未成年人,要落实教育资助政策和义务教育阶段"两免一补"政策。对于残疾未成年人,要建立随班就读支

持保障体系,为其中家庭经济困难的未成年人提供包括义务教育、高中阶段教育在内的12年免费教育。同时,应当完善义务教育控辍保学工作机制,确保困境未成年人入学和不失学,依法完成义务教育。

在修订草案审议过程中,有的意见提出,残疾未成年人是弱势群体,同时也是义务教育的保障对象,应当作为重点保障的群体,因此在征求意见稿的基础上,在本条中增加了“残疾未成年人”。残疾未成年人,是指在心理、生理、人体结构上,某种组织、功能丧失或者不正常,全部或者部分丧失以正常方式从事某种活动能力的未成年人。我国高度重视和关心残疾未成年人,依法保障残疾未成年人接受义务教育是各级人民政府的责任。根据《残疾人教育条例》的规定,各级人民政府应当依法履行职责,保障适龄残疾未成年人接受义务教育的权利。具体来说,各级人民政府应从以下方面着手:一是高度重视,统筹安排。针对残疾未成年人的类别和程度制定具体的实施办法,与义务教育招生入学整体工作进行统一部署和要求。二是认真组织入学前登记。区县教育行政部门应在当地政府领导下会同卫生、民政、残联等部门,设立残疾人教育专家委员会,建立残疾未成年人信息交流和共享机制;根据新生儿疾病筛查、学龄前儿童残疾筛查和残疾人统计等信息,对义务教育适龄残疾未成年人进行入学前登记,全面掌握适龄残疾未成年人的数量和残疾情况。三是“一人一案”落实教育安置。各地要按照“全覆盖、零拒绝”的要求,以区县为单位,根据残疾未成年人的实际情况制订教育安置方案,逐一做好适龄残疾未成年人的入学安置工作。必要时,委托区县残疾人教育专家委员会,对残疾未成年人适应学校学习生活和教育的能力进行评估,提出入学安置建议。四是加强条件保障。以区(县)为单位统筹规划特殊教育资源教室建设,配好资源教师,为普通学校招收残疾未成年人创造条件。五是加大社会宣传力度。各地要充分利用报纸、广播、电视、网络等宣传媒体,大力宣传残疾未成年人接受义务教育的重要意义,积极动员残疾未成年人家长送孩子入学，依法保障残疾未成年人接受义务教育。

三、保障辍学未成年学生继续接受义务教育

义务教育是国家统一实施的所有适龄未成年人必须接受的教育，是教育工作的重中之重，是国家必须予以保障的基础性、公益性事业。

党中央、国务院高度重视义务教育工作，在促进教育公平、保障适龄未成年人平等接受义务教育方面作出了重要部署，特别是近年来建立了城乡统一、重在农村的义务教育经费保障机制，实现了城乡免费义务教育，义务教育覆盖面、入学率、巩固率持续提高。但受办学条件、地理环境、家庭经济状况和思想观念等多种因素影响，我国一些地区特别是老少边穷岛地区仍不同程度存在失学辍学现象，初中学生辍学、流动和留守未成年人失学辍学问题仍然较为突出，这直接关系到国家和民族的未来。

2017 年 7 月，国务院办公厅颁布《关于进一步加强控辍保学提高义务教育巩固水平的通知》，文件中指出，到 2020 年要确保实现全国九年义务教育巩固率达到 95%的目标。各级政府应当切实提高认识，坚持依法控辍，建立健全控辍保学工作机制。

一方面，要履行政府控辍保学法定职责。政府的职责在于补短板、控底线。各地要严格落实义务教育法、未成年人保护法等法律法规，保障适龄未成年人接受义务教育的权利。省级人民政府要全面负责区域内义务教育控辍保学工作，完善政策措施，健全控辍保学目标责任制，突出重点地区，加强分类指导，督促各县（市、区）做好义务教育各项工作，实现控辍保学目标。县级人民政府要履行控辍保学主体责任，组织和督促适龄未成年人入学，帮助他们解决接受义务教育的困难，采取措施防止辍学。配合各级人民代表大会及其常务委员会加强对义务教育控辍保学工作的监督及执法检查。

另一方面，要完善行政督促复学机制。各地要全面掌握辖区内适龄未成年人情况，加强宣传教育，督促父母或者其他法定监

护人依法送适龄未成年人入学并完成义务教育。学校要建立和完善辍学学生劝返复学、登记与书面报告制度,加强家校联系,配合政府部门做好辍学学生劝返复学工作。落实家长责任,父母或者其他法定监护人应当依法送适龄未成年人按时入学接受并完成义务教育,无正当理由未送适龄未成年人入学接受义务教育或造成辍学的,由当地乡镇人民政府或者县级人民政府教育行政部门给予批评教育,责令限期改正;逾期不改的,由司法部门依法发放相关司法文书,敦促其保证辍学学生尽早复学;情节严重或构成犯罪的,依法追究法律责任。

第八十四条　各级人民政府应当发展托育、学前教育事业,办好婴幼儿照护服务机构、幼儿园,支持社会力量依法兴办母婴室、婴幼儿照护服务机构、幼儿园。

县级以上地方人民政府及其有关部门应当培养和培训婴幼儿照护服务机构、幼儿园的保教人员,提高其职业道德素质和业务能力。

【释义】　本条是关于国家发展托育、学前教育事业的规定。

一、国家发展托育、学前教育事业要多办、办好婴幼儿照护服务机构和幼儿园

《中共中央、国务院关于学前教育深化改革规范发展的若干意见》中提出,要坚持公办民办并举,加大公共财政投入,着力扩大普惠性学前教育资源供给,争取到 2035 年,全面普及学前三年教育,建成覆盖城乡、布局合理的学前教育公共服务体系,形成完善的学前教育管理体制、办园体制和政策保障体系,为幼儿提供更加充裕、更加普惠、更加优质的学前教育。据官方统计,截至 2018 年年底,全国共有幼儿园 26.7 万所,全国普惠性幼儿园覆盖率为 73.1%,全国学前三年毛入园率为 81.7%,尚不能全面解决二胎政策放开前的学前教育问题。多办、办好普惠性的婴幼儿照护服务机构、幼儿园是国家补齐学前教育短板的重要抓手。

二、国家支持社会力量依法兴办母婴室、婴幼儿照护服务机构、幼儿园

（一）国家支持社会力量依法兴办母婴室

母婴室指通常大型公共场所中为方便携婴父母照料哺乳期婴儿，进行护理、哺乳、集乳、喂食、备餐等婴儿照护活动建设的特殊服务设施。为进一步做好婴幼儿社会照护设施建设，国家卫健委提出，将制定母婴室设置标准，引导企事业单位和公共场所设置母婴室，并推动有关部门将母婴室建设纳入相关规范与城市建设规划中。不少地方制定了相关条例推进此项工作。如北京，截至 2018 年 11 月底，北京市公共场所已设立母婴关爱室近 400 个，机场、火车站母婴室配置率达 100%，其中 320 余个母婴关爱室已上线电子地图。为推动母婴室的规范化与标准化建设，北京市卫健委发布统一的“母婴关爱室”图标和名称，已建的和在建的母婴关爱室都将统一使用该标识。此外，北京市规划和自然资源委员会组织编制的《母婴室设计指导性图集》也同期发布，母婴服务逐步完善。

（二）国家支持社会力量兴办婴幼儿照护机构和幼儿园

《国务院办公厅关于促进三岁以下婴幼儿照护服务发展的指导意见》提出，大力推动婴幼儿照护服务发展，坚持优先支持普惠性婴幼儿照护服务机构的原则，在大力增加公立园的基础上，鼓励社会力量办园。普惠性幼儿园既包括公办园，也包括普惠性民办园。从现实需要看，要破解“入园难”“入园贵”问题，必须按照公办民办并举的要求，在大力发展公办园的同时，积极扶持和引导更多的民办园提供普惠性服务。同时，考虑到家长对于婴幼儿照护的需求是不同的，并不要求所有的民办园都办成普惠性民办园，举办者可以选择办成营利性幼儿园，以满足家长的不同需求，实现婴幼儿的个性化发展。

三、加强保教人员的培养和培训

办好婴幼儿服务机构、幼儿园，需要加大对保教人员的培养和培训，保证婴幼儿接受安全、优质的照顾和教育。保教人员是家庭成员外与婴幼儿接触最多的人员，保教人员的德才品质、专业素养对婴幼儿的成长至关重要，道德败坏、不合格的保教人员可能对婴幼儿造成极大的伤害。近年来，婴幼儿照护服务机构、幼儿园保教人员侵害婴幼儿身心健康的事件频发，引起了国家和社会的广泛关注，加大对保教人员的培养和培训，提高职业道德素质和业务能力，迫在眉睫。

目前，一些法律法规和规范性文件对保教人员的任职资格、培养培训工作作出了规定。《中共中央、国务院关于学前教育深化改革规范发展的若干意见》中提出，要完善教师培养体系、前移培养起点、创新培养模式、优化培养课程体系，突出保教融合，健全学前教育法规及规章制度，加强儿童发展、幼儿园保育教育实践类课程建设，提高培养专业化水平。要健全教师培训制度。出台幼儿园教师培训课程指导标准，实行幼儿园园长、教师定期培训和全员轮训制度，创新培训模式，要求严格教师队伍管理，强化师德师风建设，对违反职业行为规范、影响恶劣的实行“一票否决”，终身不得从教。《幼儿园管理条例》规定：幼儿园园长、教师应当具有幼儿师范学校（包括职业学校幼儿教育专业）毕业程度，或者经教育行政部门考核合格；医师应当具有医学院校毕业程度，医士和护士应当具有中等卫生学校毕业程度，或者取得卫生行政部门的资格认可；保健员应当具有高中毕业程度，并受过幼儿保健培训；保育员应当具有初中毕业程度，并受过幼儿保育职业培训。慢性传染病、精神病患者，不得在幼儿园工作。

2020 年未成年人保护法修订，将培养和培训保教人员统一为县级以上人民政府和有关部门负责，有利于形成科学的保教人员培养、培训机制，有助于提高保教人员培养、培训质量，减轻基层负担。

第八十五条　各级人民政府应当发展职业教育，保障未成年人接受职业教育或者职业技能培训，鼓励和支持人民团体、企业事业单位、社会组织为未成年人提供职业技能培训服务。

【释义】　本条是关于发展职业教育及职业技能培训的规定。

本条对2012年未成年人保护法第47条进行了修改。考虑到职业教育与普通教育具有同等地位，删去“已经完成规定年限的义务教育不再升学”的前提和“创造劳动就业条件”的目的，同时增加有关“职业技能培训”的内容，将职业教育和职业技能培训作区分，增强表述的规范性和准确性。

一、发展职业教育，保障未成年人接受职业教育

随着我国进入新的发展阶段，产业升级和经济结构调整不断加快，各行各业对技术技能人才的需求越来越紧迫，职业教育重要地位和作用越来越凸显。职业教育法规定，职业教育是国家教育事业的重要组成部分，是促进经济、社会发展和劳动就业的重要途径。公民有依法接受职业教育的权利。国务院印发的《国家职业教育改革实施方案》明确指出，职业教育与普通教育是两种不同教育类型，具有同等重要地位。因此，未成年人在完成义务教育后，根据自身的职业发展需要，可以选择继续普通教育，进入普通高中就读，也可以选择接受职业教育，不存在所谓优先和劣后的选择顺序。

然而，与发达国家相比，与建设现代化经济体系、建设教育强国的要求相比，我国职业教育还存在体系建设不够完善、职业技能实训基地建设有待加强、办学和人才培养质量水平参差不齐等问题。因此，政府发展职业教育，不仅是保障未成年人接受职业教育的权利，也是促进产业结构优化升级，全面提升劳动力素质，推动国家经济社会发展的重要举措。

政府发展职业教育，保障未成年人接受职业教育的权利，具体来说可以从以下方面着手：

一是各级人民政府要深化“放管服”改革，加快推进职能转变，由注重“办”职业教育向“管理与服务”过渡。政府主要负责规划战略、制定政策、依法依规监管。鼓励有条件的企业特别是大企业举办高质量职业教育，各级人民政府可按规定给予适当支持。建立公开、透明、规范的民办职业教育准入、审批制度，探索民办职业教育负面清单制度，建立健全退出机制，从多个角度扩大职业教育规模，为未成年人提供接受教育的机会和平台。

二是要建立与办学规模、培养成本、办学质量等相适应的财政投入制度，各级人民政府要按规定制定并落实职业院校生均经费标准或公用经费标准。在保障教育合理投入的同时，优化教育支出结构，新增教育经费要向职业教育倾斜。进一步完善中等职业学校生均拨款制度，各地中等职业学校生均财政拨款水平可适当高于当地普通高中，为未成年人接受职业教育提供更多的财政经费保障。

三是要加大政策引导力度，充分调动各方面深化职业教育改革创新的积极性。带动企业和职业院校建设一批资源共享，集实践教学、社会培训、企业真实生产和社会技术服务于一体的高水平职业教育实训基地。面向先进制造业等技术技能人才紧缺领域，统筹多种资源，建设若干具有辐射引领作用的高水平专业化产教融合实训基地，推动开放共享，辐射区域内学校和企业；鼓励职业院校建设或校企共建一批校内实训基地，提升重点专业建设和校企合作育人水平，确保未成年人可以学到未来劳动就业所需要的知识技术，形成良好的职业道德观念。

二、政府保障未成年人接受职业技能培训

职业技能培训，是指以开发职业技能为目的，对接受培训的人员进行职业知识与实际技能的培养与训练活动，具有较强的灵活性、针对性和实用性。《国务院关于推行终身职业技能培训制度的意见》中强调，要深化人力资源供给侧结构性改革，推行终身

职业技能培训制度,大规模开展职业技能培训,着力提升培训的针对性和有效性,建设知识型、技能型、创新型劳动者大军,为全面建成社会主义现代化强国、实现中华民族伟大复兴的中国梦提供强大支撑。未成年人作为祖国的希望,民族的未来,也是即将进入劳动力市场的生力军。政府保障未成年人接受职业技能培训,有助于全面提升未成年人的就业创业能力,同时缓解技能人才短缺的结构性矛盾,是适应经济高质量发展、培育经济发展新动能、推进供给侧结构性改革的内在要求,对推动大众创业万众创新、推进制造强国建设、提高全要素生产率、推动经济迈上中高端具有重要意义。

三、政府鼓励和支持社会力量提供职业技能培训

各级人民政府应当创新体制机制,推进未成年人职业技能培训市场化、社会化改革,充分发挥企业主体作用,鼓励支持社会力量参与,建立培训资源优化配置、培训载体多元发展、未成年人按需选择、政府加强监管服务的体制机制。

一方面,各级人民政府可以依托高等学校、职业院校、职业培训机构、创业培训(实训)中心、创业孵化基地、众创空间、网络平台等社会力量,由政府主导开展创业意识教育、创新素质培养、创业项目指导、开业指导、企业经营管理等培训,提升未成年人创业创新能力。

另一方面,各级人民政府可以鼓励企业事业单位等社会力量牵头,建设培训中心、职业院校、企业大学,开展职业训练院试点工作,为未成年人接受职业技能培训提供形式多样的机会和平台。鼓励支持社会组织积极参与行业人才需求发布、就业状况分析、培训指导等工作。政府补贴的未成年人职业技能培训项目也可以向具备资质的职业院校和培训机构开放。

第八十六条　各级人民政府应当保障具有接受普通教育能力、能适应校园生活的残疾未成年人就近在普通学校、幼儿园接受教育；保障不具有接受普通教育能力的残疾未成年人在特殊教育学校、幼儿园接受学前教育、义务教育和职业教育。

各级人民政府应当保障特殊教育学校、幼儿园的办学、办园条件，鼓励和支持社会力量举办特殊教育学校、幼儿园。

【释义】 本条是关于政府保障残疾未成年人接受教育权利的规定。

本条是2020年修订新增加的内容。主要目的是由政府来保障残疾未成年人平等地享有受教育权；鼓励推行融合教育，保障残疾未成年人分类接受教育；保障特殊教育机构的办学、办园条件，鼓励社会力量兴办特殊教育机构，提高特殊教育教学质量。

一、政府保障残疾未成年人分类接受教育

融合教育，是指将残疾学生的教育最大程度地融入普通教育。本条第1款的规定就是融合教育理念的具体体现。具体来说，就是将残疾未成年人和普通未成年人放在同一间教室一起学习的方式，强调在普通的学校中，提供相应的特殊教育和相关服务措施，保障有接受相应教育能力的残疾未成年人有正常化的教育环境，从而使特殊教育与普通教育合并为一个系统。推行融合教育，出发点是保障残疾未成年人的社会化发展和社会功能改善，同时对于普通未成年人，融合教育也能帮助他们理解尊重、平等、包容的含义，培养善良、友爱、互助等优秀品质，从而实现残疾未成年人和普通未成年人相互成就的“双赢”教育模式。

融合教育的理念在我国多部法律文件中均有体现：(1)残疾人保障法规定，普通教育机构对具有接受普通教育能力的残疾人实施教育，并为其学习提供便利和帮助。普通小学、初级中等学校，必须招收能适应其学习生活的残疾儿童、少年入学；普通高级

中等学校、中等职业学校和高等学校，必须招收符合国家规定的录取要求的残疾考生入学，不得因其残疾而拒绝招收；拒绝招收的，当事人或者其亲属、监护人可以要求有关部门处理，有关部门应当责令该学校招收。普通幼儿教育机构应当接收能适应其生活的残疾幼儿。(2)义务教育法规定，普通学校应当接收具有接受普通教育能力的残疾适龄儿童、少年随班就读，并为其学习、康复提供帮助。对于学校拒绝接收具有接受普通教育能力的残疾适龄儿童、少年随班就读的，由县级人民政府教育行政部门责令限期改正；情节严重的，对直接负责的主管人员和其他直接责任人员依法给予处分。(3)《残疾人教育条例》明确指出，残疾人教育应当提高教育质量，积极推进融合教育，根据残疾人的残疾类别和接受能力，采取普通教育方式或者特殊教育方式，优先采取普通教育方式。同时，结合《残疾人教育条例》的有关规定，考虑到残疾未成年人生理缺陷可能带来的行动不便，各级人民政府在保障接受普通教育的残疾未成年人受教育时，应当尽量遵循“就近”原则，安排残疾未成年人在离家较近的学校、幼儿园就读，方便家长接送和自行上下学，体现政府和社会对残疾未成年人的关心和爱护。

对于不具有接受普通教育能力的残疾未成年人，政府应当保障其进入特殊教育学校、幼儿园接受特殊教育。应当明确指出的是，特殊教育应该涵盖学前教育、义务教育和职业教育等多种形式。例如，残疾人保障法第26条规定，残疾幼儿教育机构、普通幼儿教育机构附设的残疾儿童班、特殊教育机构的学前班、残疾儿童福利机构、残疾儿童家庭，对残疾儿童实施学前教育。初级中等以下特殊教育机构和普通教育机构附设的特殊教育班，对不具有接受普通教育能力的残疾儿童、少年实施义务教育。高级中等以上特殊教育机构、普通教育机构附设的特殊教育班和残疾人职业教育机构，对符合条件的残疾人实施高级中等以上文化教育、职业教育。

二、政府保障特殊教育机构的办学、办园条件

近年来，残疾人受教育机会不断扩大，普及水平明显提高。但是，残疾未成年人义务教育在中西部农村地区特别是边远贫困地区普及水平仍然偏低，非义务教育阶段特殊教育发展整体相对滞后，特殊教育条件保障机制还不够完善，教师队伍数量不足、待遇偏低、专业水平有待提高等问题还是普遍存在，保障特殊教育机构的办学、办园条件，是保障残疾未成年人公平享有受教育权的物质基础和前提条件，各级政府应当对此高度重视。

根据《残疾人教育条例》的有关规定，各级人民政府应当从经费、设备、政策等方面，保障特殊教育学校、幼儿园的办学、办园条件。具体来说，一是省、自治区、直辖市人民政府要制定本行政区域内特殊教育学校的建设标准、经费开支标准、教学仪器设备配备标准等。二是各级人民政府要按照有关规定安排残疾未成年人教育经费，并将所需经费纳入本级政府预算，县级以上人民政府根据需要，还可以设立专项补助款，用于发展特殊教育。三是县级以上地方人民政府应当根据特殊教育发展的需要统筹规划、合理布局，设置特殊教育学校，并按照国家有关规定配备必要的残疾未成年人教育教学、康复评估和康复训练等仪器设备。此外，政府也应当鼓励社会力量举办特殊教育，鼓励和支持民办学校或者其他教育机构招收残疾未成年人。支持研究、生产残疾未成年人教育教学专用仪器设备、教具、学具、软件及其他辅助用品，扶持特殊教育机构兴办和发展福利企业和辅助性就业机构等。

第八十七条　地方人民政府及其有关部门应当保障校园安全，监督、指导学校、幼儿园等单位落实校园安全责任，建立突发事件的报告、处置和协调机制。

【释义】 本条是关于政府保障校园安全的规定。

本条是2020年修订新增加的内容。本条规定了政府和有关部门以及学校、幼儿园等单位保障校园安全的责任,并特别强调要建立突发事件应对机制,改善校园安全环境,切实保障未成年人的人身、财产安全。

一、地方人民政府及其有关部门应当保障校园安全

本条所规定的校园安全,应当作广义的理解,涵盖未成年人在校园内可能面临的多种安全风险,既包括食品卫生、水电燃气、建筑设备等传统安全领域,也应包括非法侵入、学生欺凌等近些年引发社会舆论普遍关注的安全风险。保障校园安全,不仅是广大未成年人健康成长、全面发展的前提和基础,更是关系广大师生的人身安全,事关亿万家庭幸福和社会和谐稳定。因此,各地人民政府及有关部门应当将可能对学生身心健康和生命安全构成威胁的各种风险隐患全面纳入防控范畴,构建对未成年人全方位的校园安全保障体系。

2006年6月,教育部颁布《中小学幼儿园安全管理办法》,明确指出各级教育、公安、司法行政、建设、交通、文化、卫生、工商、质检、新闻出版等部门在本级人民政府的领导下,依法保障校园安全。具体来说,教育行政部门应当全面掌握学校、幼儿园安全工作状况,制定学校、幼儿园安全工作考核目标,并适时组织学校、幼儿园安全工作的专项督导等工作。公安机关要及时了解掌握学校、幼儿园治安状况,及时依法查处扰乱校园秩序、侵害师生人身、财产安全的案件。住房城乡建设部门要加强对学校、幼儿园工程建设过程的监管。环保部门要加强对学校、幼儿园及周边大气、土壤、水体环境安全的监管。消防部门要依法加强对学校、幼儿园的消防安全检查,消除火灾隐患。综治、工商、文化、新闻出版广电、城市管理等部门要落实职责,加强对校园安全隐患的排查、整治工作。

二、监督、指导学校、幼儿园等单位落实校园安全责任

《中小学幼儿园安全管理办法》指出，学校、幼儿园应当履行安全管理和安全教育职责。2017年4月，《国务院办公厅关于加强中小学幼儿园安全风险防控体系建设的意见》对落实安全管理主体责任作了进一步规定。

在安全管理方面，教育行政部门应当加强对学校、幼儿园安全工作的检查指导，督促学校、幼儿园建立健全并落实安全管理制度。公安机关要指导学校、幼儿园做好校园保卫工作。卫生部门要加强对学校、幼儿园卫生防疫和卫生保健工作的监督指导。食品药品监管部门要对学校、幼儿园食堂和学校、幼儿园采购的用于学生集体使用的食品、药品加强监督检查，指导、监督学校、幼儿园落实责任，保障食品、药品符合相关标准和规范。住房城乡建设部门要加强对学校、幼儿园工程建设过程的监管。质量监督部门应当对学校、幼儿园特种设备实施重点监督检查，配合教育部门加强对学校、幼儿园采购产品的质量监管，在学校、幼儿园建立产品质量安全风险信息监测采集机制。

在安全教育方面，教育行政部门可以按照有关规定，与人民法院、人民检察院和公安、司法行政等部门选聘优秀的法律工作者担任学校的兼职法制副校长或者法制辅导员。兼职法制副校长或者法制辅导员应当协助学校检查落实安全制度和安全事故处理、定期对师生进行法制教育等，其工作成果纳入派出单位的工作考核内容。同时，教育行政部门应当组织负责安全管理的主管人员、学校校长、幼儿园园长和学校负责安全保卫工作的人员，定期接受有关安全管理培训。

三、建立突发事件的报告、处置和协调机制

本条所规定的突发事件，是指在校园内突然发生的，造成或可能造成严重社会危害，影响未成年人的人身、财产安全和正常学习、生活秩序，需要采取应急处置措施予以应对的突发自然灾

害、事故灾难、公共卫生事件和社会安全事件。

根据突发事件应对法和《国务院办公厅关于加强中小学幼儿园安全风险防控体系建设的意见》的要求，教育部门应当指导学校、幼儿园建立突发事件处置预案，健全学校、幼儿园突发事件的报告、处置和部门协调机制。具体来说，就是当学校、幼儿园发生重特大突发事件时，地方政府要在第一时间启动相应的应急处理预案，统一领导，及时动员和组织救援和事故调查、开展责任认定及善后处理，并及时回应社会关切。发生重大自然灾害、公共安全事故时，应当优先组织对受影响学校、幼儿园开展救援。在校内及校外教育教学活动中发生安全事故时，学校、幼儿园应当及时组织教职工参与抢险、救助和防护，保障未成年人的身体健康和人身安全。当发生未成年人学生伤亡事故时，学校、幼儿园也应当按照《学生伤害事故处理办法》规定的原则和程序等，及时实施救助，并进行妥善处理。

此外，针对突发事件发生后可能引发的未成年人人身财产损失赔偿纠纷的，各地还应当积极构建学校、幼儿园依法处理安全事故的支持体系。在中小学推广建立法律顾问制度，建立健全新闻发言人制度，增强事故发生后的舆情应对能力。要发挥好安全风险防控专业服务机制的作用，借助专业机构在损失评估、理赔服务、调处纠纷等方面的力量，帮助学校妥善处理事故。教育、司法行政部门要会同相关部门，探索在有需求的县（市、区）设立学校安全事故人民调解委员会，吸纳具有较强专业知识和社会公信力、知名度，热心调解和教育事业的社会人士担任人民调解员，依法调解校园安全事故民事赔偿纠纷。

第八十八条　公安机关和其他有关部门应当依法维护校园周边的治安和交通秩序，设置监控设备和交通安全设施，预防和制止侵害未成年人的违法犯罪行为。

【释义】 本条是关于政府保障校园周边环境安全的规定。

本条是对2012年未成年人保护法第42条的修改。考虑到设置物防、技防设施,有助于减少校园周边交通事故,提升校园周边的治安环境,对侵犯未成年人合法权益的违法犯罪行为能起到预防和威慑的作用,增加"设置监控设备和交通安全设施"的规定。

一、有关部门依法维护校园周边的治安和交通秩序

维护好校园周边地区的治安秩序,是学校开展正常教育、教学工作的重要保障,也是未成年人健康成长的重要保障。目前,部分校园周边的治安和交通秩序不容乐观:有的不法分子寻衅滋事、敲诈勒索,甚至拦截中小学生抢劫财物;有的兜售不合格食品,开设网吧、酒吧等营业性娱乐场所;有的教唆、引诱未成年人参与违法犯罪活动。这些问题的存在,都直接威胁在校未成年人的人身、财产安全,影响了正常的教学秩序,还容易对未成年人产生不良影响,导致其误入歧途。而校园周边人流、车流量大,容易发生严重的交通事故,造成人员伤亡。因此,本条特别规定,公安机关和其他有关部门应当针对上述校园周边存在的治安和交通隐患开展管理和整治,预防和制止违法犯罪行为侵害未成年人的合法权益。

相关部门对维护校园周边治安和交通秩序高度重视。2006年6月,教育部制定《中小学幼儿园安全管理办法》,规定了教育、公安、司法行政、建设、交通、文化、卫生、工商、质检、新闻出版等部门应当建立联席会议制度,定期研究部署学校安全管理工作,依法维护学校周边秩序。2011年7月,国务院印发《中国儿童发展纲要(2011—2020年)》,在"净化校园周边环境"一节中指出,要落实维护校园周边治安秩序、确保校园安全的相关措施,在学校周边治安复杂地区设立治安岗进行巡逻,向学校、幼儿园派驻保安员。校园附近严格按规定设交通警示标志和安全设施,派民警或协管员维护地处交通复杂路段的小学、幼儿园周边道路的交通秩序。加强对校园周边商业网点和经营场所的监管,校园周边

200 米以内禁设网吧、游戏厅、娱乐场所。2017 年 4 月，国务院办公厅颁布《关于加强中小学幼儿园安全风险防控体系建设的意见》，再次强调要维护校园周边环境，提出探索建立学生安全区域制度。在此区域内，依法分别作出禁止新建对环境造成污染的企业、设施，禁止设立上网服务、娱乐、彩票专营等营业场所，禁止设立存在安全隐患的场所等相应要求。在学生安全区域内，公安机关要健全日常巡逻防控制度，加强学校周边“护学岗”建设，完善高峰勤务机制，优先布设视频监控系统，增强学生的安全感；公安交管部门要加强交通秩序管理，完善交通管理设施。

二、设置监控设备和交通安全设施

近年来，在关于校园周边治安交通安全管理的有关规范性文件中，已经多次强调设置监控设备和交通安全设施的重要性。比如，《中小学幼儿园安全管理办法》第 50 条第 1 款规定，公安、建设和交通部门应当依法在学校门前道路设置规范的交通警示标志，施划人行横线，根据需要设置交通信号灯、减速带、过街天桥等设施。2016 年 11 月，教育部等九部门印发《关于防治中小学生欺凌和暴力的指导意见》中也指出，要进一步加强校园及周边地区社会治安防控体系建设，作为公共安全视频监控建设联网应用示范工作的重要内容，推进校园及周边地区公共安全视频监控系统全覆盖，加大视频图像集成应用力度，实现对青少年违法犯罪活动的预测预警、实时监控、轨迹追踪及动态管控。公安机关要在治安情况复杂、问题较多的学校周边设置警务室或治安岗亭，密切与学校的沟通协作，积极配合学校排查发现学生欺凌和暴力隐患苗头，并及时预防处置。2019 年 9 月，公安部、教育部印发的《加快推动全国中小学幼儿园安全防范建设三年行动计划》中指出，要优化学校周边道路交通组织，设置学生、幼儿、家长等候区、护学通道、临时停车位，鼓励共享学校周边停车资源，减轻上下学时段学校门前集中通行压力，有效保障学生及接送人员安全顺畅出行。

关于相关设施设备的规范标准，公安部 2015 年 1 月发布了

《中小学与幼儿园校园周边道路交通设施设置规范》(GA/T 1215-2014)。在该标准中,详细规定了中小学、幼儿园校园周边道路交通设施的设置原则、要求和方法,明确了相关设施具体包括:交通信号灯、交通标志和标线、人行设施、分隔设施、停车设施、监控设施、照明设施等,为校园周边设置监控设备和交通安全设施,提供了可供参照的标准规范。

三、预防和制止侵害未成年人的违法犯罪行为

维护校园周边的治安和交通秩序,设置监控设备和交通安全设施,根本目的在于对侵害未成年人的违法犯罪行为起到提前预防和及时制止的作用。

在提前预防方面,通过布置交通安全设施,有效管控校园周边的人流、车流,降低交通事故的发生概率。通过禁止在校园周边开设的上网服务、娱乐、彩票专营等营业场所,以及对周边餐馆、商店的卫生、消防的重点检查,提前阻断未成年人可能遭遇的不法侵害。在及时制止方面,公安机关通过设置警务室或治安岗亭,以及视频监控设备,在上学、放学时段,布置警力疏导、巡逻,确保在发生打架斗殴、寻衅滋事等违法犯罪行为时,第一时间发现、介入并处置,更好地保护未成年人的合法权益,避免损害的发生或进一步扩大。

第八十九条　地方人民政府应当建立和改善适合未成年人的活动场所和设施,支持公益性未成年人活动场所和设施的建设和运行,鼓励社会力量兴办适合未成年人的活动场所和设施,并加强管理。

地方人民政府应当采取措施,鼓励和支持学校在国家法定节假日、休息日及寒暑假期将文化体育设施对未成年人免费或者优惠开放。

地方人民政府应当采取措施，防止任何组织或者个人侵占、破坏学校、幼儿园、婴幼儿照护服务机构等未成年人活动场所的场地、房屋和设施。

【释义】 本条是关于政府推动未成年人活动场所建设和维护，推进学校文化体育设施免费开放，防止未成年人活动场所遭到侵占、破坏的规定。

本条是对2012年未成年人保护法第29条、第31条第1款、第42条第2款的修改。考虑到上述条文都与政府保障未成年人活动场所有关，因此本次修订对上述条文进行了整合，并增加“支持公益性未成年人活动场所和设施的建设和运行”的表述。虽然条文的字数有所减少，但实质内容都得到保留，部分规定还得到细化和明确。

一、政府建立、鼓励兴办未成年人活动场所和设施

随着素质教育的深入和学生课业负担的减轻，未成年人的课余时间逐渐增多，丰富适合未成年人活动的场所和设施，满足未成年人课余时间的精神文化需求，是摆在各级人民政府面前的一项重要工作。《中共中央、国务院关于进一步加强和改进未成年人思想道德建设的若干意见》明确指出，要加强青少年宫、儿童活动中心等未成年人专门活动场所建设和管理。已有的未成年人专门活动场所，要坚持把社会效益放在首位，坚持面向未成年人、服务未成年人的宗旨，积极开展教育、科技、文化、艺术、体育等未成年人喜闻乐见的活动，把思想道德建设内容融于其中，充分发挥对未成年人的教育引导功能。

(1)地方人民政府应当把建立和改善适合未成年人的活动场所和设施，作为一项重点民生工程来抓好、抓实，要把未成年人活动场所建设纳入当地国民经济和社会事业发展总体规划。根据原建设部颁布的《关于进一步加强和改进未成年人活动场所规划建设工作的通知》的规范要求，各级城市规划行政主管部门在组织审查城市规划时，应把规划中是否按国家标准配置了未成年人活动场所作为一项重要审查内容。在城市的旧区改建或新区开发中心须配套建设包括未成年人活动场所在内的文化、教育、科技、体育等公共设施。努力实现大城市逐步建立布局合理、规模适当、功能配套的市、区、社区未成年人活动场所；中小城市重点建好市级未成年人活动场所；有条件的城市辟建少年儿童主题公园；每个县都要有一个综合性、多功能未成年人活动场所的总体构想和目标。

（2）要充分发挥公益性未成年人活动场所的重要作用。公益性未成年人活动场所，主要是指由各级政府投资建设的专门为未成年人提供公共服务的青少年宫、少年宫、青少年学生活动中心、儿童活动中心、科技馆等场所。根据《关于进一步加强和改进未成年人校外活动场所建设和管理工作的意见》的有关要求，地方政府应当充分发挥不同类型未成年人校外活动场所的教育服务功能，与学校教育相互联系、相互补充，成为促进未成年人全面发展的实践课堂，在教育引导未成年人树立理想信念、锤炼道德品质、养成行为习惯、提高科学素质、发展兴趣爱好、增强创新精神和实践能力等方面发挥重要作用。

（3）地方政府应当进一步拓宽渠道，鼓励支持社会力量兴办适合未成年人的活动场所。具体来说，可以鼓励社会各界通过捐赠、资助等方式，支持适合未成年人的活动场所建设。对于社会力量通过非营利性的社会团体和国家机关对公益性未成年人校外活动场所捐赠的，积极落实缴纳企业所得税和个人所得税前准予按照规定全额扣除等税收优惠政策。同时，地方政府应当完善未成年人活动场所的管理体制和工作机制，定期对未成年人校外活动场所的建设、管理和使用情况进行检查，对被挤占、挪用、租借的未成年人活动场所和设施要限期退还，对服务对象和活动内容名不副实的未成年人活动场所和设施要限期改正，对不适宜未成年人参与的活动场所和设施要坚决予以清除、取缔。

二、推动学校文化体育设施向未成年人免费或优惠开放

在国家法定节假日、休息日及寒暑假期,原本用于日常教学活动的学校文化体育设施处于闲置状态,如果能够对未成年人免费或者优惠开放,一方面有助于提高学校文化体育设施的使用效率,另一方面也能为未成年人开展文化体育活动,丰富节假日课余生活提供便利。《中共中央办公厅、国务院办公厅关于加强青少年学生活动场所建设和管理工作的通知》指出,各级各类学校要充分利用学校内部的各种活动场所、设施和实验室、语音室、计算机室等功能教室,安排好青少年学生的课外活动和校园文化生活,节假日也要向学生开放。《国务院办公厅关于强化学校体育促进学生身心健康全面发展的意见》规定,积极推动公共体育场馆设施为学校体育提供服务,向学生免费或优惠开放,推动有条件的学校体育场馆设施在课后和节假日对本校师生和公众有序开放。

三、防止侵占、破坏未成年人活动场所的场地、房屋和设施

侵占、破坏场地、房屋和设施的主要表现为偷盗、抢夺或者哄抢、毁损学校、幼儿园、婴幼儿照护服务机构等场所的教学仪器或者其他设备,或者占用相关场所的校舍、场地另作他用。学校、幼儿园、婴幼儿照护服务机构等未成年人活动场所的场地、房屋和设施是开展正常的教学、保育活动必备的物质条件,关系到教学、保育质量及未成年人的身心健康。因此,无论是单位还是个人,都不得随意侵占、破坏。

政府要防止上述活动场所的场地、房屋和设施遭到侵占、破坏,需要从事前、事后两个方面着手。一方面,政府事前要建立未成年人活动场所安全风险预防体系,不断健全相关场所安全的人防、物防和技防标准并予以推广,公安、教育等部门要密切配合,加强相关场所周边综合治理,健全日常巡逻防控制度,完善视频监控系统,加大防范非法侵占、破坏的保障力度。另一方面,政府

要依托相关法律法规，加强对非法侵占、破坏的惩治力度，形成对相关不法行为的法律威慑。根据教育法第72条的规定，结伙斗殴、寻衅滋事，扰乱学校及其他教育机构教育教学秩序或者破坏校舍、场地及其他财产的，由公安机关给予治安管理处罚；构成犯罪的，依法追究刑事责任。侵占学校及其他教育机构的校舍、场地及其他财产的，依法承担民事责任。

第九十条　各级人民政府及其有关部门应当对未成年人进行卫生保健和营养指导，提供卫生保健服务。

卫生健康部门应当依法对未成年人的疫苗预防接种进行规范，防治未成年人常见病、多发病，加强传染病防治和监督管理，做好伤害预防和干预，指导和监督学校、幼儿园、婴幼儿照护服务机构开展卫生保健工作。

教育行政部门应当加强未成年人的心理健康教育，建立未成年人心理问题的早期发现和及时干预机制。卫生健康部门应当做好未成年人心理治疗、心理危机干预以及精神障碍早期识别和诊断治疗等工作。

【释义】　本条是关于政府为未成年人提供卫生保健服务，疫苗接种及传染病防治，心理健康教育及心理治疗等的规定。

本条是对2012年未成年人保护法第44条的修改。考虑到未成年人心理健康同身体健康一样重要，增加了对未成年人心理健康教育及心理治疗的有关规定。明确教育行政部门和卫生健康部门的各自责任，有助于加强对未成年人心理问题和心理危机的预防、干预和治疗。

一、政府为未成年人提供营养指导和卫生保健服务

提供卫生保健服务，是指政府从预防角度出发，根据未成年人身体发育的特点和规律，以达到维护和增进健康、保护生命、预防疾病为目的,采取的各项综合防护措施。根据《中国儿童发展纲要(2011—2020年)》《中小学幼儿园安全管理办法》等规范性文件规定,教育、卫生行政部门应当加强托幼机构和中小学校卫生保健管理,对未成年人开展疾病预防、生长发育与青春期保健等方面的教育和指导。具体而言,可以从以下方面入手:一是加大卫生保健基础建设,尤其是学校、社区及其他未成年人活动场所,应当配备相应的卫生保健人员。二是扩大卫生保健宣传力度,通过进校园、进家庭,加强对未成年人近视、龋齿以及青春期等保健知识的普及,帮助未成年人养成良好的卫生习惯。三是加大对校园及周边环境的卫生监管检查,确保未成年人活动场所干净、整洁,减少未成年人潜在的发病风险。

提供营养指导,属于广义的卫生保健服务,是指为未成年人提供合理膳食、均衡营养方面的指引工作。政府开展营养指导,一方面有助于未成年人增强体质,发育良好,减少成年后患病的概率;另一方面也有助于控制饮食,减少糖分、油脂等的过量摄入,加强体重管理,预防各类慢性病和肥胖症。《中长期青年发展规划(2016—2025年)》中指出,要持续提升青年营养健康水平和体质健康水平,青年体质达标率不低于90%。我国曾经实施的有关营养改善行动计划,如国家大豆行动计划、国家学生饮用奶计划等,都是政府开展营养指导的具体表现形式。有条件的地区可以根据《学校食品安全与营养健康管理规定》的有关要求,成立学生营养健康专业指导机构,根据不同年龄阶段学生的膳食营养指南和健康教育的相关规定,指导学校开展学生营养健康相关活动,引导合理搭配饮食。

二、政府开展未成年人疫苗预防接种和传染病防治工作

预防接种,是指为使机体在一定时间内保持对特定传染病的抵抗力,通过注射、接种或者吸入免疫制剂等方式进行防疫的措施。我国对未成年人采取疫苗预防接种制度。根据传染病防治法第15条第2款的规定,国家对儿童实行预防接种证制度。国

家免疫规划项目的预防接种实行免费。医疗机构、疾病预防控制机构与未成年人的监护人应当相互配合,保证未成年人及时接受预防接种。

卫生健康部门对未成年人疫苗预防接种承担主要责任,并指导和监督学校等机构开展卫生保健工作。根据疫苗管理法第 47 条的规定,预防接种证的格式由国务院卫生健康主管部门规定。第 48 条规定,儿童入托、入学时,托幼机构、学校应当查验预防接种证,发现未按照规定接种免疫规划疫苗的,应当向儿童居住地或者托幼机构、学校所在地承担预防接种工作的接种单位报告,并配合接种单位督促其监护人按照规定补种。疾病预防控制机构应当为托幼机构、学校查验预防接种证等提供技术指导。儿童入托、入学预防接种证查验办法由国务院卫生健康主管部门会同国务院教育行政部门制定。

由于未成年人抵抗力弱,感染传染病将严重损害未成年人的身体健康,甚至会危及生命,因此未成年人属于传染病防治的重点关注群体,卫生健康部门应当加强对相关传染病防治工作的监督管理。根据《教育部办公厅关于做好学校食品安全与传染病防控工作的通知》的有关规定,卫生健康部门应当会同教育行政部门建立传染病防控协作机制,督促学校等机构认真履行传染病防控工作职责,健全并落实好传染病防控制度。

三、政府开展未成年人心理健康教育和心理治疗

心理健康教育是提高未成年人心理素质的教育,是实施素质教育的重要内容。未成年人通常正处在身心发展的重要时期,随着生理、心理的发育和发展、社会阅历的扩展及思维方式的变化,特别是面对社会竞争的压力,他们在学习、生活、人际交往、升学就业和自我意识等方面,会遇到各种各样的心理困惑。因此,积极开展心理健康教育,是未成年人健康成长的需要,也是推进素质教育的必然要求。

我国高度重视未成年人的心理健康教育。《中小学心理健康

教育指导纲要》明确指出，心理健康教育的目标，应当是提高全体学生的心理素质，充分开发他们的潜能，培养学生乐观、向上的心理品质，促进学生人格的健全发展。主要的教育内容包括普及心理健康基本知识，树立心理健康意识，了解心理调节方法，认识心理异常现象，掌握心理保健常识和技能，其重点是学会学习、人际交往、情绪调试、升学择业以及生活和社会适应等方面的常识。同时，各级教育行政部门要切实加强对心理健康教育工作的领导，支持和指导中小学开展心理健康教育工作。

当未成年人出现心理危机或精神障碍时，则应当由卫生健康部门及时介入干预，做好心理治疗相关工作。精神卫生法第 2 条规定，在中华人民共和国境内开展维护和增进公民心理健康、预防和治疗精神障碍、促进精神障碍患者康复的活动，适用该法。精神卫生法第 8 条第 1 款规定，国务院卫生行政部门主管全国的精神卫生工作。县级以上地方人民政府卫生行政部门主管本行政区域的精神卫生工作。因此，未成年人如果出现心理危机或精神障碍，需要危机干预或心理治疗，则应当由卫生健康部门承担相应职责，并参照使用精神卫生法的有关规定执行。

第九十一条　各级人民政府及其有关部门对困境未成年人实施分类保障，采取措施满足其生活、教育、安全、医疗康复、住房等方面的基本需要。

【释义】　本条是关于政府对困境未成年人实施分类保障的规定。

一、对困境未成年人分类施策、精准保护

近年来，相关部门陆续出台了《民政部关于规范生父母有特殊困难无力抚养的子女和社会散居孤儿收养工作的意见》《国务院关于加强农村留守儿童关爱保护工作的意见》《国务院关于加强困境儿童保障工作的意见》等政策文件，明确了困境未成年人实施分类保障的工作原则和要求。

困境未成年人主要包括五类未成年人：一是孤儿。指失去父母或查找不到生父母的未满18周岁的未成年人。二是监护人监护缺失的儿童。主要包括：父母双方长期服刑在押或强制戒毒的儿童；父母一方死亡或失踪（人民法院宣判或公安机关证明），另一方因上述情况无法履行抚养义务和监护职责的儿童。三是监护人无力履行监护职责的儿童，主要包括：父母双方重残（2级以上残疾，下同）、重病的儿童；父母一方死亡或失踪，另一方因重残或重病无力抚养的儿童。四是重残、重病及流浪儿童。主要包括：重残儿童；患重大疾病儿童，包括艾滋病病毒感染、白血病、先天性心脏病、尿毒症、恶性肿瘤等重大疾病，以及医保政策规定的住院和门诊费用1年中自费部分超过2万元的疾病；长期在外流浪儿童。五是其他需要帮助的儿童，包括受侵害和虐待的儿童、单亲家庭儿童、失足未成年人、家庭生活困难的留守儿童等。对不同类型的困境未成年人，国家采取不同的保护政策，分类施策、精准保护。《国务院关于加强困境儿童保障工作的意见》规定，针对困境儿童监护、生活、教育、医疗、康复、服务和安全保护等方面的突出问题，应根据困境儿童自身、家庭情况分类施策，促进困境儿童健康成长。

二、分类保护的目标

（1）保障生活的基本需求。按照有关规定，国家对无法定抚养人的儿童，纳入孤儿保障范围。对无劳动能力、无生活来源、法定抚养人无抚养能力的未满16周岁儿童，纳入特困人员救助供养范围。对法定抚养人有抚养能力但家庭经济困难的儿童，符合最低生活保障条件的纳入保障范围并适当提高救助水平。对遭遇突发性、紧迫性、临时性基本生活困难家庭的儿童，按规定实施临时救助时要适当提高对儿童的救助水平。

（2）保障教育的基本需求。国家对家庭经济困难儿童，落实教育资助政策和义务教育阶段“两免一补”政策。对于残疾儿童，建立随班就读支持保障体系，为其中家庭经济困难的提供包括义务教育、高中阶段教育在内的12年免费教育。对农业转移人口及其他常住人口随迁子女，将其义务教育纳入各级政府教育发展规划和财政保障范畴，全面落实在流入地参加升学考试政策和接受中等职业教育免学费政策。支持特殊教育学校、取得办园许可的残疾儿童康复机构和有条件的儿童福利机构开展学前教育。支持儿童福利机构特教班在做好机构内残疾儿童特殊教育的同时，为社会残疾儿童提供特殊教育。完善义务教育控辍保学工作机制，确保困境儿童入学和不失学，依法完成义务教育。

（3）保障安全的基本需求。对于保障困境未成年人的安全，国家在一般未成年人保障的基础上，作了许多特殊的安排。如国家监护制度的建立。对于失去父母、查找不到生父母的儿童，纳入孤儿安置渠道，采取亲属抚养、机构养育、家庭寄养和依法收养方式妥善安置。对于父母没有监护能力且无其他监护人的儿童，以及人民法院指定由民政部门担任监护人的儿童，由民政部门设立的儿童福利机构收留抚养。对于儿童生父母或收养关系已成立的养父母不履行监护职责且经公安机关教育不改的，由民政部门设立的儿童福利机构、救助保护机构临时监护，并依法追究生父母、养父母的法律责任。

（4）保障医疗康复的基本需求。国家对于困难的重病、重残儿童，城乡居民基本医疗保险和大病保险给予适当倾斜，医疗救助对符合条件的，可以适当提高报销比例和封顶线。对最低生活保障家庭儿童、重度残疾儿童参加城乡居民基本医疗保险的个人缴费部分给予补贴。对纳入特困人员救助供养范围的儿童参加城乡居民基本医疗保险给予全额资助。国家加强城乡居民基本医疗保险、大病保险、医疗救助、疾病应急救助和慈善救助的有效衔接，实施好基本公共卫生服务项目，形成困境儿童医疗保障合力。对于0~6岁视力、听力、言语、智力、肢体残疾儿童和孤独症儿童，国家加快康复救助制度建设，逐步实现免费手术、康复辅助器具配置和康复训练等服务。对社会散居残疾孤儿,纳入“残疾孤儿手术康复明天计划”对象范围。支持儿童福利机构在做好机构内孤残儿童服务的同时,为社会残疾儿童提供替代照料、养育辅导、康复训练等服务。纳入基本公共服务项目的残疾人康复等服务要优先保障残疾儿童需求。

(5)保障住房的基本需求。国家为查找不到父母或其他监护人的儿童、家庭贫困儿童等困境未成年人提供基本住房保障。对于无法查明父母或其他监护人的被遗弃儿童、打拐解救儿童和超过3个月仍无法查明父母或其他监护人的流浪乞讨儿童,国家规定由民政部门对其进行长期监护,满足其基本住房需求;对于因家庭贫困无法保障住房基本需求的未成年人,国家实施住房救助政策。对农村住房救助对象优先实施住房改造,对城镇住房救助对象优先实施住房保障政策,探索建立农村低收入群体住房安全保障长效机制,稳定、持久保障农村低收入,保障贫困未成年人的家庭住房安全。

第九十二条　具有下列情形之一的,民政部门应当依法对未成年人进行临时监护:

(一)未成年人流浪乞讨或者身份不明,暂时查找不到父母或者其他监护人;

(二)监护人下落不明且无其他人可以担任监护人;

(三)监护人因自身客观原因或者因发生自然灾害、事故灾难、公共卫生事件等突发事件不能履行监护职责,导致未成年人监护缺失;

(四)监护人拒绝或者怠于履行监护职责,导致未成年人处于无人照料的状态;

(五)监护人教唆、利用未成年人实施违法犯罪行为,未成年人需要被带离安置;

（六）未成年人遭受监护人严重伤害或者面临人身安全威胁，需要被紧急安置；

（七）法律规定的其他情形。

【释义】 本条是关于临时监护的情形的规定。

民法典对临时监护作了规定，本次未成年人保护法修订进一步完善临时监护制度。一是增加了需要临时监护的情形，避免出现监护的空档；二是突出强调民政部门承担临时监护职责。

一、民政部门承担临时监护职责

民法典规定的临时监护制度适用于两种情况：第一种情况是在需要确定监护人时，各方面对监护人的确定有争议的，在有关单位指定监护人前先确定临时监护人。根据民法典第 31 条的规定，对监护人的确定有争议的，由被监护人住所地的居民委员会、村民委员会或者民政部门指定监护人，在根据规定指定监护人前，被监护人的人身权利、财产权利以及其他合法权益处于无人保护状态的，由被监护人住所地的居民委员会、村民委员会、法律规定的有关组织或者民政部门担任临时监护人。第二种情况是人民法院撤销监护人资格，需要安排必要的临时监护措施。根据民法典第 36 条的规定，监护人有实施严重损害被监护人身心健康的行为等情形的，人民法院根据有关个人或者组织的申请，撤销其监护人资格，安排必要的临时监护措施，并按照最有利于被监护人的原则依法指定监护人。

本条强调民政部门作为临时监护的负责部门，主要有以下考虑：第一，突出国家监护责任，体现政府担当。未成年人保护法"政府保护"一章主要强调政府的未成年人保护责任，本条关于临时监护的规定强调民政部门的职责而没有再单独规定由居民委员会、村民委员会、有关组织等进行临时监护。另外，明确民政部门承担临时监护职责，增强了可操作性，避免主体责任不清楚导致实践中不同主体之间相互推脱。修订草案一审稿曾规定“未成年人具有下列情形之一,应当由国家对其进行临时监护”,后来将“国家”修改为“民政部门”,体现了这种精神。第二,对未成年人进行临时监护本身属于民政部门的法定职责。1991 年未成年人保护法第 29 条规定:“对流浪乞讨或者离家出走的未成年人,民政部门或者其他有关部门应当负责交送其父母或者其他监护人;暂时无法查明其父母或者其他监护人的,由民政部门设立的儿童福利机构收容抚养。”该规定虽然没有使用“临时监护”概念,但实际上规定了民政部门临时监护的职责。2006 年未成年人保护法明确规定了民政部门的临时监护职责,第 43 条第 1 款中规定:“县级以上人民政府及其民政部门应当根据需要设立救助场所,对流浪乞讨等生活无着未成年人实施救助,承担临时监护责任”;2020 年修订未成年人保护法,进一步明确民政部门承担临时监护的职责和情形,符合未成年人保护工作的实际。

需要指出的是,未成年人保护法关于民政部门进行临时监护的规定,和民法典关于居民委员会、村民委员会、法律规定的有关组织等担任临时监护人的规定并不冲突。出现未成年人需要临时监护的情形的,民政部门应当积极依法履行相关职责,承担起临时监护责任。居民委员会、村民委员会、法律规定的有关组织可以依法承担临时监护职责,但是在其不担任监护人的情况下,民政部门也应承担起临时监护责任。

二、临时监护的情形

临时监护不是长期监护,而是为了解决未成年人暂时缺乏监护的困境而确定临时监护主体。主要包括以下情形:

第一,未成年人流浪乞讨或者身份不明,暂时查找不到父母或者其他监护人。《社会救助暂行办法》第 50 条规定,国家对生活无着的流浪、乞讨人员提供临时食宿、急病救治、协助返回等救助。《城市生活无着的流浪乞讨人员救助管理办法》规定,公安机关和其他有关行政机关的工作人员在执行职务时发现流浪乞讨人员的,应当告知其向救助站求助;对其中的残疾人、未成年人、老年人和行动不便的其他人员,还应当引导、护送到救助站。救助站对受助的残疾人、未成年人、老年人应当给予照顾;对查明住址的,及时通知其亲属或者所在单位领回;对无家可归的,由其户籍所在地人民政府妥善安置。

身份不明、暂时查找不到父母或者其他监护人有多种原因,包括被遗弃、被拐卖等。2015 年《民政部、公安部关于开展查找不到生父母的打拐解救儿童收养工作的通知》规定,公安机关解救被拐卖儿童后,对于查找到生父母或其他监护人的,应当及时送还。对于暂时查找不到生父母及其他监护人的,应当送交社会福利机构或者救助保护机构抚养,并签发打拐解救儿童临时照料通知书,由社会福利机构或者救助保护机构承担临时监护责任。

第二,监护人下落不明且无其他人可以担任监护人。监护人下落不明且无其他人可以担任监护人,导致未成年人处于监护缺失状态,此时需要民政部门进行临时监护。后续依法开展查找监护人或者指定新的监护人程序。

第三,监护人因自身客观原因或者因发生自然灾害、事故灾难、公共卫生事件等突发事件不能履行监护职责,导致未成年人监护缺失。民法典第 34 条中规定,因发生突发事件等紧急情况,监护人暂时无法履行监护职责,被监护人的生活处于无人照料状态的,被监护人住所地的居民委员会、村民委员会或者民政部门应当为被监护人安排必要的临时生活照料措施。本次未成年人保护法修改,在民法典基础上进一步完善了两项内容:一是进一步明确突发事件包括自然灾害、事故灾难、公共卫生事件等;二是进一步明确民政部门承担临时监护职责。《民政部办公厅关于做好因新冠肺炎疫情影响造成监护缺失的儿童救助保护工作的通知》规定,要根据因疫情影响造成监护缺失的儿童自身和家庭状况,区分不同情形,分类做好临时照料服务。

第四,监护人拒绝或者怠于履行监护职责,导致未成年人处于无人照料的状态。民法典规定,监护人怠于履行监护职责,或者无法履行监护职责且拒绝将监护职责部分或者全部委托给他人,导致被监护人处于危困状态的,人民法院根据有关个人或者组织的申请,撤销其监护人资格,安排必要的临时监护措施,并按照最有利于被监护人的原则依法指定监护人。本条规定和民法典作了衔接。《国务院关于加强困境儿童保障工作的意见》规定,对于儿童生父母或收养关系已成立的养父母不履行监护职责且经公安机关教育不改的,由民政部门设立的儿童福利机构、救助保护机构临时监护,并依法追究生父母、养父母法律责任。

第五,监护人教唆、利用未成年人实施违法犯罪行为,未成年人需要被带离安置;以及未成年人遭受监护人严重伤害或者面临人身安全威胁,需要被紧急安置。2014 年《最高人民法院、最高人民检察院、公安部、民政部关于依法处理监护人侵害未成年人权益行为若干问题的意见》规定,对于父母或者其他监护人性侵害、出卖、遗弃、虐待、暴力伤害未成年人,教唆、利用未成年人实施违法犯罪行为,胁迫、诱骗、利用未成年人乞讨,以及不履行监护职责严重危害未成年人身心健康等行为,公安机关应当采取措施,及时制止,情况紧急时将未成年人带离监护人。反家庭暴力法第 15 条第 2 款规定,无民事行为能力人、限制民事行为能力人因家庭暴力身体受到严重伤害、面临人身安全威胁或者处于无人照料等危险状态的,公安机关应当通知并协助民政部门将其安置到临时庇护场所、救助管理机构或者福利机构。

此外,有关法律还可以规定其他情形下民政部门应当采取临时监护措施。

第九十三条　对临时监护的未成年人,民政部门可以采取委托亲属抚养、家庭寄养等方式进行安置,也可以交由未成年人救助保护机构或者儿童福利机构进行收留、抚养。

临时监护期间，经民政部门评估，监护人重新具备履行监护职责条件的，民政部门可以将未成年人送回监护人抚养。

【释义】 本条是关于临时监护方式的规定。

2012年未成年人保护法第43条规定："县级以上人民政府及其民政部门应当根据需要设立救助场所，对流浪乞讨等生活无着未成年人实施救助，承担临时监护责任；公安部门或者其他有关部门应当护送流浪乞讨或者离家出走的未成年人到救助场所，由救助场所予以救助和妥善照顾，并及时通知其父母或者其他监护人领回。""对孤儿、无法查明其父母或者其他监护人的以及其他生活无着的未成年人，由民政部门设立的儿童福利机构收留抚养。"本次未成年人保护法修订，对2012年未成年人保护法第43条进行了完善。在临时监护方式上，2012年未成年人保护法主要是强调县级以上人民政府及其民政部门应当设立救助场所，在救助场所内进行临时监护。本次修改完善了临时监护的方式，规定临时监护方式还包括委托亲属抚养、家庭寄养等方式。在处理与监护人的关系上，2012年未成年人保护法规定救助场所要"及时通知其父母或者其他监护人领回"。本次修改增加规定了民政部门的评估程序。

一、委托亲属抚养

这主要是考虑到未成年人亲属对未成年人情况比较熟悉，便于对未成年人进行临时监护。委托亲属抚养一方面需要对被委托的亲属进行评估，确保其可以正常履行照料等职责；另一方面需要得到被委托人的同意。《民政部、全国妇联关于做好家庭暴力受害人庇护救助工作的指导意见》规定，其他监护人、近亲属前来接领未成年受害人的，经公安机关或村(居)民委员会确认其身份后，救助管理机构可以将未成年受害人交由其照料，并与其办理书面交接手续。本次未成年人保护法修改，修订草案一审稿曾规定,对临时监护的未成年人,应当优先考虑亲属寄养。有的意见认为,法律上规定“优先考虑亲属寄养”,可能导致有关部门推卸责任,或者在耗时耗力寻找合适亲属的过程中而导致未成年人得不到及时安置。后来的草案删除了该内容,规定由民政部门来根据实际情况确定临时监护的方式。

二、家庭寄养

家庭寄养是指经过规定的程序,将民政部门监护的儿童委托在符合条件的家庭中养育的照料模式。2014 年《家庭寄养管理办法》规定,未满 18 周岁、监护权在县级以上地方人民政府民政部门的孤儿、查找不到生父母的弃婴和儿童,可以被寄养。需要长期依靠医疗康复、特殊教育等专业技术照料的重度残疾儿童,不宜安排家庭寄养。《国务院关于加强困境儿童保障工作的意见》规定,对于失去父母、查找不到生父母的儿童,纳入孤儿安置渠道,采取亲属抚养、机构养育、家庭寄养和依法收养方式妥善安置。鼓励爱心家庭依据相关规定,为有需要的困境儿童提供家庭寄养、委托代养、爱心助养等服务,帮助困境儿童得到妥善照料和家庭亲情。《家庭寄养管理办法》对寄养家庭应具备的条件作了规定,包括居住环境、家庭收入、文化程度、健康状况等。

三、未成年人救助保护机构收留、抚养

我国高度重视未成年人救助保护机构建设,相关法律法规等对未成年人救助保护机构作了规定。例如,《共青团中央、中宣部、中央综治办等关于贯彻未成年人保护法实施“未成年人保护行动”的意见》规定:“加强儿童福利机构和流浪未成年人救助保护机构建设,将其纳入经济社会发展规划。”该规定主要强调的是针对流浪未成年人的救助保护机构。2014 年《最高人民法院、最高人民检察院、公安部、民政部关于依法处理监护人侵害未成年人权益行为若干问题的意见》规定,民政部门应当设立未成年人救助保护机构(包括救助管理站、未成年人救助保护中心),对因

受到监护侵害进入机构的未成年人承担临时监护责任。《国务院关于加强困境儿童保障工作的意见》规定，逐步完善救助保护机构场所设施，健全服务功能，增强服务能力，满足监护照料困境儿童需要。反家庭暴力法第15条第2款规定，无民事行为能力人、限制民事行为能力人因家庭暴力身体受到严重伤害、面临人身安全威胁或者处于无人照料等危险状态的，公安机关应当通知并协助民政部门将其安置到临时庇护场所、救助管理机构或者福利机构。

民政部、教育部、公安部等部门联合印发的《关于进一步健全农村留守儿童和困境儿童关爱服务体系的意见》对未成年人救助保护机构作了系统规定。未成年人救助保护机构是指县级以上人民政府及其民政部门根据需要设立，对生活无着的流浪乞讨、遭受监护侵害、暂时无人监护等未成年人实施救助，承担临时监护责任，协助民政部门推进农村留守儿童和困境儿童关爱服务等工作的专门机构，包括按照事业单位法人登记的未成年人保护中心、未成年人救助保护中心和设有未成年人救助保护科（室）的救助管理站。各地已设立流浪未成年人救助保护机构的，要向未成年人救助保护机构转型。未成年人救助保护机构的职责包括：(1)负责对生活无着的流浪乞讨、遭受监护侵害、暂时无人监护等未成年人实施救助，承担临时监护责任。(2)负责定期分析评估本地区农村留守儿童关爱保护和困境儿童保障工作情况，有针对性地制定工作计划和工作方案。(3)负责为乡镇人民政府（街道办事处）、村（居）民委员会开展的监护监督等工作提供政策指导和技术支持，为乡镇人民政府（街道办事处）推进农村留守儿童关爱保护和困境儿童保障工作提供政策支持。(4)负责指导开展农村留守儿童和困境儿童基本信息摸底排查、登记建档和动态更新。(5)负责协调开通未成年人保护专线，协调推进监护评估、个案会商、服务转介、技术指导、精神关怀等线上线下服务，针对重点个案组织开展部门会商和帮扶救助。(6)负责组织或指导开展儿童督导员、儿童主任业务培训。(7)负责支持引进和培育儿童类社会组织、招募志愿者或发动其他社会力量参与农村留守儿童关爱保护和困境儿童保障工作，并为其开展工作提供便利。(8)负责组织开展农村留守儿童、困境儿童、散居孤儿等未成年人保护政策宣传。(9)负责对流浪儿童、困境儿童、农村留守儿童等未成年人依法申请、获得法律援助提供支持。(10)负责协助司法部门打击拐卖儿童、对儿童实施家暴以及胁迫、诱骗或利用儿童乞讨等违法犯罪行为。

四、儿童福利机构收留、抚养

民政部、教育部等部门联合印发的《关于进一步健全农村留守儿童和困境儿童关爱服务体系的意见》规定，儿童福利机构是指民政部门设立的，主要收留抚养由民政部门担任监护人的未满18周岁儿童的机构，包括按照事业单位法人登记的儿童福利院、设有儿童部的社会福利院等。《儿童福利机构管理办法》规定，儿童福利机构应当收留抚养下列儿童：(1)无法查明父母或者其他监护人的儿童；(2)父母死亡或者宣告失踪且没有其他依法具有监护资格的人的儿童；(3)父母没有监护能力且没有其他依法具有监护资格的人的儿童；(4)人民法院指定由民政部门担任监护人的儿童；(5)法律规定应当由民政部门担任监护人的其他儿童。《国务院关于加强困境儿童保障工作的意见》规定，对于父母没有监护能力且无其他监护人的儿童，以及人民法院指定由民政部门担任监护人的儿童，由民政部门设立的儿童福利机构收留抚养。据民政部统计，截至2020年第二季度，全国共有提供住宿的儿童福利和救助机构710个，共有9.7万张床位。

五、经评估后送回监护人抚养

临时监护期间，经民政部门评估，监护人重新具备履行监护职责条件的，民政部门可以将未成年人送回监护人抚养。

《全国民政标准化“十三五”发展规划》规定，在未成年人保护标准方面，着重开展未成年人风险评估、家庭监护评估、委托监护操作指南、农村留守儿童替代照料服务等标准研制。最高人民法院、最高人民检察院、公安部、民政部《关于依法处理监护人侵害未成年人权益行为若干问题的意见》规定，未成年人救助保护机构可以组织社会工作服务机构等社会力量，对监护人开展监护指导、心理疏导等教育辅导工作，并对未成年人的家庭基本情况、监护情况、监护人悔过情况、未成年人身心健康状况以及未成年人意愿等进行调查评估。未成年人救助保护机构应当与公安机关、村(居)民委员会、学校以及未成年人亲属等进行会商，根据案件侦办查处情况说明、调查评估报告和监护人接受教育辅导等情况，并征求有表达能力的未成年人意见，形成会商结论。经会商认为未成年人面临的相关危险状态已消除，监护人能够正确履行监护职责的，未成年人救助保护机构应当及时通知监护人领回未成年人。

第九十四条　具有下列情形之一的，民政部门应当依法对未成年人进行长期监护：

(一)查找不到未成年人的父母或者其他监护人；

(二)监护人死亡或者被宣告死亡且无其他人可以担任监护人；

(三)监护人丧失监护能力且无其他人可以担任监护人；

(四)人民法院判决撤销监护人资格并指定由民政部门担任监护人；

(五)法律规定的其他情形。

【释义】　本条是关于民政部门履行国家长期监护职责法定情形的规定。

一、民政部门是国家长期监护职责的承担主体

民政部门对未成年人进行国家长期监护是法定职责。我国宪法规定“儿童受国家的保护”，这从根本法的层面确立了国家对未成年人的保护职责。联合国《儿童权利公约》规定“暂时或永久脱离家庭环境的儿童，或为其最大利益不得在这种环境中继续生活的儿童，应有权得到国家的特别保护和协助”，我国是公约的成员国，建立国家长期监护制度是国际义务。民法典第 27 条、第 28 条、第 31 条、第 32 条、第 34 条、第 36 条等都将民政部门作为国家监护职责的承担主体规定了相应的权责，这从民事基本制度的角度，确立了民政部门作为国家监护职责承担主体的法律地位。

根据党的十九届三中全会审议通过的《中共中央关于深化党和国家机构改革的决定》《深化党和国家机构改革方案》和第十三届全国人民代表大会第一次会议批准的《国务院机构改革方案》规定，民政部的主要职责包括拟订儿童福利、孤弃儿童保障、儿童收养、儿童救助保护政策、标准，健全农村留守儿童关爱服务体系和困境儿童保障制度、指导开展家庭暴力受害人临时庇护救助工作等，其下设的社会事务司、儿童福利司等主要负责未成年人保护相关工作。同时，民政部门主管的未成年人保护站、儿童福利院等是未成年人长期监护的主要机构。

二、民政部门对未成年人进行长期监护的法定情形

（一）查找不到未成年人的父母或者其他监护人的情形

根据《儿童福利机构管理办法》的有关规定，无法查明或查找不到未成年人父母或其他监护人的主要有三类儿童群体：一是无法查明父母或其他监护人的被遗弃儿童；二是无法查明父母或其他监护人的打拐解救儿童；三是超过 3 个月仍无法查明父母或其他监护人的流浪乞讨儿童。民政部门对这三类无法查明或查找不到父母或者其他监护人的未成年人，按照国家有关规定承担长期监护职责。

（二）监护人死亡或者被宣告死亡且无其他人可以担任监护人的情形

民法典第 27 条规定，未成年人的父母已经死亡或者没有监

护能力的，由祖父母、外祖父母；兄、姐；其他经未成年人住所地的居民委员会、村民委员会或民政部门同意的愿意担任监护人的个人或组织按顺序担任。第30条规定，依法具有监护资格的人之间可以协议确定监护人。协议确定监护人应当尊重被监护人的真实意愿。第31条第1款规定，对监护人的确定有争议的，由被监护人住所地的居民委员会、村民委员会或者民政部门指定监护人，有关当事人对指定不服的，可以向人民法院申请指定监护人；有关当事人也可以直接向人民法院申请指定监护人。这意味着，在现有民事法律制度框架内，未成年人父母死亡或者被宣告死亡的，可以按照法定监护、协商监护、指定监护等规定确定新的监护人。

（三）监护人丧失监护能力且无其他人可以担任监护人

未成年人的父母或其他现任监护人虽然没有死亡或者被宣告死亡，但丧失监护能力，无法承担未成年人的监护职责，在没有其他人担任监护人的情况下，民政部门承担国家监护职责。根据法律规定，未成年人的监护人具有监护能力首先要具有完全民事行为能力。至于如何判断是否具有监护能力的其他条件，在实践中情况比较复杂，需要综合考虑多种因素，根据具体情况判断。《最高人民法院关于适用〈中华人民共和国民法典〉总则编若干问题的解释》第6条对此作出相关规定，即“人民法院认定自然人的监护能力，应当根据其年龄、身心健康状况、经济条件等因素确定；认定有关组织的监护能力，应当根据其资质、信用、财产状况等因素确定”。

（四）人民法院判决撤销监护人资格并指定由民政部门担任监护人

民法典第36条规定，监护人实施严重损害被监护人身心健康的行为；怠于履行监护职责或者无法履行监护职责且拒绝将监护职责部分或者全部委托给他人，导致被监护人处于危困状态；实施严重侵害被监护人合法权益的其他行为时，人民法院根据有关个人或者组织的申请，撤销监护人资格，并按照最有利于被监护人的原则依法指定监护人。如果人民法院依法撤销未成年人监护人资格并指定民政部门担任监护人，则指定监护关系成立，民政部门从被指定之日起承担国家监护职责。

（五）法律规定的其他情形

未成年人保护工作，包括未成年人的国家监护制度，会随着社会发展而不断完善，可能产生其他需要国家长期监护的情形，本条将第五种情形规定为兜底性开放条款，为国家监护法定适用情形预留一定空间，保证法律和国家监护制度的灵活性和生命力。

三、居民委员会、村民委员会担任监护人的规定

本条主要对未成年人政府保护职责作出规定，居民委员会、村民委员会是基层群众自治组织，不属于政府部门，所以本条没有将居民委员会、村民委员会担任监护人的情形纳入。但本条规定并未排除民法典第32条“具备履行监护职责条件的被监护人住所地的居民委员会、村民委员会”依法承担监护职责相关规定的适用，在未成年人没有具有监护资格的人的情形下，具备条件的未成年人住所地的居民委员会、村民委员会可以依法承担监护职责。

值得说明的是，考虑到实践中未成年人没有具有监护资格监护人的情况比较复杂，有的是父母死亡成为孤儿，有的是父母长期服刑或者一方死亡一方失踪，在大部分情况下，居民委员会和村民委员会因自身力量较弱等原因很难承担监护职责，民法典第32条规定和本条都倾向于优先由民政部门承担长期监护职责。

第九十五条　民政部门进行收养评估后，可以依法将其长期监护的未成年人交由符合条件的申请人收养。收养关系成立后，民政部门与未成年人的监护关系终止。

【释义】　本条是关于民政部门长期监护未成年人被收养的权利、程序及监护关系转移的规定。

一、民政部门长期监护的未成年人有依法被收养的权利

根据民法典第 1093 条、第 1094 条的规定，丧失父母的孤儿、查找不到生父母的未成年人、生父母有特殊困难无力抚养的子女，可以被收养；孤儿的监护人、儿童福利机构、有特殊困难无力抚养子女的生父母可以作为送养人。民政部门长期监护的未成年人中，丧失父母的孤儿、查找不到生父母的未成年人、生父母有特殊困难无力抚养的子女，依法享有被收养的权利。

二、收养民政部门长期监护未成年人的程序和条件

（一）必须进行收养评估

收养评估是民政部门为规范收养行为，科学评估收养家庭抚养教育能力，全面保障被收养儿童的合法权益的重要工作。2012 年至今，全国各地民政部门都在大力推进收养评估试点工作，民政部为规范收养评估工作，印发了《收养能力评估工作指引》，许多地方在《收养能力评估指引》的基础上，根据法律法规规定，制定了收养家庭能力评估实施细则。但将收养评估作为收养的程序写入法律，尚属首次。

根据《收养能力评估工作指引》，收养评估工作可以由收养登记机关委托的第三方机构或者收养登记机关开展，民政部门优先采取委托第三方方式开展收养能力评估，评估人可以是社会工作师、律师、医生、心理咨询师、婚姻家庭咨询师等专业人员，暂时不具备第三方评估条件的地方，也可以由收养登记机关自行评估。评估标准主要包括八项，分别是收养动机、年龄、健康状况、道德品行情况、经济及住房条件、婚姻家庭关系、共同生活家庭成员意见、抚育计划。规定收养申请人参加非法组织、邪恶教派的；有买卖、虐待或遗弃儿童行为的；有持续性、经常性家庭暴力的；有故意犯罪行为、判处或可能判处徒刑以上刑罚的；患甲类或乙类传染病在传染期，患重型精神病在发病期的，不得收养儿童。

（二）被收养未成年人和收养申请人必须符合法律关于收养条件的规定

民法典第1098条规定，收养人应当同时具备以下条件：无子女或只有一名子女；有抚养、教育和保护被收养人的能力；未患有在医学上认为不应当收养子女的疾病；无不利于被收养人健康成长的违法犯罪记录；年满30周岁。收养民政部门长期监护未成年人必须依法进行。

三、收养关系成立后未成年人监护关系的转移

收养关系成立后，收养人成为被收养未成年人的监护人，民政部门与未成年人的监护关系终止。

第九十六条　民政部门承担临时监护或者长期监护职责的，财政、教育、卫生健康、公安等部门应当根据各自职责予以配合。

县级以上人民政府及其民政部门应当根据需要设立未成年人救助保护机构、儿童福利机构，负责收留、抚养由民政部门监护的未成年人。

【释义】　本条是关于其他政府职能部门的配合义务和国家监护机构建设的规定。

一、政府各职能部门的配合义务

《国务院关于加强农村留守儿童关爱保护工作的意见》《国务院关于加强困境儿童保障工作的意见》《关于进一步健全农村留守儿童和困境儿童关爱服务体系的意见》《关于依法处理监护人侵害未成年人权益行为若干问题的意见》等政策文件对困境儿童的救助工作作出部署、提出要求，明确了困境儿童的救助工作，包括国家监护工作，不是一项单一的工作，而是需要各部门密切配合的综合性工作。

民政部门依法承担国家监护职责，各部门应配合做好相关工作。财政部门应结合实际需要，做好农村留守儿童和困境儿童关爱服务经费保障。统筹使用困难群众救助补助等资金，实施规范未成年人社会保护支出项目。分配各类有关资金时要充分考虑贫困地区未成年人救助保护机构数量、农村留守儿童和困境儿童等服务对象数量，继续将"贫困发生率"和财政困难程度系数作为重要因素，向贫困地区倾斜。公安部门要及时受理有关报告，第一时间出警，依法迅速处理，会同、配合有关方面调查，有针对性地采取应急处置措施，依法追究失职父母或侵害人的法律责任，严厉惩处各类侵害农村留守儿童和困境儿童的犯罪行为，按政策为无户籍儿童办理入户手续。教育部门要强化适龄儿童保学促学、教育资助、送教上门、心理教育等工作措施，为民政部门监护的困境儿童就近入学提供支持。司法行政部门要依法为国家监护的儿童申请提供法律援助。妇女儿童工作委员会办公室要督促各级地方人民政府落实儿童发展纲要要求，做好困境儿童保障工作。共青团组织要会同未成年人救助保护机构开通未成年人保护专线，探索"一门受理、协同处置"个案帮扶模式，联动相关部门提供线上线下服务。残联组织要积极维护残疾儿童权益，大力推进残疾儿童康复、教育服务，提高康复、教育保障水平，等等。

二、按需设立未成年人救助保护机构和儿童福利机构

根据法律和国家有关规定，未成年人救助保护机构、儿童福利机构是民政部门承担监护职责的工作载体，承担对未成年人实施临时救助、履行临时监护等职责。民政部、教育部等部门联合印发的《关于进一步健全农村留守儿童和困境儿童关爱服务体系的意见》中明确，未成年人保护救助机构负责对生活无着的流浪乞讨、遭受监护侵害、暂时无人监护等未成年人实施救助，承担临时监护责任。《儿童福利机构管理办法》第 2 条规定，儿童福利机

构是指民政部门设立的,主要收留抚养由民政部门担任监护人的未满 18 周岁儿童的机构。儿童福利机构包括按照事业单位法人登记的儿童福利院、设有儿童部的社会福利院等。第 14 条规定,儿童福利机构可以接受未成年人救助保护机构委托,收留抚养民政部门承担临时监护责任的儿童。

近年来,随着国家困境儿童保障工作的不断推进,我国许多地方建立了未成年人救助保护机构和儿童福利机构。据民政部相关工作人员介绍,截至 2019 年 6 月,全国共有未成年人救助保护机构 1806 个,2018 年我国未成年人救助保护机构共计救助保护各类儿童 6.8 万次,全国共有儿童福利机构 1217 家,其中按照事业单位法人登记的儿童福利机构 544 家,设有儿童部的社会福利机构 673 家,机构的总床位数已经超过 10 万张,总体上能够满足集中养育孤儿的基本需求。

但仍有一些县(市、区)尚未建立未成年人救助保护机构、儿童福利机构,或者存在机构不具备临时、长期照料未成年人的基本条件的问题。县级以上人民政府和民政部门应加大财政资金及福彩公益金对未成年人救助保护机构、儿童福利机构建设的资助力度,汇集多方资源投入,形成机构建设的整体规划。没有建立未成年人救助保护机构、儿童福利机构的县级民政部门,应整合现有各类社会福利机构资源,明确承担临时、长期监护职责的实体机构。没有适合实体机构的县级民政部门,要及时报请上级民政部门指定具备条件的未成年人救助保护机构承担临时、长期监护职责,负责临时照料、提起诉讼等具体工作。各地未成年人救助保护机构应当及时接收公安机关送来的受监护侵害的未成年人,儿童福利机构应当收留抚养人民法院指定民政部门担任监护人的未成年人,未成年人救助保护机构和儿童福利机构不得以任何理由推脱、拒绝,确保国家监护职责落到实处。

第九十七条　县级以上人民政府应当开通全国统一的未成年人保护热线，及时受理、转介侵犯未成年人合法权益的投诉、举报；鼓励和支持人民团体、企业事业单位、社会组织参与建设未成年人保护服务平台、服务热线、服务站点，提供未成年人保护方面的咨询、帮助。

【释义】　本条是关于建设全国统一的未成年人保护热线，支持社会力量共建未成年人保护平台的规定。

一、开通全国统一的未成年人保护热线

近年来，有不少人大代表提出开设未成年人保护热线，为未成年人提供求助、咨询服务，为他们撑起一把“保护伞”的建议。开通未成年人救助保护热线，能为救助困境中的少年儿童提供有效便捷的求助路径，形成源头预防、及时发现、高效应对的救助保护机制。

为更好地维护未成年人的合法权益，回应社会呼声，许多地方政府都探索开通了本地区的未成年人保护热线。各地开通的未成年人保护热线，对未成年人权益保护发挥了重要作用，尤其在疫情期间，许多地方政府通过热线，第一时间为受困未成年人提供救助，取得了很好的社会效果。2020 年 9 月，国家试点开通全国统一未成年人保护热线，确定江西省、广西壮族自治区、贵州省、山西省、青海省 5 个省（区），内蒙古自治区包头市，辽宁省大连市，江苏省苏州市，浙江省杭州市、台州市，河南省洛阳市，湖北省武汉市、荆州市、孝感市、鄂州市，广东省广州市，四川省德阳市、广元市等 14 个市为全国统一的儿童救助保护热线试点地区，设置统一热线号码为 12349。明确儿童救助保护热线受理内容包括儿童救助保护相关政策法规咨询服务、各类侵害未成年人权益案件线索、儿童心理问题疏导、情绪抚慰等服务、帮扶转介服务、儿童生活困难求助受理等。

为实现全国统一的未成年人保护热线有效运转,国家要求地方民政部门要建立或明确专门机构及团队负责热线全面运行工作。已设立未成年人救助保护机构的地方可依托未成年人救助保护机构负责热线受理和运营工作;未设立未成年人救助保护机构的地方可采取购买服务或委托儿童保护类社会组织负责热线受理等具体事宜。国家推动建立法律、心理、社工等领域专家和志愿者队伍,参与个案受理、咨询、处置等工作。国家建立民政系统上下联动机制,省级民政部门负责热线的指导、协调、跟踪、监督及跨市县个案的处置工作;地市级民政部门依托未成年人救助保护机构等具体负责热线受理、处置、转介、跟踪、监督及部门协调工作,对热线受理的个案进行处置或根据属地管理原则转交所在县级民政部门处理,处理跨县级个案;县级民政部门对地市级民政部门转交的个案,委派专门人员或组织协调处理,并及时反馈处理结果。国家依托农村留守儿童关爱保护和困境儿童保障领导协调机制,建立儿童救助保护部门协作机制,积极协调相关部门推动涉及其他部门的热线个案转介和处理。进一步建立健全儿童救助保护热线受理、运营、团队管理、应急处置、经费支持等相应制度标准,为热线顺利开展提供保障。

二、鼓励和支持社会力量参与共建未成年人保护服务平台

人民团体、企事业单位、社会组织在未成年人保护中发挥着重要作用。不少地方依托人民团体、企事业单位、社会组织建立了未成年人关爱平台、网络保护平台、未成年人强制救助 App、未成年人爱心流动站等,深受未成年人的欢迎,让未成年人感受到救助随时随地就在身边。在国家设立全国统一未成年人保护热线的同时,支持和鼓励社会力量参与共建未成年人保护服务平台、服务热线、服务站点,将进一步丰富未成年人保护的形式,完善未成年人保护机制,形成合力,共同营造全社会关心关爱未成年人的良好氛围。

第九十八条　国家建立性侵害、虐待、拐卖、暴力伤害等违法犯罪人员信息查询系统，向密切接触未成年人的单位提供免费查询服务。

【释义】 本条是关于国家建立密切接触未成年人单位从业人员违法犯罪信息查询系统的规定。

近年来，密切接触未成年人行业从业人员性侵害、虐待、拐卖、暴力侵害未成年人的事件时有发生，引起各界广泛关注。对此，司法机关作了专门的研究。研究表明，性侵未成年人、暴力虐童、拐卖等犯罪具有屡犯性、再犯性高的特点，即使是经过刑事处罚的性侵犯罪行为人，当他回到与未成年人密切接触的环境中，很可能再次犯罪。

近年来，最高人民检察院在建立性侵害未成年人违法犯罪信息库和入职查询制度上作了许多探索，取得较好的社会效果。2016 年 5 月，浙江省慈溪市人民检察院制定《性侵害未成年人犯罪人员信息公开实施办法》。上海市闵行区人民检察院探索建立入职查询新路径，在全国率先建立涉性侵害违法犯罪人员限制从业机制，收集辖区内近 5 年涉性侵害违法犯罪人员名单及基本情况，建立“黑名单”信息库。辖区内与未成年人有密切接触的行业招聘时，在信息库中进行查询比对，对于有前科的人员不予录用。江苏淮安淮阴区、浙江宁波鄞州区等地检察机关均探索建立相应制度。2019 年 2 月，最高人民检察院印发《2018—2022 年检察改革工作规划》，要求“建立健全性侵害未成年人违法犯罪信息库和入职查询制度”，进一步推动这项工作。此后，上海、重庆、贵州、河南等省级检察院先后推动建立性侵害未成年人违法犯罪信息库和入职查询制度。其中上海市到 2019 年底已经接受查询密切接触者 27 万人，对 26 名具有性侵害违法犯罪前科人员予以辞退或者不予录用。

本次未成年人保护法修订，在听取各方意见、归纳总结相关做法的基础上，创设了密切接触未成年人行业的从业查询及禁止制度，将性侵害、虐待、拐卖、暴力伤害等违法犯罪人员纳入竞业禁止名单，并规定了国家责任。一是建机制，由最高人民法院、最高人民检察院、公安部联合建立信息共享工作机制，有关部门履行好统筹、指导职责。二是设平台，加快建立统一的信息查询平台建设，实现有关部门与公安部相关部门之间信息共享与服务平台对接，密切接触未成年人单位与有关部门对接，实现违法犯罪人员信息核查。三是免费查询，关于具体的查询程序、要求等由国家有关部门统一制定后予以公布。

第九十九条　地方人民政府应当培育、引导和规范有关社会组织、社会工作者参与未成年人保护工作，开展家庭教育指导服务，为未成年人的心理辅导、康复救助、监护及收养评估等提供专业服务。

【释义】 本条是关于政府培育、引导和规范社会力量参与未成年人保护工作的规定。

未成年人保护工作比较复杂，政府保护存在不少薄弱环节。在监护工作中，民政部门对家庭监护、家庭教育的支持干预、监督缺乏专业服务，对于临时、长期监护的困境未成年人无法提供专业的指导和照料；在收养评估中，第三方评估力量不足，评估的专业性有待提高；在未成年人预防教育工作中，德育教育、法治教育和心理健康教育效果不佳，学生欺凌事件和不良行为的教育矫治、心理辅导缺少专业方法；在困境未成年人康复救助中，残疾未成年人的康复救助缺乏专业服务，等等。这些薄弱环节需要专业的社会力量予以加强。

从现阶段我国未成年人保护的社会服务上看，目前社会工作服务机构的建设和专业社工的培养还存在很大缺口，社会组织、社会工作者对未成年人保护工作的参与度不高，亟待进一步加强。近年来,国家大力推进未成年人保护工作,在培育、引导和规范有关社会组织、社会工作者参与未成年人保护工作上作出了许多努力。2019年民政部、教育部等部门联合印发的《关于进一步健全农村留守儿童和困境儿童关爱服务体系的意见》,进一步明确了国家要推动多方力量共同参与的儿童关爱服务工作,提倡培育孵化社会组织。要求各地民政部门及未成年人救助保护机构要通过多种方式,积极培育儿童服务类的社会工作服务机构、公益慈善组织和志愿服务组织。要支持相关社会组织加强专业化、精细化、精准化服务能力建设,在场地提供、水电优惠、食宿保障、开通未成年人保护专线电话等方面提供优惠便利条件。发动社会各方参与。支持社会工作者、法律工作者、心理咨询工作者等专业人员,针对农村留守儿童和困境儿童不同特点,提供专业性的关爱服务。积极倡导企业履行社会责任,重点加强贫困农村留守儿童和困境儿童及其家庭救助帮扶,引导企业督促员工依法履行对未成年子女的监护责任。随着未成年人政府保护工作的推进,引进社会力量补足政府保护工作短板,势在必行。本次修订,将培育、引导和规范有关社会组织、社会工作者参与未成年人保护工作,为未成年人提供专业保护纳入法律规定,具有重要的引导意义。

第七章　司法保护

第一百条　公安机关、人民检察院、人民法院和司法行政部门应当依法履行职责，保障未成年人合法权益。

【释义】　本条是对司法保护的总体要求，明确司法机关对保障未成年人合法权益负有法定职责。

本条将2012年未成年人保护法第50条中的"在司法活动中保护未成年人的合法权益"修改为"保障未成年人合法权益"。主要考虑是：目前，司法机关开展未成年人司法保护工作不再局限于司法活动过程中，而是在办理案件之外积极延伸司法保护范围，配合政府部门、学校等共同做好未成年人保护工作。

司法保护作为国家、社会、学校、家庭和所有成年公民对未成年人实施共同保护的组成部分，在保障未成年人合法权益方面有着重要的作用。本条作为"司法保护"一章的首要条款，对司法机关依法履行职责提出总体要求，明确司法机关对保障未成年人合法权益负有法定职责。

一、司法保护的责任主体

根据规定，承担未成年人司法保护职责的主体是广义的国家司法机关，既包括公安机关、人民检察院、人民法院等办案机关，也包括司法行政部门。

(1)公安机关。公安机关作为政府职能部门，依法管理社会治安，行使国家行政权，同时公安机关又依法侦查刑事案件，行使国家司法权。

(2)人民检察院。宪法和人民检察院组织法均规定,人民检察院是国家的法律监督机关。人民检察院行使下列职权:依照法律规定对有关刑事案件行使侦查权;对刑事案件进行审查,批准或者决定是否逮捕犯罪嫌疑人;对刑事案件进行审查,决定是否提起公诉,对决定提起公诉的案件支持公诉;依照法律规定提起公益诉讼;对诉讼活动实行法律监督;对判决、裁定等生效法律文书的执行工作实行法律监督;对监狱、看守所的执法活动实行法律监督;法律规定的其他职权。

(3)人民法院。宪法和人民法院组织法均规定,人民法院是国家的审判机关。人民法院通过审判刑事案件、民事案件、行政案件以及法律规定的其他案件,惩罚犯罪,保障无罪的人不受刑事追究,解决民事、行政纠纷,保护个人和组织的合法权益,监督行政机关依法行使职权。

(4)司法行政机关。司法行政机关是各级政府的组成部分,负责监狱、律师、公证、社区矫正等方面的工作。

二、司法保护的内容

本次未成年人保护法修订,注重体现未成年人司法保护科学理念,积极吸纳在长期司法实践中总结提炼出来的先进经验,完善未成年人司法保护的内涵。1991 年,未成年人保护法“司法保护”一章的法律条文有 8 条,2006 年修订未成年人保护法时将本章扩充为 10 条,2020 年修订进一步将该章内容扩充为 17 条,司法保护内涵得到充实丰富。

未成年人司法保护既包括刑事方面的保护,也包括民事等方面的保护。

(1)刑事方面的保护,可分为未成年人是被害人时的保护以及未成年人是违法犯罪嫌疑人或被告时的司法保护。未成年人是祖国和民族的未来,全社会都应该关心、关爱未成年人的成长,司法机关应坚决防止和依法打击损害未成年人权益的行为,严厉惩治侵害未成年人的违法犯罪行为。对未成年人是违法犯罪嫌疑人或被告时的司法保护,也是未成年人司法保护工作的重要组成部分。自1979年中央提出对违法犯罪的未成年人要实行“教育、挽救、改造”方针以来,我国颁布了一系列文件,明确要求对违法犯罪的未成年人“必须坚决实行教育、感化、挽救的方针,着眼于挽救”,强调对未成年人要始终立足于教育的政策思想。1991年制定的未成年人保护法规定“对违法犯罪的未成年人,实行教育、感化、挽救的方针,坚持教育为主、惩罚为辅的原则”,刑事诉讼法也专章规定了“未成年人刑事案件诉讼程序”。上述方针和原则不仅体现在刑事审判和刑罚执行环节,也贯穿刑事诉讼的全部过程。

(2)民事方面的保护。自然人的民事权利能力一律平等。虽然绝大多数未成年人属于民法典规定的限制民事行为能力人或无民事行为能力人,但未成年人作为自然人,从出生时起到死亡时止具有民事权利能力,依法享有民事权利和承担民事义务。未成年人民事权益的保护,适用情形更为广泛,涉及未成年人的名誉权、隐私权、监护权、抚养权、继承权和受遗赠权等。

司法机关开展未成年人司法保护工作,应充分考虑未成年人身体、心理等方面还不够成熟的特殊因素,根据每位未成年人的特殊身心特点,坚持以最有利于未成年人健康成长的原则,兼顾好对未成年人身体、心理、情感等方面的保护,多角度、全方位保障未成年人的合法权益。

第一百零一条　公安机关、人民检察院、人民法院和司法行政部门应当确定专门机构或者指定专门人员,负责办理涉及未成年人案件。办理涉及未成年人案件的人员应当经过专门培训,熟悉未成年人身心特点。专门机构或者专门人员中,应当有女性工作人员。

公安机关、人民检察院、人民法院和司法行政部门应当对上述机构和人员实行与未成年人保护工作相适应的评价考核标准。

【释义】 本条规定司法机关应当确定专门机构或者指定专门人员负责办理涉及未成年人的案件，办案人员应具备相应条件，并规定对专门机构和人员实行特殊评价考核标准。

本条是对 2012 年未成年人保护法第 55 条的修改完善，主要修改内容如下：一是将“根据需要”设立专门机构或者指定专人办理未成年人案件，修改为“应当确定”专门机构或者指定专门人员办理，对司法机关提出明确要求；二是借鉴吸纳现行有关规定和实践中的经验做法，明确专门机构或者专门人员中应当有女性工作人员；三是考虑到未成年人司法保护工作的特殊性，规定对专门机构和人员实行与其工作相适应的评价考核标准。

一、专门机构的设置或专门人员的指定

经过几十年的努力，司法机关在未成年人工作专业化建设方面已经取得较大进步，专门机构建设和专门人员配备逐步得到落实，法律效果和社会效果成效明显。实践证明，未成年人工作专业化建设比较扎实，专门机构、专门人员比较充实的地方，未成年人司法保护工作的成效就比较突出。根据长期探索总结出来的实践经验，我国未成年人司法保护专业化工作不仅不能削弱，还需要进一步推进和加强。

修订草案审议过程中，有的意见提出，专业性不足是长期制约我国未成年人司法保护工作的突出问题，其中专门机构建设和专门人员配备不到位是重要原因。为进一步推进未成年人司法保护工作，建议注重吸纳司法实践在专门机构建设和专门人员配备方面的经验成果，将“根据需要”设立专门机构或者指定专人办理未成年人案件，修改为“应当确定”专门机构或者指定专门人员负责办理涉及未成年人案件，把“确定专门机构或者指定专门人员”作为司法机关办理涉及未成年人案件的法定要求，切实解决一些地方未设立专门机构、人员配备不到位等问题，进一步巩固改革成果。本次未成年人保护法修订采纳了以上建议。

另外，考虑到司法行政部门在履行职责中时常遇到未成年人

案件，如监狱法关于未成年人刑罚的执行、社区矫正法关于未成年人社区矫正特别规定的执行等，因而增加规定司法行政部门也应贯彻落实以上规定内容。

二、关于专门人员应具备的条件

《联合国少年司法最低限度标准规则》第 22 条对从事少年司法工作人员的专业化和培训方面作了规定，“应利用专业教育、在职培训、进修课程以及其他各种适宜的授课方式，使所有处理少年案件的人员具备并保持必要的专业能力”，“少年司法工作人员的组成应反映出触犯少年司法制度的少年的多样成分，应努力确保少年司法机构中有合理的妇女和少数民族工作人员”。我国有关法律、司法解释等，对办理涉及未成年人案件的人员应具备的条件也提出了明确要求。刑事诉讼法规定，人民法院、人民检察院和公安机关办理未成年人刑事案件，由熟悉未成年人身心特点的审判人员、检察人员、侦查人员承办。2012 年，《最高人民法院关于适用〈中华人民共和国刑事诉讼法〉的解释》第 461 条规定，审理未成年人刑事案件，应当由熟悉未成年人身心特点、善于做未成年人思想教育工作的审判人员进行，并应当保持有关审判人员工作的相对稳定性；未成年人刑事案件的人民陪审员，一般由熟悉未成年人身心特点，热心教育、感化、挽救失足未成年人工作，并经过必要培训的共青团、妇联、工会、学校、未成年人保护组织等单位的工作人员或者有关单位的退休人员担任。2013 年修订的《人民检察院办理未成年人刑事案件的规定》规定，各级人民检察院应当选任经过专门培训，熟悉未成年人身心特点，具有犯罪学、社会学、心理学、教育学等方面知识的检察人员承办未成年人刑事案件，并加强对办案人员的培训和指导。公安部颁布的《公安机关办理刑事案件程序规定》第 319 条中也规定，未成年人刑事案件应当由熟悉未成年人身心特点，善于做未成年人思想教育工作，具有一定办案经验的人员办理。2019 年颁布的社区矫正法规定，社区矫正机构应当根据未成年社区矫正对象的年龄、心理特点、发育需要、成长经历、犯罪原因、家庭监护教育条件等情况，采取针对性的矫正措施；社区矫正机构为未成年社区矫正对象确定矫正小组，应当吸收熟悉未成年人身心特点的人员参加。

以上规定，均明确要求办理未成年人案件的工作人员应“熟悉未成年人身心特点”。这既是推进未成年人司法保护工作专业化的需要，也是切实保障未成年人合法权益，为未成年人创造健康成长司法环境的必然要求。本次未成年人保护法修订，充分尊重司法实践经验，积极借鉴相关立法成果，吸纳已经得到实践充分证明的有益经验和做法，进一步明确规定办理涉及未成年人案件的人员应当加强知识储备，符合“经过专门培训”的程序条件和“熟悉未成年人身心特点”的实质条件，具备办理未成年人案件必备的心理学、教育学等专门知识。经修订的未成年人保护法实施后，司法部门应当更加注重相关业务培训，解决部分工作人员专业能力不足问题。

三、关于配备女性工作人员的要求

有些案件中，未成年人是违法犯罪行为人或者受害人，相关案情涉及个人隐私，由女性工作人员开展搜查、讯问、询问等工作，发挥女性独特的工作办法、缜密的思维能力、细致的工作心态、柔和的语言能力等优势，更有利于呵护未成年人健康成长。2013 年最高人民法院、最高人民检察院、公安部、司法部联合颁布的《关于依法惩治性侵害未成年人犯罪的意见》中规定，性侵害未成年人犯罪案件中，未成年被害人系女性的，应当有女性工作人员参与。刑事诉讼法也规定，讯问女性未成年犯罪嫌疑人，应当有女性工作人员在场。这些规定，充分考虑女性未成年人的生理、心理特点，有助于缓解其紧张、畏惧情绪。

司法实践中，一些地方、部门的女性工作人员长期承担着未成年人司法保护工作的重担，扮演着独特角色，并发挥着重要作用，是未成年人司法保护工作中的生力军。本次修订，进一步完善未成年人司法保护制度体系，增加规定“专门机构或者专门人员中,应当有女性工作人员”。

四、关于未成年人司法保护工作的评价考核标准

未成年人司法保护工作具有自身突出特点,除了查明事实、核实证据和适用法律外,还有大量案外延伸性工作,如刑事诉讼法规定,公安机关、人民检察院、人民法院办理未成年人刑事案件,根据情况可以对未成年犯罪嫌疑人、被告人的成长经历、犯罪原因、监护教育等情况进行调查。在案件办结后,还要继续开展帮助教育、关爱救助、跟踪考察、帮教预防等工作帮助未成年人重新回归社会。

修订草案审议过程中,有的意见提出,在评价考核时应当充分考虑未成年人司法保护工作的特殊性,转变单纯以办案数量作为评价未成年人司法保护工作的片面认识和做法,建议建立健全符合未成年人司法保护工作实际特点,涵盖未成年人司法保护工作各个环节和流程,全面体现未成年人权益保护、教育感化、犯罪预防成效、宣传教育等方面的工作评价机制,更好地引导未成年人司法保护工作科学、健康发展。2010 年,《最高人民法院关于进一步加强少年法庭工作的意见》中提出,各级法院应当根据本地区少年法庭工作实际,将庭审以外的延伸帮教、参与社会治安综合治理等工作作为绩效考核指标,纳入绩效考察的范围。2016 年,《最高人民检察院关于加强未成年人检察工作专业化建设的意见》中要求建立科学的未成年人检察专门评价机制。2017 年,最高人民检察院颁布的《关于建立未成年人检察工作评价机制的意见(试行)》也提出,未成年人检察工作在司法理念、内在规律、职责任务、诉讼程序、评价标准等方面都与成年人司法工作有着显著区别;由于检察机关现行评价体系主要是以成人司法模式为主导的检察官评价体系和对检察职能的界定方式,无法全面涵盖未成年人检察的特殊职能,不能客观反映未成年人检察工作质量,难以准确体现未成年人检察工作成效,而且与未成年人检察工作理念、原则、方式存在一定价值冲突。因而,有必要建立符合

未成年人检察工作特点的独立评价机制。

有的意见提出，未成年人保护法应吸纳相关经验和做法，建议增加规定司法部门应当对从事未成年人保护工作的专门机构和人员实行“与未成年人保护工作相适应的评价考核标准”，科学核算实际工作量，提升未成年人司法保护工作专门机构和人员的积极性和责任感，激励他们依法充分履行职责。本次修订采纳了以上建议，从法律上明确公安机关、人民检察院、人民法院和司法行政部门应当对上述机构和人员实行与未成年人保护工作相适应的评价考核标准。这将有助于进一步加强未成年人保护专业队伍建设，为未成年人司法保护工作留住人才，提升未成年人司法保护专业化水平。

第一百零二条　公安机关、人民检察院、人民法院和司法行政部门办理涉及未成年人案件，应当考虑未成年人身心特点和健康成长的需要，使用未成年人能够理解的语言和表达方式，听取未成年人的意见。

【释义】　本条关于司法机关在办理未成年人案件时应当使用的语言、表达方式等的规定。

本条是对2012年未成年人保护法第51条第1款的修改完善，主要修改内容如下：一是完善责任主体范围，将“人民法院”修改为“公安机关、人民检察院、人民法院和司法行政部门”，进一步完善责任主体范围；二是从未成年人的角度考虑，明确要求司法机关使用未成年人能够理解的语言和表达方式，听取未成年人的意见，尊重其人格尊严，切实维护其合法权益。

修订草案审议过程中，有的意见提出，司法机关办案过程中往往使用一些成人化甚至专业化的语言、术语等，导致未成年人难以理解，建议注重解决这个问题。本次修订采纳了此建议，对司法部门办理涉及未成年人案件时所使用的语言和表达方式提出特别要求,切实照顾到未成年人对司法活动的客观感受。这与以往相关法律关于语言相关规定的立法目的是一致的,即让当事人充分理解司法活动的内容、后果和意义,从实质上维护公民的合法权益。要求司法部门“使用未成年人能够理解的语言和表达方式”,一方面,考虑到未成年人身心尚未成熟,对许多事物以及法律用语缺乏足够的理解能力,司法机关应当考虑其身心特点和理解能力,使用合适的语言和表达方式与未成年人交流,充分听取他们的意见;另一方面,尽量为未成年人创造健康成长的司法环境,避免司法活动给其带来不必要的心理压力甚至是心理伤害。使用未成年人能够理解的语言和表达方式,有助于未成年人全面准确地理解司法活动内容,客观反映案件情况,表达真实意见,也有助于增强与未成年人的情感沟通、缓解未成年人紧张畏惧情绪,便于开展帮扶教育及相关救助工作等。

如何理解把握未成年人“能够理解的”这一标准。未成年人的生理、心理、智力等方面的成熟度差异较大,该标准也因人而异。司法部门工作人员在办理未成年人案件时,应从每个未成年人的年龄、心理状况、家庭教养、受教育程度、社会环境等方面进行综合判断,准确把握上述标准,尽量将成人化的语言以及法律专业用语转化为有助于未成年人理解的通俗易懂的语言,并以能够让未成年人理解的方式把相关情况准确告知给未成年人。

第一百零三条　公安机关、人民检察院、人民法院、司法行政部门以及其他组织和个人不得披露有关案件中未成年人的姓名、影像、住所、就读学校以及其他可能识别出其身份的信息,但查找失踪、被拐卖未成年人等情形除外。

【释义】　本条是关于未成年人隐私和个人信息保护的规定。

本条是对 2012 年未成年人保护法第 58 条的修改完善,进一步强化对未成年人隐私和个人信息的保护,修改内容主要有以下几点:一是明确责任主体;二是明确保护对象包括所有案件涉及的未成年人;三是补充完善不得披露的内容;四是增加例外性规定。

《联合国少年司法最低限度标准规则》第8条规定,“应在各个阶段尊重少年犯享有隐私的权利,以避免由于不适当的宣传或加以点名而对其造成伤害”“原则上不应公布可能会导致使人认出某一少年犯的资料”。我国高度重视在司法活动中对未成年人隐私权和个人信息的保护,避免因不当披露未成年人身份信息给其造成二次伤害。1991年颁布的未成年人保护法就规定“对未成年人犯罪案件,在判决前,新闻报道、影视节目、公开出版物不得披露该未成年人的姓名、住所、照片及可能推断出该未成年人的资料”。2006年修订未成年人保护法时,将以上条款修改为“对未成年人犯罪案件,新闻报道、影视节目、公开出版物、网络等不得披露该未成年人的姓名、住所、照片、图像以及可能推断出该未成年人的资料”,扩大了受限制媒体的范围,同时在时间上不再限于“在判决前”,而是对未成年人犯罪案件判决前后所做的报道都进行必要限制。近年来,信息传播呈现渠道多样化、迅速化、广泛化等特征,因信息传播不当造成的社会影响和给当事人造成的危害愈加严重,特别是一些涉及未成年人身份信息的不当传播,严重损害其健康成长的社会环境。本次修订,进一步完善对未成年人隐私权和个人信息保护的规定。

一、关于责任主体

公安机关、人民检察院、人民法院和司法行政部门在办理涉及未成年人案件过程中,往往掌握许多关于未成年人家庭背景、居住地址、就读学校、档案材料、财产状况等个人信息,应当谨慎履行职责、严守保密纪律,严格控制未成年人身份信息的知悉范围,切实保护未成年人隐私和个人信息。司法机关在对外公开案件文书、编写典型案例等时,应注意删去或者模糊化处理未成年人的身份信息,最高人民法院、最高人民检察院等部门颁布的有关文件对此作了较为详细的规定。

除司法机关外，还有一些组织和个人可能接触到案件中涉及未成年人的有关信息。未成年人的亲属，未成年人所在学校、单位、居住地的基层组织或者未成年人保护组织的代表，法律援助承办人员，媒体从业人员等，均属于本条规定的责任主体。

二、对"有关案件"范围的理解

大多数关于未成年人隐私权和个人信息保护的现行规定，是针对犯罪案件的未成年被告人或被害人。修订草案审议过程中，有的意见提出，涉及未成年人的案件较为多样，不少关于离婚、抚养、收养、监护、探望、继承等民事案件以及行政案件也涉及未成年人，这些案件中未成年人的隐私和个人信息也应当受到特别保护。本次未成年人保护法修订，考虑到实际情况，将保护对象从"犯罪案件"涉及的未成年人扩展到所有类型案件涉及的未成年人，为未成年人司法保护提供更为完善的法治保障。

三、对"可能识别出其身份的信息"的理解

有些涉及未成年人的报道中，省略使用未成年人姓名，或者使用未成年人近亲属的姓名、家庭住址、就读学校等间接信息，或者附有未成年人照片，但对这些信息模糊化处理并不彻底，足以让未成年人的亲属、朋友、同学等能够通过身体特征、衣着等判断出未成年人的身份。还有些报道，虽然从单个信息难以识别出未成年人的身份，但从报道整体内容上可以综合分析出未成年人的真实身份。实践中，未成年人身份信息表现形式较为多样，并不限于姓名、影像、住所、就读学校等内容，因而法律上作了兜底性规定，将所有"可能识别出未成年人身份的信息"均列入禁止披露范围之内，最大限度地保护未成年人的隐私和个人信息。

四、关于披露未成年人信息的例外情形

目前，拐卖未成年人犯罪仍未得到根本遏制，未成年人失踪现象时常见诸报端。修订草案审议过程中，有的意见提出，为便于有关部门开展工作，尽快寻找到失踪未成年人、侦破拐卖案件，不应一概禁止披露未成年人身份信息。本次修订采纳了以上意见，规定查找失踪、被拐卖未成年人等的，可以披露未成年人的姓名、影像等信息，为尽快查找失踪、被拐卖未成年人提供相关线索。在披露未成年人身份信息时，需平衡处理好与隐私、个人信息保护之间的关系。

第一百零四条　对需要法律援助或者司法救助的未成年人，法律援助机构或者公安机关、人民检察院、人民法院和司法行政部门应当给予帮助，依法为其提供法律援助或者司法救助。

法律援助机构应当指派熟悉未成年人身心特点的律师为未成年人提供法律援助服务。

法律援助机构和律师协会应当对办理未成年人法律援助案件的律师进行指导和培训。

【释义】　本条是关于未成年人法律援助或者司法救助的规定。

为强化落实对未成年人的法律援助或者司法救助，本条对 2012 年未成年人保护法第 51 条第 2 款作了修改，主要修改内容如下：一是完善应当为未成年人提供法律援助或者司法救助的部门；二是规定法律援助机构应当指派熟悉未成年人身心特点的律师为未成年人提供法律援助服务；三是规定法律援助机构和律师协会应当对办理未成年人法律援助案件的律师进行指导和培训。

一、关于对未成年人的法律援助

法律援助是国家建立的保障经济困难公民和特殊案件当事人获得必要的法律咨询、代理、刑事辩护等无偿法律服务的一项重要法律制度。法律援助为保障未成年人合法权益及时提供必要的法律知识和服务，是做好未成年人司法保护的重要方式。

1985年由联合国全体会议通过的《联合国少年司法最低限度标准规则》第15.1条规定,“在整个诉讼程序中,少年应有权由1名法律顾问代表,或在提供义务法律援助的国家申请这种法律援助”。对未成年人的法律援助,也是我国法律援助工作的重点内容。《法律援助条例》规定,公诉人出庭公诉的案件,被告人因经济困难或者其他原因没有委托辩护人,人民法院为被告人指定辩护时,法律援助机构应当提供法律援助;被告人是未成年人而没有委托辩护人的,人民法院为被告人指定辩护时,法律援助机构应当提供法律援助,无须对被告人进行经济状况的审查。刑事诉讼法规定,未成年犯罪嫌疑人、被告人没有委托辩护人的,人民法院、人民检察院、公安机关应当通知法律援助机构指派律师为其提供辩护。《最高人民法院关于适用〈中华人民共和国刑事诉讼法〉的解释》对刑事案件中为未成年人提供法律援助作了规定,审判时不满18周岁的未成年被告人没有委托辩护人的,人民法院应当通知法律援助机构指派律师为其提供辩护;未成年被害人及其法定代理人因经济困难或者其他原因没有委托诉讼代理人的,人民法院应当帮助其申请法律援助。最高人民法院、最高人民检察院、公安部、司法部联合颁布的《关于刑事诉讼法律援助工作的规定》中规定,犯罪嫌疑人、被告人是未成年人而没有委托辩护人的,公安机关、人民检察院、人民法院应当自发现该情形之日起3日内,通知所在地同级司法行政机关所属法律援助机构指派律师为其提供辩护。《未成年人法律援助服务指引(试行)》提出,未成年人法律援助工作应当坚持最有利于未成年人的原则,遵循给予未成年人特殊、优先保护,尊重未成年人人格尊严,保护未成年人隐私权和个人信息,适应未成年人身心发展的规律和特点,听取未成年人的意见,保护与教育相结合等原则;兼顾未成年犯罪嫌疑人、被告人、被害人权益的双向保护,避免未成年人受到二次伤害,加强跨部门多专业合作,积极寻求相关政府部门、专业机构的支持。以上规定,为规范未成年人法律援助提供了较为完善的法治依据,对提高未成年人法律援助案件的办案质量、效率,具有十分重要的意义。

未成年人或其监护人申请法律援助，应当按照有关规定提出。申请人为无民事行为能力人或者限制民事行为能力人的，由其法定代理人代为提出申请；无民事行为能力人或者限制民事行为能力人与其法定代理人之间发生诉讼或者因其他利益纠纷需要法律援助的，由与该争议事项无利害关系的其他法定代理人代为提出申请。

二、关于对未成年人的司法救助

2013 年，党的十八届三中全会通过了《中共中央关于全面深化改革若干重大问题的决定》，要求完善人权司法保障制度，健全国家司法救助制度。2014 年，中共中央政法委员会、财政部、最高人民法院、最高人民检察院、公安部和司法部六部门联合颁布的《关于建立完善国家司法救助制度的意见（试行）》对国家司法救助的对象、方式、标准、程序等作了规定。

为加强对未成年人的司法救助，2018 年，最高人民检察院颁布了《关于全面加强未成年人国家司法救助工作的意见》，对未成年人的司法救助工作作了全面系统的规定。该意见指出，近年来，对未成年人的司法保护取得长足进展，但未成年人及其家庭因案返贫致困情况仍然存在，甚至出现生活无着、学业难继等问题，严重损害了未成年人合法权益，妨害了未成年人健康成长。各级检察机关要充分总结经验，进一步提高认识，切实增强开展未成年人国家司法救助工作的责任感和自觉性，以救助工作精细化、救助对象精准化、救助效果最优化为目标，突出未成年人保护重点，帮助未成年人走出生活困境，迈上健康快乐成长的人生道路。意见要求，牢固树立特殊保护、及时救助的理念；明确救助对象，实现救助范围全覆盖；合理确定救助标准，确保救助金专款专用；积极开展多元方式救助，提升救助工作实效；主动开展救助工作，落实内部职责分工等。

三、对法律援助的要求

（一）责任主体

为未成年人提供法律援助是法律援助机构及公安机关、人民检察院、人民法院的共同责任。本次未成年人保护法修订，吸纳了现有规定和实践经验，对承担未成年人法律援助的责任主体进行补充完善，将为未成年人提供法律援助的责任主体由“法律援助机构或者人民法院”修改为“法律援助机构或者公安机关、人民检察院、人民法院和司法行政部门”，为相关部门开展未成年人法律援助工作提供了法律依据。

（二）法律援助律师的资质

未成年人案件不仅需要由熟悉未成年人身心特点的审判人员、检察人员、侦查人员承办，也要求法律援助人员具备相应条件，共同形成工作合力，切实保障未成年人合法权益，避免给未成年人造成二次伤害。2013 年 2 月，最高人民法院、最高人民检察院、公安部、司法部联合颁布的《关于刑事诉讼法律援助工作的规定》要求对于未成年人案件，应当指派熟悉未成年人身心特点的律师担任辩护人。2013 年 2 月，司法部《关于进一步推进法律援助工作的意见》要求提高法律援助服务质量，认真履行受理、审查、指派等组织实施职责，教育引导广大法律援助人员严格遵守法定程序和执业规范，确保提供符合标准的法律援助服务；改进案件指派工作，综合案件性质和办案人员专业特长等因素指派合适承办人，严格办理未成年人等案件承办人员资质条件，提高案件办理专业化水平。2015 年 6 月，中共中央办公厅、国务院办公厅印发的《关于完善法律援助制度的意见》要求推进法律援助标准化建设，改进案件指派工作制度，综合案件类型、法律援助人员专业特长等因素，合理指派承办机构和人员，注重强调要严格办理未成年人案件承办人员的资质条件，确保案件办理质量。《未成年人法律援助服务指引（试行）》也明确要求，法律援助机构指派未成年人案件时，应当优先指派熟悉未成年人身心特点、熟悉未成年人法律业务的承办人员。

本次未成年人保护法修订,吸纳以上相关规定,对从事未成年人法律援助的律师提出了资质要求。这将有助于解决部分未成年人法律援助案件中,因法律援助机构指派的律师不熟悉未成年人身心特点,导致援助质量不高,甚至侵害未成年人权益等问题。

(三)对法律援助律师的指导和培训

法律援助机构和律师协会应当正确把握未成年人案件规律,系统总结类案特点和办案经验,注重对办理未成年人法律援助案件的律师进行法律知识、职业道德以及未成年人身心特点等方面的指导和培训。《未成年人法律援助服务指引(试行)》对法律援助承办机构及法律援助承办人员办理未成年人法律援助案件的工作原则和办案要求作了较为全面系统的规定,要求承办涉及未成年人案件的律师遵照执行。实践中,在一些未成年人案件中存在法律援助律师责任心不强、业务水平较低等现象,规定法律援助机构和律师协会应当对办理未成年人法律援助案件的律师进行指导和培训,有助于提升未成年人案件的法律援助质量。

第一百零五条　人民检察院通过行使检察权,对涉及未成年人的诉讼活动等依法进行监督。

【释义】 本条是关于人民检察院对未成年人保护工作进行法律监督的规定。人民检察院对未成年人诉讼活动的法律监督,可分为对刑事案件的监督及民事、行政案件的监督。

人民检察院对未成年人刑事案件的法律监督,包括以下内容:(1)对公安机关的侦查活动的监督。人民检察院审查批准逮捕、审查起诉未成年犯罪嫌疑人,应当同时审查公安机关的侦查活动是否合法,发现有违法行为的,应当提出纠正意见。(2)对人民法院是否遵守不公开审理原则进行监督。对依法不应当公开审理的未成年人刑事案件公开审理的，人民检察院应当在开庭前提出纠正意见。公诉人出庭支持公诉时，发现法庭审判违反法律规定的诉讼程序的，应当在休庭后及时向本院检察长报告，由人民检察院向人民法院提出纠正意见。（3）对未成年犯管教所、看守所进行监督。人民检察院依法对未成年犯管教所实行驻所检察，在刑罚执行监督中发现关押成年罪犯的监狱收押未成年罪犯的，未成年犯管教所违法收押成年罪犯的，或者对年满18周岁后余刑在2年以上的罪犯留在未成年犯管教所执行剩余刑期的，应当依法提出纠正意见；人民检察院在看守所检察中，发现没有对未成年犯罪嫌疑人、被告人与成年犯罪嫌疑人、被告人分别关押、管理或者对未成年罪犯留所服刑的，应当依法提出纠正意见。（4）对未成年人的社区矫正进行监督。人民检察院发现有违反社区矫正管理规定的，应当依法向公安机关、人民法院、监狱、社区矫正机构等有关部门提出纠正意见。（5）对未成年犯的减刑、假释、暂予监外执行等活动实行监督。人民检察院对符合减刑、假释、暂予监外执行法定条件的，应当建议执行机关向人民法院、监狱管理机关或者公安机关提请；发现提请或者裁定、决定不当的，应当依法提出纠正意见。

除对未成年人刑事案件进行法律监督外，人民检察院有权对民事诉讼和执行活动进行法律监督。我国民法典对涉及未成年人的法定代理、抚养、教育、保护、监护、继承、收养等民事权益作了较多规定。人民检察院依法对民事诉讼和执行活动实行法律监督，是中国特色社会主义检察制度的重要内容，也是我国司法制度的鲜明特色。2012年民事诉讼法修改，进一步完善了检察机关民事诉讼法律监督内容，将审判人员违法行为、执行活动和调解书等纳入检察监督范围，并新增检察建议、调查核实等监督方式和措施。人民检察院发现民事诉讼和执行活动中存在侵害未成年人合法权益现象的，应当及时行使检察权进行法律监督。此外，行政诉讼活动涉及未成年人权益的，人民检察院也有权进行监督。

人民检察院进行法律监督的内容并不限于诉讼活动,对诉讼活动之外涉及未成年人权益的,人民检察院可以通过提出检察建议等方式行使检察监督权。

第一百零六条　未成年人合法权益受到侵犯,相关组织和个人未代为提起诉讼的,人民检察院可以督促、支持其提起诉讼;涉及公共利益的,人民检察院有权提起公益诉讼。

【释义】　本条是关于人民检察院督促、支持诉讼与提起公益诉讼的规定。

本条是本次修订新增加的内容,包括两个方面:一是增加规定人民检察院对相关组织和个人怠于维护未成年人合法权益,未能及时代为提起诉讼的,人民检察院可以督促、支持其提起诉讼,及时维护未成年人权益;二是未成年人合法权益受到侵犯,涉及公共利益的,人民检察院有权提起公益诉讼,完善检察公益诉讼的范围。

一、人民检察院督促、支持提起诉讼

诉讼行为能力,是指自然人具备本人或由其指定的代理人参与诉讼的能力。提起诉讼的自然人,应当有诉讼能力,并不是每位具有诉讼权利能力的自然人都具有诉讼行为能力。没有诉讼能力的公民,不能独立参与诉讼活动,也不具有对代理权限表达个人独立意志的能力。为保护无诉讼行为能力人的合法权益,法律上设置了法定代理人制度。民事诉讼法第 57 条规定,无诉讼行为能力人由他的监护人作为法定代理人代为诉讼。法定代理人之间互相推诿代理责任的,由人民法院指定其中 1 人代为诉讼。行政诉讼法第 30 条规定,没有诉讼能力的公民,由其法定代理人代为诉讼。法定代理人之间互相推诿代理责任的,由人民法院指定其中 1 人代为诉讼。根据民法典第 23 条的规定,无民事行为能力人、限制民事行为能力人的监护人是其法定代理人。

法定代理权是基于法律确定的监护权。未成年人的监护人作为法定代理人身份参加诉讼,既是他们依法享有的权利,也是他们对未成年人和社会应尽的法定义务。法定代理人应当积极代理未成年人进行诉讼,代为行使诉讼权利,承担诉讼义务,维护当事人的合法权益。但实践中,未成年人的合法权益受到侵犯时,作为未成年人监护人的有关组织和个人,由于担心影响工作、增加自身负担、碍于情面、缺乏法律知识等原因,未能及时代为提起诉讼,怠于履行保护未成年人的人身权利、财产权利以及其他合法权益等监护职责,或者难以履行监护职责,使未成年人的合法权益可能由于超过诉讼时效、未提出主张等原因而无法获得救济。这种情况下,人民检察院可以督促未成年人的法定代理人通过诉讼途径主张权利,也可以通过帮助未成年人的法定代理人申请法律援助、提供咨询服务、提交书面意见、协助调查取证等方式支持其提起诉讼。人民检察院督促、支持未成年人的法定代理人提起诉讼,并不是代替其提起诉讼。未成年人的监护人存在怠于履行监护职责、实施严重侵害被监护人合法权益的行为等情形的,其他依法具有监护资格的个人和组织(包括居民委员会、村民委员会、学校、医疗机构、妇女联合会、残疾人联合会、未成年人保护组织、依法设立的老年人组织、民政部门等),可以根据民法典第36条、第38条的规定向人民法院申请撤销监护人资格。

二、人民检察院提起公益诉讼

检察机关是保护社会公共利益的重要力量。建立检察机关提起公益诉讼制度,是党中央推进全面依法治国的一项重大改革举措,是完善行政监督体系、加强司法监督的重要制度设计,是检察机关行使法律监督权的制度保障。我国公益诉讼制度顺应时代要求,经历了从无到有的过程。随着公益诉讼工作全面开展,公益诉讼检察工作取得显著成效,已与刑事检察、民事检察、行政检察并列为“四大检察”。修订草案审议过程中,有的意见提出,考虑到未成年人保护涉及人员较多、群体具有特殊性，应当将未成年人保护纳入公益诉讼检察的范围，有的地方对此进行了实践探索，取得了良好效果。本次修订采纳了以上建议。

人民检察院对未成年人保护提起公益诉讼的，需符合“涉及公共利益”的要求。关于“公共利益”，通常是指全体社会成员的共同利益和社会的整体利益，关系到不特定多数人的利益。如有的网络技术、产品和服务不符合网络保护的要求，有的食品、玩具、学习用品等严重危害未成年人身心健康，有的电影、图书、广播电视等含有影响未成年人身心健康的信息，也有的对未成年人保护负有监督管理职责的行政机关不作为等。以上现象侵犯未成年人合法权益的，涉及面广、社会影响大、后果严重，是广大人民群众迫切期盼解决的突出问题，依靠单个案件处理难以及时有效地打击、惩戒以上侵权行为，需要人民检察院发挥检察机关法律监督职能作用，维护国家和社会公共利益。

人民检察院针对侵犯未成年人合法权益的行为提起公益诉讼，包括民事公益诉讼和行政公益诉讼，适用关于公益诉讼的管辖、立案、诉前程序等有关规定。2018 年 2 月，最高人民法院、最高人民检察院联合颁布的《关于检察公益诉讼案件适用法律若干问题的解释》规定，人民检察院以公益诉讼起诉人身份提起公益诉讼，依照民事诉讼法、行政诉讼享有相应的诉讼权利，履行相应的诉讼义务，但法律、司法解释另有规定的除外；关于民事公益诉讼，规定人民检察院在履行职责中发现损害社会公共利益的行为，拟提起公益诉讼的，应当依法公告 30 日，公告期满后法律规定的有关机关和组织不提起诉讼的，人民检察院可以向人民法院提起诉讼，并提交被告的行为已经损害社会公共利益的初步证明材料等；关于行政公益诉讼，人民检察院提起公益诉讼前应向有关行政机关提出检察建议，督促其依法履行职责，行政机关不依法履行职责的，人民检察院依法向人民法院提起诉讼，并提交被告违法行使职权或者不作为致使公共利益受到侵害的证明材料等。2018 年 3 月，最高人民检察院民事行政检察厅颁布了《检察机关民事公益诉讼案件办案指南(试行)》和《检察机关行政公益诉讼案件办案指南(试行)》,作为办理检察公益诉讼案件的指引。人民检察院在办理涉未成年人公益诉讼案件时,参考以上办案指南的相关内容。

第一百零七条 人民法院审理继承案件,应当依法保护未成年人的继承权和受遗赠权。

人民法院审理离婚案件,涉及未成年子女抚养问题的,应当尊重已满八周岁未成年子女的真实意愿,根据双方具体情况,按照最有利于未成年子女的原则依法处理。

【释义】 本条是关于人民法院审理继承、离婚案件时对未成年人保护的规定。

人民法院审理继承案件及离婚案件时,未成年人继承权、受遗赠权、受抚养权等民事权益依法受到保护;涉及未成年子女抚养问题的,应当尊重已满 8 周岁未成年子女的真实意愿,并按照最有利于未成年子女的原则判定未成年人随父或随母生活。

一、对继承案件中未成年人的保护

人民法院在办理继承案件时,应注重保护未成年人的继承权和受遗赠权。

继承可以分为法定继承和遗嘱继承两类。法定继承,是指根据法律直接规定的继承人范围、继承人继承先后顺序、继承人继承的遗产份额及遗产的分配原则继承被继承人遗产的一项法律制度。遗嘱继承,是指继承人按照被继承人合法有效的遗嘱继承被继承人遗产的法律制度。法定继承又可分为本位继承、代为继承和转继承。本位继承,是指继承人基于自己的继承地位、顺序和应继承遗产份额而继承,如子女继承已故父母遗产。代位继承,是指具有法定继承权的人因主客观原因不能继承时,由其直系晚辈血亲按照该继承人的继承地位和顺序，继承被继承人遗产的制度。民法典第1128条规定："被继承人的子女先于被继承人死亡的，由被继承人的子女的直系晚辈血亲代位继承。被继承人的兄弟姐妹先于被继承人死亡的，由被继承人的兄弟姐妹的子女代位继承。代位继承人一般只能继承被代位继承人有权继承的遗产份额。"转继承，是指继承人在被继承人死亡后遗产分割前死亡，因而未能实际取得被继承人的遗产，由继承人的继承人间接地继承被继承人的遗产。民法典第1152条规定："继承开始后，继承人于遗产分割前死亡，并没有放弃继承的，该继承人应当继承的遗产转给其继承人，但是遗嘱另有安排的除外。"转继承的范围不限于被继承人子女的晚辈直系血亲。

遗赠，是指按照自然人生前所立的合法有效的遗嘱确定受遗赠人并分配其遗产的继承方式。民法典第1133条中规定，自然人可以依照该法规定立遗嘱处分个人财产并可以指定遗嘱执行人，自然人可以立遗嘱将个人财产指定由法定继承人中的一人或者数人继承，自然人可以立遗嘱将个人财产赠与国家、集体或者法定继承人以外的组织、个人。

对继承案件中未成年人继承权和受遗赠权的保护，应注意以下方面：

（1）未成年人具有民事权利能力，依法享有继承权。自然人从出生时起到死亡时止，具有民事权利能力，依法享有民事权利，承担民事义务。未成年人是无民事行为能力或者限制民事行为能力人的，由其监护人代理被监护人实施民事法律行为，保护被监护人的人身权利、财产权利以及其他合法权益等，包括依法行使继承权、受遗赠权。监护人应当按照最有利于被监护人的原则履行监护职责。监护人除为维护被监护人利益外，不得处分被监护人的财产；未成年人的监护人履行监护职责，在作出与被监护人利益有关的决定时，应当根据被监护人的年龄和智力状况，尊重被监护人的真实意愿。未成年人的监护人应当按照民法典第1124条的规定，及时代为行使继承权、受遗赠权。

(2)男女平等地享有继承权。自然人有无继承权与性别没有任何关系,继承顺序不因男女而有区别,适用于男性的继承顺序同样适用于女性。在继承份额上,如果没有法律规定的多分、少分或者不分遗产的情形,同一顺序的继承人继承遗产的份额,一般应当均等,不以男女性别不同作为划分遗产的依据。实践中,一些地区由于传统习俗等原因,存在女性未成年人继承权未得到充分保护的现象,应依法予以纠正。

(3)未成年人依法受到特别照顾。民法典第 1130 条第 2 款规定,对生活有特殊困难又缺乏劳动能力的继承人,分配遗产时,应当予以照顾;第 1141 条规定,遗嘱应当为缺乏劳动能力又没有生活来源的继承人保留必要的遗产份额。通常情况下未成年人缺乏劳动能力且无经济来源,其学习、生活等方面需要较多费用,需要得到特别照顾的,可以在分配遗产时适当予以多分。

(4)关于未成年子女的范围。民法典继承编中对子女、父母和兄弟姐妹的范围作了规定,即子女包括婚生子女、非婚生子女、养子女和有扶养关系的继子女;父母,包括生父母、养父母和有扶养关系的继父母;兄弟姐妹,包括同父母的兄弟姐妹、同父异母或者同母异父的兄弟姐妹、养兄弟姐妹、有扶养关系的继兄弟姐妹。在处理涉及未成年人的继承案件时,应准确适用以上规定,依法平等保护未成年人的合法权益。

(5)关于胎儿权益保护。民法典第 16 条中规定,涉及遗产继承、接受赠与等胎儿利益保护的,胎儿视为具有民事权利能力。第 1155 条规定,遗产分割时,应当保留胎儿的继承份额。胎儿娩出时是死体的,保留的份额按照法定继承办理。

(6)父母离异后的继承权问题。父母离异后,未成年子女仍依法享有对父母双方的遗产继承权。

二、对离婚案件未成年人的保护

在离婚案件中,未成年子女的抚养权问题往往是双方争议焦点。联合国《儿童权利公约》第 12 条规定:(1)缔约国应确保有主见能力的儿童有权对影响到其本人的一切事项自由发表自己的意见,对儿童的意见应按照其年龄和成熟程度给以适当的看待。(2)为此目的,儿童特别应有机会在影响到儿童的任何司法和行政诉讼中,以符合国家法律的诉讼规则的方式,直接或通过代表或适当机构陈述意见。我国民法典第 1084 条第 3 款也规定:"离婚后,不满两周岁的子女,以由母亲直接抚养为原则。已满两周岁的子女,父母双方对抚养问题协议不成的,由人民法院根据双方的具体情况,按照最有利于未成年子女的原则判决。子女已满八周岁的,应当尊重其真实意愿。"本法借鉴民法典的上述规定,与民法典的相关规定保持一致。

已满 8 周岁未成年子女,虽属于限制民事行为能力人,但已具有一定的社会认知和自主判断能力,能够根据日常的亲情感受、生活体验等作出独立判断。本次未成年人保护法修订借鉴民法典的相关规定,要求在涉及未成年子女问题上应当尊重已满 8 周岁未成年子女的真实意愿。同时,考虑到在有些问题上未成年人的认识能力和判断能力尚不成熟,较易受到外界因素干扰,人民法院还应根据离婚双方的经济条件、生活环境、个人品行等具体情况进行综合判断,按照最有利于未成年子女的原则,帮助未成年人选择确定随父或母生活。

第一百零八条　未成年人的父母或者其他监护人不依法履行监护职责或者严重侵犯被监护的未成年人合法权益的,人民法院可以根据有关人员或者单位的申请,依法作出人身安全保护令或者撤销监护人资格。

被撤销监护人资格的父母或者其他监护人应当依法继续负担抚养费用。

【释义】　本条关于人身安全保护令、撤销监护人资格的规定。

本次修订在2012年未成年人保护法第53条规定的基础上，增加了人民法院可以依法作出人身安全保护令的规定。

一、作出人身安全保护令

关于人身安全保护令制度，反家庭暴力法第4章作了专章规定。家庭关系中，未成年人处于被监护状态，其遭受监护人的暴力或暴力威胁时，自救能力往往不足。修订草案审议过程中，有的意见提出，人身安全保护令制度对保护处于危险家庭状态的未成年人具有重要作用，建议本次未成年人保护法修订借鉴吸纳反家庭暴力法关于人身安全保护令的规定，进一步完善未成年人司法保护措施。本次修订采纳了此建议。

反家庭暴力法规定，当事人因遭受家庭暴力或者面临家庭暴力的现实危险，向人民法院申请人身安全保护令的，人民法院应当受理；当事人是无民事行为能力人、限制民事行为能力人，或者因受到强制、威吓等原因无法申请人身安全保护令的，其近亲属、公安机关、妇女联合会、居民委员会、村民委员会、救助管理机构可以代为申请。人民法院根据有关个人和单位的申请对未成年人作出人身安全保护令，应符合"有遭受家庭暴力或者面临家庭暴力现实危险的"的条件。人身安全保护令的内容包括禁止被申请人实施家庭暴力，禁止被申请人骚扰、跟踪、接触申请人及其相关近亲属，责令被申请人迁出申请人住所以及保护申请人人身安全的其他措施。人民法院作出人身安全保护令后，应当送达申请人、被申请人、公安机关以及居民委员会、村民委员会等有关组织。人身安全保护令由人民法院执行，公安机关以及居民委员会、村民委员会等应当协助执行。

除反家庭暴力法外，其他相关文件也对人身安全保护令作了规定。例如：最高人民法院、最高人民检察院、公安部和民政部颁布的《关于依法处理监护人侵害未成年人权益行为若干问题的意见》对人民法院作出人身安全保护裁定作了详细规定，并规定被申请人拒不履行人身安全保护裁定的法律责任。危及未成年人及其临时照料人人身安全或者扰乱未成年人救助保护机构工作秩序的,未成年人、未成年人救助保护机构或者其他临时照料人有权向公安机关报告,由公安机关依法处理;被申请人有其他拒不履行人身安全保护裁定行为的,未成年人、未成年人救助保护机构或者其他临时照料人有权向人民法院报告,人民法院根据民事诉讼法的规定,视情节轻重处以罚款、拘留;构成犯罪的,依法追究刑事责任。2020 年 5 月,最高人民检察院、国家监察委员会等部门联合颁布的《关于建立侵害未成年人案件强制报告制度的意见(试行)》规定,公安机关、妇联、居民委员会、村民委员会、救助管理机构、未成年人救助保护机构发现未成年人遭受家庭暴力或面临家庭暴力的现实危险,可以依法向人民法院代为申请人身安全保护令。

二、撤销监护人资格

撤销未成年人的监护人资格,需以监护人存在不依法履行监护职责或者严重侵犯被监护的未成年人合法权益为前提。监护人存在不依法履行监护职责或者严重侵犯被监护的未成年人合法权益的具体情形,有关法律、司法解释等作了规定。民法典第 36 条第 1 款规定,监护人有以下情形之一的,人民法院根据有关个人或者组织的申请,撤销其监护人资格:(1)实施严重损害被监护人身心健康的行为;(2)怠于履行监护职责,或者无法履行监护职责且拒绝将监护职责部分或者全部委托给他人,导致被监护人处于危困状态;(3)实施严重侵害被监护人合法权益的其他行为。2014 年,最高人民法院、最高人民检察院、公安部和民政部《关于依法处理监护人侵害未成年人权益行为若干问题的意见》第 35 条规定,被申请人有下列情形之一的,人民法院可以判决撤销其监护人资格:(1)性侵害、出卖、遗弃、虐待、暴力伤害未成年人,严重损害未成年人身心健康的;(2)将未成年人置于无人监管和照看的状态,导致未成年人面临死亡或者严重伤害危险,经教育不改的;(3)拒不履行监护职责长达六个月以上,导致未成年人流离失所或者生活无着的;(4)有吸毒、赌博、长期酗酒等恶习无法正确履行监护职责或者因服刑等原因无法履行监护职责,且拒绝将监护职责部分或者全部委托给他人,致使未成年人处于困境或者危险状态的;(5)胁迫、诱骗、利用未成年人乞讨,经公安机关和未成年人救助保护机构等部门三次以上批评教育拒不改正,严重影响未成年人正常生活和学习的;(6)教唆、利用未成年人实施违法犯罪行为,情节恶劣的;(7)有其他严重侵害未成年人合法权益行为的。

关于申请撤销监护人资格的主体。根据民法典第36条的规定,有权申请撤销监护人资格的主体范围包括其他依法具有监护资格的人,居民委员会、村民委员会、学校、医疗机构、妇女联合会、残疾人联合会、未成年人保护组织、依法设立的老年人组织、民政部门等。以上所述的个人和民政部门以外的组织未及时向人民法院申请撤销监护人资格的,民政部门应当向人民法院申请。

关于撤销监护人资格案件审理和判后安置。最高人民法院、最高人民检察院、公安部和民政部颁布的《关于依法处理监护人侵害未成年人权益行为若干问题的意见》中规定,人民法院审理撤销监护人资格案件,比照民事诉讼法规定的特别程序进行,在1个月内审理结案。有特殊情况需要延长的,由本院院长批准。人民法院应当全面审查调查评估报告等证据材料,听取被申请人、有表达能力的未成年人以及村(居)民委员会、学校、邻居等的意见。人民法院根据案件需要可以聘请适当的社会人士对未成年人进行社会观护,并可以引入心理疏导和测评机制,组织专业社会工作者、儿童心理问题专家等专业人员参与诉讼,为未成年人和被申请人提供心理辅导和测评服务。

判决撤销监护人资格时,未成年人有其他监护人的,应当由其他监护人承担监护职责。其他监护人应当采取措施避免未成年人继续受到侵害。没有其他监护人的,人民法院根据最有利于未成年人的原则,在有关人员和单位中指定监护人。指定个人担任监护人的,应当综合考虑其意愿、品行、身体状况、经济条件、与未成年人的生活情感联系以及有表达能力的未成年人的意愿等。没有合适人员和其他单位担任监护人的，人民法院应当指定民政部门担任监护人，由其所属儿童福利机构收留抚养。

三、撤销监护人资格后的抚养费用负担

未成年人的父母或者其他监护人被撤销监护资格，原因在于其违反法定义务，不依法履行监护职责或者严重侵犯被监护的未成年人合法权益，导致其不再适宜继续担任未成年人的监护人，但是父母或者其他监护人基于血缘关系等担负的对未成年人的法定抚养义务，并不因撤销其监护资格而全部免除。反家庭暴力法对监护人被撤销监护资格后的抚养费用负担问题也作了规定，被撤销监护人资格的加害人，应当继续负担相应的赡养、扶养、抚养费用。关于抚养义务，有关法律作了规定，如民法典规定父母对未成年人子女负有抚养、教育和保护的义务；父母不履行抚养义务的，未成年子女或者不能独立生活的成年子女，有要求父母给付抚养费的权利；有负担能力的祖父母、外祖父母，对于父母已经死亡或者父母无力抚养的未成年孙子女、外孙子女，有抚养的义务。

第一百零九条　人民法院审理离婚、抚养、收养、监护、探望等案件涉及未成年人的，可以自行或者委托社会组织对未成年人的相关情况进行社会调查。

【释义】 本条是关于人民法院可以对未成年人的相关情况进行社会调查的规定。

本条是本次修订新增加的内容。在修订草案审议过程中，有的意见提出，人民法院在办理涉及未成年人案件时，仅通过庭审难以全面了解未成年人的有关情况，需要以社会调查的方式充分了解未成年人的家庭情况、社会交往、成长经历、性格特点、生活

背景、受监护情况、日常表现等信息，为案件办理以及后续对未成年人帮扶等提供依据。本次修订采纳了以上建议。

社会调查是人民法院在审理涉及未成年人案件时深入开展未成年人保护工作的重要途径和方式。在未成年人案件中推广实行社会调查制度，具有较为扎实的实践基础。近年来，我国在未成年人刑事案件中实行社会调查制度，通过社会调查详细了解未成年人相关情况，为司法机关办理案件提供较为翔实的依据。2007 年，最高人民检察院颁布《人民检察院办理未成年人刑事案件的规定》，规定审查起诉未成年犯罪嫌疑人，可以结合社会调查，通过学校、社区、家庭等有关组织和人员，了解未成年犯罪嫌疑人的成长经历、家庭环境、个性特点、社会活动等情况，为办案提供参考。2012 年修改刑事诉讼法时增加规定，公安机关、人民检察院、人民法院在办理未成年人刑事案件时根据情况可以对未成年犯罪嫌疑人、被告人的成长经历、犯罪原因、监护教育等情况进行调查。2017 年，最高人民检察院《未成年人刑事检察工作指引（试行）》对社会调查作了更为详细的规定。有些省市的未成年人保护条例，也对未成年人刑事案件的社会调查制度作出规定，为从法律层面上完善规定社会调查制度积累丰富了立法经验，如《北京市未成年人保护条例》第 60 条规定："在审理未成年人刑事案件的过程中，各级人民法院可以委托各级未成年人保护委员会或者其他组织聘请社会调查员。社会调查员对未成年被告人性格特点、家庭情况、社会交往、成长经历以及实施被指控的犯罪前后的表现等情况进行调查，并制作书面材料提交司法机关。"考虑到社会调查制度在未成年人刑事案件中经过长期探索，已得到广泛实践，取得了良好的社会效果和法律效果。本次未成年人保护法修订，积极借鉴吸纳司法机关在办理未成年人刑事案件进行社会调查的有益经验，将适用社会调查的案件范围拓展到离婚、抚养、收养、监护、探望等案件，不限于刑事案件。

有些案件虽涉及未成年人权益，但未成年人并非案件当事人，人民法院难以通过庭审调查全面、直观地掌握未成年人相关情况,需要通过社会调查了解更多案外关于未成年人的信息,作为案件处理的参考。人民法院自行或者委托社会组织进行社会调查,需注重以下几点:

(1)社会调查的范围。人民法院或其委托的社会组织对未成年人的相关情况进行社会调查时,应当围绕与案件有关需要进行开展,不得随意扩大社会调查范围。人民法院委托社会组织调查的,应当向受委托的社会组织出具社会调查委托函,载明调查事项。

(2)知情权保护。开展社会调查应当充分保障未成年人及其法定代理人的知情权,并在调查前将调查人员的组成、调查程序、调查内容及对未成年人隐私保护等情况及时告知未成年人及其法定代理人。会见在押的未成年犯罪嫌疑人时,应征得其法定代理人同意。社会调查时,社会调查员应当出示社会调查委托函、介绍信和工作证,便于核实其身份真实性。

(3)隐私权保护。开展社会调查时,调查人员应当尊重和保护未成年人名誉,注重选择调查方式、调查场所等,避免向不知情人员泄露案件信息及未成年人信息。

(4)人格权保护。开展社会调查时,应当尊重未成年人人格尊严,禁止使用刺激性、侮辱性语言和方式,尊重未成年人的真实意愿,切实维护未成年人的身心健康。

(5)尽责调查义务。人民法院及其委托的社会组织开展社会调查时,应当做好调查记录并制作调查报告,详细载明调查内容,调查人员对调查记录及调查报告的完整性、真实性负责。

第一百一十条　公安机关、人民检察院、人民法院讯问未成年犯罪嫌疑人、被告人,询问未成年被害人、证人,应当依法通知其法定代理人或者其成年亲属、所在学校的代表等合适成年人到场,并采取适当方式,在适当场所进行,保障未成年人的名誉权、隐私权和其他合法权益。

人民法院开庭审理涉及未成年人案件，未成年被害人、证人一般不出庭作证；必须出庭的，应当采取保护其隐私的技术手段和心理干预等保护措施。

【释义】 本条是关于法定代理人、合适成年人到场和未成年人出庭保护的规定。

未成年人由于其认知能力、表达能力的局限，在刑事诉讼中难以充分行使诉讼权利。讯问、询问和开庭是需要未成年人直接参与的司法活动，如果方法不当，不仅会影响获取信息的客观性、真实性，而且容易给未成年人带来不必要的心理压力，甚至造成心理伤害。因此，应当对司法机关讯问、询问未成年人提出特殊要求，对未成年被害人、证人出庭作证进行必要的限制保护。此次修改进一步明确了通知法定代理人、合适成年人到场的义务主体为公安机关、人民检察院、人民法院，以及合适成年人的概念和范围；规定讯问、询问未成年人应采取适当方式，在适当场所进行；规定了未成年被害人、证人一般不出庭作证，以及必须出庭时的保护措施。

一、法定代理人、合适成年人到场制度的完善和发展

法定代理人、合适成年人到场法律制度经历了逐步发展完善的过程。1979 年刑事诉讼法第 10 条中规定，对于不满 18 周岁的未成年人犯罪的案件，在讯问和审判时，可以通知被告人的法定代理人到场。2006 年修订的未成年人保护法，在第 56 条第 1 款增加规定，公安机关、人民检察院讯问未成年犯罪嫌疑人，询问未成年证人、被害人，应当通知监护人到场，明确了监护人到场制度。这次修改未成年人保护法，将刑事诉讼法规定的“可以通知”明确为“应当通知”，明确了办案机关的法定义务。2012 年 3 月，全国人民代表大会修改刑事诉讼法，增设专章规定未成年人刑事案件诉讼程序，发展并完善未成年人保护法的规定，对法定代理人等人员到场作了进一步明确规定。

根据刑事诉讼法的规定,对于未成年人刑事案件,在讯问和审判的时候,应当通知未成年犯罪嫌疑人、被告人的法定代理人到场。无法通知、法定代理人不能到场或者法定代理人是共犯的,也可以通知未成年犯罪嫌疑人、被告人的其他成年亲属,所在学校、单位、居住地基层组织或者未成年人保护组织的代表到场,并将有关情况记录在案。到场的法定代理人可以代为行使未成年犯罪嫌疑人、被告人的诉讼权利。到场的法定代理人或者其他人员认为办案人员在讯问、审判中侵犯未成年人合法权益的,可以提出意见。讯问笔录、法庭笔录应当交给到场的法定代理人或者其他人员阅读或者向他宣读。审判未成年人刑事案件,未成年被告人最后陈述后,其法定代理人可以进行补充陈述。询问未成年被害人、证人,也适用相关规定。完善法定代理人和合适成年人到场制度,符合我国少年司法制度改革的现实需求,也顺应联合国少年司法准则的精神,更好地保障未成年人诉讼权益,是一项切实立足于未成年人权益保护的特殊刑事诉讼制度。修改后的刑事诉讼法虽仍未正式引用"合适成年人"的概念,但实质上已将合适成年人参与制度的内容正式入法。

为与2012年修改后的刑事诉讼法保持一致,全国人大常委会于2012年10月对未成年人保护法进行修改,将第56条第1款修改为:"讯问、审判未成年犯罪嫌疑人、被告人,询问未成年证人、被害人,应当依照刑事诉讼法的规定通知其法定代理人或者其他人员到场。"2020年10月修改未成年人保护法,充分考虑合适成年人到场制度的实践经验,进一步明确和完善了合适成年人到场制度,第一次在法律中明确"合适成年人"的概念。

二、法定代理人、合适成年人到场的适用情形

(1)一般情况下首先通知法定代理人到场。根据本条规定,通知法定代理人、合适成年人到场的适用情形主要分为两种:一是公安机关、人民检察院、人民法院讯问未成年犯罪嫌疑人、被告

人;二是询问未成年被害人、证人。通知法定代理人、合适成年人到场,并参与相关的讯问、询问活动,帮助未成年人行使诉讼权利,一方面,可以弥补未成年人诉讼能力的局限,消除未成年人心理上的恐惧和抗拒,有利于刑事诉讼顺利进行;另一方面,也可以防止刑事诉讼过程中的违法行为对未成年人合法权益造成损害。一般情况下,公安机关、人民检察院、人民法院应当首先通知未成年人的法定代理人到场。

(2)特定情形下通知合适成年人到场。当出现特定情形,公安机关、人民检察院、人民法院应当通知合适成年人到场。根据刑事诉讼法的规定和实践中出现的情况,这些情形主要包括:一是无法通知法定代理人。主要指法定代理人已经死亡、宣告失踪或者无监护能力,因身份、住址或联系方式不明无法通知等情形。二是虽然已经通知,但法定代理人因故不能到场。主要指因路途遥远或者其他原因无法及时到场、经通知明确拒绝到场、未成年人有正当理由拒绝法定代理人到场、到场可能影响未成年人真实陈述等情形。三是法定代理人是共犯,到场可能发生串供等妨碍讯问、询问和审判活动。通知法定代理人以外的合适成年人到场,司法机关工作人员应当将法定代理人不能到场的原因、相关人员到场的具体情况等信息在讯问笔录、询问笔录、庭审笔录中予以记载和说明。需要注意的是,法定代理人不能或者不宜到场的情形消失后,公安机关、人民检察院、人民法院应当及时通知法定代理人到场。

三、法定代理人、合适成年人的人员范围和权利义务

(1)关于法定代理人的范围。法定代理人是按照法律规定对无民事行为能力人或者限制民事行为能力人负有保护义务的人。根据刑事诉讼法第108条的规定,法定代理人是指被代理人的父母、养父母、监护人和负有保护责任的机关、团体的代表。其中,监护人是指除父母、养父母以外,对未成年人的人身、财产及其他合法权益,依照法律规定有责任进行保护的人。

(2)关于合适成年人的范围。按照刑事诉讼法规定,合适成年人主要指未成年犯罪嫌疑人、被告人、被害人、证人的法定代理人以外的其他成年亲属,所在学校、单位、居住地基层组织或者未成年人保护组织的代表。司法实践中,近亲属之外的合适成年人一般由熟悉未成年人身心特点,掌握一定未成年人心理、教育或者法律知识,具有较强社会责任感,并经过必要培训的社工、共青团干部、教师、居住地基层组织的代表、律师及其他热心未成年人保护工作的人员担任。所在地政府部门或者未成年人保护委员会等组织组建了青少年社工或者合适成年人队伍的,应当从社工或者确定的合适成年人名册中选择确定。公安机关、人民检察院、人民法院应当加强与有关单位的沟通协调,制作合适成年人名册,健全运行管理机制,并开展相关培训,建立起一支稳定的合适成年人队伍。

关于不得担任合适成年人的情形,主要包括:刑罚尚未执行完毕或者处于缓刑、假释考验期间的;依法被剥夺、限制人身自由的;无民事行为能力或者限制民事行为能力的;案件的诉讼代理人、辩护人、证人、鉴定人员、翻译人员以及公安机关、检察机关、法院、司法行政机关的工作人员;与案件处理结果有利害关系的;其他不适宜担任合适成年人的情形。

(3)关于法定代理人、合适成年人到场的权利。法定代理人、合适成年人到场的主要目的是见证、监督讯问或者询问过程,维护未成年人的合法权益。根据刑事诉讼法的规定,被通知到场的法定代理人或合适成年人认为办案人员在讯问、询问、审判中侵犯未成年人合法权益的,可以提出意见。讯问笔录、询问笔录、庭审笔录应当交给到场的法定代理人或者合适成年人阅读或者向他宣读。法定代理人、合适成年人有权向办案机关了解未成年人的成长经历、家庭环境、个性特点、社会活动以及其他与案件有关的情况;讯问或者询问前,可以在办案人员陪同下会见未成年人,了解其健康状况、是否告知权利义务、合法权益是否被侵害等情况;向未成年人解释有关法律规定,并告知其行为可能导致的法律后果；对未成年人进行法治宣传、法庭教育，有针对性地进行提醒教育；发现办案机关存在诱供、逼供或其他侵害未成年人合法权益的情形，可以当场提出意见，也可以在笔录上载明自己的意见，并向办案机关主管部门反映情况；法律法规规定的其他权利。

除上述权利外，法定代理人基于与未成年人的特殊法律关系，到场后还有权行使下列权利：一是到场的法定代理人可以代为行使未成年犯罪嫌疑人、被告人的诉讼权利。主要包括使用本民族语言文字进行诉讼；申请侦查人员、检察人员、审判人员、书记员、鉴定人、翻译人员回避；自行或在辩护人协助下进行辩护；讯问时拒绝回答办案人员提出的与本案无关的问题；对办案人员侵犯公民诉讼权利和有人身侮辱的行为，有权提出控告；参加法庭调查辩论，对证据、案件情况和定罪量刑发表意见。二是审判未成年人刑事案件，在被告人最后陈述阶段，其法定代理人可以进行补充陈述。这体现了对未成年被告人诉讼权利的充分保护，也有利于人民法院准确定罪量刑，对案件作出正确判决。

由社会组织的代表担任合适成年人的，因履行到场职责而支出的交通、住宿、就餐等费用，公安机关、人民检察院、人民法院应当给予补助。对这些合适成年人因履职所需要的其他必要条件，应当予以保障。

(4)关于法定代理人、合适成年人的义务。按照有关规定，被通知到场的法定代理人、合适成年人应当履行下列义务：接到参与刑事诉讼活动的通知后持有效证件及时到场；合适成年人向未成年人表明自己的身份和承担的职责；在场发挥监督作用和见证整个讯问、询问过程，维护未成年人基本权利；抚慰未成年人，帮助其消除恐惧心理和抵触情绪；帮助未成年人正确理解讯问或者询问程序，但不得以诱导、暗示等方式妨碍其独立思考回答问题，不得非法干涉办案机关正常的诉讼活动；保守案件秘密，不得泄露案情或者未成年人的个人信息；发现本人与案件存在利害关系，或者合适成年人发现存在不宜担任合适成年人的情况后，应当及时告知办案机关或者所在地未成年人保护组织；法律法规规定的其他义务。

四、讯问、询问未成年人的方式和场所

根据本条规定，公安机关、人民检察院、人民法院讯问、询问未成年人，应当采取适当方式，在适当场所进行，保障未成年人的名誉权、隐私权和其他合法权益。

(1)关于采取适当方式。结合未成年人的身心特点，讯问、询问未成年人，应当采取适当的方式，主要包括：讯问、询问应当由两名熟悉未成年人身心特点的工作人员进行。讯问女性未成年人，应当有女性工作人员参加。按照本法第112条的规定，询问女性未成年被害人、证人，应当由女性工作人员进行。讯问、询问聋、哑或者不通晓当地语言、文字的未成年人，应当由通晓聋、哑手势或者当地语言、文字且与本案无利害关系的人员进行翻译。在讯问、询问过程中，应当根据未成年人的心理状态、情绪变化等实际情况，及时调整时间和节奏，避免对其身心造成负面影响，保证讯问、询问活动顺利进行。讯问、询问未成年人要维护其人格尊严，不得使用带有暴力性、贬损性色彩的语言。到未成年人的住所、学校或者工作单位进行讯问、询问的，应当避免穿着制服、驾驶警车或者采取其他可能暴露未成年犯罪嫌疑人身份、隐私，影响其名誉的方式。

(2)关于在适当场所进行。刑事诉讼法等法律法规对讯问、询问未成年人的场所作了明确规定，主要是避免因场所不当，对未成年人的名誉、隐私和其他合法权益造成影响。实践中，应当充分照顾不同年龄段未成年人的身心特点，注意营造信任、宽松的沟通氛围，一般应当在办案机关专设的未成年人工作场所、专门讯问室、专门询问室等场所进行。公安机关、人民检察院、人民法院应当建立适合未成年人身心特点的工作室，配备同步录音录像、心理疏导、心理测评等相关办案装备和设施；为讯问、询问未成年人，教育感化涉罪未成年人和保护救助未成年被害人，司法听证、宣布、训诫应提供合适场所和环境。未成年人及其法定代理人的住所、学校或者其他场所更为适宜的,也可以在上述地点进行讯问、询问。未成年人为在校学生的,应当避免在正常教学期间进行讯问、询问。

五、关于未成年被害人、证人出庭作证

(1)未成年被害人、证人一般不出庭作证。未成年被害人、证人不出庭作证是刑事诉讼的一般原则,有利于保护未成年人的人格尊严。刑事案件发生后,未成年被害人、证人往往遭受或者目击了犯罪过程,应避免在庭审中受到二次伤害;同时,由于未成年被害人、证人身心发育尚不成熟,自我辩解和临场应变能力欠缺,其认识能力和心理承受能力往往难以应对被告人、辩护人的系列发问质证。因此,人民法院开庭审理涉及未成年人案件,对于未成年被害人、证人,一般不得通知其出庭作证。

(2)未成年被害人、证人出庭保护措施。对确有必要出庭的未成年被害人、证人,应当采取保护其隐私的技术手段和心理干预等措施。实践中主要采取不暴露身份信息、不暴露外貌、真实声音等特殊保护措施,比如需要向未成年人提问的,条件具备的可以采用单向透视玻璃,或通过视频声音、远程视频等方式,实现未成年人隐蔽出庭;同时,可以由专业人士对其开展心理疏导,消除出庭作证的紧张和恐惧情绪。

第一百一十一条　公安机关、人民检察院、人民法院应当与其他有关政府部门、人民团体、社会组织互相配合,对遭受性侵害或者暴力伤害的未成年被害人及其家庭实施必要的心理干预、经济救助、法律援助、转学安置等保护措施。

【释义】　本条是关于特定未成年被害人的司法保护措施的规定。

性侵害和暴力伤害直接针对未成年人身心实施的,对未成年人及其家庭往往会造成经济、生活、心理等方面的严重影响。在修订草案审议过程中,很多意见认为,未成年人不具备自救能力,应当严厉打击针对未成年人实施的性侵害、暴力伤害行为;同时,积极采取措施对遭受性侵害和暴力伤害的未成年人予以保护。作为办案机关的公安机关、人民检察院、人民法院,有责任也有义务会同有关方面对这部分未成年人及其家庭采取特殊的保护措施。本条主要明确了对遭受性侵害或者暴力伤害的未成年被害人及其家庭进行保护的义务主体,以及具体的经济救助等保护措施。本条所指的有关政府部门,主要指教育、民政等部门;人民团体,主要指共青团、妇联、工会等负有未成年人保护职责的人民团体;社会组织,主要包括社工组织、未成年人保护组织等。

一、心理干预

对于遭受性侵害或者暴力伤害的未成年被害人及其家庭成员,公安机关、人民检察院、人民法院应当做好心理安抚等工作,根据需要可以对其进行心理疏导。对于未成年被害人有自残、自杀倾向或者相关行为表现的,办案机关应当及时指派或者委托具有专业知识的人员进行心理危机干预。必要时,经未成年人及其法定代理人同意,可以对未成年被害人进行心理测评。心理测评应当由具有心理咨询师资质的办案人员或者委托具有执业资质的心理咨询师进行。

开展心理测评前,应当告知未成年被害人测评的原则、目的,消除其紧张情绪。心理测评后,应当及时出具心理测评报告,由测评人员签字,为进一步开展心理干预、心理疏导、心理矫正工作提供依据,并可以根据需要以合适的方式向未成年被害人及其法定代理人反馈和解释。对涉案未成年人进行心理疏导时应当记录工作情况,并可以根据情况开展后续跟踪心理矫正工作。办案人员可以将办案过程中形成的心理测评报告、心理疏导、矫正记录等材料移送下一环节的办案机关或部门,保证工作的连续性。

对因家庭成员沟通和相处方式存在明显问题,影响未成年被害人心理健康发育的，经未成年人的法定代理人、监护人同意，可以对未成年被害人及其法定代理人、监护人共同开展家庭教育和相处方式的心理咨询，并联合社会帮教力量启动亲子教育和亲子沟通辅导，帮助构建和谐健康的家庭模式。

二、经济救助

根据有关规定，未成年被害人具备特定情形、符合特定条件的，办案机关应当告知未成年被害人及其法定代理人或者其他近亲属有权申请司法救助，这些情形和条件主要包括：受到犯罪侵害急需救治，无力承担医疗救治费用的；因遭受犯罪侵害导致受伤或者财产遭受重大损失，造成生活困难或者学业难以为继的；赔偿责任人死亡或者没有赔偿能力、不能履行赔偿责任，或者虽履行部分赔偿责任，但不足以解决未成年被害人生活困难的；办案机关认为应当救助的其他情形。

未成年被害人及其法定代理人或者其他近亲属提出司法救助申请的，办案部门应当及时将有关材料转交负责经济救助的部门办理。对于符合救助条件但未成年被害人及其法定代理人或者其他近亲属未提出申请的，办案部门可以主动启动救助程序，收集相关材料，提出救助意见，移送负责经济救助的部门办理。办案部门还可以根据未成年被害人的特殊困难及本地实际情况，协调有关部门按照社会救助相关规定进行救助。未成年被害人家庭符合最低生活保障条件或者本人未满16周岁，符合特困供养人员条件的，办案部门可以帮助被害人向有关部门提出申请。

三、法律援助

公安机关、人民检察院、人民法院应当按照有关法律规定，书面告知未成年被害人及其法定代理人或者其他近亲属有权委托诉讼代理人。未成年被害人及其法定代理人因经济困难或者其他原因没有委托诉讼代理人的，人民检察院应当帮助其申请法律援助。对于遭受性侵害的女性未成年被害人，一般应由女性律师提供法律援助。

四、转学安置

对遭受性侵害或者暴力伤害的未成年被害人，案件情况会不同程度地被社区、学校等周边人员知晓。特别是遭受性侵害的未成年被害人，继续在原学校就读心理压力可能会比较大，很多家庭因此选择让未成年被害人更换居住地、转入其他学校就读，让未成年人到新的环境，放下包袱，开始新的生活和学习。公安机关、人民检察院、人民法院应当积极协调教育行政部门、学校和户籍登记机关等单位，为未成年人办理转学安置，这些单位应当积极予以协助，帮助未成年人顺利转学。

五、其他保护措施

除上述救助措施外，办案机关还可以根据有关规定，对遭受性侵害或者暴力伤害的未成年人及其家庭采取其他保护措施。比如，未成年被害人的监护人无法履行监护职责、生活无着的，办案机关人员可以征询其本人意见，协调有关部门安置或者将其妥善送交其他愿意接收的亲属。适龄未成年被害人有就业、创业等意愿但缺乏必要的技能或者资金的，办案机关可以协调有关部门为其提供技能培训、就业岗位申请等帮助。未成年被害人同时面临多种严重困难的，办案机关应当协调有关部门进行综合救助并应当定期对接受救助的被害人进行回访，了解其实际情况，考察救助效果。发现有其他严重困难需要继续救助的，应当积极协调相关部门予以救助。

第一百一十二条　公安机关、人民检察院、人民法院办理未成年人遭受性侵害或者暴力伤害案件，在询问未成年被害人、证人时，应当采取同步录音录像等措施，尽量一次完成；未成年被害人、证人是女性的，应当由女性工作人员进行。

【释义】 本条是关于部分未成年人案件采取同步录音录像等措施和询问女性未成年被害人、证人特殊要求的规定。

为避免不同办案机关及部门对未成年被害人、证人多次询问，造成二次伤害，此次修改增加本条规定。在审议过程中，一些常委委员也建议把简化程序作为司法保护的重要内容。为此本条明确了对部分案件未成年被害人、未成年证人进行询问时，应当采取同步录音录像等措施。同时，明确规定询问遭受性侵害的女性未成年被害人，应当由女性工作人员进行。

一、关于同步录音录像等措施

同步录音录像措施最早是在检察机关办理职务犯罪案件时采用的一种固定犯罪嫌疑人口供的有效方式，国家监察体制改革前，检察机关在办理职务犯罪案件中已经广泛运用。所谓同步录音录像，是指在办案过程中，讯问犯罪嫌疑人、询问被害人和证人时，应当对每一次讯问的全过程实施不间断的录音、录像，这是规范讯问和询问行为、保证讯问询问活动合法性的重要手段。根据本条规定，公安机关、人民检察院、人民法院办理未成年人遭受性侵害或者暴力伤害案件，在询问未成年被害人、证人时，应当采取同步录音录像等措施，尽量一次完成。

采取同步录音录像措施，应当遵守刑事诉讼法和公检法机关的办案程序规定。一是程序规范。询问录音录像，实行询问人员和录制人员相分离的原则，询问由办案人员负责，不少于 2 人，录音录像由技术人员负责。刑事诉讼法有关回避的规定也适用于参加录音录像的技术人员。询问开始时，应当告知被害人、证人将对询问进行全程同步录音录像。二是完整性。讯问录音录像应当保持完整，不得选择性录制，不得剪接、删改。应当从告知被害人、证人相关权利时开始录制，至被害人、证人在询问笔录上签字、捺指印，离开询问地点时结束。录制的图像应当反映办案人员及询问场景等情况，被害人、证人应当在图像中全程反映。询问过程中，因技术故障等客观原因无法录音录像的，一般应当停止询问,待故障排除后再次询问。询问停止的原因、时间和再行询问开始的时间等情况,应当在笔录和录音录像中予以反映。三是规范管理使用录音录像资料。询问结束后,录制人员应当立即将询问录音录像资料原件交给办案人员,经办案人员和未成年被害人、证人签字确认后当场封存,交由技术部门保存,并复制询问录音录像资料存入录音录像数据管理系统,供以后阶段诉讼活动审查之用。没有建立录音录像数据管理系统的,应当制作询问录音录像资料复制件,交办案人员保管,按照有关规定移送。

同步录音录像资料是办案机关的工作资料,不公开使用,实行有条件调取查看或者法庭播放。在审判过程中,公诉人认为询问录音录像资料不宜在法庭上播放的,应当建议在审判人员、公诉人、被告人及其辩护人的范围内进行播放、质证,必要时可以建议法庭通知询问人员、录制人员参加。案件办理完毕,办案期间录制的询问录音录像资料存入数据管理系统的或者刻录光盘的原件,由技术部门向档案部门移交归档。询问录音录像资料的保存期限与案件卷宗保存期限相同。

除了同步录音录像措施外,在办理未成年人遭受性侵害或者暴力伤害案件时,可以通过提前介入侦查的方式参与询问未成年被害人、证人工作。提前介入,既包括检察机关提前介入公安机关的侦查活动,也包括公安机关、检察机关内部办案环节的提前介入。通过提前介入询问活动,切实提高一次询问的比例,避免和减少对未成年被害人、证人的二次伤害。

二、询问女性未成年被害人、证人应当由女性工作人员进行

规定询问女性未成年被害人、证人,应当由女性工作人员进行,主要是考虑到女性未成年被害人、证人的性别特点,在遭受性侵害或者暴力伤害案件后,对异性往往会产生强烈的排斥情绪。由女性工作人员进行询问,未成年被害人、证人基于对女性工作人员的性别认同,能有效缓解紧张、畏惧情绪和排斥心理,确保询问工作的顺利进行。同时,由女性工作人员进行询问,也是保护

女性未成年被害人、证人的隐私和其他合法权益的客观需要。

第一百一十三条　对违法犯罪的未成年人，实行教育、感化、挽救的方针，坚持教育为主、惩罚为辅的原则。

对违法犯罪的未成年人依法处罚后，在升学、就业等方面不得歧视。

【释义】　本条是关于对违法犯罪未成年人的保护方针、原则和反歧视要求的规定。

未成年人违法犯罪是一个复杂、重要的社会问题。对违法犯罪未成年人的处罚适当与否，不仅关系到违法犯罪未成年人的前途，而且还会产生巨大的社会影响，其意义超出对违法犯罪未成年人处罚本身。对违法犯罪未成年人适用刑罚是对其所犯罪行的惩罚，但更主要是通过对其违法犯罪行为的追究，起到教育、感化和挽救的目的。对违法犯罪的未成年人追究法律责任时实行教育、感化、挽救的方针，坚持教育为主、惩罚为辅的原则，是我国司法审判活动中一贯坚持的方针和原则，是中华人民共和国成立几十年司法实践经验的总结。实践证明这是符合我国国情，适宜惩罚犯罪的未成年人实际需要的。

一、违法犯罪未成年人保护方针和原则的确立

1979 年中共中央首次提出对违法犯罪的未成年人要实行“教育、挽救、改造”的方针，之后有关部门发布了一系列文件，明确要求对违法犯罪的未成年人必须坚决实行教育、感化、挽救的方针，着眼于挽救，强调对未成年人要始终立足于教育的政策思想。这一政策，在随后的立法中以法律形式予以确立，成为一项法律原则。1991 年通过的未成年人保护法第 38 条就明确规定“对违法犯罪的未成年人，实行教育、感化、挽救的方针，坚持教育为主、惩罚为辅的原则”。2012 年修改刑事诉讼法，也将其作为办理未成年人刑事案件的方针和原则,并通过一系列的具体措施,确保这一方针、原则在刑事诉讼中得以贯彻落实。法律的这些规定就是要求在办理未成年人犯罪案件过程中应当查清犯罪事实,确保法律正确适用,保护其合法权利,同时根据犯罪原因和个人情况,有针对性地进行法治教育,以矫正其犯罪心理和不良行为习惯,促其改过自新,重新融入社会。

二、关于教育、感化、挽救的方针

对违法犯罪的未成年人实行教育、感化、挽救的方针,主要是从未成年人犯罪的生理、心理特点考虑。未成年人的生理发育不成熟,还处在健康成长的阶段,不能够正确控制自己的情绪,容易产生过激行为。未成年人心理发育不成熟主要表现在认识能力较低和控制能力较差。认识能力,是指行为主体对行为的性质、后果的判断能力,也是对主体进行处罚的基础。违法犯罪的未成年人大多心理尚未成熟,社会阅历低,受认识能力的限制,对其行为的社会意义不能有深刻的认识,缺乏正确的是非标准。同时,由于年龄的限制,未成年人的控制能力也比较差,在社会上一些不良因素的影响下,很容易实施犯罪行为,或者被他人指使和利用。但由于未成年人未成熟的生理、心理特点,其又容易接受教育,只要认真地进行教育、感化、挽救,就可以转变犯罪的未成年人的思想,真正实现挽救未成年人的目的。

(1)教育。强调对违法犯罪未成年人的教育,其目的是立足于教育违法犯罪的未成年人,而不是注重惩罚。对违法犯罪未成年人的教育,首先,要结合违法犯罪未成年人的思想实际,纠正错误、转变思想。其次,要做好对违法犯罪未成年人的法治教育。这种教育应当贯穿刑事诉讼活动的全过程,反复进行,以宪法、刑法、刑事诉讼法为主要教材,结合未成年人本身进行教育,使其逐步树立法治观念,认识到法律的权威,联系自身的违法犯罪事实,认识到危害。最后,还要进行道德品质和人生观教育。通过道德品质教育,使其懂得道德与法律相辅相成,是调整社会关系的重要组成部分;使其学会做人的道理,树立正确的人生观、价值观。

(2)感化。强调对违法犯罪未成年人的感化,主要是指用社会主义法治和社会主义道德伦理去关怀教育、感染违法犯罪的未成年人,使其认识到自己所犯的错误和罪行,认识到自己行为对社会造成的危害,促使其痛改前非。在实践中,还要按照党的方针政策,关心和帮助他们解决实际中遇到的困难,使他们真正感受到人民政府是真心真意地挽救他们,法律对其惩罚的目的在于教育。感化包括精神和物质两方面:精神方面,要尊重他们的人格,严禁体罚虐待,认真做好思想工作,起到医治心灵创伤的作用;物质方面,要关心他们的生活,做好卫生、医疗等方面的工作。总之,感化的核心是从感情入手,以情感人,由通情而达理,转化他们的思想。

(3)挽救。强调对违法犯罪未成年人的挽救,就是在诉讼过程中,司法工作人员要有高度的责任感,相信违法犯罪的未成年人可以挽救,要依照法律的规定和党的方针政策,有针对性地进行各项挽救工作,其目的是最终使违法犯罪的未成年人树立改过自新的观念。实践中,司法工作人员要深入违法犯罪未成年人的实际生活,做好社会调查,认真走访违法犯罪未成年人所在的家庭、学校、城市居民委员会或者农村村民委员会,了解违法犯罪未成年人平时的表现,如学习、与同学朋友的关系等情况,并结合法律的有关规定,力争在根本上挽救失足的未成年人,使其真正做到相信法律、相信政府,认识到自己的错误,最终达到预防犯罪、减少犯罪的目的。

三、关于教育为主、惩罚为辅的原则

坚持教育为主、惩罚为辅的原则,是党和国家惩罚违法犯罪的未成年人所一贯坚持的原则,实践证明也是行之有效、适合我国国情的。未成年人本身还处在成长发育的阶段,缺乏必要的知识和经验,容易受到各种不良影响的冲击,走上犯罪的道路。在追究未成年人的法律责任的过程中,要认真贯彻教育为主的原

则,通过教育使未成年人认识到违法犯罪的危害性,这是指导未成年人健康成长必不可少的途径。在坚持教育为主的同时还必须辅以必要的惩罚手段,使未成年人懂得犯罪行为的后果和应当承担的责任,认识到法律的严肃性。从这个意义上讲,惩罚是必不可少的一种教育手段。但对于违法犯罪未成年人的惩罚,应当严格依照法律的有关规定,本着教育、感化、挽救的方针,对其进行适当的惩罚。惩罚的实质也是教育,只是一种特殊的教育形式。

贯彻教育、感化、挽救的方针和教育为主、惩罚为辅的原则,需要注意以下几个问题:第一,上述方针和原则不仅仅体现在刑事审判和刑罚执行环节,而应贯穿于刑事诉讼的全过程。例如,在侦查阶段,公安机关对被羁押的未成年人应当与成年人分押分管。对未成年人刑事案件的侦查、审查工作,由专门办案人员或者侧重办理未成年人刑事案件的人员进行。对未成年犯罪嫌疑人,在讯问中应进行耐心细致的教育,注意了解未成年人作案的动机和成因等。在检察机关提起公诉阶段,应加强同有关部门的联系,充分了解案件情况,对符合条件的未成年犯罪嫌疑人作出附条件不起诉的决定。人民检察院还要加强对侦查活动、审判活动和未成年人羁押场所的监督,保证准确执行法律,保障未成年人的合法权益。第二,坚持教育、感化、挽救的原则,必须处理好惩罚与教育的关系。对违法犯罪未成年人进行教育、感化和挽救,并不意味着对其犯罪行为的纵容和不处罚。既要与成年人犯罪区别对待,尽可能多地给予未成年犯罪人改过自新的机会,同时也要防止对犯罪未成年人盲目减轻处罚,甚至不处罚的错误做法。对那些社会危害严重、主观恶性大的犯罪未成年人,也要在法律规定的原则和范围内予以必要的惩罚,以发挥刑罚的教育功能。

四、对违法犯罪未成年人在升学、就业等方面不得歧视

我国宪法和教育法、义务教育法、劳动法等法律对公民接受

教育的权利和义务、劳动的权利和义务作出了明确规定。违法犯罪的未成年人被依法处罚后,有的需要继续接受教育,有的需要就业。由于社会偏见等因素,在现实生活中,这部分未成年人受教育和劳动方面的权益往往容易被忽略或者得不到公平的待遇。所谓歧视,是指在复学、升学、就业等方面不公平地看待未成年犯罪人,具体表现是:在心理上排斥、嫌弃、厌恶;在应当并且能够为其安排复学、升学、就业时,借故推托、不予安排或拖延安排;在相同的个体条件下,优先录用、录取、接受其他人,甚至优先安排条件较差的其他人;即使勉强予以安排的,也给予不公平的待遇,等等。对违法犯罪的未成年人在升学、就业等方面进行歧视,既不利于鼓励未成年犯罪人改过自新、回归社会,也增加了社会不稳定因素和社会管理成本。为了促进违法犯罪的未成年人积极接受教育改造、早日回归社会,应当宽容地对待他们,确保他们在复学、升学、就业等方面与其他未成年人享有同等的权利。在修订草案审议过程中,也有很多意见提出要充分利用犯罪记录封存等手段,避免违法犯罪未成年人在升学、就业方面遭受歧视。为杜绝对曾经违法犯罪的未成年的歧视,本条第 2 款规定,对违法犯罪的未成年人依法处罚后,在升学、就业等方面不得歧视。具体内容如下:

(1)违法犯罪未成年人的复学和升学。依照法律的规定接受教育尤其是接受义务教育是未成年人的一项基本权利。按照有关法律规定,在被执行刑罚期间,对没有完成义务教育的未成年犯罪人,执行机关应当保证对其继续进行义务教育。执行机关既是改造未成年犯罪人的部门,也是教育其改过自新、学习文化技术的学校。执行机关对羁押、服刑的未成年人,要考虑到他们的年龄和生理特点,既要重新改造他们的思想,又要照顾他们正处在长身体长知识的时期。所采取的一切措施都要适合他们的年龄特点,有利于他们的身心发育和成长,使其能够接受并完成义务教育。对于羁押期满的未成年人需要复学升学的,与普通未成年人学生应享有同等的权利,任何单位和个人不得歧视。对于上述未成年人要求复学的,有关部门和学校应当为他们办理复学手续,依法接纳其复学,不得将其拒之校外。对于符合升学条件的上述未成年人,应当允许其升学,不得为其设置障碍。家庭、学校、社会对上述未成年人都不应歧视。尤其是未成年人所在的学校,教职员工对他们应当一视同仁。同时,还要教育其他学生与其搞好团结,互相帮助,不要孤立他们,让其平等参与到学习和其他活动中。

(2)违法犯罪未成年人的就业。违法犯罪未成年人被依法处罚后,需要就业的,应当给予他们平等的竞争机会。社会各方面都应当认识到他们的违法犯罪行为毕竟是在未成年时期所为,要耐心地帮助他们。有关机关、部门和组织一定要关怀和爱护处于羁押或者服刑期的未成年人,帮助他们较好地完成教育改造并尽快回归社会,绝不能歧视或者厌弃他们。树立一种社会宽容的心态,也是文明进步的重要标志。

第一百一十四条　公安机关、人民检察院、人民法院和司法行政部门发现有关单位未尽到未成年人教育、管理、救助、看护等保护职责的,应当向该单位提出建议。被建议单位应当在一个月内作出书面回复。

【释义】　本条是关于公安机关、人民检察院、人民法院和司法行政部门对有关单位未尽保护职责提出建议的规定。

保护未成年人是国家机关、武装力量、政党、人民团体、企业事业单位、社会组织、城乡基层群众性自治组织、未成年人的监护人和其他成年人的共同责任。此次修改主要是对近年来有关机关和部门在工作中运用的司法建议、检察建议等作出规定,并明确了被建议单位书面回复的具体时限。

一、关于未尽到未成年人保护职责

本法在学校保护、社会保护、网络保护和政府保护章节对有关单位在未成年人教育、管理、救助、看护等方面的保护职责作了规定。比如，学校应当保障未成年学生受教育的权利，对尚未完成义务教育的辍学未成年学生进行登记并劝返复学；学校、幼儿园应当建立安全管理制度，对未成年人进行安全教育，完善安保设施、配备安保人员，保障未成年人在校、在园期间的人身和财产安全；学校、幼儿园应当建立预防性侵害、性骚扰未成年人工作制度，并及时报告有关违法行为；网信部门及其他有关部门应当加强对未成年人网络保护工作的监督检查；民政部门应当对出现流浪乞讨或者身份不明，暂时查找不到父母或者其他监护人等情形的未成年人依法进行临时监护；地方人民政府及其有关部门应当保障校园安全，监督、指导学校、幼儿园等单位落实校园安全责任，建立突发事件的报告、处置和协调机制，等等。这些单位应当按照法律规定，履行好未成年人教育、管理、救助、看护等保护职责。公安机关、人民检察院、人民法院和司法行政部门在办理未成年人案件或者其他工作过程中，发现有关单位未尽到职责的，应当向该单位提出建议。

二、关于提出建议的内容和形式

公安机关、人民检察院、人民法院和司法行政部门发现有关单位未尽到保护职责的情况，通常以司法建议、检察建议等正式书面形式向有关单位发出建议。通过提出建议，可以积极有效地促进有关单位完善管理、消除隐患、改进工作、规范行为，不断提高科学管理水平，依法履行未成年人保护职责。向有关单位提出建议，要坚持必要性、针对性、规范性和实效性原则，做到把握问题准确，分析问题透彻，依据充足，说理充分，建议客观合理，方案切实可行，行文严谨规范，确保建议质量。对于有关单位工作中存在的普遍性问题，以及规章制度不健全、不落实，存在严重漏洞或者重大风险的，可以提出整改建议。

向有关单位提出建议时，一般应当采取书面形式，以公安机关、人民检察院、人民法院和司法行政部门的名义送达有关单位，特殊情况也可以通过座谈、走访等方式现场宣告送达。对有关单位不依法履行未成年人保护职责社会影响大、群众关注度高，应当引起有关部门重视的建议，可以抄送同级党委、人大、政府、纪检监察机关或者被建议单位的上级机关、行政主管部门以及行业自律组织等，保证建议得到有效落实。

三、被建议单位的回复期限和形式

公安机关、人民检察院、人民法院和司法行政部门应当积极督促和支持配合被建议单位落实建议。督促落实工作可以采取询问、走访等形式进行，对于普遍性、行业性问题，需要通过建章立制进行整改的建议，可以通过不定期会商、召开联席会议等方式进行督促落实。根据本条规定，被建议单位应当在1个月内作出书面回复。被建议单位在规定期限内经督促无正当理由不予整改或者整改不到位的，公安机关、人民检察院、人民法院和司法行政部门可以通报被建议单位的上级机关、行政主管部门或者行业自律组织等，必要时可以报告同级党委、人大，通报同级政府、纪检监察机关。对于需要整改实施期限较长的情况，被建议单位应当在一个月内书面回复进展情况，并提出进一步整改的具体目标和措施。

第一百一十五条　公安机关、人民检察院、人民法院和司法行政部门应当结合实际，根据涉及未成年人案件的特点，开展未成年人法治宣传教育工作。

【释义】　本条是关于结合未成年人案件特点开展法治宣传教育的规定。

法治宣传教育是未成年人保护的重要形式，国家机关、企业事业单位和社会组织都有相应的职责。公安机关、人民检察院、人民法院和司法行政部门直接负责未成年人案件的处理，了解掌握大量的法治宣传教育素材，在开展法治宣传方面具有较大优势。此次修改，主要是对公安机关、人民检察院、人民法院和司法行政部门根据未成年人案件开展法治宣传教育作出规定。

一、根据未成年人案件特点开展法治宣传教育

公安机关、人民检察院、人民法院和司法行政部门开展法治宣传方面的优势，主要体现在这些机关和部门直接负责未成年人案件的侦查、逮捕、起诉、审判、执行等工作，了解和掌握大量案例，能够准确分析未成年人案件的特点和规律，并提出预防未成年人犯罪、保护未成年人合法权益的有效措施。同时，公安机关、人民检察院、人民法院和司法行政部门拥有许多长期从事未成年人案件的工作人员，能够为开展有针对性的法治宣传教育提供组织和人员保障。

二、开展法治宣传教育的具体形式

近年来，公安机关、人民检察院、人民法院和司法行政部门在开展未成年人法治宣传教育方面进行了卓有成效的探索。例如，公安机关通过发布提示、警情通报等形式开展未成年人法治宣传教育，开展预防未成年人犯罪教育。人民检察院、人民法院通过发布侵害未成年人案件强制报告典型案例、依法严惩侵害未成年人权益典型案例、依法严惩利用未成年人实施黑恶势力犯罪典型案例等形式，宣传法律规定。人民检察院通过推行检察官兼任法治副校长、常态化开展“法治进校园”活动等形式，由长期办理未成年人案件、具备丰富经验的检察官直接向未成年人开展法治宣传教育。同时，有关机关和部门还围绕校园欺凌、性侵害、毒品危害、网络犯罪、“校园贷”等热点问题，组织编写法治教育教材，创作、拍摄未成年人保护主题的歌曲、话剧、微电影微视频等作品，创新法治宣传教育形式。各地公安机关、人民检察院、人民法院和司法行政部门还与教育部门合作，积极推进未成年人法治教育基地建设，综合运用案例展示、知识讲授、体验教学、实践模拟等

多种方式开展法治宣传教育,取得了较好的效果。

第一百一十六条　国家鼓励和支持社会组织、社会工作者参与涉及未成年人案件中未成年人的心理干预、法律援助、社会调查、社会观护、教育矫治、社区矫正等工作。

【释义】 本条是关于鼓励和支持社会组织参与司法保护工作的规定。

社会组织、社会工作者参与未成年人司法保护相关工作是近年来未成年人司法工作的一个重要特点。在修订草案审议过程中,很多意见提出与未成年人有关的社会组织、社会工作者近年来发展很快,通过发挥自身专业优势,能够对司法机关开展未成年人司法保护进行有益补充,使未成年人案件中的未成年人在心理、行为等方面得到更好的矫治,有利于未成年人尽快恢复正常,回归社会。此次修改,主要是规定国家鼓励和支持社会组织、社会工作者参与对未成年人的司法保护,同时,对参与司法保护的相关具体工作作了规定。

一、社会组织、社会工作者参与未成年人司法保护

实践中,参与本条规定的司法保护的社会组织主要包括社工组织、未成年人保护组织,以及社会工作者。办案机关可以将心理疏导、心理测评、法律援助、社会调查、社会观护、教育矫治、社区矫正等工作,交由社会组织、社会工作者、心理专家等专业社会力量承担或者协助进行,提高未成年人权益保护和犯罪预防的专业化水平,推动建立健全司法借助社会专业力量的长效机制。国家主要是通过政府购买服务、聘请人员参与等方式,鼓励和支持社会组织、社会工作者参与相关司法保护活动。

二、社会组织、社会工作者参与未成年人司法保护的具体工作

社会组织、社会工作者参与心理干预,主要是由具备心理咨询师等资质的专业人员,为未成年人提供心理疏导、心理测评和心理咨询等服务。参与法律援助,主要是指从事未成年人专业法律援助的社会组织,以及具备未成年人专业法律知识的社会工作者直接为未成年人提供法律援助。参与社会调查,主要是接受有关机关和部门的委托,就未成年人的年龄、性格特点、健康状况、成长经历、一贯表现、不良行为史、经济来源等个人情况,家庭基本情况、社区环境、社会交往等社会生活情况,犯罪目的、动机、手段、与被害人的关系等犯罪相关的情况,案发后、羁押或取保候审期间的表现、悔罪态度、赔偿被害人损失等犯罪后的表现,被害方的态度、所在社区基层组织及辖区派出所的意见等社会各方面的意见进行调查,以确定未成年人是否具备有效监护条件、是否适合采取社会帮教措施。参与社会观护,主要是指办案机关根据案件需要,聘请适当的社会组织、社会工作者通过未成年人观护基地,组织开展帮扶教育、技能培训等活动,对未成年人进行社会观护。参与教育矫治和社区矫正,主要是接受办案机关和执行机关的委托,参与对违法犯罪的未成年人的教育、行为矫治和社区矫正,与有关机关和部门共同努力,促使违法犯罪的未成年人顺利回归社会。

第八章　法律责任

第一百一十七条　违反本法第十一条第二款规定，未履行报告义务造成严重后果的，由上级主管部门或者所在单位对直接负责的主管人员和其他直接责任人员依法给予处分。

【释义】　本条是关于违反强制报告义务的法律责任的规定。

根据本法第 11 条明确的强制报告制度以及义务主体和应当强制报告的情形，此次修订增加规定了强制报告义务的法律责任，以更好地促进有关单位及其工作人员履行法律规定的强制报告义务。

一、关于违反强制报告义务造成严重后果

根据本条规定，国家机关、居民委员会、村民委员会、密切接触未成年人的单位及其工作人员未履行报告义务造成严重后果的，由上级主管部门或者所在单位对直接负责的主管人员和其他直接责任人员依法给予处分。

本条规定的违法行为是未按照本法第 11 条第 2 款的规定履行强制报告义务，即国家机关、居民委员会、村民委员会、密切接触未成年人的单位及其工作人员，在工作中发现未成年人身心健康受到侵害、疑似受到侵害或者面临其他危险情形的，未及时向公安、民政、教育等有关部门报告。这些违法行为属于不作为，需要依据本条进行处理的前提是未履行报告义务造成严重后果。严重后果既包括因这些侵害情形或者危险情形对未成年人造成了严重的侵害后果，也包括因这些侵害情形或者危险情形在社会上造成的恶劣影响。

二、违反强制报告义务的法律责任

本条规定的处罚主体是上级主管部门或者所在单位，主要是考虑到本法第 11 条第 2 款规定履行强制报告义务的主体比较多，除国家机关、居民委员会、村民委员会外，还有密切接触未成年人的单位。密切接触未成年人的单位，情况比较复杂，有的是政府设立的，有的是社会力量举办的，有的有上级主管部门，有的没有上级主管部门。对没有上级主管部门的单位，将处分权限赋予该单位，由本单位对有关责任人员依法给予处分。单位不履行强制报告义务，应当承担相应的责任，由于单位的行为是通过有实际行为能力、执行能力的具体人员来实施，对有关人员应当追究法律责任。因此，本条规定对直接负责的主管人员和其他直接责任人员依法给予处分，这里规定的直接负责的主管人员，是指在单位违法行为中负有直接领导责任的人员；其他直接责任人员，是指直接违反强制报告义务的工作人员。处分包括批评、警告、记过、降级等。情节特别严重的，对有相关资格、资质的人员，还可以暂停其相应的职务或者业务活动。

根据本法第 129 条的规定，实践中负有强制报告义务的单位未履行强制报告义务造成严重后果的，还可能构成犯罪，在此种情况下还要依法追究刑事责任。相关单位或者单位主管人员阻止工作人员报告的，予以从重处罚。此外，根据有关规定，对于行使公权力的公职人员长期不重视强制报告工作，不按规定落实强制报告制度要求的，根据其情节、后果等情况，监察机关应当依法对相关单位和失职失责人员进行问责，对涉嫌职务违法犯罪的依法调查处理。

第一百一十八条　未成年人的父母或者其他监护人不依法履行监护职责或者侵犯未成年人合法权益的，由其居住地的居民委员会、村民委员会予以劝诫、制止；情节严重的，居民委员会、村民委员会应当及时向公安机关报告。

公安机关接到报告或者公安机关、人民检察院、人民法院在办理案件过程中发现未成年人的父母或者其他监护人存在上述情形的，应当予以训诫，并可以责令其接受家庭教育指导。

【释义】 本条是关于监护人不履行监护职责或者侵犯未成年人合法权益的法律责任的规定。

在修订草案审议过程中，很多意见认为，未成年人的父母或者其他监护人依法履行监护职责，是保护未成年人合法权益的重要前提，加强对不依法履行监督职责或者侵犯未成年人合法权益行为的监督，是有关部门和单位的共同责任。此次修订，增加了居民委员会、村民委员会对情节严重的行为向公安机关的报告义务，以及公安机关接到报告和公安机关、人民检察院、人民法院在办案中发现监护人有相关违法行为的处理措施，进一步明确了有关主体的义务和相应法律责任，有利于法律规定更好地落实。

一、未成年人的父母或者其他监护人不依法履行监护职责或者侵犯未成年人合法权益的情形

本法第2章对未成年人的父母或者其他监护人的监护职责作了规定，违反这些规定，不依法履行监护职责，或者侵犯未成年人合法权益的，应当按照本条规定追究相应的责任。

(1)关于不依法履行监护职责。主要指未成年人父母或者其他监护人不作为，导致未成年人的合法权益得不到应有的保护。结合第2章的有关规定，未成年人的父母或者其他监护人不依法履行监护职责的表现形式有多种，例如，违反本法第16条的规定，不能为未成年人提供生活、健康、安全等方面的保障；忽视未成年人的生理、心理状况和情感需求；对未成年人疏于管教；安全教育不到位；不能保障适龄未成年人依法接受并完成义务教育；不能妥善管理和保护未成年人的财产；对未成年人的不良行为和违法犯罪行为不进行有效预防和制止，等等。又如，违反本法第20条规定，发现未成年人身心健康受到侵害、疑似受到侵害或者其他合法权益受到侵犯时，未能及时采取保护措施，情况严重的未能及时向公安、民政、教育等部门报告。

(2)关于侵犯未成年人合法权益。主要指未成年人的父母或者其他监护人主动做出违法行为，侵犯未成年人的合法权益。结合本法第2章的有关规定，未成年人的父母或者其他监护人侵犯未成年人合法权益有多种表现形式，例如违反本法第17条的规定，虐待、遗弃、非法送养未成年人或者对未成年人实施家庭暴力；放任、教唆或者利用未成年人实施违法犯罪行为；放任、唆使未成年人参与邪教、迷信活动或者接受恐怖主义、分裂主义、极端主义等侵害；放任、唆使未成年人吸烟、饮酒、赌博、流浪乞讨或者欺凌他人；放任或者迫使应当接受义务教育的未成年人失学、辍学；允许或者迫使未成年人从事国家规定以外的劳动；违法处分、侵吞未成年人的财产或者利用未成年人牟取不正当利益，等等。

二、居民委员会、村民委员会予以劝诫、制止和向公安机关报告

居民委员会、村民委员会作为未成年人家庭所在地的基层组织，能及时了解、掌握未成年人的家庭情况，通常也能在第一时间发现未成年人的父母或者其他监护人不履行监护职责、侵犯未成年人合法权益的行为。因此，本条规定了居民委员会、村民委员会劝诫、制止和报告的职责。

(1)予以劝诫、制止。一般情况下，居民委员会、村民委员会发现未成年人的父母或者其他监护人不履行监护职责或者侵犯未成年人合法权益，情节尚不严重或者尚未造成严重后果的，应直接予以劝诫、制止。劝诫、制止，主要是对未成年人的父母或者其他监护人进行教育，使其纠正错误，正确履行监护职责，停止违法行为。

(2)情节严重的,及时向公安机关报告。对未成年人的父母或者其他监护人不依法履行监护职责或者侵犯未成年人合法权益,情节严重的,居民委员会、村民委员会应当及时向所在地的公安机关报告。这样规定,主要是考虑到有的违法行为情节严重,已经超出了居民委员会、村民委员会所能控制和处理的范围,需要向公安机关报告,请公安机关介入处理。

如果未成年人遭受来自父母或者其他监护人的家庭暴力或者面临家庭暴力的现实危险,可以根据反家庭暴力法的规定,向人民法院申请人身安全保护令;未成年人是无民事行为能力人、限制民事行为能力人,或者因受到强制、威吓等原因无法申请人身安全保护令的,其近亲属、公安机关、妇女联合会、居民委员会、村民委员会、救助管理机构可以代为申请人身安全保护令。

三、公安机关、人民检察院、人民法院予以训诫和责令接受家庭教育指导

公安机关接到居民委员会、村民委员会的报告后,应当对未成年人的父母或者其他监护人予以训诫,并可以责令其接受家庭教育指导。除了公安机关接到报告这种情况,公安机关、人民检察院、人民法院在办理案件的过程中,也有可能发现未成年人的父母或者其他监护人不依法履行监护职责、侵犯未成年人合法权益,也应当予以训诫,并可以责令其接受家庭教育指导。

(1)关于训诫。训诫,是指公安机关、人民检察院、人民法院对有轻微违法行为的人进行批评教育,并责令其改正、不得再犯的一种处罚方式。训诫作为一种非刑罚的处理方法,可以产生感化、教育效应,进而预防和减少犯罪。对未成年人的父母或者其他监护人不依法履行监护职责或者侵犯未成年人合法权益的行为进行训诫,可以起到警示的效果,提示行为人改正错误。在训诫过程中,公安机关、人民检察院、人民法院应严肃地指出行为人的违法行为,分析其危害性,并责令其努力改正。

(2)关于责令接受家庭教育指导。未成年人的父母或者其他监护人不依法履行监护职责或者侵犯未成年人合法权益的,很多情况下是缺乏家庭教育的基本常识和训练。为了从根本上纠正未成年人的父母或者其他监护人的行为，责令其接受家庭教育指导是一种有效的方式。家庭教育指导的主要目的，是教育和引导未成年人的父母或者其他监护人加强自我约束，为子女健康成长营造良好的家庭环境，责令接受家庭教育指导，就是要求未成年人父母及其他监护人到提供教育服务的家长学校，以及有关国家机关、人民团体、企业事业单位和社会组织，接受教育指导，更新家庭教育观念，提高做好监护人的意识和能力，以更好地对未成年人进行家庭保护。

第一百一十九条　学校、幼儿园、婴幼儿照护服务等机构及其教职员工违反本法第二十七条、第二十八条、第三十九条规定的，由公安、教育、卫生健康、市场监督管理等部门按照职责分工责令改正；拒不改正或者情节严重的，对直接负责的主管人员和其他直接责任人员依法给予处分。

【释义】　本条是关于学校、幼儿园、婴幼儿照护服务等机构及其教职员工的法律责任的规定。

学校、幼儿园、婴幼儿照护服务等机构及其教职员工担负着教育、抚育未成年人的重要职责，违反法律规定对未成年人实施体罚、违规开除未成年人等行为对未成年人会造成较大伤害，有必要强化相应的法律责任。本条主要是明确了公安、教育、卫生健康、市场监督管理等部门作为处罚主体，同时明确了学校、幼儿园、婴幼儿照护服务等机构及其教职员工违法的具体情形，有利于这些机构及其教职员工更好地履行法律规定的义务。

一、对未成年人实施体罚、变相体罚或者其他侮辱人格尊严行为的法律责任

本法第27条规定，学校、幼儿园的教职员工应当尊重未成年

人人格尊严，不得对未成年人实施体罚、变相体罚或者其他侮辱人格尊严的行为。本法第 41 条规定，婴幼儿照护服务机构、早期教育服务机构、校外培训机构、校外托管机构等应当参照本法第 3 章的有关规定，根据不同年龄段未成年人的成长规律和特点，做好未成年人保护工作。根据这一规定，这些机构也应尊重未成年人人格尊严，不得对未成年人实施体罚、变相体罚或者其他侮辱人格尊严的行为，违反法律规定的，也要承担相应的法律责任。

法律责任的形式主要包括：一是责令改正。责令改正是指行政主体责令违法行为人停止和纠正违法行为，以恢复原状，维持法定的秩序或者状态。二是对拒不改正或者情节严重的，依法给予处分。处分的对象是直接负责的主管人员和其他直接责任人员。这里的处分主要是指公安机关和主管部门基于管理需要对相关人员进行的处分。如果行为人是公职人员，其行为违反公职人员政务处分法有关规定的，由监察机关给予相应的政务处分。

关于实施处罚的主体。主要包括公安、教育、卫生健康、市场监督管理等部门。公安机关基于治安管理职责，有权对学校、婴幼儿照护服务机构、早期教育服务机构、校外培训机构、校外托管机构进行管理。实践中，大多数学校由教育行政部门主管；有一些学校、婴幼儿照护服务机构、早期教育服务机构、校外培训机构、校外托管机构在市场监督管理部门登记为企业，有的在民政部门登记为社会服务机构；有的婴幼儿照护服务机构、早期教育服务机构还接受卫生健康部门的业务管理。因此，根据登记管理和业务主管的不同，对于学校和这些机构的违法行为，公安、教育、卫生健康、市场监督管理等部门按照职责分工，有权责令改正和给予有关人员处分。

二、违反国家规定开除、变相开除未成年学生的法律责任

本法第 28 条规定，学校应当保障未成年学生受教育的权利，

不得违反国家规定开除、变相开除未成年学生。学校应当对尚未完成义务教育的辍学未成年学生进行登记并劝返复学;劝返无效的,应当及时向教育行政部门书面报告。根据这一规定,学校等教育机构承担保障未成年学生受教育的义务:一是不得开除或者变相开除未成年学生;二是对未完成义务教育的辍学未成年学生进行登记并劝返复学。如果学校违反这些规定,要由教育行政等部门责令改正;拒不改正或者情节严重的,对直接负责的主管人员和其他直接责任人员依法给予处分。

三、违反欺凌防控规定的法律责任

对于发生在学校、幼儿园、婴幼儿照护服务等机构的学生欺凌事件,应当依法依规处置,按照“宽容不纵容、关爱又严管”的原则,对实施欺凌的学生予以必要的处置及惩戒,及时纠正不当行为。根据本法第 39 条的规定,学校在防范学生欺凌行为方面主要有以下三方面的义务:

一是应当建立学生欺凌防控工作制度,对教职员工、学生等开展防治学生欺凌的教育和培训。

二是对学生欺凌行为应当立即制止,通知实施欺凌和被欺凌未成年学生的父母或者其他监护人参与欺凌行为的认定和处理,并根据需要给予心理辅导、教育、引导和家庭教育指导等工作。

三是对实施欺凌的未成年学生,应当根据欺凌行为的性质和程度,依法加强管教。对严重的欺凌行为,学校不得隐瞒,应当及时向公安、教育部门报告,并配合相关部门依法处理。学校、幼儿园、婴幼儿照护服务等机构及其教职员工违反上述规定,由教育等部门按照职责分工责令改正;拒不改正或者情节严重的,对直接负责的主管人员和其他直接责任人员依法给予处分。对在学生欺凌事件中存在失职渎职行为,因违纪违法应当承担责任的,给予党纪政纪处分;构成犯罪的,依法追究刑事责任。

第一百二十条　违反本法第四十四条、第四十五条、第四十七条规定，未给予未成年人免费或者优惠待遇的，由市场监督管理、文化和旅游、交通运输等部门按照职责分工责令限期改正，给予警告；拒不改正的，处一万元以上十万元以下罚款。

【释义】　本条是关于图书馆、青少年宫、城市公共交通等未给予未成年人免费或者优惠待遇的法律责任的规定。

本次未成年人保护法修订充实了2012年未成年人保护法中社会保护的相关内容，拓展了未成年人的福利范围。同时，在本条中相应地规定了违反这些规定的法律责任。

一、有关违法情形

提高未成年人福利待遇和水平，是保护未成年人的应有之义。本法第44条、第45条、第47条对此作了规定：一是爱国主义教育基地、图书馆、青少年宫、儿童活动中心、儿童之家应当对未成年人免费开放；二是博物馆、纪念馆、科技馆、展览馆、美术馆、文化馆、社区公益性互联网上网服务场所以及影剧院、体育场馆、动物园、植物园、公园等场所，应当按照有关规定对未成年人免费或者优惠开放；三是城市公共交通以及公路、铁路、水路、航空客运等应当按照有关规定对未成年人实施免费或者优惠票价；四是对限制未成年人应当享有的照顾或者优惠的行为作了禁止性规定。本条对违反上述义务性和禁止性规定的行为规定了相应的法律责任。

二、法律责任

本条对违反本法第44条、第45条、第47条规定，未给予未成年人免费或者优惠待遇的行为，规定由市场监管等部门责令限期改正，给予警告；拒不改正的，处1万元以上10万元以下罚款。

(1)责令限期改正。责令限期改正，是指行政机关责令违法行为人停止和纠正违法行为,以恢复原状,维持法定的秩序或者状态,具有事后救济性。责令限期改正,既可以单独适用,亦可以和其他行政处罚合并适用,我国很多法律都有责令限期改正的规定。作为一种具体行政行为,责令限期改正带有一定的强制性和权威性,对违法行为人具有约束力。对于行政管理相对人实施的违法行为,行政机关应当追究其相应的法律责任,给予行政处罚,但首先应要求当事人改正其违法行为,不允许违法状态继续存在。另外,责令限期改正的"期限",应当根据具体违法行为的性质和实际情况合理设定。设定的期限既不能让违法行为人因时间过短无法改正,也不能过于宽松致使违法行为长时间存在。

(2)警告。警告,是指行政机关对违法者实施的一种谴责和告诫。它既具有教育性质又具有制裁性质,目的是向违法者发出警戒,声明行为人的行为已经违法,避免其再犯。警告一般适用于情节轻微或未构成实际危害后果的违法行为。警告属于申诫罚,其特点是对个人、组织的精神上的惩戒,并不像其他处罚种类那样涉及个人、组织的实体权利,一般在给予其他处罚之前给予,目的在于引起违法者思想上的警惕,使其以后不再违法。

(3)罚款。罚款,是指行政机关依法强制违反行政管理法规的行为人(包括自然人、法人及其他组织)在一定期限内缴纳一定数量货币的行政处罚。罚款是一种适用范围比较广泛的财产罚。为了避免罚款的随意性,行政处罚法对罚款进行了一些限定性的规定。对已经制定的法律、行政法规规定的行政处罚的种类中没有罚款的,地方性法规和规章不能增加规定罚款的处罚。另外,本条没有规定罚款的具体数额,而是以幅度的方式进行规定。实践中,行政机关可以综合考虑行为人违法行为的目的、主观过错的性质(故意或过失)、危害结果的程度等因素,在本条规定的罚款幅度范围内确定。本条还对适用罚款处罚作了限定条件,必须是违法行为人"拒不改正"的前提下。也就是说,行政机关必须先责令违法行为人限期改正,停止和纠正违法行为,若违法行为人拒不改正才可以予以罚款的处罚。

此外，由于本条规定的违法主体涉及不同领域，由不同的行政机关负责监管，如文化和旅游部门对图书馆、美术馆等负有监管职责，交通运输部门对公路、铁路等负有监管职责。因此，本条规定由市场监督管理、文化和旅游、交通运输等部门按照职责分工对违法行为予以处罚。

第一百二十一条　违反本法第五十条、第五十一条规定的，由新闻出版、广播电视、电影、网信等部门按照职责分工责令限期改正，给予警告，没收违法所得，可以并处十万元以下罚款；拒不改正或者情节严重的，责令暂停相关业务、停产停业或者吊销营业执照、吊销相关许可证，违法所得一百万元以上的，并处违法所得一倍以上十倍以下的罚款，没有违法所得或者违法所得不足一百万元的，并处十万元以上一百万元以下罚款。

【释义】　本条是关于制作、复制等危害未成年人身心健康的出版物等行为的法律责任的规定。

与 2012 年未成年人保护法第 64 条相比，本条增加规定了违法行为种类和相应的处罚措施。

一、有关违法情形

本法从保护未成年人工作实际出发，针对不同内容的图书、报刊、电影、广播电视节目、舞台艺术作品、音像制品、电子出版物和网络信息等提出了不同的管理要求：一是对危害未成年人身心健康的内容，本法第 50 条规定，禁止制作、复制、出版、发布、传播含有宣扬淫秽、色情、暴力、邪教、迷信、赌博、引诱自杀、恐怖主义、分裂主义、极端主义等危害未成年人身心健康内容的图书、报刊、电影、广播电视节目、舞台艺术作品、音像制品、电子出版物和网络信息等；二是对可能影响未成年人身心健康的内容，本法第 51 条规定，任何组织或者个人出版、发布、传播的图书、报刊、电影、广播电视节目、舞台艺术作品、音像制品、电子出版物或者网络信息，包含可能影响未成年人身心健康内容的，应当以显著方式作出提示。本条对违反上述规定的行为，规定了相应的法律责任。

二、法律责任

本条对违反本法第50条、第51条规定的行为，规定了如下法律责任：一是责令限期改正，给予警告，没收违法所得，可以并处10万元以下罚款；二是拒不改正或者情节严重的，责令暂停相关业务、停产停业或者吊销营业执照、吊销相关许可证，违法所得100万元以上的，并处违法所得1倍以上10倍以下的罚款，没有违法所得或者违法所得不足100万元的，并处10万元以上100万元以下罚款。

(1)没收违法所得。没收违法所得，是指国家行政机关根据行政管理法规，将行为人违法所获得的财物强制无偿收归国有的一项行政处罚措施。没收违法所得是一种财产罚。给予“没收违法所得”处罚的前提是行为人通过违法行为获得了收益，否则不能也无法给予该处罚。

(2)责令暂停相关业务、停产停业。责令暂停相关业务、停产停业，是指行政机关要求从事违法生产经营活动的公民、法人或其他组织停止生产、停止经营的处罚形式。责令暂停相关业务、停产停业，是对较为严重的违法行为的处罚，是行政机关对违反行政法律规范的行政相对方所采取的限制或剥夺其特定行为能力或资格的一种处罚措施。责令暂停相关业务、停产停业的目的是纠正错误，改进工作。被处罚组织或个人在停产停业期间应当进行整顿，纠正违法行为，行政机关认为其达到恢复运营条件的，才可以重新开展相关业务。

(3)吊销营业执照、吊销相关许可证。营业执照和许可证是行政机关依申请而核发的，允许公民法人或其他组织从事某种活动，享有某种资格的证明文件。吊销营业执照、吊销相关许可证，是指行政机关通过对违法的公民、法人或者其他组织依法实行吊销营业执照、吊销许可证,剥夺其从事某项生产或经营活动的权利,是一种较为严重的处罚措施。

此外,由于本条规定的违法主体涉及不同领域,由不同的行政机关负责监管,如新闻出版部门对图书、报刊等负有监管职责,广播电视部门对广播电视节目等负有监管职责,网信部门对网络信息等负有监管职责。因此,本条规定由新闻出版、广播电视、电影、网信等部门按照职责分工对违法行为予以处罚。

第一百二十二条　场所运营单位违反本法第五十六条第二款规定、住宿经营者违反本法第五十七条规定的,由市场监督管理、应急管理、公安等部门按照职责分工责令限期改正,给予警告;拒不改正或者造成严重后果的,责令停业整顿或者吊销营业执照、吊销相关许可证,并处一万元以上十万元以下罚款。

【释义】 本条是本次修订新增加的内容,是关于场所运营单位和住宿经营者有关未成年人保护方面的法律责任的规定。

本法第 56 条第 2 款规定了场所运营单位应当履行设置安全警报系统等安全管理义务,第 57 条规定了住宿经营者应当履行报告义务,本条相应地规定了违反这些规定的法律责任。

一、有关违法情形

为加强相关场所运营单位和住宿经营者对未成年人的安全保护义务,本法第 56 条第 2 款、第 57 条作了如下规定:一是大型的商场、超市、医院等场所运营单位应当设置搜寻走失未成年人的安全警报系统;上述场所运营单位接到求助后,应当立即启动安全警报系统,组织人员进行搜寻并向公安机关报告;二是旅馆、宾馆、酒店等住宿经营者接待未成年人入住,或者接待未成年人和成年人共同入住时,应当询问父母或者其他监护人的联系方式、入住人员的身份关系等有关情况;发现有违法犯罪嫌疑的,应当立即向公安机关报告,并及时联系未成年人的父母或者其他监护人。本条对相关场所运营单位和住宿经营者违反上述义务的行为,规定了相应的法律责任。

二、法律责任

本条对违反第56条第2款、第57条规定的行为,规定了如下法律责任:一是责令限期改正,给予警告;二是拒不改正或者造成严重后果的,责令停业整顿或者吊销营业执照、吊销相关许可证,并处1万元以上10万元以下罚款。其中,责令停业整顿与责令停产停业相同,是指行政机关要求从事违法生产经营活动的公民、法人或其他组织停止生产、停止经营的处罚形式。责令停业整顿,是对较为严重的违法行为的处罚,是行政机关对违反行政法律规范的行政相对方所采取的限制或剥夺其特定行为能力或资格的一种处罚措施。责令停业整顿的目的是纠正错误,改进工作。被处罚组织或个人在停业整顿期间应当进行整顿,纠正违法行为,行政机关认为其达到恢复运营条件的,才可以重新开展相关业务。

此外,由于市场监督管理、应急管理、公安等部门都对旅馆、宾馆、酒店等场所负有监督检查职责。因此,本条规定由市场监督管理、应急管理、公安等部门按照职责分工对违法行为予以处罚。

第一百二十三条　相关经营者违反本法第五十八条、第五十九条第一款、第六十条规定的,由文化和旅游、市场监督管理、烟草专卖、公安等部门按照职责分工责令限期改正,给予警告,没收违法所得,可以并处五万元以下罚款;拒不改正或者情节严重的,责令停业整顿或者吊销营业执照、吊销相关许可证,可以并处五万元以上五十万元以下罚款。

【释义】 本条是关于营业性娱乐场所、酒吧、烟酒店等经营者有关未成年人保护方面的法律责任的规定。

与 2012 年未成年人保护法第 66 条、第 67 条相比，本条增加规定了营业性娱乐场所、酒吧、互联网上网服务营业场所以及烟、酒、彩票销售网点等相关经营者的法律责任。

一、有关违法情形

为了给未成年人创造良好的成长环境，保护身心健康发展，本法第 58 条、第 59 条第 1 款、第 60 条作了如下规定：一是学校、幼儿园周边不得设置营业性娱乐场所、酒吧、互联网上网服务营业场所等不适宜未成年人活动的场所；不得设置烟、酒、彩票销售网点；二是营业性歌舞娱乐场所、酒吧、互联网上网服务营业场所等不适宜未成年人活动场所的经营者，不得允许未成年人进入；游艺娱乐场所设置的电子游戏设备，除国家法定节假日外，不得向未成年人提供；三是禁止向未成年人销售烟、酒、彩票或者兑付彩票奖金；四是不适宜未成年人活动场所的经营者应当在显著位置设置未成年人禁入、限入标志；烟、酒和彩票经营者应当在显著位置设置不向未成年人销售烟、酒或者彩票的标志；对难以判明是否为未成年人的，应当要求其出示身份证件；五是禁止向未成年人提供、销售管制刀具或者其他可能致人严重伤害的器具等物品；对难以判明购买者是否为未成年人的，应当要求其出示身份证件。本条对违反上述规定的行为，规定了相应的法律责任。

二、法律责任

本条对违反本法第 58 条、第 59 条第 1 款、第 60 条规定的行为，规定了如下法律责任：一是责令限期改正，给予警告，没收违法所得，可以并处 5 万元以下罚款；二是拒不改正或者情节严重的，责令停业整顿或者吊销营业执照、吊销相关许可证，可以并处 5 万元以上 50 万元以下罚款。

此外，由于本条规定的违法主体涉及不同领域，由不同的行政机关负责监管，如文化和旅游部门对游艺娱乐场所等负有监管职责，烟草专卖部门对烟草专卖店等负有监管职责，公安部门对管制刀具经营者等负有监管职责。因此，本条规定由文化和旅游、市场监督管理、烟草专卖、公安等行政机关按照职责分工对违法行为予以处罚。

第一百二十四条　违反本法第五十九条第二款规定，在学校、幼儿园和其他未成年人集中活动的公共场所吸烟、饮酒的，由卫生健康、教育、市场监督管理等部门按照职责分工责令改正，给予警告，可以并处五百元以下罚款；场所管理者未及时制止的，由卫生健康、教育、市场监督管理等部门按照职责分工给予警告，并处一万元以下罚款。

【释义】　本条是本次修订新增加的内容，是关于在学校、幼儿园和其他未成年人集中活动的公共场所吸烟、饮酒，以及这些公共场所的管理者未及时制止吸烟、饮酒行为的法律责任的规定。

一、有关违法情形

为避免他人在学校、幼儿园和其他未成年人集中活动的公共场所吸烟、饮酒给未成年人造成不良影响，本法第 59 条第 2 款规定，任何人不得在学校、幼儿园和其他未成年人集中活动的公共场所吸烟、饮酒。本次修订与 2012 年未成年人保护法相比，将禁止吸烟、喝酒的公共场所范围由中小学校扩大到所有学校。同时，2012 年未成年人保护法对这类违法行为没有规定法律责任，本次修订明确了个人违法吸烟、饮酒的应当承担相应的法律责任。

同时，学校、幼儿园和其他未成年人集中活动的公共场所的管理者，发现他人在其管理的上述场所中吸烟、饮酒的，应当及时予以制止。本条对场所管理者不予及时制止的行为，也规定了相应的法律责任。

二、法律责任

本条对违反第59条第2款的行为，规定了如下法律责任：一是对在学校、幼儿园和其他未成年人集中活动的公共场所吸烟、饮酒的，责令改正，给予警告，可以并处500元以下罚款；二是对未及时制止上述行为的场所管理者，给予警告，并处1万元以下罚款。其中，责令改正与责令限期改正类似，都是指行政机关责令违法行为人停止和纠正违法行为，以恢复原状，维持法定的秩序或者状态，具有事后救济性。责令改正与责令限期改正不同的是，责令改正要求违法行为立即改正。本条中的违法行为相对比较轻微，同时也容易改正。因此，本条的处罚措施规定为"责令改正"，要求行为人立即停止违法行为，避免对未成年人的进一步侵害。

此外，由于本条规定的违法主体涉及不同领域，卫生健康部门对于个人违法吸烟、饮酒行为负有监管职责，教育部门对学校、幼儿园负有监管职责。因此，本条规定由卫生健康、教育、市场监督管理等行政机关按照职责分工对违法行为予以处罚。

第一百二十五条　违反本法第六十一条规定的，由文化和旅游、人力资源和社会保障、市场监督管理等部门按照职责分工责令限期改正，给予警告，没收违法所得，可以并处十万元以下罚款；拒不改正或者情节严重的，责令停产停业或者吊销营业执照、吊销相关许可证，并处十万元以上一百万元以下罚款。

【释义】　本条是关于未按规定招用、使用未成年人的法律责任的规定。

与2012年未成年人保护法第68条、第71条相比，本条增加规定了营业性娱乐场所、酒吧、互联网上网服务营业场所等不适宜未成年人活动的场所招用已满16周岁未成年人的法律责任。

一、有关违法情形

为加强对未成年人的劳动保护，本法第 61 条作了如下规定：一是任何组织或者个人不得招用未满 16 周岁未成年人，国家另有规定的除外；二是营业性娱乐场所、酒吧、互联网上网服务营业场所等不适宜未成年人活动的场所不得招用已满 16 周岁的未成年人；三是招用已满 16 周岁未成年人的单位和个人应当执行国家在工种、劳动时间、劳动强度和保护措施等方面的规定，不得安排其从事过重、有毒、有害等危害未成年人身心健康的劳动或者危险作业；四是任何组织或者个人不得组织未成年人进行危害其身心健康的表演等活动，经未成年人的父母或者其他监护人同意，未成年人参与演出、节目制作等活动，活动组织方应当根据国家有关规定，保障未成年人合法权益。本条对违反上述规定的行为，规定了相应的法律责任。

二、法律责任

本条对违反本法第 61 条规定的行为，规定了如下法律责任：一是责令限期改正，给予警告，没收违法所得，可以并处 10 万元以下罚款；二是拒不改正或者情节严重的，责令停产停业或者吊销营业执照、吊销相关许可证，并处 10 万元以上 100 万元以下罚款。

此外，由于本条规定的违法主体涉及不同领域，由不同的行政机关负责监管，如文化和旅游部门对营业性娱乐场所等负有监管职责，人力资源和社会保障部门对劳动就业负有监管职责。因此，本条规定由文化和旅游、人力资源和社会保障、市场监督管理等行政机关按照职责分工对违法行为予以处罚。

第一百二十六条　密切接触未成年人的单位违反本法第六十二条规定，未履行查询义务，或者招用、继续聘用具有相关违法

犯罪记录人员的，由教育、人力资源和社会保障、市场监督管理等部门按照职责分工责令限期改正，给予警告，并处五万元以下罚款；拒不改正或者造成严重后果的，责令停业整顿或者吊销营业执照、吊销相关许可证，并处五万元以上五十万元以下罚款，对直接负责的主管人员和其他直接责任人员依法给予处分。

【释义】 本条是本次修订新增加的内容，是关于密切接触未成年人的单位未履行查询义务，或者招用、继续聘用具有相关违法犯罪记录人员的法律责任的规定。

本次修订为避免未成年人遭受性侵害、虐待、暴力伤害等侵害，创设了密切接触未成年人行业的从业查询及禁止制度。本条相应地规定了违反这些规定的法律责任。

一、有关违法情形

为避免未成年人遭受性侵害、虐待、暴力伤害等侵害，本法第62条对密切接触未成年人单位的员工入职查询、定期核查、禁止问题员工从业的义务作了规定，具体如下：一是密切接触未成年人的单位招聘工作人员时，应当向公安机关、人民检察院查询应聘者是否具有性侵害、虐待、拐卖、暴力伤害等违法犯罪记录；二是密切接触未成年人的单位应当每年定期对工作人员是否具有上述违法犯罪记录进行查询；三是密切接触未成年人的单位通过入职查询发现其具有性侵害、虐待、拐卖、暴力伤害等违法犯罪记录的，不得录用；四是密切接触未成年人的单位通过每年定期查询或者其他方式发现其工作人员具有上述行为的，应当及时解聘。本条对密切接触未成年人单位违反上述规定的行为，规定了相应的法律责任。

二、法律责任

本条对违反本法第62条规定的行为，规定了如下法律责任：

一是责令限期改正,给予警告,并处5万元以下罚款;二是拒不改正或者造成严重后果的,责令停业整顿或者吊销营业执照、吊销相关许可证,并处5万元以上50万元以下罚款,对直接负责的主管人员和其他直接责任人员依法给予处分。本条规定了"双罚制",除对密切接触未成年人的单位处罚外,同时应追究直接负责的主管人员和其他直接责任人员的责任,由上述人员的任免机关或监察机关按照管理权限,根据违法行为的性质、情节及危害程度,决定给予警告、记过、记大过、降级、撤职或者开除处分。

此外,由于本条规定的违法主体涉及不同领域,由不同的行政机关负责监管,如教育部门对学校、幼儿园等负有监管职责,人力资源和社会保障部门对劳动就业负有监管职责。因此,本条规定由教育、人力资源和社会保障、市场监督管理等行政机关按照职责分工对违法行为予以处罚。

第一百二十七条　信息处理者违反本法第七十二条规定,或者网络产品和服务提供者违反本法第七十三条、第七十四条、第七十五条、第七十六条、第七十七条、第八十条规定的,由公安、网信、电信、新闻出版、广播电视、文化和旅游等有关部门按照职责分工责令改正,给予警告,没收违法所得,违法所得一百万元以上的,并处违法所得一倍以上十倍以下罚款,没有违法所得或者违法所得不足一百万元的,并处十万元以上一百万元以下罚款,对直接负责的主管人员和其他责任人员处一万元以上十万元以下罚款;拒不改正或者情节严重的,并可以责令暂停相关业务、停业整顿、关闭网站、吊销营业执照或者吊销相关许可证。

【释义】　本条是本次修订新增加的内容,是关于信息处理者未经同意处理未成年人个人信息或者未履行更正、删除义务的法律责任,以及网络产品和服务提供者未履行提示义务、未履行预防沉迷网络义务、未采取必要措施制止网络欺凌行为等的法律责

任的规定。

本次未成年人保护法修订新增“网络保护”专章，对网络信息管理、个人信息保护、网络沉迷防治等作出全面规范，本条相应地规定了违反这些规定的法律责任。

一、有关违法情形

为加强对未成年人的网络保护，本法第72条至77条、第80条分别对信息处理者处理未成年人个人信息、网络产品和服务提供者预防未成年人沉迷网络、信息内容管理、网络欺凌防治等义务作了规定，具体包括：一是除法律、行政法规另有规定外，信息处理者通过网络处理不满14周岁未成年人个人信息的，应当征得未成年人的父母或者其他监护人同意。二是除法律、行政法规另有规定外，未成年人、父母或者其他监护人要求信息处理者更正、删除未成年人个人信息的，信息处理者应当及时采取措施予以更正、删除。三是网络服务提供者发现未成年人通过网络发布私密信息的，应当及时提示，并采取必要的保护措施。四是网络产品和服务提供者不得向未成年人提供诱导其沉迷的产品和服务。五是网络游戏、网络直播、网络音视频、网络社交等网络服务提供者应当针对未成年人使用其服务设置相应的时间管理、权限管理、消费管理等功能。六是以未成年人为服务对象的在线教育网络产品和服务，不得插入网络游戏链接，不得推送广告等与教学无关的信息。七是网络游戏经依法审批后方可运营；网络游戏服务提供者应当要求未成年人以真实身份信息注册并登录网络游戏；应当按照国家有关规定和标准，对游戏产品进行分类，作出适龄提示，并采取技术措施，不得让未成年人接触不适宜的游戏或者游戏功能；不得在每日22时至次日8时向未成年人提供网络游戏服务。八是网络直播服务提供者不得为未满16周岁的未成年人提供网络直播发布者账号注册服务；为年满16周岁的未成年人提供网络直播发布者账号注册服务时，应当对其身份信息进行认证，并征得其父母或者其他监护人同意。九是遭受网络欺凌的未成年人及其父母或者其他监护人有权通知网络服务提供者采取删除、屏蔽、断开链接等措施。网络服务提供者接到通知后,应当及时采取必要的措施制止网络欺凌行为,防止信息扩散。十是网络服务提供者发现用户发布、传播可能影响未成年人身心健康的信息且未作显著提示的,应当作出提示或者通知用户予以提示;未作出提示的,不得传输相关信息。十一是网络服务提供者发现用户发布、传播含有危害未成年人身心健康内容的信息的,应当立即停止传输相关信息,采取删除、屏蔽、断开链接等处置措施,保存有关记录,并向网信、公安等部门报告。十二是网络服务提供者发现用户利用其网络服务对未成年人实施违法犯罪行为的,应当立即停止向该用户提供网络服务,保存有关记录,并向公安机关报告。本条对违反上述规定的行为,规定了相应的法律责任。

二、法律责任

本条对违反本法第 72 条至 77 条、第 80 条规定的行为,规定了如下法律责任:一是责令改正,给予警告,没收违法所得,违法所得 100 万元以上的,并处违法所得 1 倍以上 10 倍以下罚款,没有违法所得或者违法所得不足 100 万元的,并处 10 万元以上 100 万元以下罚款,对直接负责的主管人员和其他责任人员处 1 万元以上 10 万元以下罚款;二是拒不改正或者情节严重的,并可以责令暂停相关业务、停业整顿、关闭网站、吊销营业执照或者吊销相关许可证。其中,责令关闭网站与责令停产停业相类似,属于行政机关针对信息处理者、网络产品和服务提供者等网络运营者的特殊停产停业方式。另外,本条规定了"双罚制",除对信息处理者、网络产品和服务提供者等网络运营者处罚外,行政机关还应对直接负责的主管人员和其他责任人员处 1 万元以上 10 万元以下罚款。

此外,由于本条规定的违法主体涉及不同领域,公安、网信、电信等部门对信息处理者、网络产品和服务提供者等都负有监管职责。因此,本条规定由公安、网信、电信、新闻出版、广播电视、文化和旅游等行政机关按照职责分工对违法行为予以处罚。

第一百二十八条　国家机关工作人员玩忽职守、滥用职权、徇私舞弊,损害未成年人合法权益的,依法给予处分。

【释义】 本条是关于国家机关工作人员渎职,损害未成年人合法权益的法律责任的规定。

与2012年未成年人保护法第61条相比,本条进一步明确了国家机关工作人员渎职,损害未成年人合法权益的法律责任。

本法和有关法律、行政法规赋予了有关部门保护未成年人身心健康,保障未成年人合法权益的职责。例如,本法第6条第1款规定:"保护未成年人,是国家机关、武装力量、政党、人民团体、企业事业单位、社会组织、城乡基层群众性自治组织、未成年人的监护人以及其他成年人的共同责任。"第10条规定:"共产主义青年团、妇女联合会、工会、残疾人联合会、关心下一代工作委员会、青年联合会、学生联合会、少年先锋队以及其他人民团体、有关社会组织,应当协助各级人民政府及其有关部门、人民检察院、人民法院做好未成年人保护工作,维护未成年人合法权益。"有关部门应当依照法律、行政法规规定的权限、程序等履行职责,不得怠于履行或者超越法定权限范围履行职责。

本条规定了国家机关工作人员渎职,损害未成年人合法权益的法律责任。渎职行为具体包括:

(1)玩忽职守。玩忽职守,是指国家机关工作人员对本职工作严重不负责,不遵纪守法,违反规章制度,不履行或者不认真履行应尽的职责义务,致使未成年人合法权益受到损害的情形。

(2)滥用职权。滥用职权,是指国家机关工作人员故意逾越职权,不按或违反法律决定、处理其无权决定、处理的事项,或者违反规定处理公务,致使未成年人合法权益受到损害的情形。

(3)徇私舞弊。徇私舞弊,是指国家工作人员利用职务上的便利和权力,为了私情或牟取私利,故意违反事实和法律,作出枉法处理或枉法决定,或者利用职务包庇、隐瞒、掩饰违法行为,致使未成年人合法权益受到损害的情形。

依照本条规定,国家机关工作人员玩忽职守、滥用职权、徇私舞弊,损害未成年人合法权益的,应当由其任免机关或监察机关按照管理权限,根据违法行为的性质、情节及危害程度,决定给予警告、记过、记大过、降级、撤职或者开除处分。

第一百二十九条　违反本法规定,侵犯未成年人合法权益,造成人身、财产或者其他损害的,依法承担民事责任。

违反本法规定,构成违反治安管理行为的,依法给予治安管理处罚;构成犯罪的,依法追究刑事责任。

【释义】 本条是关于违反本法规定应当依法承担民事责任、给予治安管理处罚和追究刑事责任的规定。

法律责任分为民事责任、行政责任、刑事责任三类。同一违法行为,依法可能同时应承担民事责任、行政责任和刑事责任。本条第 1 款对违反本法规定,给他人造成损害的民事责任作了衔接性规定,第 2 款对违反本法规定的治安管理处罚和刑事处罚作了衔接性规定。

一、民事责任

民事责任是民事主体对于自己因违反合同,不履行其他民事义务,或者侵害国家的、集体的财产,侵害他人的人身财产、人身权利所造成法律后果,依法应当承担的民事法律责任。承担民事责任的方式主要有:(1)停止侵害;(2)排除妨碍;(3)消除危险;(4)返还财产;(5)恢复原状;(6)修理、重作、更换;(7)继续履行;(8)赔偿损失;(9)支付违约金;(10)消除影响、恢复名誉;(11)赔礼道歉。

另外,承担民事责任的方式,可以单独适用,也可以合并适用。例如,本法第 49 条中规定:"新闻媒体采访报道涉及未成年人事件应当客观、审慎和适度,不得侵犯未成年人的名誉、隐私和其他合法权益"。假如新闻媒体采访报道侵犯未成年人的名誉或隐私的,既可以要求新闻媒体单位停止有关报道,还可以要求承担消除影响、恢复名誉以及赔礼道歉、赔偿损失等民事责任。

二、治安管理处罚

治安管理处罚,是指对扰乱社会秩序,妨害公共安全,侵犯公民人身权利,侵犯公私财产,妨害社会管理,情节轻微尚不够刑事处罚的违法行为,由公安机关依照治安管理处罚法的规定,给予治安管理处罚。目的是维护社会治安秩序,保障公共安全,保护公民、法人和其他组织的合法权益。治安管理处罚包括警告、罚款、行政拘留以及吊销公安机关发放的许可证等种类。对违反本法规定的行为,可能构成违反治安管理处罚法,应当给予治安管理处罚的情形包括:

(1)违反治安管理处罚法第 27 条的规定,组织、教唆、胁迫、诱骗、煽动未成年人从事邪教、会道门活动或者利用邪教、会道门、迷信活动,扰乱社会秩序、损害未成年人身体健康的;冒用宗教、气功名义进行扰乱社会秩序、损害未成年人身体健康活动的,处 10 日以上 15 日以下拘留,可以并处 1000 元以下罚款;情节较轻的,处 5 日以上 10 日以下拘留,可以并处 500 元以下罚款。

(2)违反治安管理处罚法第 40 条的规定,组织、胁迫、诱骗不满 16 周岁的人或者残疾人进行恐怖、残忍表演的,以暴力、威胁或者其他手段强迫未成年人劳动的;非法限制未成年人人身自由、非法侵入未成年人住宅或者非法搜查未成年人身体的,处 10 日以上 15 日以下拘留,并处 500 元以上 1000 元以下罚款;情节较轻的,处 5 日以上 10 日以下拘留,并处 200 元以上 500 元以下罚款。

(3)违反治安管理处罚法第 41 条的规定,胁迫、诱骗或者利用未成年人乞讨的，处 10 日以上 15 日以下拘留，可以并处 1000 元以下罚款。

（4）违反治安管理处罚法第 42 条的规定，写恐吓信或者以其他方法威胁未成年人人身安全的；公然侮辱未成年人或者捏造事实诽谤未成年人的；捏造事实诬告陷害未成年人，企图使其受到刑事追究或者受到治安管理处罚的；多次发送淫秽、侮辱、恐吓或者其他信息干扰未成年人正常生活的；偷窥、偷拍、窃听、散布未成年人隐私的，处 5 日以下拘留或者 500 元以下罚款；情节较重的，处 5 日以上 10 日以下拘留，可以并处 500 元以下罚款。

（5）违反治安管理处罚法第 43 条的规定，殴打未成年人的，或者故意伤害未成年人身体的，处 5 日以上 10 日以下拘留，并处 200 元以上 500 元以下罚款；情节较轻的，处 5 日以下拘留或者 500 元以下罚款。殴打、伤害不满 14 周岁的未成年人，处 10 日以上 15 日以下拘留，并处 500 元以上 1000 元以下罚款。

（6）违反治安管理处罚法第 44 条的规定，猥亵未成年人的，处 5 日以上 10 日以下拘留。猥亵不满 14 周岁的未成年人的，处 10 日以上 15 日以下拘留。

（7）违反治安管理处罚法第 45 条的规定，虐待未成年人且未成年人要求处理的；遗弃没有独立生活能力的未成年人的，处 5 日以下拘留或者警告。

三、刑事责任

刑事责任，是指行为人因实施犯罪行为，按刑法的规定应当追究其法律责任，包括主刑和附加刑两种刑事责任。主刑分为管制、拘役、有期徒刑、无期徒刑和死刑。附加刑分为罚金、剥夺政治权利、没收财产。对违反本法规定的行为，可能构成犯罪，应当依照刑法追究刑事责任的情形包括：

（1）拐卖妇女、儿童罪。刑法第 240 条规定，拐卖妇女、儿童的，处 5 年以上 10 年以下有期徒刑，并处罚金；有下列情形之一的，处 10 年以上有期徒刑或者无期徒刑，并处罚金或者没收财产;情节特别严重的,处死刑,并处没收财产:拐卖妇女、儿童集团的首要分子;拐卖妇女、儿童 3 人以上的;奸淫被拐卖的妇女的;诱骗、强迫被拐卖的妇女卖淫或者将被拐卖的妇女卖给他人迫使其卖淫的;以出卖为目的,使用暴力、胁迫或者麻醉方法绑架妇女、儿童的;以出卖为目的,偷盗婴幼儿的;造成被拐卖的妇女、儿童或者其亲属重伤、死亡或者其他严重后果的;将妇女、儿童卖往境外的。拐卖妇女、儿童是指以出卖为目的,有拐骗、绑架、收买、贩卖、接送、中转妇女、儿童的行为之一的。

(2)侮辱、诽谤罪。刑法第 246 条规定,以暴力或者其他方法公然侮辱他人或者捏造事实诽谤他人,情节严重的,处 3 年以下有期徒刑、拘役、管制或者剥夺政治权利。

(3)侵犯公民个人信息罪。刑法第 253 条之一规定,违反国家有关规定,向他人出售或者提供公民个人信息,情节严重的,处 3 年以下有期徒刑或者拘役,并处或者单处罚金;情节特别严重的,处 3 年以上 7 年以下有期徒刑,并处罚金。

(4)虐待罪。刑法第 260 条规定,虐待家庭成员,情节恶劣的,处 2 年以下有期徒刑、拘役或者管制。犯前款罪,致使被害人重伤、死亡的,处 2 年以上 7 年以下有期徒刑。该条第一款罪,告诉的才处理,但被害人没有能力告诉,或者因受到强制、威吓无法告诉的除外。

(5)遗弃罪。刑法第 261 条规定,对于年老、年幼、患病或者其他没有独立生活能力的人,负有扶养义务而拒绝扶养,情节恶劣的,处 5 年以下有期徒刑、拘役或者管制。

(6)拐骗儿童罪。刑法第 262 条规定,拐骗不满 14 周岁的未成年人,脱离家庭或者监护人的,处 5 年以下有期徒刑或者拘役。

(7)组织残疾人、儿童乞讨罪。刑法第 262 条之一规定,以暴力、胁迫手段组织残疾人或者不满 14 周岁的未成年人乞讨的,处 3 年以下有期徒刑或者拘役,并处罚金;情节严重的,处 3 年以上 7 年以下有期徒刑,并处罚金。

第九章　附　　则

第一百三十条　本法中下列用语的含义：

（一）密切接触未成年人的单位，是指学校、幼儿园等教育机构；校外培训机构；未成年人救助保护机构、儿童福利机构等未成年人安置、救助机构；婴幼儿照护服务机构、早期教育服务机构；校外托管、临时看护机构；家政服务机构；为未成年人提供医疗服务的医疗机构；其他对未成年人负有教育、培训、监护、救助、看护、医疗等职责的企业事业单位、社会组织等。

（二）学校，是指普通中小学、特殊教育学校、中等职业学校、专门学校。

（三）学生欺凌，是指发生在学生之间，一方蓄意或者恶意通过肢体、语言及网络等手段实施欺压、侮辱，造成另一方人身伤害、财产损失或者精神损害的行为。

【释义】　本条是关于本法中出现的“密切接触未成年人的单位”“学校”“学生欺凌”三个法律用语含义的规定。

本条是本次修订新增加的内容，主要目的是对相关概念的内涵、范围等作出解释，避免产生歧义，增强表述的规范性和准确性。

在法律中对重要的、新增的或有争议的法律用语进行界定，明确相关用语的含义、特征、范围等，有助于用法主体准确理解立法原意，减少法律适用时的争议，从而更好地遵守法律规定，维护法治秩序。本条主要规范的是“密切接触未成年人的单位”“学校”“学生欺凌”三个法律用语的含义。

一、密切接触未成年人的单位

密切接触未成年人的单位，是本次修订新增加的法律用语。除本条外，还出现在本法第 11 条、第 62 条、第 98 条和第 126 条，主要规定了发现未成年人危险时的报告义务、相关单位工作人员的从业限制条件以及违反规定的法律责任等。

本法结合未成年人保护工作的实际需要，采用“具体列举+归纳概括”的方式对“密切接触未成年人的单位”作出界定。

具体来说，就是先列举“学校、幼儿园等教育机构”等具体常见的单位，然后用“其他对未成年人负有教育、培训、监护、救助、看护、医疗等职责的企业事业单位、社会组织等”，对前述主要单位的特征进行归纳概括，确保对法律用语界定的严谨、准确。本法新增规定“密切接触未成年人的单位”，主要是考虑到这些单位及其工作人员与未成年人日常接触较多，对未成年人的身心健康影响较大。同时，未成年人遭受的不法侵害也多发生在有关单位的相关场所，或由有关单位工作人员造成。因此，在法律上有必要明确这些单位的强制报告义务，并对工作人员个人背景进行审查。考虑到家政服务人员在提供家政服务时，工作场所多是未成年人的起居生活场所，因此从保护未成年人的角度出发，将“家政服务机构”也纳入“密切接触未成年人的单位”的范畴中。

二、学校

根据教育法第 17 条的规定，国家实行学前教育、初等教育、中等教育、高等教育的学校教育制度。考虑到学前教育主要由幼儿园负责实施，在本法中已有专门法律用语，且本法规定的未成年人为未满 18 周岁的公民，因此本法所称学校，主要是指未成年人接受初等教育和中等教育所在的教育机构。

根据义务教育法第 2 条的规定，国家实行九年义务教育制度。义务教育法第 11 条规定，凡年满 6 周岁的儿童，其父母或者其他法定监护人应当送其入学接受并完成义务教育；条件不具备的地区的儿童，可以推迟到7周岁。因此本法所称学校，包括义务教育阶段就读的小学和初级中等学校。根据高等教育法和职业教育法有关规定，未成年人在完成义务教育后，接受高等教育前，接受普通高级中等教育或中级职业教育，相关的教育机构分别为普通高等中学和中等职业学校。因此综合上述规定，本法所称学校，应当包括普通中小学、中等职业学校。

考虑到不具有接受普通教育能力的残疾未成年人在特殊教育学校接受义务教育、职业教育，有严重不良行为的未成年人进入专门学校接受教育矫治，因此本法所称“学校”除普通中小学、中等职业学校外，还应包括特殊教育学校、专门学校。

三、学生欺凌

学生欺凌，是本次修订新增加的法律用语。本法第39条专门对防治学生欺凌作了规定。考虑到在现实当中，学生欺凌的形式多样，隐蔽性强，危害性大，且容易与打闹嬉戏行为混淆，因此有必要专门界定。

2017年11月，教育部等部门印发的《加强中小学生欺凌综合治理方案》中对“学生欺凌”作了界定。本法根据各方面的意见，从主体身份、主观恶性、行为意图、危害后果四个维度界定该法律用语的内涵。首先，加害主体和受害主体都应当是学生身份。如果是师生之间、学生与他人之间发生的欺压、侮辱行为，则视情节严重程度按一般违法犯罪行为处理。其次，“蓄意或者恶意”强调的是行为人应有主观恶性。主观恶性是指加害主体对自己行为及其危害性所持有的心理态度。无论是持续的有预谋的，还是偶然的临时起意的，只要有意识地实施相关不法行为，放任或希望危害结果发生，可以认为存在主观恶性。但如果是过失或无意识的行为造成损害的，如学生之间的嬉戏打闹，则不应视为学生欺凌。再次，在行为意图方面，应当包含欺压或侮辱另一方的目的，但在表现形式上不宜局限于常见情形，包括但不限于肢体冲突、语言辱骂，以及网络诽谤、造谣等。最后，在危害后果方面，考虑到学生欺凌容易造成被欺凌学生心理障碍和社交恐惧，从保障未成年人心理健康的角度出发，规定除人身伤害、财产损失外，造成精神损害的，也应当构成学生欺凌。

第一百三十一条　对中国境内未满十八周岁的外国人、无国籍人，依照本法有关规定予以保护。

【释义】　本条是关于外国人、无国籍人中的未成年人保护的规定。

本条是本次修订新增加的内容，主要目的是为在我国境内的外国人、无国籍人中的未成年人，提供与本国未成年公民同等权益保护的法律依据。

一、外国人、无国籍人

外国人、无国籍人，都是与国籍有关的法律概念。国籍是指自然人属于特定国家公民的法律资格，表明个体同特定国家间固定的法律联系，是国家在法律上行使属人管辖权和外交保护权的重要依据。

根据国籍法第 2 条的规定，中华人民共和国是统一的多民族的国家，各民族的人都具有中国国籍。而外国人、无国籍人，就是指非本国国籍的人，在中国，就是指没有中国国籍的人。其中，外国人是指拥有其他国家国籍的人，而无国籍人，则是指不具有任何国家国籍或根据任何国家法律都不认为是其公民的人。值得注意的是，根据国籍法第 3 条的规定，中华人民共和国不承认中国公民具有双重国籍。因此，原有中国国籍的个人，如果获得其他国家的国籍，将不得保留中国国籍。

二、依照本法有关规定予以保护

本法对中国境内未满 18 周岁的外国人、无国籍人依法提供保护，是我国对联合国和国际社会的庄严承诺。

联合国《儿童权利公约》于1990年9月2日生效，是一项承认儿童各项人权的国际公约。该公约通过国际法明确，缔约国必须确保所有儿童都能够得到特别的保护和帮助，获得教育和卫生保健等服务，充分发展个性、能力和才华，能够在快乐、友爱和体谅的环境中成长。

我国是联合国《儿童权利公约》的缔约国。1991年12月，第七届全国人民代表大会常务委员会第二十三次会议决定，批准1989年11月20日由联合国大会通过的《儿童权利公约》。2002年8月和2007年12月，全国人民代表大会常务委员会又分别作出决定，批准《〈儿童权利公约〉关于买卖儿童、儿童卖淫和儿童色情制品问题的任择议定书》和《儿童权利公约关于儿童卷入武装冲突问题的任择议定书》。

联合国《儿童权利公约》第2条规定，缔约国应尊重本公约所载列的权利，并确保其管辖范围内的每一儿童均享受此种权利，不因儿童或其父母或法定监护人的种族、肤色、性别、语言、宗教、政治或其他见解、民族、族裔或社会出身、财产、伤残、出生或其他身份而有任何差别。因此，规定中国境内未满18周岁的外国人、无国籍人适用本法，依法给予同等保护，是我国履行对《儿童权利公约》无歧视原则的庄严承诺，是对履行《儿童权利公约》第6条“最大限度地确保儿童的存活与发展”的生动体现，切实保护外国人、无国籍人在内的所有未成年人的身心健康，保障未成年人合法权益。

值得注意的是，《儿童权利公约》对“儿童”的界定，是指“18岁以下的任何人，除非对其适用之法律规定成年年龄低于18岁”。这与本法所称“未成年人”的年龄范围是一致的。

第一百三十二条　本法自2021年6月1日起施行。

【释义】 本条是关于本法施行日期的规定。

法律的效力范围,包括时间效力、空间效力和对人的效力。其中时间效力,是指法律何时生效、何时终止以及法律对其生效以前的事件和行为有无溯及力。法律的生效日期,是指法律开始施行并发生法律效力的日期。法律的生效时间主要有三种:一是自法律公布之日起生效;二是法律条文自行规定具体生效的时间;三是规定法律公布后,符合一定条件时生效。

需要注意的是,法律的公布和施行是不同的概念。法律公布是立法的最后程序,是由国家主席签署主席令将全国人民代表大会及其常务委员会全体会议表决通过的法律向全社会予以公布。而法律的施行日期,才是法律正式生效的日期,因此法律的施行日期是每部法律的必要组成部分,一般都规定在法律的最后一条。立法法第 57 条规定,法律应当明确规定施行日期。第 58 条进一步规定,签署公布法律的主席令载明该法律的制定机关、通过和施行日期。

法律从何时开始生效施行,一般需要根据法律的性质和本次修改法律的形式等因素来决定。目前修改法律主要有两种形式,一种是对法律进行修订,即对法律条文作较为全面的修改,则应当重新规定施行日期。自施行日期起,适用修订后的法律。在施行日期前,原有相关法律条文仍然有效。另一种则是对法律作出修改决定,决定中仅列出修改的部分条款,一般不对法律的施行日期进行修改。根据修改决定重新公布法律时,法律的施行日期保持原有日期。那么对于 2012 年未成年人保护法修改的部分,应当执行修改决定的施行生效日期,而未修改的部分,继续执行原有法律规定的施行生效日期。本法采用的是修订形式,因此需要对本法的施行日期重新作出规定。本条规定“本法自 2021 年 6 月 1 日起施行”,则本法的生效时间就是 2021 年 6 月 1 日。

本法的公布日与生效日间隔一段时间,主要是为本法能够顺利实施做好衔接准备工作。一方面,需要等待国务院及有关部门制定相配套的行政法规、部门规章等,使相关条款的有关规定得以明确。另一方面,需要对现行相关的法律法规等规范性文件进行清理,根据法的效力位阶,与本法不一致的下位法和其他规范性文件,应当及时加以修改或者废止。此外,6 月 1 日是国际儿童节,本法选择 6 月 1 日正式施行,体现了我国对保障儿童生存权、受教育权等权利的高度重视,也有利于结合节日氛围开展相应的宣传报道,引导全社会加强对未成年人保护问题的关注,确保本法的顺利实施。

第二部分　附　　录

中华人民共和国未成年人保护法

（1991 年 9 月 4 日第七届全国人民代表大会常务委员会第二十一次会议通过　2006 年 12 月 29 日第十届全国人民代表大会常务委员会第二十五次会议第一次修订　根据 2012 年 10 月 26 日第十一届全国人民代表大会常务委员会第二十九次会议《关于修改〈中华人民共和国未成年人保护法〉的决定》修正　2020 年 10 月 17 日第十三届全国人民代表大会常务委员会第二十二次会议第二次修订）

目　录

第一章　总　　则

第一条　为了保护未成年人身心健康，保障未成年人合法权益,促进未成年人德智体美劳全面发展,培养有理想、有道德、有文化、有纪律的社会主义建设者和接班人,培养担当民族复兴大任的时代新人,根据宪法,制定本法。

第二条 本法所称未成年人是指未满十八周岁的公民。

第三条 国家保障未成年人的生存权、发展权、受保护权、参与权等权利。

未成年人依法平等地享有各项权利,不因本人及其父母或者其他监护人的民族、种族、性别、户籍、职业、宗教信仰、教育程度、家庭状况、身心健康状况等受到歧视。

第四条 保护未成年人,应当坚持最有利于未成年人的原则。处理涉及未成年人事项,应当符合下列要求:

(一)给予未成年人特殊、优先保护;

(二)尊重未成年人人格尊严;

(三)保护未成年人隐私权和个人信息;

(四)适应未成年人身心健康发展的规律和特点;

(五)听取未成年人的意见;

(六)保护与教育相结合。

第五条 国家、社会、学校和家庭应当对未成年人进行理想教育、道德教育、科学教育、文化教育、法治教育、国家安全教育、健康教育、劳动教育,加强爱国主义、集体主义和中国特色社会主义的教育,培养爱祖国、爱人民、爱劳动、爱科学、爱社会主义的公德,抵制资本主义、封建主义和其他腐朽思想的侵蚀,引导未成年人树立和践行社会主义核心价值观。

第六条 保护未成年人,是国家机关、武装力量、政党、人民团体、企业事业单位、社会组织、城乡基层群众性自治组织、未成年人的监护人以及其他成年人的共同责任。

国家、社会、学校和家庭应当教育和帮助未成年人维护自身合法权益,增强自我保护的意识和能力。

第七条 未成年人的父母或者其他监护人依法对未成年人承担监护职责。

国家采取措施指导、支持、帮助和监督未成年人的父母或者其他监护人履行监护职责。

第八条　县级以上人民政府应当将未成年人保护工作纳入国民经济和社会发展规划,相关经费纳入本级政府预算。

第九条　县级以上人民政府应当建立未成年人保护工作协调机制,统筹、协调、督促和指导有关部门在各自职责范围内做好未成年人保护工作。协调机制具体工作由县级以上人民政府民政部门承担,省级人民政府也可以根据本地实际情况确定由其他有关部门承担。

第十条　共产主义青年团、妇女联合会、工会、残疾人联合会、关心下一代工作委员会、青年联合会、学生联合会、少年先锋队以及其他人民团体、有关社会组织,应当协助各级人民政府及其有关部门、人民检察院、人民法院做好未成年人保护工作,维护未成年人合法权益。

第十一条　任何组织或者个人发现不利于未成年人身心健康或者侵犯未成年人合法权益的情形,都有权劝阻、制止或者向公安、民政、教育等有关部门提出检举、控告。

国家机关、居民委员会、村民委员会、密切接触未成年人的单位及其工作人员,在工作中发现未成年人身心健康受到侵害、疑似受到侵害或者面临其他危险情形的,应当立即向公安、民政、教育等有关部门报告。

有关部门接到涉及未成年人的检举、控告或者报告,应当依法及时受理、处置,并以适当方式将处理结果告知相关单位和人员。

第十二条　国家鼓励和支持未成年人保护方面的科学研究,建设相关学科、设置相关专业,加强人才培养。

第十三条　国家建立健全未成年人统计调查制度,开展未成年人健康、受教育等状况的统计、调查和分析,发布未成年人保护的有关信息。

第十四条　国家对保护未成年人有显著成绩的组织和个人

给予表彰和奖励。

第二章 家庭保护

第十五条 未成年人的父母或者其他监护人应当学习家庭教育知识,接受家庭教育指导,创造良好、和睦、文明的家庭环境。

共同生活的其他成年家庭成员应当协助未成年人的父母或者其他监护人抚养、教育和保护未成年人。

第十六条 未成年人的父母或者其他监护人应当履行下列监护职责:

(一)为未成年人提供生活、健康、安全等方面的保障;

(二)关注未成年人的生理、心理状况和情感需求;

(三)教育和引导未成年人遵纪守法、勤俭节约,养成良好的思想品德和行为习惯;

(四)对未成年人进行安全教育,提高未成年人的自我保护意识和能力;

(五)尊重未成年人受教育的权利,保障适龄未成年人依法接受并完成义务教育;

(六)保障未成年人休息、娱乐和体育锻炼的时间,引导未成年人进行有益身心健康的活动;

(七)妥善管理和保护未成年人的财产;

(八)依法代理未成年人实施民事法律行为;

(九)预防和制止未成年人的不良行为和违法犯罪行为,并进行合理管教;

(十)其他应当履行的监护职责。

第十七条 未成年人的父母或者其他监护人不得实施下列行为:

(一)虐待、遗弃、非法送养未成年人或者对未成年人实施家庭暴力;

(二)放任、教唆或者利用未成年人实施违法犯罪行为;

(三)放任、唆使未成年人参与邪教、迷信活动或者接受恐怖主义、分裂主义、极端主义等侵害；

（四）放任、唆使未成年人吸烟（含电子烟，下同）、饮酒、赌博、流浪乞讨或者欺凌他人；

（五）放任或者迫使应当接受义务教育的未成年人失学、辍学；

（六）放任未成年人沉迷网络，接触危害或者可能影响其身心健康的图书、报刊、电影、广播电视节目、音像制品、电子出版物和网络信息等；

（七）放任未成年人进入营业性娱乐场所、酒吧、互联网上网服务营业场所等不适宜未成年人活动的场所；

（八）允许或者迫使未成年人从事国家规定以外的劳动；

（九）允许、迫使未成年人结婚或者为未成年人订立婚约；

（十）违法处分、侵吞未成年人的财产或者利用未成年人牟取不正当利益；

（十一）其他侵犯未成年人身心健康、财产权益或者不依法履行未成年人保护义务的行为。

第十八条 未成年人的父母或者其他监护人应当为未成年人提供安全的家庭生活环境，及时排除引发触电、烫伤、跌落等伤害的安全隐患；采取配备儿童安全座椅、教育未成年人遵守交通规则等措施，防止未成年人受到交通事故的伤害；提高户外安全保护意识，避免未成年人发生溺水、动物伤害等事故。

第十九条 未成年人的父母或者其他监护人应当根据未成年人的年龄和智力发展状况，在作出与未成年人权益有关的决定前，听取未成年人的意见，充分考虑其真实意愿。

第二十条 未成年人的父母或者其他监护人发现未成年人身心健康受到侵害、疑似受到侵害或者其他合法权益受到侵犯的，应当及时了解情况并采取保护措施；情况严重的，应当立即向公安、民政、教育等部门报告。

第二十一条 未成年人的父母或者其他监护人不得使未满八周岁或者由于身体、心理原因需要特别照顾的未成年人处于无人看护状态,或者将其交由无民事行为能力、限制民事行为能力、患有严重传染性疾病或者其他不适宜的人员临时照护。

未成年人的父母或者其他监护人不得使未满十六周岁的未成年人脱离监护单独生活。

第二十二条 未成年人的父母或者其他监护人因外出务工等原因在一定期限内不能完全履行监护职责的,应当委托具有照护能力的完全民事行为能力人代为照护;无正当理由的,不得委托他人代为照护。

未成年人的父母或者其他监护人在确定被委托人时,应当综合考虑其道德品质、家庭状况、身心健康状况、与未成年人生活情感上的联系等情况,并听取有表达意愿能力未成年人的意见。

具有下列情形之一的,不得作为被委托人:

(一)曾实施性侵害、虐待、遗弃、拐卖、暴力伤害等违法犯罪行为;

(二)有吸毒、酗酒、赌博等恶习;

(三)曾拒不履行或者长期怠于履行监护、照护职责;

(四)其他不适宜担任被委托人的情形。

第二十三条 未成年人的父母或者其他监护人应当及时将委托照护情况书面告知未成年人所在学校、幼儿园和实际居住地的居民委员会、村民委员会,加强和未成年人所在学校、幼儿园的沟通;与未成年人、被委托人至少每周联系和交流一次,了解未成年人的生活、学习、心理等情况,并给予未成年人亲情关爱。

未成年人的父母或者其他监护人接到被委托人、居民委员会、村民委员会、学校、幼儿园等关于未成年人心理、行为异常的通知后,应当及时采取干预措施。

第二十四条 未成年人的父母离婚时,应当妥善处理未成年子女的抚养、教育、探望、财产等事宜,听取有表达意愿能力未成年人的意见。不得以抢夺、藏匿未成年子女等方式争夺抚养权。

未成年人的父母离婚后,不直接抚养未成年子女的一方应当依照协议、人民法院判决或者调解确定的时间和方式,在不影响未成年人学习、生活的情况下探望未成年子女，直接抚养的一方应当配合，但被人民法院依法中止探望权的除外。

第三章　学校保护

第二十五条　学校应当全面贯彻国家教育方针，坚持立德树人，实施素质教育，提高教育质量，注重培养未成年学生认知能力、合作能力、创新能力和实践能力，促进未成年学生全面发展。

学校应当建立未成年学生保护工作制度，健全学生行为规范，培养未成年学生遵纪守法的良好行为习惯。

第二十六条　幼儿园应当做好保育、教育工作，遵循幼儿身心发展规律，实施启蒙教育，促进幼儿在体质、智力、品德等方面和谐发展。

第二十七条　学校、幼儿园的教职员工应当尊重未成年人人格尊严，不得对未成年人实施体罚、变相体罚或者其他侮辱人格尊严的行为。

第二十八条　学校应当保障未成年学生受教育的权利，不得违反国家规定开除、变相开除未成年学生。

学校应当对尚未完成义务教育的辍学未成年学生进行登记并劝返复学；劝返无效的，应当及时向教育行政部门书面报告。

第二十九条　学校应当关心、爱护未成年学生，不得因家庭、身体、心理、学习能力等情况歧视学生。对家庭困难、身心有障碍的学生，应当提供关爱；对行为异常、学习有困难的学生，应当耐心帮助。

学校应当配合政府有关部门建立留守未成年学生、困境未成年学生的信息档案，开展关爱帮扶工作。

第三十条　学校应当根据未成年学生身心发展特点，进行社会生活指导、心理健康辅导、青春期教育和生命教育。

第三十一条　学校应当组织未成年学生参加与其年龄相适应的日常生活劳动、生产劳动和服务性劳动，帮助未成年学生掌握必要的劳动知识和技能，养成良好的劳动习惯。

第三十二条 学校、幼儿园应当开展勤俭节约、反对浪费、珍惜粮食、文明饮食等宣传教育活动，帮助未成年人树立浪费可耻、节约为荣的意识，养成文明健康、绿色环保的生活习惯。

第三十三条 学校应当与未成年学生的父母或者其他监护人互相配合，合理安排未成年学生的学习时间，保障其休息、娱乐和体育锻炼的时间。

学校不得占用国家法定节假日、休息日及寒暑假期，组织义务教育阶段的未成年学生集体补课，加重其学习负担。

幼儿园、校外培训机构不得对学龄前未成年人进行小学课程教育。

第三十四条 学校、幼儿园应当提供必要的卫生保健条件，协助卫生健康部门做好在校、在园未成年人的卫生保健工作。

第三十五条 学校、幼儿园应当建立安全管理制度，对未成年人进行安全教育，完善安保设施、配备安保人员，保障未成年人在校、在园期间的人身和财产安全。

学校、幼儿园不得在危及未成年人人身安全、身心健康的校舍和其他设施、场所中进行教育教学活动。

学校、幼儿园安排未成年人参加文化娱乐、社会实践等集体活动，应当保护未成年人的身心健康，防止发生人身伤害事故。

第三十六条 使用校车的学校、幼儿园应当建立健全校车安全管理制度，配备安全管理人员，定期对校车进行安全检查，对校车驾驶人进行安全教育，并向未成年人讲解校车安全乘坐知识，培养未成年人校车安全事故应急处理技能。

第三十七条 学校、幼儿园应当根据需要，制定应对自然灾害、事故灾难、公共卫生事件等突发事件和意外伤害的预案，配备相应设施并定期进行必要的演练。

未成年人在校内、园内或者本校、本园组织的校外、园外活动中发生人身伤害事故的，学校、幼儿园应当立即救护，妥善处理，及时通知未成年人的父母或者其他监护人，并向有关部门报告。

第三十八条 学校、幼儿园不得安排未成年人参加商业性活动,不得向未成年人及其父母或者其他监护人推销或者要求其购买指定的商品和服务。

学校、幼儿园不得与校外培训机构合作为未成年人提供有偿课程辅导。

第三十九条　学校应当建立学生欺凌防控工作制度,对教职员工、学生等开展防治学生欺凌的教育和培训。

学校对学生欺凌行为应当立即制止,通知实施欺凌和被欺凌未成年学生的父母或者其他监护人参与欺凌行为的认定和处理;对相关未成年学生及时给予心理辅导、教育和引导;对相关未成年学生的父母或者其他监护人给予必要的家庭教育指导。

对实施欺凌的未成年学生,学校应当根据欺凌行为的性质和程度,依法加强管教。对严重的欺凌行为,学校不得隐瞒,应当及时向公安机关、教育行政部门报告,并配合相关部门依法处理。

第四十条　学校、幼儿园应当建立预防性侵害、性骚扰未成年人工作制度。对性侵害、性骚扰未成年人等违法犯罪行为,学校、幼儿园不得隐瞒,应当及时向公安机关、教育行政部门报告,并配合相关部门依法处理。

学校、幼儿园应当对未成年人开展适合其年龄的性教育,提高未成年人防范性侵害、性骚扰的自我保护意识和能力。对遭受性侵害、性骚扰的未成年人,学校、幼儿园应当及时采取相关的保护措施。

第四十一条　婴幼儿照护服务机构、早期教育服务机构、校外培训机构、校外托管机构等应当参照本章有关规定,根据不同年龄阶段未成年人的成长特点和规律,做好未成年人保护工作。

第四章　社会保护

第四十二条　全社会应当树立关心、爱护未成年人的良好风尚。

国家鼓励、支持和引导人民团体、企业事业单位、社会组织以及其他组织和个人,开展有利于未成年人健康成长的社会活动和服务。

第四十三条 居民委员会、村民委员会应当设置专人专岗负责未成年人保护工作,协助政府有关部门宣传未成年人保护方面的法律法规,指导、帮助和监督未成年人的父母或者其他监护人依法履行监护职责,建立留守未成年人、困境未成年人的信息档案并给予关爱帮扶。

居民委员会、村民委员会应当协助政府有关部门监督未成年人委托照护情况,发现被委托人缺乏照护能力、怠于履行照护职责等情况,应当及时向政府有关部门报告,并告知未成年人的父母或者其他监护人,帮助、督促被委托人履行照护职责。

第四十四条 爱国主义教育基地、图书馆、青少年宫、儿童活动中心、儿童之家应当对未成年人免费开放;博物馆、纪念馆、科技馆、展览馆、美术馆、文化馆、社区公益性互联网上网服务场所以及影剧院、体育场馆、动物园、植物园、公园等场所,应当按照有关规定对未成年人免费或者优惠开放。

国家鼓励爱国主义教育基地、博物馆、科技馆、美术馆等公共场馆开设未成年人专场,为未成年人提供有针对性的服务。

国家鼓励国家机关、企业事业单位、部队等开发自身教育资源,设立未成年人开放日,为未成年人主题教育、社会实践、职业体验等提供支持。

国家鼓励科研机构和科技类社会组织对未成年人开展科学普及活动。

第四十五条 城市公共交通以及公路、铁路、水路、航空客运等应当按照有关规定对未成年人实施免费或者优惠票价。

第四十六条 国家鼓励大型公共场所、公共交通工具、旅游景区景点等设置母婴室、婴儿护理台以及方便幼儿使用的坐便器、洗手台等卫生设施,为未成年人提供便利。

第四十七条 任何组织或者个人不得违反有关规定,限制未成年人应当享有的照顾或者优惠。

第四十八条 国家鼓励创作、出版、制作和传播有利于未成年人健康成长的图书、报刊、电影、广播电视节目、舞台艺术作品、音像制品、电子出版物和网络信息等。

第四十九条 新闻媒体应当加强未成年人保护方面的宣传，对侵犯未成年人合法权益的行为进行舆论监督。新闻媒体采访报道涉及未成年人事件应当客观、审慎和适度，不得侵犯未成年人的名誉、隐私和其他合法权益。

第五十条 禁止制作、复制、出版、发布、传播含有宣扬淫秽、色情、暴力、邪教、迷信、赌博、引诱自杀、恐怖主义、分裂主义、极端主义等危害未成年人身心健康内容的图书、报刊、电影、广播电视节目、舞台艺术作品、音像制品、电子出版物和网络信息等。

第五十一条 任何组织或者个人出版、发布、传播的图书、报刊、电影、广播电视节目、舞台艺术作品、音像制品、电子出版物或者网络信息，包含可能影响未成年人身心健康内容的，应当以显著方式作出提示。

第五十二条 禁止制作、复制、发布、传播或者持有有关未成年人的淫秽色情物品和网络信息。

第五十三条 任何组织或者个人不得刊登、播放、张贴或者散发含有危害未成年人身心健康内容的广告；不得在学校、幼儿园播放、张贴或者散发商业广告；不得利用校服、教材等发布或者变相发布商业广告。

第五十四条 禁止拐卖、绑架、虐待、非法收养未成年人，禁止对未成年人实施性侵害、性骚扰。

禁止胁迫、引诱、教唆未成年人参加黑社会性质组织或者从事违法犯罪活动。

禁止胁迫、诱骗、利用未成年人乞讨。

第五十五条 生产、销售用于未成年人的食品、药品、玩具、用具和游戏游艺设备、游乐设施等，应当符合国家或者行业标准，不得危害未成年人的人身安全和身心健康。上述产品的生产者应当在显著位置标明注意事项，未标明注意事项的不得销售。

第五十六条 未成年人集中活动的公共场所应当符合国家

或者行业安全标准,并采取相应安全保护措施。对可能存在安全风险的设施,应当定期进行维护,在显著位置设置安全警示标志并标明适龄范围和注意事项;必要时应当安排专门人员看管。

大型的商场、超市、医院、图书馆、博物馆、科技馆、游乐场、车站、码头、机场、旅游景区景点等场所运营单位应当设置搜寻走失未成年人的安全警报系统。场所运营单位接到求助后,应当立即启动安全警报系统,组织人员进行搜寻并向公安机关报告。

公共场所发生突发事件时,应当优先救护未成年人。

第五十七条 旅馆、宾馆、酒店等住宿经营者接待未成年人入住,或者接待未成年人和成年人共同入住时,应当询问父母或者其他监护人的联系方式、入住人员的身份关系等有关情况;发现有违法犯罪嫌疑的,应当立即向公安机关报告,并及时联系未成年人的父母或者其他监护人。

第五十八条 学校、幼儿园周边不得设置营业性娱乐场所、酒吧、互联网上网服务营业场所等不适宜未成年人活动的场所。营业性歌舞娱乐场所、酒吧、互联网上网服务营业场所等不适宜未成年人活动场所的经营者,不得允许未成年人进入;游艺娱乐场所设置的电子游戏设备,除国家法定节假日外,不得向未成年人提供。经营者应当在显著位置设置未成年人禁入、限入标志;对难以判明是否是未成年人的,应当要求其出示身份证件。

第五十九条 学校、幼儿园周边不得设置烟、酒、彩票销售网点。禁止向未成年人销售烟、酒、彩票或者兑付彩票奖金。烟、酒和彩票经营者应当在显著位置设置不向未成年人销售烟、酒或者彩票的标志;对难以判明是否是未成年人的,应当要求其出示身份证件。

任何人不得在学校、幼儿园和其他未成年人集中活动的公共场所吸烟、饮酒。

第六十条 禁止向未成年人提供、销售管制刀具或者其他可能致人严重伤害的器具等物品。经营者难以判明购买者是否是未成年人的,应当要求其出示身份证件。

第六十一条 任何组织或者个人不得招用未满十六周岁未成年人,国家另有规定的除外。

营业性娱乐场所、酒吧、互联网上网服务营业场所等不适宜未成年人活动的场所不得招用已满十六周岁的未成年人。

招用已满十六周岁未成年人的单位和个人应当执行国家在工种、劳动时间、劳动强度和保护措施等方面的规定,不得安排其从事过重、有毒、有害等危害未成年人身心健康的劳动或者危险作业。

任何组织或者个人不得组织未成年人进行危害其身心健康的表演等活动。经未成年人的父母或者其他监护人同意,未成年人参与演出、节目制作等活动,活动组织方应当根据国家有关规定,保障未成年人合法权益。

第六十二条 密切接触未成年人的单位招聘工作人员时,应当向公安机关、人民检察院查询应聘者是否具有性侵害、虐待、拐卖、暴力伤害等违法犯罪记录;发现其具有前述行为记录的,不得录用。

密切接触未成年人的单位应当每年定期对工作人员是否具有上述违法犯罪记录进行查询。通过查询或者其他方式发现其工作人员具有上述行为的,应当及时解聘。

第六十三条 任何组织或者个人不得隐匿、毁弃、非法删除未成年人的信件、日记、电子邮件或者其他网络通讯内容。

除下列情形外,任何组织或者个人不得开拆、查阅未成年人的信件、日记、电子邮件或者其他网络通讯内容:

(一)无民事行为能力未成年人的父母或者其他监护人代未成年人开拆、查阅;

(二)因国家安全或者追查刑事犯罪依法进行检查;

(三)紧急情况下为了保护未成年人本人的人身安全。

第五章 网络保护

第六十四条 国家、社会、学校和家庭应当加强未成年人网络素养宣传教育,培养和提高未成年人的网络素养,增强未成年人科学、文明、安全、合理使用网络的意识和能力,保障未成年人在网络空间的合法权益。

第六十五条 国家鼓励和支持有利于未成年人健康成长的网络内容的创作与传播,鼓励和支持专门以未成年人为服务对象、适合未成年人身心健康特点的网络技术、产品、服务的研发、生产和使用。

第六十六条 网信部门及其他有关部门应当加强对未成年人网络保护工作的监督检查,依法惩处利用网络从事危害未成年人身心健康的活动,为未成年人提供安全、健康的网络环境。

第六十七条 网信部门会同公安、文化和旅游、新闻出版、电影、广播电视等部门根据保护不同年龄阶段未成年人的需要,确定可能影响未成年人身心健康网络信息的种类、范围和判断标准。

第六十八条 新闻出版、教育、卫生健康、文化和旅游、网信等部门应当定期开展预防未成年人沉迷网络的宣传教育,监督网络产品和服务提供者履行预防未成年人沉迷网络的义务,指导家庭、学校、社会组织互相配合,采取科学、合理的方式对未成年人沉迷网络进行预防和干预。

任何组织或者个人不得以侵害未成年人身心健康的方式对未成年人沉迷网络进行干预。

第六十九条 学校、社区、图书馆、文化馆、青少年宫等场所为未成年人提供的互联网上网服务设施,应当安装未成年人网络保护软件或者采取其他安全保护技术措施。

智能终端产品的制造者、销售者应当在产品上安装未成年人网络保护软件,或者以显著方式告知用户未成年人网络保护软件的安装渠道和方法。

第七十条 学校应当合理使用网络开展教学活动。未经学校允许,未成年学生不得将手机等智能终端产品带入课堂,带入学校的应当统一管理。

学校发现未成年学生沉迷网络的,应当及时告知其父母或者其他监护人,共同对未成年学生进行教育和引导,帮助其恢复正常的学习生活。

第七十一条 未成年人的父母或者其他监护人应当提高网络素养,规范自身使用网络的行为,加强对未成年人使用网络行为的引导和监督。

未成年人的父母或者其他监护人应当通过在智能终端产品上安装未成年人网络保护软件、选择适合未成年人的服务模式和管理功能等方式,避免未成年人接触危害或者可能影响其身心健康的网络信息,合理安排未成年人使用网络的时间,有效预防未成年人沉迷网络。

第七十二条 信息处理者通过网络处理未成年人个人信息的,应当遵循合法、正当和必要的原则。处理不满十四周岁未成年人个人信息的,应当征得未成年人的父母或者其他监护人同意,但法律、行政法规另有规定的除外。

未成年人、父母或者其他监护人要求信息处理者更正、删除未成年人个人信息的,信息处理者应当及时采取措施予以更正、删除,但法律、行政法规另有规定的除外。

第七十三条 网络服务提供者发现未成年人通过网络发布私密信息的,应当及时提示,并采取必要的保护措施。

第七十四条 网络产品和服务提供者不得向未成年人提供诱导其沉迷的产品和服务。

网络游戏、网络直播、网络音视频、网络社交等网络服务提供者应当针对未成年人使用其服务设置相应的时间管理、权限管理、消费管理等功能。

以未成年人为服务对象的在线教育网络产品和服务,不得插入网络游戏链接,不得推送广告等与教学无关的信息。

第七十五条 网络游戏经依法审批后方可运营。

国家建立统一的未成年人网络游戏电子身份认证系统。网络游戏服务提供者应当要求未成年人以真实身份信息注册并登录网络游戏。

网络游戏服务提供者应当按照国家有关规定和标准,对游戏产品进行分类,作出适龄提示,并采取技术措施,不得让未成年人接触不适宜的游戏或者游戏功能。

网络游戏服务提供者不得在每日二十二时至次日八时向未成年人提供网络游戏服务。

第七十六条 网络直播服务提供者不得为未满十六周岁的未成年人提供网络直播发布者账号注册服务;为年满十六周岁的未成年人提供网络直播发布者账号注册服务时,应当对其身份信息进行认证,并征得其父母或者其他监护人同意。

第七十七条 任何组织或者个人不得通过网络以文字、图片、音视频等形式,对未成年人实施侮辱、诽谤、威胁或者恶意损害形象等网络欺凌行为。

遭受网络欺凌的未成年人及其父母或者其他监护人有权通知网络服务提供者采取删除、屏蔽、断开链接等措施。网络服务提供者接到通知后,应当及时采取必要的措施制止网络欺凌行为,防止信息扩散。

第七十八条 网络产品和服务提供者应当建立便捷、合理、有效的投诉和举报渠道,公开投诉、举报方式等信息,及时受理并处理涉及未成年人的投诉、举报。

第七十九条 任何组织或者个人发现网络产品、服务含有危害未成年人身心健康的信息,有权向网络产品和服务提供者或者网信、公安等部门投诉、举报。

第八十条 网络服务提供者发现用户发布、传播可能影响未成年人身心健康的信息且未作显著提示的,应当作出提示或者通知用户予以提示;未作出提示的,不得传输相关信息。

网络服务提供者发现用户发布、传播含有危害未成年人身心健康内容的信息的,应当立即停止传输相关信息,采取删除、屏蔽、断开链接等处置措施,保存有关记录,并向网信、公安等部门报告。

网络服务提供者发现用户利用其网络服务对未成年人实施违法犯罪行为的，应当立即停止向该用户提供网络服务，保存有关记录，并向公安机关报告。

第六章 政府保护

第八十一条 县级以上人民政府承担未成年人保护协调机制具体工作的职能部门应当明确相关内设机构或者专门人员，负责承担未成年人保护工作。

乡镇人民政府和街道办事处应当设立未成年人保护工作站或者指定专门人员，及时办理未成年人相关事务；支持、指导居民委员会、村民委员会设立专人专岗，做好未成年人保护工作。

第八十二条 各级人民政府应当将家庭教育指导服务纳入城乡公共服务体系，开展家庭教育知识宣传，鼓励和支持有关人民团体、企业事业单位、社会组织开展家庭教育指导服务。

第八十三条 各级人民政府应当保障未成年人受教育的权利，并采取措施保障留守未成年人、困境未成年人、残疾未成年人接受义务教育。

对尚未完成义务教育的辍学未成年学生，教育行政部门应当责令父母或者其他监护人将其送入学校接受义务教育。

第八十四条 各级人民政府应当发展托育、学前教育事业，办好婴幼儿照护服务机构、幼儿园，支持社会力量依法兴办母婴室、婴幼儿照护服务机构、幼儿园。

县级以上地方人民政府及其有关部门应当培养和培训婴幼儿照护服务机构、幼儿园的保教人员，提高其职业道德素质和业务能力。

第八十五条 各级人民政府应当发展职业教育，保障未成年人接受职业教育或者职业技能培训，鼓励和支持人民团体、企业事业单位、社会组织为未成年人提供职业技能培训服务。

第八十六条 各级人民政府应当保障具有接受普通教育能力、能适应校园生活的残疾未成年人就近在普通学校、幼儿园接受教育;保障不具有接受普通教育能力的残疾未成年人在特殊教育学校、幼儿园接受学前教育、义务教育和职业教育。

各级人民政府应当保障特殊教育学校、幼儿园的办学、办园条件,鼓励和支持社会力量举办特殊教育学校、幼儿园。

第八十七条 地方人民政府及其有关部门应当保障校园安全,监督、指导学校、幼儿园等单位落实校园安全责任,建立突发事件的报告、处置和协调机制。

第八十八条 公安机关和其他有关部门应当依法维护校园周边的治安和交通秩序,设置监控设备和交通安全设施,预防和制止侵害未成年人的违法犯罪行为。

第八十九条 地方人民政府应当建立和改善适合未成年人的活动场所和设施,支持公益性未成年人活动场所和设施的建设和运行,鼓励社会力量兴办适合未成年人的活动场所和设施,并加强管理。

地方人民政府应当采取措施,鼓励和支持学校在国家法定节假日、休息日及寒暑假期将文化体育设施对未成年人免费或者优惠开放。

地方人民政府应当采取措施,防止任何组织或者个人侵占、破坏学校、幼儿园、婴幼儿照护服务机构等未成年人活动场所的场地、房屋和设施。

第九十条 各级人民政府及其有关部门应当对未成年人进行卫生保健和营养指导,提供卫生保健服务。

卫生健康部门应当依法对未成年人的疫苗预防接种进行规范,防治未成年人常见病、多发病,加强传染病防治和监督管理,做好伤害预防和干预,指导和监督学校、幼儿园、婴幼儿照护服务机构开展卫生保健工作。

教育行政部门应当加强未成年人的心理健康教育,建立未成年人心理问题的早期发现和及时干预机制。卫生健康部门应当做好未成年人心理治疗、心理危机干预以及精神障碍早期识别和诊断治疗等工作。

第九十一条　各级人民政府及其有关部门对困境未成年人实施分类保障，采取措施满足其生活、教育、安全、医疗康复、住房等方面的基本需要。

第九十二条　具有下列情形之一的，民政部门应当依法对未成年人进行临时监护：

（一）未成年人流浪乞讨或者身份不明，暂时查找不到父母或者其他监护人；

（二）监护人下落不明且无其他人可以担任监护人；

（三）监护人因自身客观原因或者因发生自然灾害、事故灾难、公共卫生事件等突发事件不能履行监护职责，导致未成年人监护缺失；

（四）监护人拒绝或者怠于履行监护职责，导致未成年人处于无人照料的状态；

（五）监护人教唆、利用未成年人实施违法犯罪行为，未成年人需要被带离安置；

（六）未成年人遭受监护人严重伤害或者面临人身安全威胁，需要被紧急安置；

（七）法律规定的其他情形。

第九十三条　对临时监护的未成年人，民政部门可以采取委托亲属抚养、家庭寄养等方式进行安置，也可以交由未成年人救助保护机构或者儿童福利机构进行收留、抚养。

临时监护期间，经民政部门评估，监护人重新具备履行监护职责条件的，民政部门可以将未成年人送回监护人抚养。

第九十四条　具有下列情形之一的，民政部门应当依法对未成年人进行长期监护：

（一）查找不到未成年人的父母或者其他监护人；

（二）监护人死亡或者被宣告死亡且无其他人可以担任监护人；

（三）监护人丧失监护能力且无其他人可以担任监护人；

（四）人民法院判决撤销监护人资格并指定由民政部门担任

监护人；

（五）法律规定的其他情形。

第九十五条 民政部门进行收养评估后，可以依法将其长期监护的未成年人交由符合条件的申请人收养。收养关系成立后，民政部门与未成年人的监护关系终止。

第九十六条 民政部门承担临时监护或者长期监护职责的，财政、教育、卫生健康、公安等部门应当根据各自职责予以配合。

县级以上人民政府及其民政部门应当根据需要设立未成年人救助保护机构、儿童福利机构，负责收留、抚养由民政部门监护的未成年人。

第九十七条 县级以上人民政府应当开通全国统一的未成年人保护热线，及时受理、转介侵犯未成年人合法权益的投诉、举报；鼓励和支持人民团体、企业事业单位、社会组织参与建设未成年人保护服务平台、服务热线、服务站点，提供未成年人保护方面的咨询、帮助。

第九十八条 国家建立性侵害、虐待、拐卖、暴力伤害等违法犯罪人员信息查询系统，向密切接触未成年人的单位提供免费查询服务。

第九十九条 地方人民政府应当培育、引导和规范有关社会组织、社会工作者参与未成年人保护工作，开展家庭教育指导服务，为未成年人的心理辅导、康复救助、监护及收养评估等提供专业服务。

第七章 司法保护

第一百条 公安机关、人民检察院、人民法院和司法行政部门应当依法履行职责，保障未成年人合法权益。

第一百零一条 公安机关、人民检察院、人民法院和司法行政部门应当确定专门机构或者指定专门人员，负责办理涉及未成年人案件。办理涉及未成年人案件的人员应当经过专门培训，熟悉未成年人身心特点。专门机构或者专门人员中，应当有女性工作人员。

公安机关、人民检察院、人民法院和司法行政部门应当对上述机构和人员实行与未成年人保护工作相适应的评价考核标准。

第一百零二条 公安机关、人民检察院、人民法院和司法行政部门办理涉及未成年人案件,应当考虑未成年人身心特点和健康成长的需要,使用未成年人能够理解的语言和表达方式,听取未成年人的意见。

第一百零三条 公安机关、人民检察院、人民法院、司法行政部门以及其他组织和个人不得披露有关案件中未成年人的姓名、影像、住所、就读学校以及其他可能识别出其身份的信息,但查找失踪、被拐卖未成年人等情形除外。

第一百零四条 对需要法律援助或者司法救助的未成年人,法律援助机构或者公安机关、人民检察院、人民法院和司法行政部门应当给予帮助,依法为其提供法律援助或者司法救助。

法律援助机构应当指派熟悉未成年人身心特点的律师为未成年人提供法律援助服务。

法律援助机构和律师协会应当对办理未成年人法律援助案件的律师进行指导和培训。

第一百零五条 人民检察院通过行使检察权,对涉及未成年人的诉讼活动等依法进行监督。

第一百零六条 未成年人合法权益受到侵犯,相关组织和个人未代为提起诉讼的,人民检察院可以督促、支持其提起诉讼;涉及公共利益的,人民检察院有权提起公益诉讼。

第一百零七条 人民法院审理继承案件,应当依法保护未成年人的继承权和受遗赠权。

人民法院审理离婚案件,涉及未成年子女抚养问题的,应当尊重已满八周岁未成年子女的真实意愿,根据双方具体情况,按照最有利于未成年子女的原则依法处理。

第一百零八条 未成年人的父母或者其他监护人不依法履行监护职责或者严重侵犯被监护的未成年人合法权益的,人民法院可以根据有关人员或者单位的申请,依法作出人身安全保护令或者撤销监护人资格。

被撤销监护人资格的父母或者其他监护人应当依法继续负担抚养费用。

第一百零九条 人民法院审理离婚、抚养、收养、监护、探望等案件涉及未成年人的,可以自行或者委托社会组织对未成年人的相关情况进行社会调查。

第一百一十条 公安机关、人民检察院、人民法院讯问未成年犯罪嫌疑人、被告人,询问未成年被害人、证人,应当依法通知其法定代理人或者其成年亲属、所在学校的代表等合适成年人到场,并采取适当方式,在适当场所进行,保障未成年人的名誉权、隐私权和其他合法权益。

人民法院开庭审理涉及未成年人案件,未成年被害人、证人一般不出庭作证;必须出庭的,应当采取保护其隐私的技术手段和心理干预等保护措施。

第一百一十一条 公安机关、人民检察院、人民法院应当与其他有关政府部门、人民团体、社会组织互相配合,对遭受性侵害或者暴力伤害的未成年被害人及其家庭实施必要的心理干预、经济救助、法律援助、转学安置等保护措施。

第一百一十二条 公安机关、人民检察院、人民法院办理未成年人遭受性侵害或者暴力伤害案件,在询问未成年被害人、证人时,应当采取同步录音录像等措施,尽量一次完成;未成年被害人、证人是女性的,应当由女性工作人员进行。

第一百一十三条 对违法犯罪的未成年人,实行教育、感化、挽救的方针,坚持教育为主、惩罚为辅的原则。

对违法犯罪的未成年人依法处罚后,在升学、就业等方面不得歧视。

第一百一十四条 公安机关、人民检察院、人民法院和司法行政部门发现有关单位未尽到未成年人教育、管理、救助、看护等保护职责的,应当向该单位提出建议。被建议单位应当在一个月内作出书面回复。

第一百一十五条　公安机关、人民检察院、人民法院和司法行政部门应当结合实际，根据涉及未成年人案件的特点，开展未成年人法治宣传教育工作。

第一百一十六条　国家鼓励和支持社会组织、社会工作者参与涉及未成年人案件中未成年人的心理干预、法律援助、社会调查、社会观护、教育矫治、社区矫正等工作。

第八章　法律责任

第一百一十七条　违反本法第十一条第二款规定，未履行报告义务造成严重后果的，由上级主管部门或者所在单位对直接负责的主管人员和其他直接责任人员依法给予处分。

第一百一十八条　未成年人的父母或者其他监护人不依法履行监护职责或者侵犯未成年人合法权益的，由其居住地的居民委员会、村民委员会予以劝诫、制止；情节严重的，居民委员会、村民委员会应当及时向公安机关报告。

公安机关接到报告或者公安机关、人民检察院、人民法院在办理案件过程中发现未成年人的父母或者其他监护人存在上述情形的，应当予以训诫，并可以责令其接受家庭教育指导。

第一百一十九条　学校、幼儿园、婴幼儿照护服务等机构及其教职员工违反本法第二十七条、第二十八条、第三十九条规定的，由公安、教育、卫生健康、市场监督管理等部门按照职责分工责令改正；拒不改正或者情节严重的，对直接负责的主管人员和其他直接责任人员依法给予处分。

第一百二十条　违反本法第四十四条、第四十五条、第四十七条规定，未给予未成年人免费或者优惠待遇的，由市场监督管理、文化和旅游、交通运输等部门按照职责分工责令限期改正，给予警告；拒不改正的，处一万元以上十万元以下罚款。

第一百二十一条　违反本法第五十条、第五十一条规定的，由新闻出版、广播电视、电影、网信等部门按照职责分工责令限期改正,给予警告,没收违法所得,可以并处十万元以下罚款;拒不改正或者情节严重的,责令暂停相关业务、停产停业或者吊销营业执照、吊销相关许可证,违法所得一百万元以上的,并处违法所得一倍以上十倍以下的罚款,没有违法所得或者违法所得不足一百万元的,并处十万元以上一百万元以下罚款。

第一百二十二条 场所运营单位违反本法第五十六条第二款规定、住宿经营者违反本法第五十七条规定的,由市场监督管理、应急管理、公安等部门按照职责分工责令限期改正,给予警告;拒不改正或者造成严重后果的,责令停业整顿或者吊销营业执照、吊销相关许可证,并处一万元以上十万元以下罚款。

第一百二十三条 相关经营者违反本法第五十八条、第五十九条第一款、第六十条规定的,由文化和旅游、市场监督管理、烟草专卖、公安等部门按照职责分工责令限期改正,给予警告,没收违法所得,可以并处五万元以下罚款;拒不改正或者情节严重的,责令停业整顿或者吊销营业执照、吊销相关许可证,可以并处五万元以上五十万元以下罚款。

第一百二十四条 违反本法第五十九条第二款规定,在学校、幼儿园和其他未成年人集中活动的公共场所吸烟、饮酒的,由卫生健康、教育、市场监督管理等部门按照职责分工责令改正,给予警告,可以并处五百元以下罚款;场所管理者未及时制止的,由卫生健康、教育、市场监督管理等部门按照职责分工给予警告,并处一万元以下罚款。

第一百二十五条 违反本法第六十一条规定的,由文化和旅游、人力资源和社会保障、市场监督管理等部门按照职责分工责令限期改正,给予警告,没收违法所得,可以并处十万元以下罚款;拒不改正或者情节严重的,责令停产停业或者吊销营业执照、吊销相关许可证,并处十万元以上一百万元以下罚款。

第一百二十六条 密切接触未成年人的单位违反本法第六十二条规定,未履行查询义务,或者招用、继续聘用具有相关违法犯罪记录人员的,由教育、人力资源和社会保障、市场监督管理等部门按照职责分工责令限期改正，给予警告，并处五万元以下罚款；拒不改正或者造成严重后果的，责令停业整顿或者吊销营业执照、吊销相关许可证，并处五万元以上五十万元以下罚款，对直接负责的主管人员和其他直接责任人员依法给予处分。

第一百二十七条　信息处理者违反本法第七十二条规定，或者网络产品和服务提供者违反本法第七十三条、第七十四条、第七十五条、第七十六条、第七十七条、第八十条规定的，由公安、网信、电信、新闻出版、广播电视、文化和旅游等有关部门按照职责分工责令改正，给予警告，没收违法所得，违法所得一百万元以上的，并处违法所得一倍以上十倍以下罚款，没有违法所得或者违法所得不足一百万元的，并处十万元以上一百万元以下罚款，对直接负责的主管人员和其他责任人员处一万元以上十万元以下罚款；拒不改正或者情节严重的，并可以责令暂停相关业务、停业整顿、关闭网站、吊销营业执照或者吊销相关许可证。

第一百二十八条　国家机关工作人员玩忽职守、滥用职权、徇私舞弊，损害未成年人合法权益的，依法给予处分。

第一百二十九条　违反本法规定，侵犯未成年人合法权益，造成人身、财产或者其他损害的，依法承担民事责任。

违反本法规定，构成违反治安管理行为的，依法给予治安管理处罚；构成犯罪的，依法追究刑事责任。

第九章　附　　则

第一百三十条　本法中下列用语的含义：

（一）密切接触未成年人的单位，是指学校、幼儿园等教育机构；校外培训机构；未成年人救助保护机构、儿童福利机构等未成年人安置、救助机构；婴幼儿照护服务机构、早期教育服务机构；校外托管、临时看护机构；家政服务机构；为未成年人提供医疗服务的医疗机构；其他对未成年人负有教育、培训、监护、救助、看护、医疗等职责的企业事业单位、社会组织等。

（二）学校，是指普通中小学、特殊教育学校、中等职业学校、专门学校。

（三）学生欺凌，是指发生在学生之间，一方蓄意或者恶意通过肢体、语言及网络等手段实施欺压、侮辱，造成另一方人身伤害、财产损失或者精神损害的行为。

第一百三十一条 对中国境内未满十八周岁的外国人、无国籍人，依照本法有关规定予以保护。

第一百三十二条 本法自2021年6月1日起施行。

关于《中华人民共和国未成年人保护法（修订草案）》的说明

——2019 年 10 月 21 日在第十三届全国人民代表大会常务委员会第十四次会议上

全国人大社会建设委员会主任委员　何毅亭

委员长、各位副委员长、秘书长、各位委员：

我受全国人大社会建设委员会委托，作关于《中华人民共和国未成年人保护法（修订草案）》的说明。

一、修改未成年人保护法的必要性

党中央历来高度重视未成年人保护工作。习近平总书记深刻指出："少年儿童是祖国的未来，是中华民族的希望。""全社会都要了解少年儿童、尊重少年儿童、关心少年儿童、服务少年儿童，为少年儿童提供良好社会环境。"党的十八大以来，以习近平同志为核心的党中央对未成年人保护工作多次作出重要指示批示和决策部署，对完善未成年人保护相关法律制度、改进未成年人保护工作，提出明确要求。许多人大代表和政协委员、党政有关部门、司法机关以及社会各界人士也强烈呼吁修改未成年人保护法，以更好适应未成年人保护工作的现实需要。2018 年以来，全国人大代表提出修改完善未成年人保护相关法律的议案 16 件，建议 11 件，政协委员提出相关政协提案 5 件。

2018 年，十三届全国人大常委会立法规划明确由全国人大社会建设委员会牵头修改未成年人保护法。同年 9 月，全国人大社会建设委员会牵头成立了未成年人保护法修改工作领导小组，成员单位包括中央宣传部、中央网信办、全国人大常委会法工委、教育部、公安部、民政部、司法部、文化旅游部、最高人民法院、最高人民检察院、共青团中央。在修法过程中，社会建设委员会进行了广泛深入的调查研究，多次与党中央和国务院的有关部门、最高人民法院、最高人民检察院、共青团中央、全国妇联等有关方面沟通协商、交换意见；书面征求了全国 31 个省、自治区、直辖市人大的意见；广泛听取各级人大代表，有关党政部门、司法机关、群团组织，部分专家学者、一线未成年人保护工作者、律师、学校教师、未成年人及其家长、互联网企业的意见和建议。在反复研究论证的基础上，形成了《中华人民共和国未成年人保护法（修订草案）》（以下简称修订草案）。

二、未成年人保护法修改的指导思想和总体思路

未成年人保护法修改的指导思想是：以习近平新时代中国特色社会主义思想为指导，深入贯彻习近平总书记关于未成年人保护的重要论述，以宪法为根据，坚持从国情实际出发，强化问题导向，着力完善相关制度，为更好保护未成年人健康成长提供坚强的法制保障。

未成年人保护法修改的总体思路是：

（一）在现行法律基本框架的基础上进行修改完善

未成年人保护法是 1991 年制定的，2006 年进行了较大幅度的修订。总体看，该法确立的原则和制度仍然是适用的，因此，修订草案在保留基本框架和主要内容的前提下，根据党中央的精神和现实需要补充新的内容，对已不符合新情况的规定作出修改。

（二）着力解决现实存在的突出问题

当前，未成年人保护工作面临的问题复杂多样，其中比较突出的问题主要有：（1）监护人监护不力情况严重甚至存在监护侵害现象；（2）校园安全和学生欺凌问题频发；（3）密切接触未成年

人行业的从业人员性侵害、虐待、暴力伤害未成年人问题时有发生；(4)未成年人沉迷网络特别是网络游戏问题触目惊心；(5)对刑事案件中未成年被害人缺乏应有保护等。这些问题引起全社会普遍关注。修订草案对这些问题均作出积极回应，着力制定和完善相关制度和措施，以推动未成年人保护法治化走向更高水平。

(三)及时把成熟的实践做法上升为法律

近三十年来，围绕实施未成年人保护法，党中央和国务院及其有关部门、最高人民法院、最高人民检察院针对未成年人保护工作中存在的突出问题，陆续出台了一系列文件或部门规章；各地也出台了许多配套的地方性法规，推动了未成年人保护工作的顺利开展，积累了许多成功经验。修订草案在认真研究论证的基础上，将部分被实践证明符合我国国情且行之有效的实践做法写入法律。

(四)注重做好相关法律的衔接配合

未成年人保护涉及面很广，我国民事、刑事、行政、社会等很多领域的法律都有涉及未成年人保护的内容。修订草案在坚持未成年人保护法作为未成年人保护领域综合性法律定位的同时，注意处理好本法与相关法律的关系：凡是其他法律有明确规定的，本法只作原则性、衔接性的规定；其他法律没有规定或者规定不够完善的，尽可能在本法中作出明确具体的规定。十三届全国人大常委会立法规划明确预防未成年人犯罪法修改与未成年人保护法修改一并考虑，所以，修订草案特别注意妥善处理好这两部涉未成年人法律之间的关系，使之既相互衔接又各有侧重。

三、未成年人保护法修改的主要内容

修订草案对现行法律的章目编排及条文顺序进行了调整，坚持增改删并举。新增“网络保护”“政府保护”两章，条文从 72 条增加到 130 条。修改的主要内容是：

(一)充实总则规定

未成年人保护法作为未成年人保护领域的综合性法律,对未成年人享有的权利、未成年人保护的基本原则和未成年人保护的责任主体等作出明确规定。修订草案新增最有利于未成年人原则;强化了父母或者其他监护人的第一责任;确立国家亲权责任,明确在未成年人的监护人不能履行监护职责时,由国家承担监护职责;增设了发现未成年人权益受侵害后的强制报告制度。

(二)加强家庭保护

父母或者其他监护人是保护未成年人的第一责任人,家庭是未成年人最先开始生活和学习的场所。修订草案细化了家庭监护职责,具体列举监护应当做的行为、禁止性行为和抚养注意事项;突出家庭教育;增加监护人的报告义务;针对农村留守儿童等群体的监护缺失问题,完善了委托照护制度。

(三)完善学校保护

学校是未成年人成长过程中至关重要的场所。修订草案从教书育人和安全保障两个角度规定学校、幼儿园的保护义务。"教书育人"方面主要是完善了学校、幼儿园的教育、保育职责;"安全保障"方面主要规定了校园安全的保障机制以及突发事件的处置措施,增加了学生欺凌及校园性侵的防控与处置措施。

(四)充实社会保护

社会环境是未成年人成长的大背景大环境,影响着未成年人的健康成长。修订草案增加了城乡基层群众性自治组织的保护责任;拓展了未成年人的福利范围;对净化社会环境提出更高要求;强调了公共场所的安全保障义务;为避免未成年人遭受性侵害、虐待、暴力伤害等侵害,创设了密切接触未成年人行业的从业查询及禁止制度。

(五)新增网络保护

随着信息技术的快速发展,网络空间作为家庭、学校、社会等现实世界的延展,已经成为未成年人成长的新环境。修订草案适应客观形势的需要,增设"网络保护"专章,对网络保护的理念、网络环境管理、相关企业责任、网络信息管理、个人网络信息保护、网络沉迷防治等作出全面规范,力图实现对未成年人的线上线下全方位保护。

（六）强化政府保护

政府在未成年人保护工作中承担着主体责任。修订草案将现行未成年人保护法中的相关内容加以整合,增设"政府保护"专章,明确国务院和县级以上地方人民政府应当建立未成年人保护工作协调机制,细化政府及其有关部门的职责,并对国家监护制度作出详细规定。

（七）完善司法保护

未成年人司法保护主要涉及四个方面:一是司法活动中对未成年人保护的共性要求;二是特定类型民事案件中对未成年人的保护;三是刑事案件中对未成年被害人的保护;四是对违法犯罪未成年人的保护。修订草案细化了现行未成年人保护法司法保护专章和刑事诉讼法未成年人刑事案件诉讼程序专章的有关内容,进一步强调司法机关专门化问题,同时补充完善相关规定,以实现司法环节的未成年人保护全覆盖。主要包括:设立检察机关代为行使诉讼权利制度,细化规定中止和撤销监护人资格制度,规定刑事案件中对未成年被害人的保护措施等。

此外,修订草案还细化了法律责任以增加法律刚性,并对本法提及的特定名词进行解释。

《中华人民共和国未成年人保护法（修订草案）》和以上说明是否妥当,请审议。

全国人民代表大会宪法和法律委员会关于《中华人民共和国未成年人保护法(修订草案)》修改情况的汇报

全国人民代表大会常务委员会:

常委会第十四次会议对未成年人保护法修订草案进行了初次审议。会后,法制工作委员会将修订草案印发有关部门、地方和单位征求意见;在中国人大网全文公布修订草案征求社会公众意见;先后到辽宁、广东、上海调研,听取地方政府有关部门、法院、检察院、学校、企业和全国人大代表的意见;梳理全国人大代表在十三届全国人大三次会议上提出的有关议案、建议。宪法和法律委员会于6月12日召开会议,根据常委会组成人员的审议意见和各方面意见,对修订草案进行了审议。社会建设委员会的负责同志列席了会议。6月23日,宪法和法律委员会召开会议,再次进行审议。现将未成年人保护法修订草案主要问题的修改情况汇报如下:

一、有的常委委员、部门和地方提出,草案规定由民政部门承担未成年人保护工作协调机制的具体工作,有利于加强对未成年人的保护,考虑到有些地方还规定政府其他部门也承担相应的工作,建议予以体现。宪法和法律委员会经研究,建议规定为由同级人民政府民政部门或者省级人民政府确定的部门承担。

二、有的常委委员、部门和地方建议,在总则中增加司法机关保护未成年人职责的规定。宪法和法律委员会经研究,建议增加一条规定:人民法院、人民检察院应当通过审判权、检察权的行使,依法保护未成年人的合法权益。

三、针对留守儿童得不到适当照护、缺乏亲情关爱的问题,有的常委会组成人员、全国人大代表和地方建议,进一步压实监护人的责任,细化有关措施。宪法和法律委员会经研究,建议明确委托照护“应当委托具有照护能力的完全民事行为能力人代为照护”、“听取有表达意愿能力未成年人的意见”,并规定未成年人的父母或者其他监护人“与未成年人和被委托人至少每月联系和交流一次”。

四、有的全国人大代表和社会公众建议,应当减轻未成年人学习负担、不得超前超时教学。宪法和法律委员会经研究,建议增加两款规定:学校不得占用国家法定节假日、休息日及寒暑假期,组织未成年学生集体补课,加重其学习负担。幼儿园不得提前进行小学课程教育。

五、有的常委委员、部门、地方和社会公众建议,应当完善学校安全管理制度,增加校车安全管理的规定。宪法和法律委员会经研究,建议增加学校、幼儿园“对未成年人进行安全教育,完善安保设施、配备安保人员”的规定,并增加一条规定:使用校车的学校、幼儿园应当建立健全校车安全管理制度,配备安全管理人员,定期对校车进行安全检查,对校车驾驶人进行安全教育,并向未成年人讲解校车安全乘坐知识,培养未成年人校车安全事故应急处理技能。

六、有的常委委员、部门、地方和社会公众建议,应当采取措施加强对学生欺凌问题的治理。宪法和法律委员会经研究,建议完善学生欺凌行为的处理程序,并增加规定:对严重的欺凌行为,学校不得隐瞒,应当及时向公安机关和教育行政部门报告,并配合相关部门依法处理。

七、有的部门和地方建议,对新闻媒体采访报道涉及未成年人案件作出规范。宪法和法律委员会经研究,建议增加一条规定:新闻媒体应当加强未成年人保护方面的宣传,对侵犯未成年人合法权益的行为进行舆论监督。新闻媒体采访报道涉及未成年人案件应当客观、审慎、适度，不得侵犯未成年人的名誉、隐私和其他合法权益。

八、有的常委委员和部门提出，目前旅馆、宾馆、酒店等住宿经营者接待未成年人住宿方面缺乏规范。宪法和法律委员会经研究，建议增加一条规定：旅馆、宾馆、酒店等住宿经营者接待未成年人入住时，发现有异常情况或者违法犯罪嫌疑的，应当立即与其父母或者其他监护人取得联系，或者向公安机关报告。

九、有的常委委员、部门和社会公众提出，烟(包括电子烟)、酒对未成年人身心健康造成的损害很大，建议完善相关规定。宪法和法律委员会经研究，建议增加学校周边不得设置烟、酒等销售网点的规定，将禁止吸烟、饮酒的场所由“学校、幼儿园的教室、寝室、活动室”扩大为“学校、幼儿园”，并明确烟包括电子烟。

十、有的常委会组成人员、全国人大代表、部门、地方和社会公众提出，网络保护一章规定较为原则，保护力度不够，建议强化家庭、学校、网络产品和服务提供者的网络保护责任以及相关主管部门的监管职责。宪法和法律委员会经研究，建议对本章结构进行调整，增加以下规定：一是网信部门及其他有关部门应当加强对未成年人网络保护工作的监督检查，为未成年人提供安全、健康的网络环境；二是学校应当对未成年学生使用网络加强管理，预防学生沉迷网络；三是父母或者其他监护人应当采取措施避免未成年人接触违法信息，合理安排未成年人使用网络的时间；四是加强未成年人私密信息的保护；五是国家建立统一的未成年人网络游戏电子身份认证系统，明确向未成年人提供网络游戏服务的时间；六是要求网络服务提供者对用户和信息加强管理，发现违法信息或者侵害未成年人的违法犯罪行为，应及时采取相应的处置措施。

十一、有的常委委员、部门和地方建议，对尚未完成义务教育的辍学学生，应当压实政府责任，保障未成年人完成义务教育。宪法和法律委员会经研究，建议增加规定：对尚未完成义务教育的辍学未成年学生，教育行政部门应当责令父母或者其他监护人将其送入学校接受义务教育。

十二、有的全国人大代表、部门和地方提出，临时监护的规定不够严谨、准确，建议进一步完善。宪法和法律委员会经研究，结合近期疫情防控实践，建议在临时监护的情形中增加三项规定：监护人被宣告失踪且无其他人可以担任监护人；监护人因自身原因或者因发生自然灾害、事故灾难、公共卫生事件等突发事件不能履行监护职责，导致未成年人监护缺失；监护人教唆、利用未成年人实施严重违法犯罪行为，未成年人需要被带离安置。

十三、有的常委委员、部门和地方建议，应当增加司法机关对未成年人的保护措施，简化办案相关程序。宪法和法律委员会经研究，建议增加规定：未成年被害人、证人必须出庭的，要求采取保护其隐私的技术手段；询问未成年被害人、证人时，要求采取同步录音录像等措施，尽量一次完成；对违法犯罪的未成年人依法处罚后，在升学、就业等方面不得歧视。

十四、一些常委委员、全国人大代表、部门和地方建议，进一步完善法律责任，加大处罚力度。宪法和法律委员会经研究，建议对本章内容进行调整，增加以下规定：一是未成年人的父母或者其他监护人不依法履行监护职责，或者侵犯未成年人合法权益的，可以责令其缴纳保证金并接受家庭教育指导。二是对网络服务提供者不依法履行预防沉迷网络、制止网络欺凌等义务的，规定相应处罚。同时，对其他一些侵犯未成年人合法权益的行为，加大处罚力度。

十五、为贯彻落实中央文件关于全面加强新时代大中小学劳动教育的精神，并结合近期侵害未成年人权益出现的新情况，宪法和法律委员会经研究，建议增加规定：一是学校应当组织未成年学生参加与其年龄相适应的日常生活劳动、生产劳动和服务性劳动，帮助未成年学生掌握必要的劳动知识和技能，养成良好的劳动习惯；二是在相关条文中增加规定：禁止胁迫、诱骗、教唆未成年人参加黑社会性质组织，禁止非法送养、非法收养以及禁止对未成年人实施性骚扰。

此外，还对修订草案作了一些文字修改。

修订草案二次审议稿已按上述意见作了修改，宪法和法律委员会建议提请本次常委会会议继续审议。

修订草案二次审议稿和以上汇报是否妥当，请审议。

全国人民代表大会宪法和法律委员会

2020年6月28日

全国人民代表大会宪法和法律委员会
关于《中华人民共和国未成年人保护法（修订草案）》审议结果的报告

全国人民代表大会常务委员会：

常委会第二十次会议对未成年人保护法修订草案进行了二次审议。会后，法制工作委员会在中国人大网全文公布修订草案二次审议稿征求社会公众意见；先后到重庆、贵州调研，听取地方政府有关部门、法院、检察院、学校和全国人大代表的意见；梳理全国人大代表在十三届全国人大三次会议上提出的有关议案、建议。宪法和法律委员会于 9 月 17 日召开会议，根据常委会组成人员的审议意见和各方面意见，对修订草案二次审议稿进行了逐条审议。中央网信办、社会建设委员会、最高人民法院、最高人民检察院、教育部、民政部、司法部有关负责同志列席了会议。9 月 29 日，宪法和法律委员会召开会议，再次进行了审议。宪法和法律委员会认为，修订草案经过两次审议修改，已经比较成熟。同时，提出以下主要修改意见：

一、有的常委委员和社会公众提出，应当加强父母或者其他监护人在保障未成年人安全等方面的监护职责。宪法和法律委员会经研究，建议增加规定：未成年人的父母或者其他监护人应当为未成年人提供安全的家庭生活环境，及时排除引发触电、烫伤、跌落等伤害的安全隐患；采取配备儿童安全座椅、教育未成年人遵守交通规则等措施，防止未成年人受到交通事故的伤害；提高户外安全保护意识，避免未成年人发生溺水、动物伤害等事故。

同时，将委托照护情形下父母或者其他监护人与未成年人、被委托人联系交流的频次由至少“每月”一次修改为至少“每周”一次。

二、为贯彻落实习近平总书记关于制止餐饮浪费行为的重要指示精神，宪法和法律委员会经研究，建议明确父母或者其他监护人应当教育引导未成年人勤俭节约，并增加规定：学校、幼儿园应当开展勤俭节约、珍惜粮食、反对浪费、文明饮食等宣传教育活动，帮助未成年人树立浪费可耻、节约为荣的意识，养成文明健康、绿色环保的生活习惯。

三、有的常委委员、部门和社会公众提出，应当进一步加强对未成年人个人信息的保护，强化网络产品和服务提供者的保护责任。宪法和法律委员会经研究，建议修改有关规定，明确处理不满十四周岁未成年人个人信息，应当征得其父母或者其他监护人同意；网络服务提供者应当采取断开链接等措施，制止网络欺凌行为以及危害未成年人身心健康信息的传播，并向有关部门报告。

四、有的常委会组成人员和单位提出，应当明确人民检察院的监督职责，强化司法机关开展法治宣传教育的职责。宪法和法律委员会经研究，建议增加规定：人民检察院通过行使检察权，对涉及未成年人的诉讼活动等依法进行监督；公安机关、人民检察院、人民法院和司法行政部门应当结合实际，根据涉及未成年人案件的特点，开展未成年人法治宣传教育工作。

五、修订草案二次审议稿第一百一十六条规定，父母或者其他监护人不依法履行监护职责的，应当予以训诫、责令其缴纳保证金并接受家庭教育指导。有的常委委员提出，采取“缴纳保证金”的方式追究监护人不依法履行监护职责的法律责任不太适宜，法律责任其他有关规定也需要进一步完善。宪法和法律委员会经研究，建议删去责令缴纳保证金等有关内容，并完善有关法律责任的规定。

10月9日，法制工作委员会召开会议，邀请部分全国人大代表、专家学者和地方有关部门、检察院、互联网企业等方面的代表就修订草案中主要制度规范的可行性、出台时机、实施的社会效果和可能出现的问题等进行评估。与会人员普遍认为，修订草案经过多次审议修改，充分吸收了各方面意见，贯彻落实了习近平总书记有关重要论述精神，回应了社会关切，制度体系完备、问题导向鲜明、时代特征突出，具有针对性和可操作性，已经比较成熟，主要制度规范是可行的，现在出台是必要的、适时的。同时，有的与会人员还对修订草案提出了一些具体修改意见。

此外，还对修订草案二次审议稿作了一些文字修改。

修订草案三次审议稿已按上述意见作了修改，宪法和法律委员会建议提请本次常委会会议审议通过。

修订草案三次审议稿和以上报告是否妥当，请审议。

全国人民代表大会宪法和法律委员会

2020 年 10 月 13 日

全国人民代表大会宪法和法律委员会关于《中华人民共和国未成年人保护法（修订草案三次审议稿）》修改意见的报告

全国人民代表大会常务委员会：

本次常委会会议于10月13日下午对未成年人保护法修订草案三次审议稿进行了分组审议。普遍认为，草案已经比较成熟，建议进一步修改后，提请本次常委会会议表决通过。同时，有些常委会组成人员和列席会议的同志还提出了一些修改意见。宪法和法律委员会于10月14日上午召开会议，逐条研究了常委会组成人员的审议意见，对草案进行了审议。社会建设委员会、最高人民法院、最高人民检察院、教育部、民政部、司法部的有关负责同志列席了会议。宪法和法律委员会认为，草案是可行的，同时，提出以下修改意见：

一、修订草案三次审议稿第二十二条对委托照护制度作出规定。有的常委委员提出，为了避免监护人利用委托照护不履行或者怠于履行监护职责，建议明确监护人无正当理由的，不得委托他人代为照护未成年人；曾实施过遗弃行为的，也不得作为被委托人。宪法和法律委员会经研究，建议采纳这一意见。

二、有的常委会组成人员建议，进一步强化学校、幼儿园在预防性侵害、性骚扰未成年人方面的职责。宪法和法律委员会经研究，建议增加规定：学校、幼儿园应当建立预防性侵害、性骚扰未成年人工作制度。对性侵害、性骚扰未成年人等违法犯罪行为，学校、幼儿园不得隐瞒，应当及时向公安机关、教育行政部门报